KB232873

그룹홈 이해

그룹홈 이해

서울시그룹홈지원센타 지음

비전북출판사

그룹홈 이해

1판 1쇄 인쇄 : 2003년 4월 20일
1판 1쇄 발행 : 2003년 4월 30일

저 자 : 서울시그룹홈지원센타
발행인 : 이 원 우 / 발행처 : **비전북출판사**
주 소 : (411-834) 경기도 고양시 일산구 장항동 585-11호
전 화 : (02)966-3090(대) / 팩 스 : (02)3293-6620

E-mail : vsbook@hanmail.net
등록번호 : 제10-1452호

공급인 : 박종태 / 공급처 : **비전북**
전 화 : (031)907-3927 / 팩 스 : (080)403-1004

Copyright ⓒ 2003 **비전북출판사** Printed in Korea
값 18,000원

ISBN 89-87613-99-2 03230

발간사

　　정신지체 자녀를 키우고 계시는 부모님들의 가장 큰 바람은 아마 자신들이 없는 세상에서도 자녀들이 평안하게 지낼 수 있는 사회가 만들어지는 것이라 생각됩니다. 성인이 된 그들이 이 사회에서 자립적으로 살아갈 수 있기 위해서는 직업을 통한 경제적인 자립과 안정된 주거가 우선적으로 보장되어야만 합니다.

　　부모님들의 이러한 간절한 소망을 이루실 수 있도록 우리 서울시립정신지체인복지관에서는 92년부터 그룹홈을 선구적으로 운영하여 성인 정신지체인들의 사회적인 자립을 지원하고 있습니다. 이러한 우리의 노력을 바탕으로 서울시는 2002년 '서울시그룹홈지원센터'를 우리 복지관에 설치하게 되었습니다.

　　이번에 발간되는 책자 <그룹홈 이해>는 그룹홈 종사자들에게는 정신지체인들이 재활과 자립을 할 수 있도록, 현재 그룹홈을 운영하고 있는 기관이나 단체에게는 체계적이고 폭넓은 교육서비스를 제공하며, 새롭게 시작하는 기관이나 단체에게는 미래의 이용자들을 위해 준비하는 훌륭한 안내자의 역할이 되었으면 합니다.

　　끝으로 이 책자가 나오기까지 많은 도움을 주신 서울시 장애인복지과 문영모 과장님과 서울시 관계직원, 그리고 그룹홈지원센터 직원들에게 감사의 마음을 전하면서 앞으로 그룹홈이 더욱 발전할 수 있도록 노력하겠습니다.

2003년 3월
서울시립정신지체인복지관 관장 최의광

서 문

지난 6월 서울시의 지원으로 그룹홈지원센터가 문을 열었습니다. 그룹홈지원센터는 그룹홈을 효과적으로 운영하고자 하는 서울시의 노력과 그룹홈을 직접 관리·운영하고 계신 운영자, 부모, 그리고 사회재활 교사들의 오랜 염원이 결실을 맺은 것입니다.

특히, 실제로 그룹홈에서 장애 입주인들과 함께 생활하고 있는 사회재활 교사들의 그룹홈지원센터에 대한 기대는 매우 큽니다. 그들은 그룹홈 양식의 통일, 운영규정 및 근무조건 개선 및 통일, 관리자를 위한 정기 모임이나 교육, 종사자 간의 많은 교류, 그룹홈에 관한 관련자료 제공, 다양한 프로그램 개발 등 그룹홈 종사자가 실질적으로 활용할 수 있는 곳이길 간절히 바라고 있습니다 (제6회 서울시그룹홈종사자연수회 평가자료).

서울시그룹홈지원센터가 문을 연 올 2002년, 우리는 그룹홈 발표회, 종사자연수회, 열린 그룹홈 등 모든 관계자들의 기대에 부응하여 그룹홈에 대한 홍보와 발전을 위해 많은 노력을 하였습니다. 이 모든 것들을 가능하도록 도와주신 모든 분들께 이 자리를 빌어 진심으로 감사드립니다.

『그룹홈이해 – 이론 및 생활사례중심』은 서울시시범사업으로 시작한 서울시립정신지체인복지관 그룹홈 10년간의 운영을 통해 모여진 모든 자료들을 묶은 것입니다. 제I부의 「그룹홈에 대한 이론적 접근」은 기본 이론서가 될 것이며 제II부와 제III부의 보고자료와 생활사례들은 실질적인 그룹홈 운영을 위한 좋은 참고자료가 될 것입니다. 제IV부의 언론에 비춰진 그룹홈에 관한 기사들은 홍보자료로 그룹홈의 활성화와 발전에 기여할 수 있을 것입니다.

앞으로도 서울시그룹홈지원센터는 그룹홈의 활성화와 전문화를 위해 모든 노력을 기울일 것을 약속드리며 많은 지원과 관심을 부탁드립니다. 끝으로 이 자료들을 예쁜 책으로 만들어주신 현대미디어의 김태선 사장님께 감사드립니다.

2002년 3월
서울시그룹홈지원센터 소장 유 병 주

자료집 발간을 축하하며

서울시는 지난 1992년 장애인의 자립과 재활을 돕기 위해 선진 외국에서 시행되어 장애인의 사회재활과 자립에 효과가 큰 장애인그룹홈제도를 도입, 4개의 그룹홈을 시범 운영하여 사업을 시작하였으며, 2002년 현재 76개소의 장애인 그룹홈을 지원하고 있습니다.

이에 장애인 그룹홈의 장기적인 발전과 더욱 효과적인 사업운영 및 새로운 방향을 정립하기 위하여 올해에 그룹홈지원센터를 설치 · 운영하게 되었습니다. 그룹홈지원센터는 그룹홈 설치 운영하는 데 더욱 체계적이고 효과적인 지원과 자문을 함으로써 장애인 가족 및 장애인, 그리고 그룹홈을 운영하거나 계획 중인 법인에게 사업에 대한 전반적인 가이드 역할을 함으로써 그룹홈 운영에 있어 많은 도움이 될 것이라고 생각합니다.

또한 그룹홈 종사자들을 위한 여러 가지 행사를 통해 그분들이 업무에 대한 지식을 넓히고 자신들의 일에 대한 사명감을 확고히 하도록 도와주고 있다는 것에 대해 감사하게 생각합니다.

이번에 그룹홈지원센터에서 펴내는 자료집이 장애인 그룹홈 사업에 관련된 모든 분들의 사업운영이나 업무 수행에 새로운 방향 제시가 될 수 있기를 바랍니다.

앞으로도 더 많은 연구조사를 통해 그룹홈 사업의 발전에 이바지할 수 있기를 바라며, 이 책을 내기 위해 애쓰신 많은 분들께 감사의 말씀을 드립니다.

2002년 3월
서울시 장애인복지과장 문 영 모

목 차

I. 그룹홈에 대한 이론적 접근

1. 그룹홈 부모교육

전 익 준

Ⅰ. 서론

사회복지의 기본 과제는 모든 사람의 기본적 인권을 확립하는 것이다. 행복한 삶을 방해당하거나 자기 힘으로 살고자 노력하는 사람들을 방해하고 있는 요인들을 제거해 주는 것이 권리를 지켜 주는 것이다. 정신지체 자녀를 둔 대부분의 부모님들은 노령, 실업, 사망 등의 이유로 부모로서의 역할능력이 감소되거나 또는 소멸될 경우에 밀어닥칠 수 있는 문제들을 염려하여 장애자녀의 삶이 권리로서 현실적으로 보장받을 수 있는 제도적·구조적 조치가 수립되어지기를 바라고 있다. 20세기 후반에 들어서 보편적 원리라고 하는 정상화 사상이 정착되어 거대화한 시설에서는 부적절한 대우를 받은 가능성이 크다는 인식하에서 탈시설화 현상이 일어나게 되었다. 또한 부모의 생존여하를 불문하고 정신지체인들을 사회통합의 차원에서 지역사회의 한 주민으로서 그 지역사회 내에서 보통사람들과 함께 생활할 수 있도록 하는 지역 생활원조의 필요성이 강조되어 지역 거주사업의 하나로 정신지체인 소규모 거주의 그룹홈(Group Home)이 설립되었다.

Ⅱ. 그룹홈의 개념

1. 그룹홈이란

그룹홈이란 지역사회 내에 있는 보통주택(아파트, 맨션, 독립주택)에서 소수의 정신지체인들이 공동으로 생활하고 그들의 능숙치 못한 일(금전관리, 대인관계 등)을 전문직원에 의해서 원조를 받는 생활형태로, 사회적 자립을 목적으로 한다. 정신지체인들도 일반의 장소에서 일반생활을 하는 것이 당연하다는 생각에서 나온 것으로, 인간으로서 사회적 지위는 장애 유무에 관계없이 동일한 것이며, 정신지체인들도 그들의 선택에 의한 삶을 영위할 수 있는 것이다. 그룹홈은 자택이나 수용시설에서의 생활을 부정하는 것은 아니며 정신지체인의 보다 희망적인 생활방식의 하나이다. 그룹홈에서는 일상생활기술, 지역사회적응훈련, 자조능력, 가정관리, 교통수단이용, 안전성, 사회성, 오락기술 등의 기능적 하위 영역에서의 기술습득과 문제행동수정 등을 할 수 있다.

2. 그룹홈의 성격

⑴ 기본적으로 정신지체인은 성인이 되어도 가능하면 부모와 함께 사는 것이 바람직하다는 생각을 전제로 하지

않는다.
⑵ 그룹홈은 지역사회에서 선택적으로 살아가는 정신지체인의 생활지점이다.
⑶ 그룹홈은 시설을 단순히 소규모로 한 것이 아니다.
⑷ 입주자의 일상생활에서 지도 · 훈련은 최소한이고 관리성이 배제된다.
⑸ 입주자의 생활은 기본적으로 개인생활이고, 본인 희망에 의한 계약이 계속되는 한 그룹홈 생활은 계속된다.

이런 뜻에서 임시숙소가 되어서는 안 된다. 일반시민의 지역사회생활에 합당한 프라이버시가 확보되고 한 시민으로서 모든 권리가 보장될 수 있는 최대한의 배려가 있어야 한다.

3. 그룹홈 설치의 효과

많은 학자들은 그룹홈에 대한 효과에 대해서 다음과 같은 연구 결과를 제시한다.

⑴ 그룹홈의 정신지체인들은 수용시설의 거주자들보다 적응을 더 잘한다.
⑵ 그룹홈은 대규모 수용시설보다 더 많은 사회적, 직업적 기회를 입주자들에게 제공해 준다.
⑶ 그룹홈의 입주자들은 적절한 사회적 지지와 임상 서비스의 제공으로 대규모 수용시설의 거주자들보다 지역사회에 더 잘 적응하며 직업기술이 더 낮고 문제행동이 더 적다.
⑷ 지역사회 지향적인 그룹홈일수록 직원들의 직업만족도가 높았으며, 이는 더 바람직한 거주자 보호 관리와 연관되는 경향이 컸다.

이러한 연구들은 더 작은 규모의, 지역사회를 기반으로 한 프로그램이 더 유익한 서비스를 제공할 가능성이 있다는 데 의견의 일치를 보이고 있다.

2. 그룹홈이란 무엇인가?[1]

문 용 수

Ⅰ. 서론

오늘날의 국가는 종래와는 달리 복지국가의 개념을 도입하고 있으며 목표도 이것을 지향하고 있다. 이전의 국가 평가 척도는 국민총생산(GNP)이었지만 현재는 국민총복지(GNW:Gross National Welfare)로 평가되기도 한다. 아무튼 오늘날의 국가 특징은 복지국가의 근간이 되는 사회복지를 위해 부단히 노력을 하고 있다는 점일 것이다. 우리나라의 경우에는 헌법 제33조에 '사회복지'를 '사회보장'과 구별하여 사용하고 있으나 그 의미나 내용에 대한 언급은 없다. 따라서 사회복지의 의미는 ⑴사회복지를 사회보장의 일부로 보는 견해 ⑵사회보장, 보건위생, 노동, 교육, 주택 등 생활과 관계되는 공공시책을 총괄한 개념으로 보는 견해 ⑶생활에 관계되는 공공시책 그 자체가 아니라 이 같은 시책을 국민개인이 이용하고 개선하여 자신의 생활문제를 자주적으로 해결하게끔 원조함을 의미한다는 견해 등으로 해석되고 있다. ⑴의 대표적 예는 일본으로서, 이 정의의 특징은 사회복지는 자립조장을 위한 지도로서 그 대상자는 일반국민이 아닌 일부 요보호 계층으로 하면서 정신장애자나 비행자 등을 제외하고 있는 반면, ⑵는 미국과 유럽 등 서구 여러 나라에서 볼 수 있는데 사회복지의 대상자는 전 국민이고 그 범의로 생활과 관계되는 사회적 서비스 전부를 한다. ⑶은 UN의 정의 즉 '사회복지란 개인, 집단, 지역사회 및 여러 제도와 전체 사회 레벨에서 사회인으로서의 기능이나 사회관계의 개선을 목적으로 한 개인의 복지(Personal Welfare) 증진을 위한 갖가지 사회적 서비스와 측면적 원조(Enabling Process)라는 내용이다. 한마디로 사회복지의 고유성은 인간의 행동과 해결, 생활욕구의 충족, 그리고 개인과 제도관계의 문제처리에 채용하는 전체적, 종합적 접근법에 있다고 하겠다. 따라서 우리가 애써 노력하는 사회복지란 물량적인 조건의 만족을 위한 정부정책만으로 달성되는 것이 아니고 개인차가 있는 모든 국민이 추구하는 복지수준(Level of Welfare — 일정 시점에서 개인이나 인구집단이 욕구에 대한 충족, 만족의 결과가 인지된 상태)에 부합될 때 구현된다고 해도 과언이 아닐 것이다. 그러나 이러한 복지수준에 부합되거나 일치하기란 아직도 여러 가지 단점들이 산재해 있고, 특히 장애인의 복지문제에 대한 수많은 난제들은 복지수준 도달에 상당한 걸림돌이 되고 있다. 그래서 이러한 난제들의 해결 이념으로 정상화(Normalization) 사상이 출현했다고 볼 수 있다. 특히 정신지체인의 재활이나 사회복귀를 전제한 사회적 욕구 충족이나 사회적 장애 제거에 가장 일반화된 이념이라고 보겠다. 정상화와 사회통합(Social integration)의 이념에 근거한 지역사회 거주 서비스가 Group Home이 아닌가 한다.

---

1) 이 글은 한국장애인선교단체연합회가 주최한(1992. 10. 5 ~ 6 : 충남 금산군 전원마을) 『그룹홈과 장애인 선교』에 관한 주제로 열린 학술대회에 발표한 것이다.

II. G . H의 특성

1. 개념

G.H이란 지역사회 내 보통주택(아파트, 독립주택 등)에서 소수의 정신지체인들이 공동으로 생활하고 그들이 능숙치 못한 일(금전관계, 대인관계, 취업 등)을 전문직원에 의해서 원조를 받는 생활 형태로서 사회적 자립을 목적으로 하며 미국 · 일본 · 스웨덴 등과 같은 선진국에서 정신지체인들을 위하여 설립되는 거주지 중에서 가장 인기 있고 보편화된 거주시설(C.R.F:Community Residential Facility) 이다.

2. 특성

G.H은 정신지체인들을 개별화하여 이에 맞는 지원(원조) 프로그램을 설정, 정상인들의 기준에 접근시켜 통합과 개인의 중요성을 강조하며, G.H은 정상적인 가정의 생생한 경험을 제공하는 생활의 장이므로 첫째, 분위기에 가정적인 요소가 필요하며 둘째, 주거는 단일 주거 단위로서 원칙적으로 주택가 내에 위치하며 그 외관은 일반 주택과 다르지 않도록 배려되어야 한다. 아울러 주택에 특별히 눈에 띄는 간판이나 표찰 등을 붙이거나 G.H이 한 곳에 모이는 것을 피해야 한다. 셋째, G.H은 생활보조원(동거직원−현/사회재활교사)이 항상 상주해야 하며 그 자격은 사명감에 투철해야 하며 전반적으로 가사일과 이웃들과의 관계가 원만한 사람이어야 한다.

III. G.H의 발전과정

19세기 이전의 장애인이나 정신지체인들을 위한 시설은 주로 수용 보호하는 차원에서 설치됐을 뿐 소위 'Program화' 된 사업은 아니었다. 그러다가 19세기에 들어서면서 장애인의 문제가 사회화되어가자 보다 나은 처우 개선에 대한 관심이 고조되었다. 서양의 요보호 수용시설의 발전과정을 보면 소형 시설이 대부분이었지만 20세기에 들어와서 대형화되어 시설 100명 이상, 많게는 수백 명씩 수용되는 하나의 단지(Complex)를 이루게 되었다. 정신 지체인을 위한 최초의 수용시설은 구겐불(Guggenbuhl)이 스위스의 Abendberg에 설립한 것이 최초(1841)라고 하며 초기에는 정신지체인들에게 양질의 서비스를 제공한다는 목표로 운영되어 갔으나 시설의 대형화에 따른 운영상의 문제, 정상인들의 부정적 인식 등으로 인해 정신지체인들을 지역사회로부터 격리시켜 수용하게 되었다. 그러나 이들에 대한 종사자들의 노력과 학자들의 지속적인 연구 활동은 이들에 대한 부정적인 태도의 변화를 가져오게 되는데, 이 인식의 변화는 비인도적인 것에서 벗어나 좀더 인간적이고 복지적인 접근을 시도하게 했다. 1960년 후반에 미국은 정신지체인에 대한 새로운 서비스의 양식으로 지역사회 내에 거주 서비스를 제공하는 것으로 경향이 바뀌어 정신지체인들을 우리가 사는 지역 사회에 거주케 함으로써 그들을 수용 시설로부터 지역거주 생활 프로그램인 G.H으로의 변화를 가져오게 했다. 일본에서도 수용시설의 한 운용자가 실험적으로 G.H을 처음 실시한 이래 1989년부터는 정부 차원에서 G.H을 법제화 해서 지원하고 있다. 우리나라에서도 중앙 정부 차원은 아니더라도 서울시가 정신지체인들에게 가장 이상적인 거주 프로그램인 G.H을 인정하여 올 하반기부터 실시하겠다고 한 것은 관련 기관의 꾸준한 연구, 노력의 결과이며 복지 행정의 상당한 발전을 의미하는 것이다.

Ⅳ. 사회통합(Social Intergration)에서의 G.H

사회 복지의 궁극적 목표, 특히 장애인 복지의 목표는 완전한 참여와 평등(Full Participation and equality)이 실현 되는 것이며 이것이 사회적 통합이라 하겠다. 이러한 사회적 통합은 정신지체인에 대하여 부정적이고 편견적인 사고방식에서 탈피하여 그들이 속한 지역 사회의 사회, 문화, 경제 등을 공유하면서 생활이 영위될 때 수용적 태도와 인식의 개선이 향상될 수 있겠다. 서구, 일본 등에서는 G.H을 사회통합의 향상을 기대할 수 있는 프로그램으로 인정하여 대규모 수용시설을 지역 중심 거주 프로그램인 G.H으로의 변화를 주고 있다. 사회통합의 견지에서 G.H이 일반주택가에 있어야 한다는 것은 전기한 바 있다. 정상인이 학교, 종교활동, 쇼핑, 취업, 레저시설 등을 즐기고 가까이 있기를 원하듯 정신지체인 역시 동일한 지역생활을 영위하고 평범한 장소에 G.H이 세워져 이들의 능력 및 사회성의 향상으로 지역사회 안에서 정상인과 함께 복지 서비스의 혜택을 받아야 한다. G.H이 사회통합의 차원에서의 중요성은 정신지체인들에게 원조와 개선이 지역사회 저변으로 확대될 때, 또 지역사회의 연대의식과 협력이 동반 될 때 더욱 의미가 부여된다고 하겠다.

Ⅴ. Group Home 의 효용성

보편적 의미의 G.H은 역사적 발전과정에 대규모 시설에서 지역사회로의 배치를 위한 중간단계(Half-Way)로서의 G.H으로 된 유형과 기존의 위탁 가정에서의 변형 발전된 G.H이 있는데 거주자의 수와 특징들은 정신지체인들에게 제공되는 개별성, 사회성 훈련과 통합의 원리에 따른 원조 프로그램을 제공한다.

1. G.H의 유형

(1) 미국의 유형

① Small G.H; 10명 이내의 거주자와 2명의 직원과 2명의 교대 직원 있음. 거주자는 현재 취업 중인 자.

② Medium G.H; 11~20명 거주. 주로 성인.

③ Large G.H; 20~40명 거주. 전문화된 직업적 직원이 있음. 거주자는 나이가 많고 장애가 심한 편임.

④ Mixed G.H; 성인 정신지체인과 정신병환자들이 함께 생활하며 훈련보다는 생활을 위한 장소로 제공.

⑤ Foster Family Care; 5명 이하의 정신지체인들을 한 가족이 자기의 집에서 보살피면서 적절한 서비스와 가정적인 분위기를 익히도록 한다.

⑥ G,H Children and Young Adolescents; 기본적인 자립훈련과 운동, 놀이, 언어 및 사회적 기숙을 발달시키는 프로그램과 심한 행동장애를 가지는 아이에게는 정신치료 프로그램을 병행한다.

⑦ Apartment Program; 서로 인접한 몇 개의 아파트에서 생활하는 정신지체인들을 1명의 직원이 돌아가면서 지원하는 형태와 정신지체인 1명, 직원 1명이 함께 아파트를 공유하면서 생활하는 형태.

(2) 일본의 유형

① G.H

② 소규모 공동주택

③ 생활료, 생활 홈, 민간 생활 홈, 가정료

④ 자립 홈, 사회 참가 추진 홈.

⑤ 통근 홈, 미니 통근료

⑥ 미니 복지 홈, 복지료, 복지 주택

> ※ 참고로 정신지체인의 지역거주 장소로는 '가족과의 동거'를 비롯하여 정신지체인 통근료, 복지 홈이 제도화
> 되어 있다. 이를 간단히 설명하고자 한다.
> ㄱ. 정신박약자 통근료 (일본에서는 정신박약자로 호칭) – 20명 정도로 2년 동안 사회생활 훈련을 실시하는
> 일종의 생활훈련 통과 시설임.
> ㄴ. 정신박약자 복지 홈 – 10명 정도로 개인의 자립을 전제로 하며 지도는 없고 상담, 관리를 제공하며 영주
> 가 가능함.
> ㄷ. G.H – 4~5명이 필요. 최소한의 서비스(식사 및 일상생활)를 받으면서 지역생활을 하는 거처임.

2. 효용성

G.H의 효용성은 여러 자료나 외국의 논문들이 다음과 같이 밝히고 있다.

첫째, 시설 원조의 효용성 – 대규모 시설에 대해서는 지속적으로 반대하는 경향이 있지만 박현숙의 논문을 보면
G.H은 시간이 지나 일단 정착되면 G.H과 정신지체인들이 수용된다고 하며 G.H에 대한 반대가 현저히 줄어
들고 있다고 한다.

둘째, 생활원조 측면의 효용성 – G.H 거주 정신지체인들은 독립성과 연대성에 자신감을 갖게 되고 시설수용의 정
신지체인보다 많은 경험의 영역(사회적, 문화적, 직업적, 경제적 등)을 확대시킬 수 있으며 또 적절한 지역사
회의 지지와 전문적인 임상 서비스를 제공받게 되므로 사회성의 변화나 행동의 변화를 보인다.

셋째. 인식전환의 효용성 – G.H에 거주하는 정신지체인들에 대한 지역 주민들이 이들을 대하는 태도에서 부정적
인 생각 즉 거부감. 편견보다는 이들을 도울 수 있는 방법을 찾게 된다고 한다. 전기한 바와 같은 G.H의 효용
성을 요약하게 되면 정신지체인들이 그룹홈에서 생활함으로써 일상생활(여행, 식사준비, 금전관리, 쇼핑 등)
과 활동 등에 현저한 향상이 있음은 틀림없을 것이다.

VI. 결론

복지가 지향하는 목표는 인간의 존엄성을 확보하는 데에 있다. 더구나 장애인 복지는 신체적, 정신적, 사회적 장애
상태를 어떻게 제거 내지 보완하면서 대처할 것인가가 좌우할 것이다. 인간의 존엄과 가치를 유지함에 있어 가장 불
리한 여건에 처한 장애인, 특히 정신지체인이 그 복지 시혜의 주된 대상이라고 볼 때 이들에 대한 (1) 정부나 기관 등
에서 그룹홈 설치, 운영함에 있어 정책적인 배려가 있어야 하겠으며 (2) 그룹홈 프로그램을 복지시설의 일부로 생각
하여 그룹홈의 의미를 왜곡시키거나 퇴색시켜서는 안 되며 (3) 그룹홈 프로그램이 지역 중심의 거주 서비스이므로
지역사회의 충분한 협조와 이해가 필요하며 (4) 금년 하반기부터 정부(지방정부:서울시) 차원에서 시범적으로 5가구
의 G.H이 실시될 것이고 이에 자극을 받아 더욱 늘어날 것이므로 제도적 장치 및 관련(유사)시설과의 관계 정립도 필
요하리라 본다. 지면상 다루지 못했던 G.H 운영체계나 한국적 모형 개발 등에 대한 연구조사는 꼭 있어야 할 것이며

이런 적절한 조치 등이 취해질 때 비로소 정신지체인들을 위한 진정한 레지덴셜 트리트먼트(Resedential treatment:장애로 인하여 사회적 활동을 제한받거나 사회적 편견 압박 때문에 사회생활에 통합될 수 없는 문제를 가진 사람에 대하여 그 장벽을 제거하는 제반 활동)가 될 것이다.

[참고 문헌]

- 전익준(1990). "정신지체인 그룹홈 설치 운영", 서울정신박약자복지관
- 서울정신박약자복지관(1991). "그룹홈 설치운영 지침서", 서울정신박약자복지관
- 박현숙(1990). "정신지체 청소년의 지도와 직업 재활", 서울장애자종합복지관
- 천노엘(1991). "교회의 장애인에 대한 복지 방향", 사목 한국천주교협의회
- 황의경(1987). "정신지체아의 이해와 교육", 서울, 홍익제
- 이배근(1987). "장애인을 위한 집단가정 모형개발", 사회복지 제 33권, 사회복지협의회
- 서울장애자복지관(1991.6). "G.H, 그 현황과 장애를 관심 있게 보면서", 성지
- 김하수(1992). "정신지체인을 위한 집단가정의 모형개발", 대구대학교 석사학위 논문

3. 한국에서의 정신지체인의 사회참여와 자립[2]

- 그룹홈을 중심으로 -

전 익 준

I. 서론

　정신지체인은 국민으로서 일반시민과 동등한 기본적 권리를 가지고 있다. 우리들이 사는 사회는 남녀노소, 장애인, 비장애인을 포함한 여러 계층의 사람들로 구성되어 있기 때문에 장애인이 있는 사회가 어쩌면 장애인이 없는 사회(이런 사회가 사실상 존재할 수 없지만)보다 더 조화롭고 정상적일 것이다. 20C에 들어와서 정상화(Nomalization) 원리에 따라 탈시설화 운동과 더불어 장애인, 특히 정신지체장애인에 대한 인간평등과 존엄성이 제고되고 있으며 이들의 삶이 더 인간다워 질 수 있도록 국가, 사회의 여러 분야에서 많은 노력과 활동이 전개되고 있다. 정상화(Nomalization)란 모든 사람은 가능한 한 지역사회 생활의 주류에 많이 참여할 수 있어야 한다는 것으로서 정신지체인에게 단순히 정산적인 환경만을 마련해 준다는 것을 의미하는 것은 아니며, 이들 개개인의 잠재력을 최대한 개발하고 각자의 요구에 맞는 훈련과 지도를 함으로써 지역사회에 보다 더 잘 적응할 수 있는 프로그램을 포함하는 것을 의미한다. 정상화(Nomalization)는 일반적으로 '최소한의 제한된 환경'이라는 개념 안에서 이루어지는데, 이는 한 개인을 사회의 주류로부터 격리되는 것을 최소화하고, 한 개개인의 생활을 그 개인의 능력수준에 맞고, 필요한 것 이상으로 통제하지 아니함을 의미한다. '최소한의 제한된 환경' 개념은 정신지체인들에게 그들의 요구에 맞는 보호와 지도를 받으며 최소한의 사회통합이 이루어지는 환경에서 서비스를 제공할 목적에 대한 지침이 되기도 한다. 자립과 통합의 기회 및 개인성장과 관련하여 비교적 적게 제한을 받는 소규모의 지역 사회를 기반으로 하는 환경이 대규모의 시설에 비하여 더 많은 장점을 지닌다는 연구가 날로 증가하고 있다. 본인은 오늘 한국의 장애인 복지현황을 간단히 설명하고 지역사회에 거주하는 정신지체인을 비롯한 장애인에 대한 다양한 서비스 중 그룹홈을 중심으로 정신지체인의 사회참여와 자립방안을 검토하고자 한다.

II. 한국의 장애인 및 복지관 현황

1. 장애인 수

　　1990년 한국사회보건연구원의 '장애인 실태조사 보고'에 의하면 장애인의 출현율은 전체 인구의 약 2.2%로서 장애인수는 약 956,000명이고, 이중에 정신지체인은 74,418명(전체 인구의 약 0.19%, 전체 장애인의 약 7.4%)으로 추산하고 있다. 이중 시설보호 정신지체인은 약 5,000명이고, 재가 정신지체인은 약 69,000명에 이른다. 그러나 이중 이러한 수는 1958년 UN에서 발표한 장애인 인구(전체 인구의 5~7%)에 비할 때 아주 적은 수이다. 이런 면에서 볼 때 정신지체인의 수는 더 많은 것으로 추정되며 또한 매년 증가하고 있다.

　　'93. 9 .30 현재 전국 시. 군. 구청에 등록한 정신지체인 등록수는 37.037명이다.

2. 법체계

장애인 복지와 관련되는 법규 중 중요한 내용은 다음과 같다.

법률명	재정년도	주관부서
장애인복지법	1981년	보건사회부
사회복지사업법	1970년	보건사회부
생활보호법	1982년　전면개정	보건사회부
아동복지법	1981년　전면개정	보건사회부
노인복지법	1981년	보건사회부
의료보호법	1981년	보건사회부
특수교육진흥법	1977년	교육체육부
장애인고용촉진법	1991년	노　동　부
산재보험법	1983년	노　동　부

3. 중요한 복지시책

⑴ 장애인들의 생계보호와 자립능력 배양을 위하여 의료비 지원, 보장구 지급, 각종 세제상의 혜택과 공공요금의 감면, 의무고용제 실시 등 법적 근거에 의거, 제도적으로 시행되고 있는 중요 시책은 다음과 같다.

　① 중증, 중복 장애인 생계보조수당 지급

　② 장애인 본인 부담 의료비 지원

　③ 장애인 보장구 무료 지급

　④ 장애인 가구(家口) 자녀 교육비 지원

　⑤ 장애인 자립자금 대여

　⑥ 장애인 전화요금 할인

　⑦ 장애인 승용자동차 LPG연료 사용 허용

　⑧ 장애인 보험용 승용자동차에 대한 특별소비세 면제

　⑨ 장애인 보험용 승용자동차에 대한 자동차세 면제

　⑩ 장애인용 수입 물품 과납세 면제

- 상속세 인적공제
- 소득세 인적공제
- 장애인의 고궁, 국 · 공립 박물관, 공원 등 공공시설 이용 요금 면제
- 장애인의 철도 및 지하철도 요금 할인
- 장애인 의무고용제
- 항공료 할인(국내선)
- 영구임대 주택 입주시 가산점 부여
- 재가 장애인 순회재활 서비스 제공

(2) 특히 '서울특별시 당국'에 의해 1992년 설치된 정신지체인을 위한 '그룹홈'을 본인이 책임지고 있는 '서울시립정신지체인복지관'에서 운영하고 있다.

4. 정신지체인의 재활기관

우리나라의 정신지체인을 위한 재활기관은 교육기관과 사회복지기관 및 의료기관으로 대별할 수 있다.

(1) 교육기관

1993년 특수교육 요람(한국특수교육협회 발간)에 의하면

① 장애인 교육기관으로 전체 특수학교 수는 106개교(1,954학급), 재학생 20,985명이며 그중에 정신지체인 특수학교는 57개교(1,117학급), 12,598명이다.

② 일반학교(2,638개교)에 특수학급 33학급(초등학교 2,662학급, 중 · 고등부 659학급)에 28,210명이다.

(2) 사회복지기관

사회복지기관은 수용시설을 비롯하여 재가 장애인의 사회통합과 자립을 목적으로 지역 사회 내에 다음과 같은 복지기관(이용시설, 통원시설)을 설치 운영하고 있다.

① 장애인복지관은 장애인종합복지관(정신지체, 신체장애인에 대한 복합적 서비스 제공, 이용기관)과 종별 복지관(장애영역별 해당 전문서비스 제공, 이용기관), 장애인 교육훈련 시설이 있다.

② 보호작업장(자립작업장)

③ 순회 재활서비스 센터

④ 스포츠, 레크리에이션 지도

수용시설은 101개소(10,445명)이며 그중의 44개소는 정신지체인을 수용하는 사회복지시설(수용시설)이다.

(3) 의료재활기관

우리나라는 장애인에 대한 특수학교와 일반학교에서의 통합교육을 병행 확대하고 있다.

또한 시설수용 장애인에 대한 서비스도 충실하게 하고 있으며 특히 재가 장애인에 대한 서비스가 매우 빠른 속도고 확대되고 있다.

III. 그룹홈 운영의 실태

1. 개념

자역사회 내에 있는 보통주택에서 소수의 정신지체인들이 공동으로 생활하고, 그들의 능숙치 못한 일을 동거하는 전문 직원에 의해서 도움을 받는 생활형태이다. 정신지체인의 장애 정도 및 특성에 따라 그룹홈이 그들의 영원한 거주지가 되는 사례가 있는가 하면, 많은 경우 더 독립적인 생활로 이주할 것을 궁극적인 목표로 삼고 그에 대비하기 위한 과도기적인 훈련장이 된다.

그룹홈 교육프로그램은 지역사회 내에서 일하고 살면서 어떻게 잘 적응해 나가느냐에 그 초점을 둔다. 대부분의 그룹홈은 직접경험을 통하여 일상생활 기술과 지역사회에서의 적응력을 기르기 위한 훈련을 제공하며 자조, 가정관리, 교통수단 이용과 안전, 사회성, 오락활동 및 기능적 학업 영역에서의 기술습득을 강조한다.

우리나라에서 행한 한 연구보고에 의하면 정신지체인을 가진 가정의 70%가 지역사회 거주를 원하고 있으며 그중 그룹홈이 67.7%, 대리가정이 16.9%, 외딴 곳에 존재하는 가정 0.7%로 나타나고 있다. 또 다른 연구보고에 의하면 보호자의 88.1%가 그룹홈의 필요성에 긍정적인 반응을 나타내고 있다.

2. 그룹홈 운영방침

그룹홈을 운영하는 우리 복지관은 그룹홈을 운영할 때 예상되는 문제들을 진단하고 적절한 대책을 강구하여 운영의 효율을 기하기 위하여 다음과 같은 방침을 정하였다.

(1) 그룹홈 설치장소 선정시의 유의사항
- 그룹홈을 임차 사용할 경우 장기간에 걸쳐 거주할 수 있을 것
- 주택의 규모는 프라이버시가 보장되면서 공동생활을 하는 데 지장에 없을 정도의 규모를 가진 주택
- 그룹홈 설치에 대한 지역사회 주민들의 반대나 냉담한 반응이 없거나 또는 최소화시킬 수 있는 사회적 · 문화적 가치와 환경이 형성된 지역
- 교통수단 이용이 쉬운 지역
- 그룹홈 설치 운영기관과 그룹홈과의 거리가 멀지 않을 것, 즉 그룹홈을 지원하는 데 가까운 거리에 위치할 것

우리 복지관은 위의 고려사항을 참작하여 서울 시내 두 곳의 시영임대아파트를 제일 목표로 삼고 서울시 당국과 협의한 결과 시내 중심부에서 약 40~60분 거리에 위치한 아파트 단지 내에 주택(4가구분)을 신청하였다.

(2) 생활보조원의 자질
그룹홈에 기거하면서 입주자들의 생활을 보호하는 생활보조원의 자질이야말로 그룹홈 프로그램의 성패를 가름하는 유일하고 가장 중요한 요인이다.

고려사항은 다음과 같다.

- 생활보조원의 높은 학력과 정신적 · 육체적 건강이 좋아야 한다.
- 장애를 이해하고 인격적으로 존중히 여기는 자세, 가사처리능력, 수용적 태도, 인간관계
- 정신지체인 복지업무에 경험이 있을 것
- 정신지체인의 지역사회 생활에 대한 이해
- 그룹홈을 조직적으로 운영하고 프로그램에 적극적으로 참여하며 긍정적인 사고력을 가지고 있을 것
- 지역사회와의 교류

우리 복지관은 그룹홈 입주 2개월 전에 생활보조원을 채용하여 직무교육을 실시하고 일본 구주지역에서 현장연수와 경험을 갖게 하였다.

(3) 운영비의 효율성

(4) 프로그램

그룹홈 입주자가 지역사회에서 성공적인 생활을 위해 적절한 프로그램 수행이 요구된다.
- 취업을 위한 직업훈련 프로그램
- 입주자의 자조기술, 가사기술 및 지역사회 생활기술 습득
- 입주자의 여가활동
- 입주자의 문제행동 교정
- 입주자의 대인 관계

이 프로그램은 정상화와 지역사회 통합이 정신지체인들게 의미 있는 결과로 현실화되기 위해서는 개인의 자율성과 선택권을 보호하는 데 더욱 노력하여야 한다.

우리 복지관은 프로그램의 계획수립, 진행과정, 평가에 관한 교육과 실습을 통하여 입주자가 개개인의 특성을 참작하여 프로그램의 개별화와 집단화를 시도하므로 자치통합과 자립의 훈련의 경험을 축적하고 있다.

3. 그룹홈의 실제

(1) 설치장소

우리 복지관이 운영하고 있는 그룹홈 4개소는 1992년 서울특별시 당국의 정책적 · 재정적 지원으로 설치되었으며 주택은 서울 시내에 있는 시영임대아파트(1개소당 72.6㎡) 4개소를 장기 임대하여 거주하고 있다. 1가구당 입주인원은 18세 이상의 정신지체인 4명과 사회재활교사 1명이며, 남자 가정 3가구와 여자 가정 1가구를 두고 있다. 입주자들은 일반가정 또는 정신지체인의 보호작업장에 다니고 있다. 그룹홈에 입주한 정신지체인의 장애등급은 2급(지능지수 35~49)과 3급(지능지수 50~70)이다. 또한 1980년 이후 순수민간단체에 의해서 설치 운영되고 있는 그룹홈도 많이 있으며 계속 증가하고 있다.

(2) 입주대상자는 다음과 같다.

① 서울특별시에 거주하는 18세 이상의 정신지체인으로서 거주지 동사무소에 장애인 등록이 되어 있는 자

② 일상생활하는 데 다소의 도움을 필요로 하고

③ 공동생활하는 데 지장이 없을 정도로 어느 정도 신변 자립이 되어 있는 자

④ 취업(복지적 취로 포함)하여 일정한 소득이 있는 자

⑤ 가정이나 수용시설의 보호보다는 그룹홈에서 생활하는 것이 자립발전에 유익하다고 판단되는 자

(3) 비용부담

- 주거 생활의 기본요건인 주택(임차보증금, 임차료), 가구류, 주방용품, 가정용품 등 일상용품비와 생활보조원의 인건비, 관리비, 생활지도비는 서울시 당국에서 부담한다.

- 식대 · 공공요금(전기료, 가스, 전화료) 등 생활비와 이 · 미용비, 문화오락비 등은 입주자가 부담한다.

(4) 운영체계

- 본인이 책임지고 있는 서울특별시정신지체인복지관에서는 서울시로부터 위탁받아 운영하고 있다.

우리 복지관은 서울시 당국에 의해 설립되었으며 운영은 민간전문기관인 한국정신지체인애호협회에 위탁하여 운영되고 있다. 우리 복지관은 교육, 치료, 직업훈련, 사회계몽, 재가 정신지체인 지도, 취업알선, 보호자업장 등을 통하여 장애인의 사회통합을 이룩하는 한국의 대표적인 정신지체인 복지 전문기관이다.

- 우리 복지관 내에 그룹홈 운영위원회를 두어 운영에 관한 지도감독과 운영에 관련된 제반 중요한 정책을 결정하고 입주자 선정, 직원인사 등에 관한 사항을 담당하고 있으며, 실무는 사회복지부 상담지도과에서 관장하고 있다.

(5) 운영실태 분석

그룹홈과 관련된 입주자 등 6개 집단(입주자, 생활보조원, 입주자의 부모, 지역주민, 기업주, 기타)과 그룹홈 환경 및 비용 등을 다각적으로 분석한 결과 다음과 같이 긍정적이고 바람직한 방향으로 운영되고 있고 호응도 또한 높은 것으로 나타났다.

① 입주자들은 그룹홈의 생활과 직장생활에 매우 만족하고 있으며 이들의 문제행동도 감소되고 입주 후 기술습득도 향상되고 있다. 특히, 현재 살고 있는 그룹홈에 대해서는 전에 살던 집과 같게 생각하거나 더 선호하는 경우가 75%나 되었다. 우리나라의 1가구당 평균 가구원 수가 3.7명이라는 점 등을 고려할 때 구성원이 4인 정도가 가장 적합하다.

② 생활보조원들은 근무시간 및 보조원 역할에 대해 대부분 만족(80%)하고 있으며 전문지식 한계와 경험부족 현상이 미세하게 나타났다.

③ 입주자의 부모들은 시설의 안락 정도, 청결한 환경, 입주자에 대한 인간적 대우 등에서 대부분 만족하고 있으며 (87%) 그룹홈의 지속적인 추진과 안정된 직장보장을 희망하고 있다.

④ 기업체 고용주는 작업을 위한 사전훈련 정도와 작업능력에 대부분 만족하는 편(57%)이고 작업집중 태도, 자율

적 작업 등은 부족하다고 함.

⑤ 본 그룹홈의 경우 시설과 환경에 관한 거의 모든 항목에서 '적절하다' 혹은 '매우 적절하다'로 평가되어 긍정적으로 평가되었다.

⑥ 그룹홈이 잘되고 있는지에 대해 지역주민들은 전반적으로 "매우 긍정적인" 반응을 보였고, 주민들의 태도는 지지적인 반응이 85%로 나타났으며, 부정적인 인식을 지녔던 그룹홈 지역 주민들이 입주자들의 지역사회에 잘 적응하고 있는 모습과 그룹홈 방문으로 긍정적인 인식을 지니게 되었다. "비지지적"인 주민은 1명도 없었다.

결론적으로 현재 우리 복지관에서 시범적으로 운영하고 있는 4개 그룹홈들을 6개 집단과 그룹홈 환경 및 비용을 대상으로 다각적으로 평가했을 때, 매우 긍정적이고 바람직한 방향으로 운영되고 있고 그 호응도가 매우 높은 것으로 나타났다.

IV. 사회환경적 지지기반 확충

정신지체인의 사회참여와 자립은 앞에서 언급한 대로 방법론의 하나인 지역사회내의 '그룹홈' 생활을 통해 보다 더 가속화될 것으로 믿는다. 그러나 더욱 중요한 것은 사회 환경적 지지기반을 확충해 나가야 한다.
이런 지지기반 확충을 위해서 우리 복지관에서는 다음과 같은 프로그램을 전개하고 있다.

1. 서울정신지체청소년합창단 운영

서울 시내에 거주하는 정신지체 청소년 40명으로 구성된 합창단은 세계에서 처음으로 1991. 10 .1 에 창단하여 매년 1회의 정기연주회와 수회의로 비정기연주회를 갖고 있다. 이 합창단 연주회를 통해서 정신지체인도 적절한 교육과 훈련을 쌓으면 '이렇게 할 수 있다'는 확신을 갖게 하여 정신지체인에 대한 사회적 인식을 제고하고 있다.

2. 그림 그리기 대회, 그림 전시회, 글짓기 공모 및 발표와 출판 및 작품 전시회를 통해서 정신지체인의 잠재능력을 개발하고 있다.

3. 각종 홍보매체를 통하거나 대중들의 모임에 참석하여 정신지체인에 대한 올바른 이해를 갖도록 출판물 배부, 강연, 방송출연 등 활동을 하고 있다. 정신지체 복지 세일즈맨의 자세로 열심히 뛰고 있다.

4. 정신지체인 부모에 대한 교육을 실시하여 정신지체 자녀의 대변자로서 정정당당하게 원리를 주장하고 요구할 수 있는 부모운동과 사회운동을 전개하고 있다.

V. 결론

정신지체인의 사회참여는 선진국일수록 그 문호가 확대되어야 한다. 그러나 아직도 장애인에 대한 제도와 인식의 부족이 여전히 심각한 상태에 있기 때문에 특수교육, 사회사업, 보육, 조사연구 등의 분야에서 열심히 노력하고 있다. 이러한 우리들의 노력으로 정신지체장애인들이 언젠가는 사회구성원의 일원으로 완전한 사회참여와 자립의 생활이 성취되기를 소망한다. 정신지체인의 복지는 국경을 초원한 범세계적 협력하에 이루어진다고 확신함으로써 사회참여와 자립방안을 다음과 같이 제시한다.

1. 정신지체인의 사회참여와 자립은 사회통합의 차원에서 이루어져야 한다.
2. 사회참여의 제1단계는 지역사회와 밀접한 관계를 가질 수 있는 위치에 거주해야 한다.
3. 정신지체인에 대해 올바른 인식을 갖도록 하여야 한다.
   ① 정신지체인에게 교육, 훈련, 치료, 취업이 필요하며, 이런 것이 제대로 이루어질 때 이들의 삶의 질이 향상된다.
   ② 정신지체인도 '할 수 있다'는 것을 널리 알린다.
      예 : 정신지체인합창단 연주, 그림전시회, 수공예품전시, 글짓기, 지역주민과의 교류 및 상호방문, 정신지체
           인과 비장애인 또는 타 영역 장애인과의 통합프로그램 실시, 스페셜 올림픽 개최, 등산 등
   ③ 홍보물의 제작 및 배부
4. 지지기반 확대, 특히 정신지체인과 관련이 없는 사람들의 지지기반 확대가 매우 중요하다.
5. 그룹홈 제도는 정신지체인의 사회참여와 자립을 위한 좋은 모델이다. 따라서 그룹홈에서의 좋은 프로그램을 개발, 관리, 지도해야 한다.
6. 정신지체인도 자기능력에 적합한 취업이 이루어져야 한다.
7. 각종 제도, 정책, 국가의 예산 배정도 중요하지만 정신지체인의 부모 운동에서 사회운동으로 승화되어야 한다.
8. 전문인의 양성이 중요하며, 그들에게 적절한 사회적, 경제적, 정신적 대우가 있어야 한다.

4. 효과적인 그룹홈의 설치와 운영방안 [3]

- 정부와 기관의 역할 중심으로 -

문 용 수

Ⅰ. 서론

　오늘날의 대다수의 현대국가들은 치국(治國)의 개념으로 '복지국가 건설'이라는 개념을 도입하고 있으며 시행되는 국가시책의 목표로 이것을 지향하고 있다.

　특히 우리나라 같은 소위 경제정책이 우선순위가 되어 있는 상황에서는 '사회복지'라는 그것 자체가 아직은 '내 문제'나 '우리의 문제'로 인식되기에는 여유가 없을지는 모르나 아무튼 헌법에 명시된 "모든 국민은 인간으로서의 존엄과 가치를 가지며 행복을 추구할 권리가 있고 국가는 개인의 기본적 인권을 보장할 의무를 진다."라는 조항을 볼 때에 정부는 국민들이 의존적인 삶에서 자립적인 삶을 유지할 수 있도록 제반 원조를 제공할 의무가 있는 것이다.더구나 소외계층에 대한, 특히 장애인계층에 대한 복지정책이 낙후한 현실을 볼 때 국가의 의무 내지 책임은 더욱 막중한 것이다.

　이제까지의 정부의 장애인복지 정책은 시설(기관)에 대한 재정적 지원에 국한되어 왔었고 시설이나 전문가들은 장애인들의 단순보호나 교육(훈련), 치료 등, 소위 아동청소년기의 프로그램에 관심이 집중되어 왔으며 성인 장애인에 대한 관심은 소홀한 편이었다. 그러다가 최근에 정신지체인 관련 시설에서 성인 지체인에 대한 프로그램에 관심을 갖고 81년 최초로 민간차원의 Group Home을 시도하여 이미 상당한 수준에 와 있고 지방자치단체(서울시)에서도 성인 정신지체인에 대한 프로그램에 관심을 갖고 관련기관과 수십 차례에 걸친 협의와 타당성 검토, 연구 및 해외 Group Home 시찰 등을 통하여 최종적으로 실시하기로 결정, 92년 하반기에 4가구를 시범적으로 설치하였다. 그 후 서울시는 이미 실시하고 있는 4가구의 Group Home의 실태를 조사, 평가(1993)한 후 확대하기로 결정하여 94년 4가구, 95년에 4가구 등 계속 확대시키고 있다. 지난 9월에도 내년도에 또 다른 형태의 Group Home을 설치, 운영하겠다고 하는 내용이 언론에 보도된 바 있다.

　이렇게 지방자치단체의 적극적인 관심과 지원에 힘입어 운영되는 곳이 총 12가정(95.9. 현재)이며, 엠마우스복지관의 Group Home(4가구)을 비롯하여 파악되지 않은 곳까지 하면 전국적으로 대략 25~30여 가구가 설치, 운영되고 있을 것으로 추산된다. Group Home을 설치해야 되고 또 촉진하는 이유는 탈시설화, 정상화원리, 최소한의 제한된 배치 등이 있지만 보다 현실적인 이유는 지역사회를 기반으로 한 프로그램이 시설의 보호 지향적 프로그램보다 훨씬 유익한 효과를 볼 수 있다는 것과 다양한 자립 지향적 서비스를 개발, 제공할 가능성이 크기 때문이다. 지역사회

---

3) 이 글은 제4회 가톨릭정신지체인부모회 심포지엄에서 『한국의 GH 실태와 전망』이라는 주제로 발표된 글이다.

를 기반으로 한 소규모의 Group Home이 현재 가장 빠르게 확산되고 있는 거주환경이라는 점과 Group Home이 정신지체인들에게 바람직하고, 유익한 경험을 제공할 수 있는 Group Home의 유형이 거론되고 있기에 본 란에서는 Group Home의 설치, 운영에 따르는 정부(또는 자치단체)와 운영기관의 역할 중심으로 현황, 문제점, 개선점 등을 다루고자 한다. 여기서의 설치는 정부 쪽의 역할(hardware)을, 운영은 기관 쪽의 역할(software)을 의미한다.

II. Group Home의 설치 운영

1. Group home의 구성요소

1) 설치요소 - 주택, 재정(운영비, 인건비 등), 기타(지침 등 제도적 장치)
2) 운영요소 - 전담직원, 입주자, 입주자부모(가족), 생활보조원, Back-up기관, 지역사회, 개별지도 프로그램, 취업체(보호작업장)

2. Group Home의 설치 특성

Group Home의 설치 특성은 크게 시설적(형태적) 특성과 환경적 특성으로 볼 수 있으며 세부적으로 위치, 내 · 외부 환경에 대한 것도 포함이 될 수 있겠다.

⑴ 형태 : 외양으로는 일반주택과 다른 것이 없는 주택이어야 하며 여기에는 단독주택, 아파트, 연립주택, 다세대 주택 등이 포함된다.

⑵ 위치 : 주택가에 위치해 있어야 하며 입주자들만의 단독세대를 구성하여 주거단위를 단독화해야 한다. 또 한 곳에 모이는 것을 피해야 한다. Group Home이 어디에 위치해 있느냐 하는 것은 Group Home의 성공여부와 직결된다고 하겠다. 주택의 크기, 직원의 수, 구체적인 훈련과정, 행정적 지원의 적용은 정신지체인을 위한 주거환경의 효율성에 영향을 미치지만 주택의 위치에 따른 상호간의 연관성을 염두해 두어야 한다. 외국의 예를 들어보면 동일한 서비스 프로그램을 사용하는데도 불구하고 주택의 위치에 따라 지역사회 통합 및 사회적 통합이 최고 200~500%까지의 차이를 나타냈다 (미 Oregon대학 - Paine, Bellamy, & Wilcox, 1984. 재인용).

⑶ 외부환경 : 주택의 건축적 구조는 입주자들의 자립목표를 성취하는 데 있어서 중요한 역할을 한다. 주택의 물리적 환경은 보다 더 가정적인 곳으로 판단할 수 있게 하는 직접적인 요소이다. 입주자에 대한 생활보조원의 행동은 주택시설의 특성에 따라 다양하게 변화할 수 있으며 이는 서비스의 질에도 영향을 미칠 수 있다. 주택의 외관으로는 주소 이외는 특별히 눈에 띄는 표식이나 간판 등을 달아주는 것은 좋지 않다.

⑷ 내부환경 : 주택환경은 입주인이 경험하는 실제적인 사회적 상호관계를 규정하는 요소 중 하나이기 때문에 입주자들을 위한 주거환경은 연령에 적절하게 마련되어야 한다. 흔히 성인 지체인들은 '영원한 아동'으로 취급되는 경향이 있기 때문에 환경적 측면에서의 정상화 원리의 고려는 사회적 적응능력과 개인적 능력의 발달을 촉진한다(Chomoboy&Harvey, 1988 재인용). 그리고 어떤 시설(설비)을 하는가는 입주자의 적응행동 및 능력 또는 파괴적 행동에 영향을 미치며 입주자뿐만 아니라 생활보조원의 입주자에 대한 지각, 행동에도 영향을 미치

게 된다. 입주 인원도 인원수가 많아질수록 가정적 요소는 적어지고 시설적 요소가 많아진다.

3. Group Home의 운영 특성

Group Home의 핵심은 입주자들에 대한 각자의 장애 정도, 사회성, 교육수준 등을 감안한 개별화 원조(지원)프로그램을 설정하되 가능한 일반인들의 수준(기준)에 접근시켜 통합성과 개인의 중요성을 강조하는 데 있다.

Group Home을 통해서 정말로 보통의 일상적인 생활을 정신지체인들이 수행하고 그 속에서 가정의 생생한 경험과 구성원(가족)간의 역할 의식을 찾도록 하고 더 나아가 지역사회의 구성원으로서의 시민의식을 갖도록 하며 주민들과 같은 동등한 처우를 받고 권리와 의무를 유지 발전시키는 것이다. 이렇듯 Group Home 입주자와 지역사회에서의 성공적인 생활에 관련된 많은 요인 간의 상호작용은 매우 중요하다고 본다. Group Home이나 지역사회에서의 적응이란 정신지체인 개인의 적응능력에만 달려 있는 것이 아니라 그 개인의 행동특성, 인내, 행동변화, 수행 및 분리하거나 표시할 수 없는 기타 다른 요인 간의 작용결과에 따라 좌우된다. 아무튼 수많은 요인들 간의 복합적 작용에 대해 개인이 자율을 경험한다든지 선택권을 주고 또 이를 보호한다는 것은 정상화된 생활양식의 중요한 평가요소가 될 수 있겠다. Group Home을 운영하는 데 있어서 나타난 특성들은 위에 전기한 입주자와 관련된 것 외에 생활보조원, 백업 직원, 입주자 부모(가족), 지역주민 등이 운영상에 미치는 특성이 있고 이외에도 운영비, 취업체 프로그램 등도 있다.

(1) 입주자에 관련된 사항

① 가사 및 지역사회 활동 : 일반적으로, 특히 한국의 수용시설의 특성을 볼 때 수용시설에서의 정신지체인들이 가사에 참여하는 빈도는 거의 전무한 편인데 반해 Group Home에서는 정신지체인들이 가사에 참여하는 빈도가 매우 높아 그들의 가정환경을 유지하는 데 적극적으로 나서고 있다. 지역사회 활동은 정상화 원칙 등이 고려되어야 하는데 이 원칙이란 문화적으로 전형적인 가정에서 생활하고 비장애인과 함께 생산적 활동과 여가활동에 참여하며 사회적, 문화적, 경제적 기타 관련된 역할을 수행함으로써 지역사회에 통합되는 것을 의미한다. 진정한 의미의 지역사회 통합은 실제적으로 얼마나 지역사회에 참여하는가 하는 양적인 면뿐만 아니라 질적인 면도 간과해서는 안 된다. 통합의 질은 수동적이거나 능동적인 것으로 특정지어지는데 수동적 통합은 사회재활교사나 백업지원에 의해 계획되고 실시되는 환경이나 활동에 참여하는 것을 의미하고 적극적인 통합은 참여자에 의해 환경이나 활동이 선택되는 것을 의미한다(Crapps, Langone & Swaim 1985. 재인용).

② 여가활동 : 여가(recreation, leisure)경험은 모든 사람들에게 삶의 활력을 충전시키는 중요한 측면의 하나이다. 아울러 성공적인 Group Home 운영이 되기 위해서도 여가는 매우 중요하다. 여가기술 교육, 지도는 자칫 나타날 수 있는 입주자의 비사회적 행동을 피하고 일반인에게 입주자들의 접근이 용이하며 독립성도 키울 수 있다.

③ 문제행동 : Group Home에 입주한 정신지체인의 정도에 관계없이 신체적으로 공격적인 행동문제, 이동성의 결여, 부적절한 자조기술 등이 Group Home에 거주하는 데 가장 장애가 된다. 문제행동은 보는 시각에 따라 다른데, 수용시설의 직원들은 문제행동에 대하여 대체적으로 당연한 것으로 여기고 가능한 관용적인 경향이 있기 때문에 알리고 싶은 심정이 크게 작용되지 않아 실제보다 문제행동이 많음에도 불구하고 과소평가되는 반면

에, Group Home 직원들은 더 나은 상호작용으로 인하여 과민하게 반응하게 되어 실제보다 문제행동이 과대평가되는 경향이 있다.

④ 대인관계 : 입주자의 사회적 접촉은 사회적 통합의 핵심으로 반복적인 사회적 접촉 없이 개인은 사회의 일원들에 의해 수용될 기회를 갖기 힘들다. 입주자에 대한 사회적 지지를 이해하기 위해서는 사회적 접촉을 관찰하는 것이 중요한다. 그러므로 입주자와 일반인 사이의 관계에서 상호 호혜성을 증가시키거나 동등하게 하기 위한 의도적인 기술들은 지속적인 관계 유지를 가능하게 하는 중요한 기능으로 작용한다.

⑤ 취업관계 : Group Home에서 절대적으로 필요한 역할을 하는 프로그램은 입주자들의 생산 활동 등의 잠재력을 일깨우고 자립능력을 증대시키는 취업프로그램이다. 취업관련 서비스는 그 현장 자체가 입주자에게 전반적인 면에서 향상을 도모할 수 있다는 측면에서 매우 중요하다. 이는 입주자가 그 안에서 다른 사람들과 어울려 가치 있는 삶을 영위하는가를 파악할 수 있기 때문이다.

(2) 생활보조원과 관련된 사항

① 역할 및 업무 : 생활보조원의 Group Home에서의 역할은 대개 Group Home의 시설유지, 입주자들에 대한 일상적 생활에 대한 지도, 감독, 의식주와 같은 기본적 생활욕구와 안전보장, 프로그램 실시, 취업지도 등을 하면서 입주자들과 상호 연관되어 행동관리, 여가 및 오락, 개인위생, 지역사회자원 사용 등을 하게 된다.

② 자질 : 생활보조원은 선발하는 과정에서부터 중요시되어야 하는 것이 바로 자질이다. 이 자질이야말로 Group Home 프로그램의 성패를 좌우하고 가름하는 중요한 요인이기 때문이다. 생활보조원의 정신건강, 학력, 연령, 태도, 대인관계, 정신지체인을 접해본 경험 내지는 경력, 추진력, 기획력, 지식 내지는 기술 등이 충분히 고려되었을 때 훌륭한 자질을 소유한 생활보조원이 된다.

③ 행동 : 생활보조원의 행동이 입주자들의 행동에 끼치는 영향은 매우 중요하여 입주자들의 긍정적, 부정적 행동과 사고에 바로 반영된다. 그래서 생활보조원과 입주자간의 상호작용관계를 유기적인 시각으로 봐야 한다. 입주자들의 적응에 확실하게 영향을 끼치는 것은 정상화된 직원의 사고 행동, 태도 등이 포함된다. 그래서 입주자들은 적극적으로 칭찬하고, 보상하고, 방어해주고, 도와주고, 그리고 환경을 같이 공유하는 것이 보조원에게 필요한 행동이다.

(3) 입주자의 부모(가족)와 관련된 사항

① 태도와 견해 : 부모(가족)가 생각하는 정신지체 자녀에 대한 두 번째 위기는 자녀가 성인 정신지체인으로 넘어가는 시기이다. 미래에 대한 불안함, 불안정한 현실 등으로 인하여 정상적인 삶의 과정과 양상이 변화되고 왜곡된 것으로 인식되기 쉽기 때문에 부모나 당사자 모두에게 어려운 시기인 것이다. 이 때문에 Group Home은 부모들에게 큰 호응을 얻게 되고 긍정적인 견해를 갖게 된다. 그러나 한편으로는 자신들과 떨어져 Group Home에서 생활하는 자녀를 볼 때 부모들은 불확실함, 공포, 죄의식과 같은 감정을 경험하게 된다.

② 기대감 : 부모나 가족들은 자녀들이 Group Home 입주 초기에는 상당한 불안감, 죄의식, 공포 등 감정의 불안정한 면을 극복하지 못하다가 어느 정도 시간이 지나면 점차 안정화되어 간다. 특히 일상생활을 통한 생활기술의 습득기회 제공은 부모나 가족들로부터 상당한 호응과 기대감을 갖게 한다. 또 개별화된 프로그램과 다양한

서비스에 상당한 기대를 갖는다.

③ 우려감 : Group Home에 대한 높은 만족도에도 불구하고 부모나 가족들은 여전히 Group Home에 염려한다. 특히 생활보조원이나 직원들이 교체되지 않는지, 프로그램 차질에 따른 불안정성, 직원이 어리지 않는지, 직원 훈련이 제대로 되고 있는지 등이다.

④ 요구 : Group Home에서 자녀들이 생활을 영위함에 있어서 자립능력의 향상, 자조성의 발달, 사회성 발달, 원만한 대인관계 형성 등 긍정적 결과에도 불구하고 부모나 가족들은 서비스의 질과 프로그램의 다양화 지속성, 직원의 안정적 근무 등의 요구가 제기된다.

⑷ 지역주민 관련 사항

Group Home의 성공적인 지역사회 내의 정착은 주민들의 수용의사가 있지 아니하면 설치단계에서 부터 난관에 봉착하게 된다. 정신지체인의 지역사회 적응의 궁극적인 목적은 지역사회 거주자로서의 물리적 · 사회적 통합을 도모하고 성취하는 것이다. 앞으로 Group Home은 계속 증가할 것이기 때문에 지역사회와의 문제는 늘 상존할 것이다. 대개의 지역사회에서 장애인 시설(Group Home)을 기피하거나 반대하는 이유는 장애인들의 이상행동에 대한 우려, 지역사회 거주에 대한 불쾌감, 부동산 가격에 미치는 영향, 자녀교육상의 문제 등이 되겠다.

⑸ 운영비 관련 사항

Group Home은 종래의 수용시설의 운영개념과는 달리 평가지향적 운영개념이 적용되어야 하며 재정의 투입도 적정성, 효율성 등을 염두에 두어야 한다. 그러나 자체부담이 아닌 보조금에 의해 집행되는 재정은 사전에 이미 예산의 내역, 집행여부 등이 통제된 통제성 예산이기 때문에 효율적 집행이라고 하는 데는 어느 정도 문제가 있다. 예산집행상의 기본은 최소의 투입과 최대의 효과를 볼 수 있는 경제원리에 있을 뿐만 아니라 기존의 수용시설보다 더 효율적이고 경제적이어야 한다는 전제가 따르고 있다.

4. Group Home의 설치 운영 현황(서울시립정신지체인복지관 중심)

⑴ Group Home 설치 가구 수 : 총 6가구(92년 4가구, 94년 2가구) : 남자 가정 4가구, 여자 가정 2가구

⑵ 주택공급 형태 : 임대전용아파트(서울시 지원) : 4가구 입주자부담 가구, 2가구– 전세 2년간 거주

⑶ 주택구조 : 6가구 모두 아파트

⑷ 주택크기 : 24평형아파트 4가구(임대전용)

　　　　　　28평형아파트 1가구(전세구입)

　　　　　　32평형아파트 1가구(전세구입)

⑸ 직원 : 생활보조원 6명

　　　　순회직원 2명

　　　　백업직원 1명

⑹ 직원근무 형태 : 24시간 동일가옥 근무(동거형)

⑺ 예산 (94~95년도)

(단위 : 원, %)

적 요	94년도	95년도	비 고	백분율	
총 계	120,198	145,978		94년	95년
임대료	4,582	4,807	임대료(월) 99,500~100,500	3.8	3.2
관리비	14,680	16,620	관리비, 난방비, 소모품비 (사무용품비 포함), 업무추진 비, 직원교육비, 국제교류연 수비, 도서구입비, 수용비 등	12.2	11.4
생활지도비	6,540	8,640	교육지도비	5.4	5.9
인건비	46,637	82,647	직원 8명	38.8	56.6
주방용품	2,800			2.3	
일상용품	8,710			7.2	
가전제품	8,490			7.1	
생활비	27,174	33,264	입주자부담금 : 103,000(월) 생활보조원 생활비 : 50,000(월) 점심도시락 별도 : 20,000(월)	20.1	22.8

⑻ 예산조달 형태 : 생활비를 제외한 전액 시비 보조

⑼ 입주대상 및 자격 :

- 서울시에 거주하는 18세 이상의 정신지체인으로서 장애인 등록이 되어 있는 자

- 일상생활을 하는 데 약간의 도움만 필요하고

- 공동생활하는 데 지장이 없을 정도로 신변 자립이 되어 있는 자

- 취업하여 일정한 소득이 있는 자 (보호작업장 취업 포함)

- 가정이나 수요시설의 보호보다는 Group Home에서 생활하는 것이 자립발전에 유익하다고 판단되는 자

⑽ 운영체계 : 서울시로부터 위탁받아 운영하고 있으며 관장, 사회복지부장, 백업직원, 사회재활교사 대표로 구성된 운영위원회에서 설치 운영에 따른 심의 결정함

⑾ 입주기간 : 특별한 사유가 발생하지 않는 한 계속 생활하는 것을 원칙으로 함

⑿ 입주절차 : 입주신청서 접수 → 면접심사 → 운영위원회 심의 결정 → 통보 → 입주

⒀ 생활보조원

- 자격 : 정신지체인 복지업무에 경험이 있는 자, 깊은 관심을 갖고 헌신, 봉사하고자 하는 자

- 업무 :

① 입주자에 대한 서비스

가사제공(취사, 쇼핑, 영양관리, 식단 작성, 부엌, 관리 등)

금전출납에 관한 원조

건강관리 – 약물복용, 병원통원, 청결위생관리

② 본부와의 관련업무 – 회계보고, 주간보고, 월간보고, 긴급상황협의, 기타(교육 등)

③ 지역사회와의 관련업무– 지역사회 교류, 지역사회 이해촉진(마찰해소 등)

④ 기타업무– 각종 서류의 기록 및 관리를 비롯한 기타 필요한 지원

⒁ 입주자 영역별 지도프로그램

　– 신변자립 : 세면, 목욕, 화장하기, 옷갈아입기, 면도기 사용 등

　– 가사생활 : 부식다듬기, 요리, 가전제품 사용법 학습, 옷장정리, 다림질

　– 사회생활 : 손님접대, 존칭어 사용, 이·미용실 이용, 관공서 이용, 종교생활, 약속지키기, 친구초대, 화폐개
　　　　념알기, 대중교통 이용하기

　– 여가활동 : 체육시설 이용, 독서, 등산, 영화, 음악감상, 여행, 캠프 등

　– 취업활동 : 출·퇴근지도, 조직생활지도, 작업지도, 취업알선 등

⒂ 기타 : – 2개월에 한번씩 부모회의
　　　　 – 1개월에 1회씩 정기외박 실시
　　　　 – 매주 월요일 본부에서 사회재활교사 회의

III. Group Home의 설치 운영 평가

1. 설치에 관한 평가

　순수 주거지역에, 그것도 대단위 아파트 단지에 설치함으로써 적어도 외형적으로 장애인 Group Home이라고 하는 표시가 전혀 나지 않았으며, 고층아파트 1개동 1가구만 설치함으로써 수량적인 면에서도 지역사회 주민들의 거부 감을 크게 줄일 수 있었다.

　아파트에 입주함으로써 입주자나 생활보조원들이 이웃주민이나 방문객, 가족들이 사용하는 것과 같은 수준의 물건을 사용함으로써 Group Home 내에서 하게 되는 물리적인 일, 예를 들면 가사노동, 안전관리, 방범 등에 대한 부담이 일반 주택보다 현저히 줄어든 것으로 파악됐다. 또 가구, 가전제품, 취사도구, 생활용품 등은 일정수준의 것으로 구매하여 설치, 입주자들이 사용하는 것을 보고 가정적이라는 생각을 갖도록 했다. 그러나 아파트의 크기(24평형)가 성인들(5명)이 사용하기에 다소 협소하여 가구 등의 배치가 어색하고 크기도 사용빈도나 용도에 따라 고려해야 할 것이다. 물론 94년에 설치한 Group Home은 이런 점들이 고려되어 아파트의 크기나 비품의 전체적인 수량, 용도, 사용빈도 등을 다시 한번 더 고려하여 구매하였다. 방 하나당 생활인원은 2인 1실로 배치하였으며 직원의 방은 제일 작은 방을 배치하였는데, 이 방법이 현실적으로 가장 타당한 것으로 보인다.

2. 운영에 관한 평가

⑴ 입주자 전반

　입주자들이 Group Home을 어떻게 생각하고 있는가에 대한 평가는 실시되고 있는 프로그램들이 자율적이냐 타율적이냐에 따라 거의 좌우된다고 본다.

　개별화 프로그램, 기상과 취침시간, 귀가시간, 취업지도, 대인관계, 가사지도 등에 대한 자율성 부여는 이런 의미에

서 상당히 중요하다. 입주자들은 초기에 새로 바뀐 환경에 대한 호기심, 새로운 경험에 대한 호기심과 친구들과 함께 지낼 수 있다는 사실에 만족감을 나타냈다.

이러다 보니 자조, 가사 및 지역사회 생활기술 습득과정에 활동적으로 참가하게 되었고 이에 따른 변화가 눈에 띄었다. 그러나 입주자들의 개인차, 교육경험 여부, 직장생활 여부 등에 따라 입주시에 비하여 서서히 차이가 나기 시작했으며 음식만들기, 가전제품 사용법, 관공서 이용하기 등 더 많은 훈련이 필요한 것으로 파악됐다.

지역사회 자원과 서비스 활용에 대한 면에서 앞으로는 생활보조원 중심으로 입주자에 대한 성교육, 이성교제, 사회성 지도, 친구관계 등의 교육 내지는 훈련이 필요하였다.

또 참여빈도가 저조한 입주자에 대한 별도의 접근방법이 개발되어야 할 것이다.

(2) 생활보조원 및 백업직원 전반

생활보조원의 자질과 역할은 Group Home의 안정적 발전에 아주 중요하다. 그래서 가능한 한 일정한 학력소지나 장애인 시설근무나 봉사경력자를 우선적으로 선발하는데, 앞으로도 이 점은 계속 유지가 될 것이다.

또 Group Home 입주 전에 사전교육을 충분한 일정을 갖고 실시하여 개별화 프로그램 계획, 시행방법, 서류작성, 회계장부정리, 영양관리, 문제행동 상담법, 보조원의 자세 등으로 구성한 것이다. 현장감을 심어주기 위하여 해외의 Group Home 현장을 답사, 연수를 받게 했던 것도 좋았다.

생활보조원들이 Group Home에 대한 인식, 정신지체인의 특성, 역할 등에 대한 반응은 긍정적으로 나타났다.

그러나 생활보조원들의 지역사회 접근에 대한 미숙, 통합 활동에 대한 제약, 응급상황처리, 전문성 부족(과제분석력 등), 백업직원과의 역할혼동, 순회 직원과의 업무혼선 내지 역할 모호 등이 해결되어야 할 것이다.

백업시설과 Group Home과의 업무관계와 매개역할을 하는 백업직원은 기본적으로 사회복지에 대한 인식은 물론, Group Home에 대한 관심을 가져야 하기 때문에 사회복지 전공자를 선발, 배치하였다. 그럼으로써 입주자와 부모(가족), 보조원 등을 위한 상담, 사무처리 등을 원활하게 처리할 수 있었다. Group Home의 정기방문(월 2회)과 수시방문 등이 적절하게 이루어지고 비 방문시의 전화접촉도 거의 매일 시도하고 있다. 이렇게 함으로써 비상시의 대처와 문제발생에 대비가 되게 하였다.

그러나 경험의 부족, 업무수행의 불안정한 환경, 과다한 업무 등이 문제가 되어 Group Home 입주 초기에 크고 작은 시행착오가 있었으며 Group Home 방문시간에 대한 본부의 배려가 부족하였다.

(3) 입주자의 부모(가족) 전반

Group Home의 설립목표나 인식에 대하여 부모들은 대체적으로 인지하고 있었으나 2차로 설치한 Group Home 부모들의 일부는 Group Home에 대한 부정확한 인식과 종사자에 대한 편견, 본부기관에 대한 이해부족 등이 나타났다. 대부분의 부모들은 Group Home의 청결, 안락한 정도, 가정적인 분위기, 사회재활교사에 대한 역할과 입주자와의 관계, 입주자에 대한 대우, 안전사고에 대해 만족해 했다.

특히 Group Home에 입주하고 난 후에 지속적인 지도와 훈련에 의해 변화된 모습에 대해서 놀랄 정도로 변했다는 평가를 내렸다. 자립심, 여가선용기술, 예의범절, 의사표현기술 등은 부모들이 직접 양육할 때보다 현저하게 발전했다는 것이다.

그러나 감정통제능력, 문제행동 및 해결 능력 등은 약간만 변화가 있었다고 지적했다.

집에서 하지 못했던 생활교육과 가정교육이 행해지고 있는 것을 보고는, 부모들은 장애자녀에 대한 동정심 내지는 안쓰러움 때문에 지속적으로 하지 못했다고 피력했다. 따라서 교육이나 훈련은 전문기관에 의해 시행되는 것이 바람직하다고 본다.

부모들이 Group Home에 기대하는 것은 앞으로도 더 많은 프로그램과 지도를 요구하고 있으며 현재의 Group Home 운영에 대하여 전반적으로 만족해 하고 있으면서도 Group Home 운영의 중단이 염려되고 예산의 집행도 현재보다 더 교육지도비 쪽에 할당했으면 하는 요구가 있다.

한편으로는 입주자에 대하여 일부 부모들은 보고 싶어서 매일 전화를 해서 적응에 문제를 초래한다든지 Group Home 인근에 와서 출퇴근을 제대로 하는지 등을 관찰한다든지, 문제행동시에 입주자의 말만 듣고 판단한다든지, 식단을 확인한다든지, 무리한 외박(외출)을 요구한다든지, 직원에 대한 일방적 요구 등이 문제가 되고 있다.

(4) 지역주민 전반

Group Home에 대한 지역주민들의 반응은 현재로서는 우려할 만한 정도는 아니다.

입주자에 대한 주민들의 인식을 보면 순진하고 인사성 바르고 공손하다 등이었으며, 장애에도 불구하고 배우려고 노력하고 성실히 사는 것에 감동을 받았다고 한다.

또 Group Home에 대한 인식도 교육과 훈련을 받는 것이라 생각하고 있어서 나름대로 지역사회에 정착했다고 본다. 이는 입주자들을 적극적으로 지역사회에 적응시키고자 하는 보조원들의 노력과 변화된 입주자 등의 태도가 주민들에게 긍정적으로 보이지 않았나 한다.

그러나 지역주민들이 갖는 우려도 간과해서는 안 될 것이다. Group Home에 문제가 있어서 피해를 받을 염려가 있다든지 할 경우에 보조원이나 본부에서 어떻게 대처해야 할 것인가를 생각해야 할 것이다.

(5) 취업프로그램 전반

Group Home 입주자의 궁극적인 목표가 '자립'을 도모하는 것으로 볼 때 입주자들의 취업(보호고용 포함)은 필수적으로 시행되어야 할 프로그램이다.

다른 취업프로그램보다 Group Home에 입주해 있으면서 실시되는 취업프로그램은 직장에서의 안정적 적응, 용이한 사후지도, 작업지도의 용이함 때문에 적극 권장되어야 한다.

입주자에 대한 취업프로그램에 지원되는 인력(직원)은 생활보조원, 백업직원, 취업담당직원 등이기 때문에 취업체 개발 단계부터 출·퇴근 지도, 작업지도, 직장예절, 봉급관리, 사후지도까지 신속하고 효과적으로 지도할 수가 있다.

그러나 입주자들이 갖는 작업미숙, 작업속도의 지체, 작업지시의 수용부족, 안전수칙에 대한 미숙, 동료직원과의 관계미숙 등이 취업에 장애가 되고 있기 때문에 이에 따른 지속적인 교육, 지도 프로그램이 실시되어야 하며, 아울러 정신지체인의 특성에 대한 사전교육이 취업체를 상대로 필히 실시되어야 하겠다.

Ⅳ. 결론 및 제언

1. 결 론

정신지체인에 대한 장래의 대책, 즉 자립 내지는 재활의 관점에서 현재까지 나타난 프로그램 중 최선의 프로그램으로 주목받고 있는 Group Home의 설치·운영에 대한 특성과 현황 평가 등을 필자가 근무하고 기관에서 운영하고 있는 Group Home을 중심으로 정리해보았다.

순수 민간차원에서 운영되고 있는Group Home이 이미 실시되고 있던 터에 우리 기관에서 92년 10월에 정부(자치단체) 차원의 지원형태로 4가구를 설치 운영한 이래 현재는 서울에 총 12가구가 운영되고 있다.

그동안 우리가 Group Home을 운영해 본 바에 의하면 정신지체인, 가족, 지역사회, 정부 등에서 당초 우려했던 것보다 긍정적이고 고무적인 효과가 있었다고 자부한다.

특히 정신지체인의 생활에 미치는 Group Home의 영향은 실로 획기적이라고 할 수 있는데, 정신지체인 행동수정, 가정 내 적응, 직장 및 사회적응을 높이는 데 Group Home은 매우 효과적이었으며, 심리적인 측면, 문화활동범위의 확장, 기타 경험영역의 확대, 가족간의 관계개선, 대인관계 향상, 자율성 증진, 가사 처리능력 발달, 의사소통 능력 향상 등에 도움이 되었다.

이러한 것들을 볼 때 Group Home의 설치 운영은 사회 심리적 측면, 직업적 측면 등의 전반적인 면에서 긍정적인 영향과 효과가 있으므로 Group Home은 정신지체인들의 자립생활기반을 마련하는 데 꼭 필요하며 정부, 기관, 가족, 등의 지속적인 관심과 Group Home의 설치 운영에 적극적인 지원이 필요하다. 이에 앞으로도 Group Home을 설치 운영하는 데 있어서 효과를 극대화하기 위하여 다음의 제언을 하고자 한다.

2. 제 언

(1) 정부 차원

① Group Home 설치 운영에 대한 제도적 장치 마련

현재 Group Home의 설치 운영에 대한 제도적인 장치는 전무한 실정이고, 지방자치단체에서 하달된 지침이 전부인 실정이다. Group Home에 대한 중앙정부 차원의 관심이나 지원을 이제는 더 이상 미룰 수는 없을 것 같다. 전국적으로 운영되고 있는 Group Home은 대략 25~30가구로 추산되고 있는 시점이기 때문에 더욱 그러하다. 그러므로 사회복지사업, 장애인복지법 등을 개정하여 관련조항 등을 법적으로 명시해야 한다.

② 주택의 안정적 공급

현재 서울시에서 운영되고 있는 12가구 중 영구임대 주택이 4가구, 입주자부담 주택이 8가구이다. 이중 입주자나 그 가족이 주택비를 부담한 Group Home은 모두 전세로 마련을 했기 때문에 전세 기간이 만료되면 전세비용을 증액하거나 이사를 가야 하는 문제가 있다. 증액해야 되는 전세 비용을 1년 또는 2년마다 마련해야 되는 경제적 부담의 가중문제, 이사시의 이사비용 확보문제, 이사수송시의 가재도구나 가전제품의 손·망실 등이 예상되는 관계로 전체적인 운영비의 증가가 예상되며, 특히 순수 운영비가 아닌 소멸성 또는 1차성 비용이 주기적으로 투입이 된다는 데 심각성이 있다.

또 Group Home에 입주한 사람들이 지역사회, 직장, Group Home 등에 적응할 만한 시기에 옮겨야 하기 때문에 Group Home의 당초 설립취지에도 어긋난다.

이의 대책으로 주택공급에 관한 법령 등을 개정하여 Group Home 입주를 희망하는 정신지체인에게 공공주택(영구임대나 임대전용아파트 등)을 특별 분양하는 방법을 강구하되 분양에 따른 비용은 입주자나 가족이 부담하면 정부로서도 주택비 확보에 대한 큰 부담은 없을 것이다.

또 하나의 방법은, 정부나 자치단체에서 Group Home을 위한 주택을 구입하여 Group Home 입주자들에게 전세를 놓는 것이다. 이런 경우에는 장기 또는 영구전세가 가능하고 기간 만료에 따른 운영비용 증가나 입주자들

의 제반 적응상 문제는 자연히 해소될 것이다

③ Group Home 설치 운영체계의 확립

현재 서울시에서 발간한 Group Home 설치 운영지침을 부분적으로 현실에 맞게 수정, 보완하거나 삭제가 필요
하다. 또 Group Home의 설치 운영에 취지나 목표 등이 하급 관공서에 제대로 인지가 되지 않아 종래의 시설개
념을 다루려고 하는 경향이 있으므로 이에 따른 조처가 필요하다.

④ Group Home 종사자의 교육실시

Group Home이 점차 확대일로에 있으므로 관련종사자의 수도 늘어가고 있는 추세이다.

입주자에 대한 다양한 프로그램 개발, 실시와 지역사회 통합, 생활기술제도, 여가활동 등 입주자에 대한 보조원
의 역할은 실로 크기 때문에 종사자의 질적 수준을 향상시켜 그 혜택이 바로 입주자들에게 돌아갈 수 있도록 해
야 한다. 종전까지는 운영기관에서 임용, 배치하였으나 지금부터는 충분한 시간을 갖고 사업계획을 확정하여
관련 종사자들을 선발, 교육 후 배치하는 것이 바람직하다. 현실적으로 자치단체에서 실시하기가 곤란하며 운
영경험이 있는 기관을 지정하여 위탁교육을 시키는 것도 한 방법이겠다.

⑤ 신규 Group Home 설치 제도의 개선

서울시의 경우 해당 년도의 신규 Group Home의 설치 사업량을 사전에 결정하여 이에 따른 신청을 받아 심사
후 설치하도록 되어 있는데, 이것을 사전에 사업량을 정하지 말고 Group Home 설치를 희망하면 일정한 자격
을 갖추었다고 판단되어 승인하는 것으로 전환하면 지금보다 훨씬 활성화가 될 것이다.

어차피 Group Home을 확대하기로 방침이 섰으면 좀더 능동적으로 예산확보가 필요하며 좀 더 개방적인
Group Home의 설치가 요구된다.

⑥ 운영비의 현실화

⑵ 운영기관 차원

① 입주자 관련 프로그램의 다양화 및 심화

입주자의 대인관계, 가사 및 지역사회 활동, 여가활동, 취업 등의 프로그램이 개별화되고 좀더 체계적이고 전문
성에 바탕을 둔 심화 프로그램이 개발, 시행되어야 한다.

적응과정에서 발생하는 문제행동 등 무수한 변화요인들에 대한 체계적 형성과 유지, 단절 관계를 프로그램화
해야 한다.

② Group Home 운영에 대한 정기적인 평가, 분석 실시

운영과 입주자에 대한 성장과 변화의 효과, 재정투입의 효과와 합리성(적절성), 사용된 방법의 적합성 등이 지
속적으로 평가되어야 하며 feedback의 원리를 적용하여 평가, 분석함으로써 전문화를 유도해야 한다.

③ 전담직원(백업)의 확보, 배치

Group Home 운영의 효율성을 높이기 위해서는 전담직원을 확보하여 배치하여야 한다.

현재 운영되고 있는 일부 Group Home을 제외하고는 전담직원을 확보하지 못한 Group Home이 상당수에 이
른다. 전담직원은 운영주체기관의 직원으로서 입주자, 생활보조원, 부모(가족) 등을 기관 및 Group Home과의
연계성을 유지하는 데 중요하다.

④ 종사자 재교육 실시

종사자의 재교육이나 훈련을 통해서 직무효율성을 높일 수 있으며 나태해지고 스트레스가 있을 때 발생할 수

있는 종사자들의 업무나 서비스의 질 저하가 우려되기 때문에 재교육이 필요하다.

⑤ 지역사회 원조기능의 개발

입주자의 취업, 기능훈련 등을 위하여 생산 기능적 원조기능과 함께 문제행동 예방, 적응력 향상을 위한 사회화 기능적 원조기능을 개발해야 한다. 또 협동의식, 연대감 고취, 역할의식 고취 등을 위한 상호지지 기능적 원조기능을 개발해서 입주자와 지역사회 생활의 안정감을 조성한다.

⑥ 장애 정도별 Group Home의 실시

정신지체인 장애 정도, 유형, 연령, 성별, 자조능력 정도, 교육경험 정도 등을 감안한 등급별 Group Home을 설치 운영토록 한다.

외국의 예를 보면 대개 3~4단계별로 AL훈련부터 시키는 기초훈련부터 시작하여 보조원이 상근하지 않는 최소한의 원조만 하는 Group Home까지 다양하게 있다.

⑦ Group Home 설치운영에 대한 가이드 북 발간

운영 경험이 있는 기관에서 특정 지역사회에 맞는 Group Home 운영에 대한 총서를 발간하여 운영을 희망하는 기관들에게 활용하도록 하여 Group Home의 활성화와 정착을 꾀한다.

⑧ Group Home에 대한 관심이 고조되고 있는 이때에 운영 경험이 있는 기관이나 사람들은 정확한 정보를 확보, 개발해야 하며 보유한 정보들을 희망하는 기관이나 사람들에게 좀더 개방적이고 능동적으로 제공하여 '정보의 공유화'를 도모한다.

그러므로 궁극적인 Group Home의 다목적성과 민주적 원칙에도 부합이 된다.

(3) 부모(가족) 차원

① 정확한 정보 제공

입주 자녀에 대한 행동특성, 인내, 자조능력, 교육, 경험 등 자녀에 대한 전반적인 정보에 대한 객관성과 정확성이 제공되어야만 사회재활교사나 백업직원의 시행착오를 줄일 수 있다.

② Group Home에 대한 이해

Group Home의 설립취지, 기능성, 효과 및 종사자에 대한 이해 등이 부족하여 수용시설 정도로 인식하거나 직원들에 대한 역할의식이 충분치 못하여 문제발생시 일방적인 판단하에 행동하는 경향이 있다.

Group Home에 대한 집중적 교육, 타 Group Home 견학, 수용보호시설 견학 등을 통하여 Group Home에 대한 바른 이해를 갖도록 한다.

③ 지속적 관심 필요

일부 부모(가족)들은 자녀들을 입주시킨 처음 얼마 동안은 관심을 갖지만 어느 정도 시간이 지나면 Group Home에 그대로 방치해두는 경향이 있다.

그래서 입주자의 문제, 장래대책 등에 대하여 부모나 가족의 도움이 필요한 경우에 원조가 되지 않아 곤란한 경우가 있다.

보다 적극적이고 지속적인 관심이 필요하며 부모나 가족들을 끌어들일 수 있는 프로그램 개발이 필요하다.

④ 참여의 원칙을 강화

Group Home이나 백업기관에서 하는 관련회의, 행사 등에 보다 적극적인 참여가 필요하다. 입주자와 가족간

의 통합성, 역할의식, 연대감 등을 위해서는 부모나 가족의 참여는 필수적이다.

[참고 자료]

- 문용수(1992). 『Group Home이란 무엇인가?』, 서울, 정신지체인복지관, 미발표 자료
- – (1995). 「한일 장애인 Group Home의 실시현황과 과제」, 서울, 계간 『사회복지』 여름
- 서울정신지체인복지관(1992). 『Group Home 설치 · 운영계획서』, 서울.
- – (1995). 『Group Home 운영현황』, 서울.
- 서울시(1995). 『장애인공동생활가정 설치 · 운영 지침 』, 서울.
- 서울정신지체인복지관(1993). 『장애인공동생활가정실태조사연구』, 서울.
- Oshima, M. watanabe, K.& Takhashi.T.(1993), 『A Comparative study of Group Homes and residential institutions for person with intellectual disabilities in japan』.
- 日本兒童福祉協會(1989).『グループホームの設置, 運榮ハンドブック』

5. 성인 정신지체인의 재활자립을 위한 그룹홈 설치 · 운영 방안

문 용 수

Ⅰ. 서론

오늘날 우리는 고도의 문명 산업사회 속에 살면서 그 어느 때보다도 장애발생의 빈도가 상당히 높은 환경 속에 살고 있다. 따라서 복지사회의 구현이라든지 삶의 질을 추구하는 이념이 현실화되고 있으며 국민들이면 누구나 차별 없는 완전한 참여와 기회균등을 보장해야 한다는 주장들이 큰 거부감 없이 수용되고 있다. 과거의 사회에서 가족, 개인 중심의 문제해결 방식이 이제는 좀더 넓게 크게 생각하는 '사회문제화'로 되고 있다. 장애인의 문제, 특히 사회통합의 문제가 우려할 만한 사회문제로 대두되고 있는 것은 이 문제가 국가의 공적책임과 사회연대의식으로 확대되고 있기 때문일 것이다. 그럼에도 불구하고 아직 우리 사회는 여러 측면에서 사회통합을 곤란하게 하고 있다. 그릇된 장애인관, 장애인이나 그 가족의 태도, 주변 환경, 교육경험, 법령 또는 제도의 미비 등이 그것이다. 따라서 본고에서는 최근에 장애인들의 사회통합, 재활 프로그램 중 최선의 프로그램으로 주목받고 있는 Group Home(장애인 공동생활가정)에 대해서 다루고자 한다.

Ⅱ. Group Home 이란 무엇인가?

1. 사회복지와 Group Home

현대국가는 종래와는 달리 복지국가의 개념을 도입하고 있으며 목표도 이것을 지향하고 있다. 이전의 국력평가의 척도는 국민총생산(GNP)이었지만 현재는 국민총복지(GNW:Gross National Welfare)로 평가되기도 한다. 아무튼 오늘날의 국가 특징은 복지국가의 근간이 되는 사회복지를 위해 부단한 노력을 하고 있다는 점일 것이다. 우리나라의 경우에는 헌법 제33조에 '사회복지'를 '사회보장'과 구별하여 사용하고 있으나 그 의미나 내용에 대한 논급은 없다. 따라서 사회복지의 의미는

⑴ 사회복지를 사회보장의 일부로 보는 견해

⑵ 사회보장, 보건위생, 노동, 교육, 주택 등 생활과 관계되는 공공시책을 총괄한 개념으로 보는 견해

⑶ 생활에 관계되는 공공시책 그 자체가 아니라 이같은 시책을 국민개인이 이용하고 개선하여 자신의 생활문제를 자주적으로 해결하게끔 원조함을 의미한다는 견해 등으로 해석되고 있다.

⑴의 대표적인 예는 일본으로서, 이 정의에서 사회복지는 자립조장을 위한 제도로서 그 대상자는 일반국민이 아닌 일부 요보호 계층으로 하면서 정신장애자나 비행자 등을 제외하고 있는 것이 특징이다.

⑵는 미국과 유럽 등 서구 여러 나라에서 볼 수 있는데 사회복지의 대상자는 전 국민이고 그 범위도 생활과 관계되는 사회적 서비스 전부로 한다.

⑶은 UN의 정의, 즉 사회복지란 개인, 집단, 지역사회 및 여러 제도와 전체사회 레벨에서 사회인으로서의 기능이나 사회관계의 개선을 목적으로 한 개인의 복지(Personal Welfare)증진을 위한 갖가지 사회적 서비스와 측면적 원조(Enabling Process)라는 내용이다.

한마디로 사회복지의 고유성은 인간의 행동과 해결, 생활욕구의 충족, 그리고 개인과 제도관계의 문제처리에 채용하는 전체적, 종합적 접근법에 있다고 하겠다. 따라서 우리가 애써 노력하는 사회복지란 물량적인 조건의 만족을 위한 정부의 정책만으로 달성되는 것이 아니고 개인차가 있는 모든 국민이 추구하는 복지수준(Level of Welfare - 일정 시점에서 개인이나 인구 집단이 욕구에 대한 충족, 만족의 결과가 인지된 상태)에 부합될 때 구현된다고 해도 과언이 아닐 것이다. 그러나 이러한 복지수준에 부합되거나 일치하기란 아직도 여러 가지 난점들이 산재해 있고 특히 장애인의 복지문제에 대한 수많은 난제들은 복지수준 도달에 상당한 걸림돌이 되고 있다. 그래서 이러한 난제들의 해결 이념으로 사회통합(Socialintegration), 정상화(Nomalization), 재사회화(Resocialization) 사상 등이 출현했다고 볼 수 있다. 특히 정신지체인의 재활이나 사회복귀를 전제로 한 사회적 욕구의 충족이나 사회적 장애 제거에 가장 일반화된 이념은 정상화(Nomalization)라고 할 수 있으며, 이를 토대로 한 탈시설화 운동이 북유럽 중심으로 나온 것이 지역사회거주 서비스(프로그램)가 Group Home인 것이다.

2. Group Home의 사상적 배경

전기한 바와 같이 Group Home의 복지와 이념은 정상화(Nomalization)사상이다. 이 이념을 최초로 장애인복지서비스에 도입한 사람은 덴마크의 장애인협회장인 뱅크 밋컬센(Bank Mikkelsen)이다. 이어서 스웨덴 벵트 니르제(Bengt Nirge) 등에 의해서 체계화되고 1967년에 이르러서는 스웨덴에서 정부의 장애인 복지정책에 도입하기 이르렀다.

1977년에는 사회복지심의회의 보고서인 "사회서비스와 보통적 사회보장급부"에서 노인복지서비스를 포함한 복지정책의 일반적인 원리로서 공인되어 비로소 사회서비스 입법에 구체화되었다. 대략적인 내용은, 사회복지사업의 대상자를 특수하게 보고 격리하고 처우하려는 사고방식을 고쳐 정상인만으로 구성된 사회가 사실상 비정상적인 사회이고 신체장애인이나 신체가 부자유스러운 노인 등이 어느 정도 혼재하고 있는 상태가 정상적이라고 하는 생각이 밑받침하고 있다. 이는 장애인이나 노인의 각종 의사결정에의 참여는 물론, 일상생활, 나아가서는 공공시설에 엘리베이터 설치, 장애인 등이 사용할 수 있는 화장실, 휠체어 사용이 가능한 도로(물론 정상인도 사용가능한)시설, 주택(주거)서비스 등이 통합된다고 보는 것이다. 그러면 정상화(Nomalization) 이념이 목적하는 보통의 생활조건의 원리는 무엇인가?

첫째, 프라이버시 제활동 및 상호의 책임이 보장된 매일의 정상적인 리듬이 정상적으로 계속해서 지켜질 수 있는 것. 둘째, 전 생애를 통해서 정상적인 발달기회를 갖는 일. 셋째, 정신지체인의 무언의 바람이나 자기결정의 표현에 대한 이해와 존경. 넷째, 정상적인 경제적 보장. 다섯째, 정상적인 주거환경의 보장. 여섯째, 남녀가 각각 그 세계에 맞는 생활을 해나가는 것[6] 등이다. 전기한 것들을 토대로 한 정상화 이념의 특징은 기회균등에 대한 결과 평등, 또는 기회평등을 포함한 모든 국민의 실질평등을 권리로서 보장하는 기본적 인권보장이라는 점에서 상당한 의미가 있는 이념특징이라고 할 수 있다.

3. Group Home의 개념

Group Home이란 정신지체인의 사회복귀를 전제로 한 사회적 욕구충족과 사회적 장애의 제거를 위해 지역사회의 주거지역 내의 일반주택(일반인들이 소유한 보통의 주택형태 : 단독주택, 아파트, 연립 등)에서 발전가능성이 있는 소수 정신지체인들이 공동으로 생활하며, 전기한 그들의 일상생활 수행에 따른 장애영역의 극복과 대인관계, 취업, 금전관리 등 원활하지 못한 생활기술을 경험자나 전문직 직원에 의하여 보충적 그리고 최소한의 원조만을 받는 생활형태로 사회적 자립, 재활을 목적으로 하는 곳이다.[7]

정신지체인들의 재활, 자립을 도모하기 위한 여러 가지 프로그램 영역 중에서도 특별한 장소(시설)나 시간을 필요로 하는 것도 있겠지만 그래도 최대의 효과를 볼 수 있는 것은 정신지체인들도 보통의(일반) 장소와 보통적인 일반생활 속에서 재활을 도모하는 것일 것이다. 이렇게 해야만이 시설생활에서 경험하지 못했던 영역의 체험과 기술습득이 가능할 것이다. 예를 들자면 일상생활 기술. 지역사회 적응훈련, 자조능력, 가정관리, 교통수단 이용, 사회적 안정성의 관점에서 보면Group Home은 정신지체인들을 위한 최선의 지역거주서비스(CRS:Community Residential Service)이다.

4. Group Home의 특성 및 효용성

(1) 특성

Group Home의 핵심은 입주해 있는 정신지체인들에 대하여 각자의 장애 정도, 사회성, 교육수준 등을 감안한 개별화 지원(원조) 프로그램을 설정하되 가능한 일반인들의 수준(기준)에 접근시켜 통합성과 개인의 중요성을 강조해야 하는 데 있다.

Group Home을 통해서 정말로 보통의 일상적인 생활을 정신지체인들이 수행하고 그 속에서 가정의 생생한 경험과 구성원(가족) 간의 역할의식을 찾도록 하는 데 있음을 볼 때 Group Home은 첫째, 주택가에 위치해 있고 입주자들만의 단독세대를 구성하여 주거단위를 단독화해야 하며 둘째, 일상의 가정생활을 통한 자립의 효과를 증대, 도모하는 것이므로 가족적인 분위기를 유도하는 데 신경을 써야하고 가구나 가재도구, 주방도구, 가전제품, 일상용품, 의류, 오락기구 등이 일반가정에서 사용하고 있는 것과 동일한 것을 비치, 사용함으로써 일반가정의 분위기적 요소를 갖추어야 한다. 셋째, Group Home은 외양으로는 일반주택과 다른 것이 없도록 배려되어야 한다.[8]

그러므로 Group Home의 외양에는 주소 외에는 특별히 눈에 띄는 표식이나 간판 등을 달아놓는 것은 안 되며 넷째, Group Home은 일정한 지역이나 특정지역 한 곳에 가능한 한 몰려 있는 것을 피해야 하고 불가피하게 설치가 될 경우(아파트 단지경우)에는 일정한 거리를 유지토록 하여야 하며 다섯째, Group Home에 입주해 있는 사회재활교사

---

6) 서화자, 계간 『사회복지』 1995. 봄(통권 124호), 서울; 한국사회복지협의회. p107 재인용
7) 문용수, Group Home이란 무엇인가?. 1992, 미발표 논문
8) 서울정신지체인복지관, Group Home 설치 운영지침서, 1991.

는 부모로서, 언니, 누나로서의 자격(예:관련기관 근무자 또는 자원봉사자 경력 등)을 가진 사람이 바람직하고 가사에 능숙하며 지역사회 내의 공공기관, 이웃주민, 입주자들과 관계가 원만한 사람이어야 한다.

(2) Group home의 효용성

Group Home의 효용성은 외국의 논문이나 여러 자료들이 다음과 같이 밝히고 있다.

첫째, 시설원조의 효용성 - 대규모 시설에 대해서는 지속적으로 반대하는 경향이 있지만 박현숙의 논문에 보면 Group Home은 시간이 지나 일단 정착되면 Group Home과 정신지체인들이 같이 동화, 수용된다고 하며 Group Home에 대한 반대가 현저히 줄어들고 있다고 한다.

둘째, 생활원조 측면의 효용성 - Group Home 거주 정신지체인들은 독립성과 연대성에 자심감을 갖게 되고 시설 수용 정신지체인을 확대시킬 수 있으며, 또 적절한 지역사회의 지지와 전문적인 임상서비스를 제공받게 되므로 사회성의 변화나 행동의 변화를 보인다.

셋째, 인식전환의 효용성 - Group Home에 거주하는 정신지체인들에 대한 지역주민들이 이들을 대하는 태도에서 부정적인 생각, 즉 거부감, 편견보다는 이들을 도울 수 있는 방법을 찾게 된다고 한다. 전기한 바와 같이 Group Home의 효용성을 요약하게 되면 정신지체인들이 Group Home에서 생활함으로써 일상생활(여행, 식사준비, 금전관리, 쇼핑, 공공기관 이용, 여가활동 등)과 활동 등에 현저한 향상과 문제 행동수정이 가능하다고 본다.

5. Group Home의 유형

Group Home의 용어는 관련종사자나 또는 각 나라마다 약간씩 달리 표현, 사용하고 있지만 Group Home만이 갖고 있는 고유의 기능성, 역활성, 거주성, 전문성 등은 대동소이하며, 대개 인원과 규모, 입주자의 구성 등에 따라 구분되고 있다. 본란에서는 지면관계상 미국과 일본의 유형을 정리해 보았다.

(1) 미국 Group Home의 유형

① Small Group Home

2명에서 10명 이하의 거주자가 있으며 2명의 직원, 2명의 교대직원이 있다. 사회생활에 필요한 예의에 대하여 서로 교환하며 입주자 대부분이 취업되어 있고 연령은 20~30세 정도이다.

② Medium Group Home

11~20명의 거주자가 있으며 성인 정신지체인들이 입주한다.

③ Large Group Home

20~40명의 입주자가 있으며 전문직 직원이 있으며 나이가 많고 장애가 심한 정신지체인들이 생활한다.

④ Mixed Group Home

성인 정신지체인과 정신질환자들이 함께 공동생활하며 훈련보다는 생활을 위한 장소로 제공된다.

⑤ Foster Family Care

2~5명의 정신지체인을 일반가정의 가족들이 자기 집에서 거주시키며 적절한 서비스와 가정적인 분위기를 익히도록 한다.

⑥ Group Home for Children & Young Adolescents

기본적인 자립훈련과 운동, 놀이, 언어 및 사회적 기술을 발달시키는 프로그램과 심한 행동장애를 가지는 아이에게는 정신치료 프로그램을 병행한다. 정상적인 가정처럼 남녀가 같이 사는 가정이다.

⑦ Apartment Program

서로 인접한 아파트에서 생활하는 정신지체인을 1명의 순회직원이 돌아가면서 감독, 지원하는 형태와 직원 1명과 정신지체인 1명 또는 그 이상의 정신지체인이 함께 아파트를 공유하면서 생활하는 형태도 있다. 또는 1명 내지는 그 이상의 정신지체인이 비거주 직원으로 부터 일정한 간격으로 지지와 지원을 받으면서 생활하는 형태도 있다.

(2) 일본 Group Home의 유형

일본에서는 전기한 Group Home의 형태나 기능을 가진 Group Home에 대하여 관계문헌, 지방자치단체의 보조요강 등을 보면, Group Home, 소규모주택, 공동주택, 민간하숙, 생활료(生活寮), 생활홈, 민간생활홈, 가정료(家庭寮), 자립홈, 사회참가추진홈, 통근홈, 미니 통근료(通勤寮), 미니복지홈, 복지료(福祉寮), 복지주택 등으로 다양하게 부르고 있다. 그러나 1989년 일본 후생성에서 발행한 정신박약자 지역생활 원조사업 설치운영 매뉴얼에서는 정신박약자 통근료(通勤寮), 정신박약자복지홈, Group Home등으로 명칭을 정하고 제도화하여 정부 측의 개념정리를 하였다.

① 정신지체인 통근료
- 입주인원 : 20명 규모
- 입주기간 : 2년
- 입주자 원조내용 : 그룹지도를 통한 반자립자(半自立者) 사회생활 훈련
- 성격 : 일정기간 내에 생활훈련을 시키는 통과시설로서 입주자들은 완전고용자보다도 반고용 상태가 대부분임
- 건물 : 운영주체가 제공
- 직원 : 4명

② 정신지체인 복지홈
- 입주인원 : 10명 규모
- 입주기간 : 영구
- 입주자 원조내용 : 개인 스스로의 자립생활을 전제로 상담, 관리만 해주며 지도, 교육은 없음
- 성격 : 자립가능한 사람에 대한 주거 제공이며 입주자들은 완전고용과 반고용 상태가 섞여 있음
- 직원 : 1명

③ Group Home
- 입주인원 : 4~5명
- 입주기간 : 영구
- 입주자 원조 내용 : 식사(주로 아침, 저녁) 및 일상생활에 필요한 서비스 제공
- 성격 : 상주직원은 없으며 필요 최소한의 서비스 제공 때만 직원이 오고 입주자들 거의가 완전고용 상태임
- 건물 : 운영주체가 제공하거나 입주자들이 확보함

III. Group Home의 설치 운영

III. Group Home의 설치 운영

- 한국, 일본의 Group Home 서비스를 중심으로 -

1. 개요

　한국에서의 최초의 Group Home은 광주에 있는 엠마우스복지관장인 천노엘 신부가 1981년 실시한 것으로 파악되고 있는데,[9] 그 후 1992년 10월에 서울정신지체인복지관에서 지방자치단체(서울시)의 지원으로 4가정의 Group Home을 설치 운영한 이래 94년도에는 서울지체장애인복지관이 2가정, 서울남부장애인복지관이 2가정을 설치 운영하게 되었으며, 95년도에는 4월 말 현재 서울장애인종합복지관 3가정, 서울서부장애인종합복지관 1가정 등 최근 몇 년 사이에 서울시의 공식지원으로 설치, 운영되는 곳이 총 12가정(95. 4월 말)이다. 그리고 광주엠마우스복지관의 4가정(94 현재) 그리고 파악되지 않은 곳까지 하면 대략 25~30가정이 설치, 운영되고 있을 것으로 추산된다.

　일본은 1963년 3월 아이찌현 새도시에 있는 정신박약자(일본에서는 정신지체인을 이렇게 호칭한다) 수용시설장이 세운 "하찌노스료(寮)"가 최초의 Group Home으로 파악되고 있으며, 1965년도에 와서는 시가현 신자꾸에 설립된 "민간하숙", 1968년 8월에 설립된 도쿄 도립의 생활료, 동년 10월에 가나가와현의 미니통근료(현재의 생활홈) 설치 등, 1969~70년도에 들어와서는 이미 운영하고 있는 것과 계획 중인 것이 거의 100개소 가까이 추산하고 있었으며, 현재는 89년도에 중앙정부 승인 Group Home 103개소를 시작으로 전국적으로 10,000개소의 Group Home 설치, 운영을 목표로 매년 100개소 이상의 Group Home 설치, 운영을 지원해오고 있다.[10]

년도	1963	1965	1966	1968	1970	1972	1973	1974	1976	1977	
개소	1	3	3	1	1	2	1	1	1	6	
1978	1979	1980	1981	1982	1983	1984	1985	1986	1987	1988	합계
16	7	12	24	28	18	22	38	53	63	45	346

표 1) 연도별 Group Home 설치, 운영 현황(조사 : 전 일본정신박약자육성회)

2. 지원 및 운영의 실제

　Group Home 설치 및 운영에 대한 한국의 지원체계는 지방자체단체(서울시)가 중심인 반면 일본의 경우는 중앙정부와 지방자치단체(都, 道, 府, 懸)가 같이 지원하는 체계를 갖추고 있다.

　특히 일본은 중앙정부가 Group Home에 대한 지원 및 이에 따른 제도화를 실시한 1989년 5월 이전에 이미 지방자치단체가 독자적으로 관내의 Group Home에 대한 지원을 하고 있었으며, 이에 따라 각 지방마다 명칭이나 지원의 형태, 예산의 차이가 그 동안에는 있었지만 중앙정부가 나서서 제도화하여 실시한 89년도부터는 상당한 통일성을

---

9) 장애자신문, "지역중심의 사회복지사업-엠마우스복지관의 Group Home, 1990.9.22, 4면
10) 日本兒童福祉協會, 『グループホーム の設置, 運營 ハンドブック』, 1989. 938

국 가 항 목	한 국	일 본	비 고
Group Home당 보조금 및 교부처	연 17,984천원 지방자치단체(서울시)	연 270만엔 중앙정부	4인 입주 및 1인 직원기준
제도화 시기 (중앙정부)		1989년 5월	
관계법령(규정)		사회복지사업법(제2종) 정신박약자 갱생, 상담에 응하는 사업	정신박약자 지역생활 원조 사업실시요강 -후생성 397호 1989년
회계처리	일반회계화 분리취급	운영주체(법인)회계와 분리취급	
생활비 부담	입주자 및 생활보조원 부담	입주자 및 사회재활교사 부담	
신규 Group Home 설치	지방자치단체가 해당년도 사업량 결정 후 신청	매년 3월에 관할 현청에 신청, 허가	
Group Home의 종류 및 명칭	1종 장애인공동생활가정	3종 통근료, 복지홈, 생활홈	일본은 장애 정도, 신변자립도 등에 따라 입주 Group Home 이 다름
설치, 운영지침 명칭 및 내용	장애인 공동생활가정 설치, 운영지침 **제1장 총칙** (1)목적·정의 (2)운영의 기본원칙 **제2장 설치** (1)설치기준 (2)설치조건 (3)설치운영주체 (4)설치승인 (5)설치승인취소 등 **제3장 입주대상자** (1)입주기준 (2)입주자선정 (3)입주인원 (4)입주절차 (5)입주기간 (6)입주자의 생활 (7)입주자의책임 (8)입주자의 부담 **제4장 생활보조원** (1)생활보조원 자격	정신박약자 지역생활원조사업 설치, 운영 메뉴얼 **제1장 총론** (1) Group Home이란 무엇인가 (2) 기존시책과의 관계 (3) 정신박약자의 라이프사이 　　클과 금후의 복지 (4) Group Home의 기본성격 **제2장 각론** (1) Group Home의 법적 지위 　　위치 부여 (2)원조의 실시자 (3) 운영주체 (4)Group Home에 제공되는 　　주택 ①주택의 조건 ②주택의 확보 소유자, 관리 ③사회복지법인이 건물을 신축 　　하는 경우의 융자 (5)입주가 ①입주자의 조건 ②입주자의 책임	

항 목＼국 가	한 국	일 본	비 고
설치, 운영지침 명칭 및 내용	(2)생활보조원 역할 (3)생활보조원의 임면 **제5장 사업의 운영** (1)사업계획 수립 (2)운영위원회 설치 (3)비용의 수납 (4)장부 및 서류 비치 (5)재무회계처리 (6)관리운영규칙 **제6장 경비의 부담** (1)설치비 (2)운영경비 (3)보조금지원 절차 (4)보조금 반환 등 **제7장 지도, 감독** (1)지도, 감독 (2)현황보고 (3)준용	③입주자의 인원수 (6)생활보조원 ①생활보조원의 조건 ②생활보조원의 마음가짐 ③생활보조원의 신분 및 업무내용 ④생활보조원의 1일 업무내용 ⑤생활보조원의 1년 업무내용 ⑥대체요원 확보 ⑦생활보조원의 가족 (7)입주자의생활 ①원칙 ②공동생활적 측면 ③매일의 활동 ④입주자와 생활보조원의 가사부담 ⑤휴일의 생활 ⑥생활보조원이 없는 생활 ⑦긴급시 연락 (8)Group Home의 지원체계 ①Back up시설 ②Back up시설의 업무 ③운영주체와 생활보조원과의 계약 (9)구체적 수속 ①입주결정 등의 수속 ②입주수속 ③퇴거 (10)비용부담 (11) 都·道·俯·懸 원조실시자의 역할과 운영주체, Back up시설과의 관계	
주택확보	지방자치단체 지원 및 입주자 부모가 확보(전세)	원칙적으로 운영주체가 확보 Group Home 유형에 따라 상주근무 직원과 part time 근무 직원이 있음	일본은 현재까지는 주택지원은 없으나 앞으로는 공공주택지원도 고려하고 있음
생활보조원 상주여부	24시간 상주근무 직원		

표 2) 한국·일본 Group Home 설치·운영 참조표

갖추고 있다.

Group Home의 운영, 특히 입주자에 대한 서비스 지원면에 있어서 한국은 Group Home의 유형이 입주자의 특성에 따라 다양하지 못하여 상당히 제한적일 수밖에 없는 점이 있는 반면 일본은 입주자의 장애 정도, 일상생활 능력(자립도), 고용형태 등에 따라 Group Home이 구분되어 있으므로 해서 양질의 서비스제공 및 지원 등이 이루어지고 있는 실정이다.

한국의 Group Home 입주자는 94년 말 현재 광주엠마우스복지관 Group Home에 4가정 24명(추산:94년 자료), 서울정신지체인복지관 Group Home 가정 24명 등, 약 48명 정도로 확인되고 있으나, 일본은 제도 실시 1차년도인 89년 초 현재 적극적으로 정부에서 승인된 Group Home 입주자가 총 431명으로서 이들이 입주해 있는 Group Home의 수는 총 103개소에 이른다.

Group Home에서 실시되고 있는 입주자에 대한 프로그램 내용은, 한국의 "장애인공동생활가정 설치, 운영지침"과 일본의 "정신박약자 지역 생활 원조 사업법 설치, 운영 매뉴얼"을 비교한 바에 의하면, 대체로 정신지체인의 특성을 감안한 것으로 구성되었지만 일본의 매뉴얼에는 Group Home 설치에 따른 용이함을 도모하기 위해 토쿠시마현, 나가사끼현, 효고현 등의 Group Home 구조평면도를 예시로 넣은 것이라든지, 매뉴얼에 기재된 내용에 대해서 이해가 곤란한 부분에 대해서는 '질문과 응답' 란을 만들어 구체적으로 질문하고 이에 따른 응답을 해준 것이 돋보인다.

아울러 Group Home에 대한 역사, 외국의 현황 등이 비교적 자세히 안내되고 있는, 정신지체인에 대한 일본의 복지사업 변천관련, 복지시책에 안내나 자료 등이 정리되어 있어서 Group Home 설치, 운영에 대한 요람으로서 구색을 갖추고 있으나, 한국 것의 지침은 부분적으로 그렇지 못하여 이에 대한 보완이 요구되고 있다.

또 일본의 Group Home에 근무하는 생활보조원의 근무형태도 한국에 비해서 상당히 다양하여 우리나라도 점차 Group Home이 다양해지면 검토할 만한 내용으로 사료된다.

형　　태	거주방법	야간거주 여부	주택형태
동거형 ·	완전동거	있음	단독주택
	하숙동거	있음	하숙료
	동일가옥동거	있음	아파트
인접형	통근, 숙직	있음	단독주택
	통근, 야간 귀가	간접으로 있음	단독주택, 아파트
부재형	시간제 방문	없음	아파트

표 3) 생활보조원의 거주근무형태(일본)

3. Group Home 입주자에 대한 주요 서비스 내용

Group Home에 입주해 있는 정신지체인에 대한 서비스 프로그램의 기본 전제는 장애 정도, 유형에 따라 개별화된 서비스가 제공이 되어야 한다는 점이다.

정도의 차이는 있지만 입주자에 대한 프로그램은 취업지도, 사회교육, 가정생활지도ー 행동수정(치료), 기타 일상생활지도, 지역사회교육 등이 되며, 생활보조원은 입주자에 대하여 식사제공, 금전관리, 건강관리, 직장생활, 대인관계 등의 상담, 조언, 지도 등을 해주게 된다.

정신지체인들은 일반적으로 자기통제나 자율심이 약하며 사회규칙을 이해하고 준수하는 개념이 희박하고, 새로운 환경이나 바뀐 환경에 대한 적응에는 많은 시간을 필요로 한다. 이러한 정신지체인들의 일반적인 특성을 감안하여 위의 서비스들이 지속적으로 계속되어야 하며 Group Home에서의 규칙적인 생활습관은 그들의 자립생활을 향상시키기 위해서 필수적이다.

Group Home에서의 생활은 크게 평일, 주말, 휴일 등으로 구분돼 아침, 저녁은 공동식사를 하고 저녁식사 후에는 대략 1시간 정도 그룹토의, 공작, 수예, 재봉, 미술, 음악, 감상, TV시청 등의 공동프로그램이 규칙적으로 운영되며 이를 통해 입주자간이 교류를 도모한다.

또한 생활보조원은 입주자의 특성에 따라 개별적응 프로그램을 제공하기도 한다. 주말인 경우에는 대개 오후 2~7시까지는 친구교제 및 사회적응을 위한 현장학습 등이 이루어지고, 휴일에는 지역사회 방문, 종교 활동, 여가활동(영화관람, 운동경기관람, 체육활동, 여행 등)과 가족방문 등을 하고 있다.

IV. 결론 및 제언

1. 결론

본고는 정신지체인에 대한 장래의 대책, 즉 자립 내지는 재활의 관점에서 현재까지 나타난 프로그램 중 나름대로 최선의 프로그램으로 주목받고 있는 Group Home(장애인공동생활가정)의 사상적 배경, 개념, 특성, 효용성, 유형, 그리고 한일간의 실시현황을 적어보았으며, 필자가 근무하고 있는 기관에서 운영하고 있는 Group Home을 중심으로 해서 정리해보았다.

그동안 우리가 Group Home을 운영해 본 바에 의하면, 정신지체인, 가족, 지역사회, 정부관련시설 등에게 당초 우려했던 것보다 매우 긍정적이고 고무적인 효과가 있었다고 자부한다. 특히 정신지체인의 생활에 미치는 Group Home의 영향은 실로 획기적이라고 할 수 있는데, 정신지체인의 행동수정이나 가정 내 적응, 직장·사회 적응능력을 높이는 데 Group Home은 매우 효과적이었으며 심리적인 측면, 문화활동 범위확정, 기타 경험영역의 확대, 가족간의 관계개선, 대인관계 향상, 자율성 증진, 가사 처리능력 발달, 의사소통 능력향상, 신변처리 능력향상 등에 도움이 되었다.

이러한 것들을 볼 때 Group Home의 설치 운영은 사회 심리적 측면, 직업적 측면 등의 전반적인 면에서 긍정적인 영향과 효과가 있으며 정신지체인들의 자립생활 기반을 마련하는 데 꼭 필요하므로 앞으로도 관련기관과 정부, 가족 등의 지속적인 관심이 필요하고, G.H의 설치, 운영에 적극적인 지원이 필요하다고 하겠다. 이에 앞으로도 Group Home 설치, 운영하는 데 있어서 고려가 되어야 할 몇 가지 제언을 하고자 한다.

2. 제언

(1) Group Home 설치, 운영에 대한 제도화

현재 Group Home의 설치, 운영에 대한 제도적인 장치는 전무한 실정에 지방자치단체에서 시달된 지침이 전부인 실정이다. Group Home에 대한 중앙정부 차원의 관심이나 지원을 더 이상 미룰수가 없다. 전국적으로 운영되고 있는

Group Home의 수는 대략 25~30가구로 추산되고 있기 때문에 더욱 그렇다. 그러므로 사회복지사업법, 장애인복지법 등을 개정하여 관련조항을 신설, 명시해야 한다.

(2) G.H 주택의 안정적 공급

현재 중앙정부 차원에서 지원하는 G.H은 전혀 없으며 서울시에서 지원하여 운영되고 있는 16가구 중 영구임대주택이 4가구, 입주자 부담주택이 12가구이다. 이중 입주자나 그 가족이 주택비를 부담한 G.H은 모두 전세로 마련을 했기 때문에 전세기간이 만료되면 전세비용을 증액하거나 이사를 가야 하는 문제가 있다.

전세비용의 증액을 2년마다 할 때 경제적 부담의 가중문제, 이사시 이사비용의 확보문제, 이사시 가재도구나 가전제품의 손망실 등이 예상되는 관계로 전체적인 운영비의 증가가 예상되며, 특히 순수운영비가 아닌 소멸성 또는 1차성 비용이 주기적으로 투입된다는 데에 심각성이 있다. 또 G.H에 입주한 장애인들이 지역사회, 직장, G.H 등에 적응할 만한 시기에 옮겨야 하기 때문에 지역사회 적응이라고 하는 G.H의 당초 설립취지에도 어긋난다.

이에 대한 대책으로는 주택공급에 관한 법령 등을 개정하여 G.H 입주를 희망하는 정신지체인에게 공공주택(임대아파트 등)을 특별 분양하는 방법을 강구하되 분양에 따른 비용을 입주자나 가족이 부담하면 정부로서도 주택비 확보에 큰 부담은 없을 것이다. 또 하나의 방법은 정부나 자치단체에서 G.H을 위한 주택을 구입하여 G.H 입주자들에게 전세를 놓는 것이다.

이런 경우에는 장기 또는 영구 전세가 가능하고 기간 만료에 따른 운영비용 증가나 입주자의 제반 적응상 문제는 자연히 해소될 것이다.

(3) 무인가 G.H의 양성화 및 보조 실시

전국적으로 운영되고 있는 무인가 G.H이 30여개 소에 이르고 있는 실정이며 이에 따른 직원도 상당수에 이를 것으로 보인다. 정부는 일정요건을 갖추어 이들을 양성화하고, 아울러 종사들로 인정하여 G.H 운영비 및 종사자 인건비를 정부에서 지원토록 한다.

(4) 장애 정도별 G.H 설치

정신지체인의 장애 정도, 유형, 연령, 성별, 자조능력 정도, 교육경험 정도 등을 감안한 등급별 G.H을 설치 운영토록 한다. 외국의 예를 보면 대개 3 내지 4단계별로 일상생활 훈련부터 시키는 기초훈련 홈부터 시작하여 지원이 상주하지 않고 최소한의 원조만을 하는 G.H까지 다양하게 있다.

(5) G.H 입주자에 대한 의료보장 혜택 강화

G.H에 입주한 장애인에 대한 의료보험카드 발급의 의무화와 의료보험 요양기간 제한 철폐 등이 추진되어야 한다.

(6) G.H 입주자에 대한 우선고용

G.H 입주자에 대한 우선고용은 입주자의 자립과 지역사회 적응을 최대한 도모시킨다고 하는 측면에서 정부가 보다 적극적으로 나서야 하며 정신지체인을 고용한 업체에 대한 제반 혜택을 강화시켜야 한다.

[참고 문헌 및 자료]

- 문용수(1992).『Group Home이란 무엇인가?』, 서울, 정신지체인복지관 사회복지부, 미발표 논문.
    - (1992).『국외출장보고서-일본 후꾸오까현, 나가사까현, 구마모토현 Group Home 운영실태조사』, 미발표 자료.
    - (1992).『국외연수보고서-일본 나가사끼현 소재 사회복지법인 하찌망가이(八幡會)산하 Group Home 연수』,
        미발표 자료.
- 서울정신지체인복지관(1992).『Group Home 설치, 운영계획서』, 서울정신지체인복지관, 미발표 자료.
- 栗林桓俊『精神遲滯者 の 自立さ 今日的 課題』
- 大分縣 スペシャルオリンピック 委員會, (1993)『大分縣 スペシャルオリンピック大會』
- 熊本縣 スペシャルオリンピック 委員會, (1994)『熊本縣 スペシャルオリンピック大會』
- 愛知縣 心身障害者 コロニー 開發障害 研究所, (1992)『グループホーム生活寮 1990年 全國調査 報告書』
- 日本兒童福祉協會, (1989)『グループホームの設置, 運榮ハンドブシク』
- 서울시(1995).『장애인공동생활가정 설치, 운영지침』, 서울
- 한국사회복지협의회(1995). 계간『사회복지』, 통권124호, 봄호.
- 서울정신지체인복지관(1995.3).『장애인 공동생활가정운영현황』, 미발표자료.

6. 유럽의 그룹홈 현황 [10]

– 독일 그룹홈을 중심으로 –

유 병 주

　1990년대에 들어와 장애인 복지이념 가운데 인권보장, 정상화와 사회통합, 자립과 자율의 중요성이 커지고 있다. 그룹홈은 이러한 이념에 맞는 정신지체인의 주거형태라고 할 수 있다.

　주거란 단지 보호나 숙소로서만의 의미를 갖는 것이 아니라 안정, 독립, 개인생활 및 공동생활, 그리고 외부로의 사회생활을 포함하고 있다. 성인 장애인도 일반인들과 같이 자신의 주거지를 요구할 권리를 가지고 있다. 정신지체장애인들의 주거시설은 가능성을 키워 줄 수 있는 공간으로, 많은 가능성과 자율성이 존중되도록 조직되어야 한다. 이 글에서는 독일 그룹홈의 현황을 주거형태, 전문보육사, 재정보조 측면에서 살펴보고, 정신지체인 부모회를 그 상위법인 체로 하며, 정신지체인들의 사회재활을 위해 직업과 주거 시설을 제공하고 있는 마인프랑코리아 장애인 작업장을 중심으로 유럽의 그룹홈 현황을 살펴보고자 한다.

Ⅰ. 서론

　정신지체를 가진 성인들은 자신의 주거지를 요구할 권리를 갖고 있다. 원칙적으로 그들에게도 정신지체를 갖지 않은 동료들과 같은 나이에 부모의 집을 떠날 수 있는 가능성을 주어야 한다. 주거란 이들에게 있어 단지 보호나 숙소로서만의 의미를 갖는 것만이 아니라 안정, 독립, 개인생활 및 공동생활, 즉, 사적공간으로의 도피와 외부로의 사회생활을 포함하고 있다. 따라서 정신지체를 가진 사람들도 "가능한 한 정상적"인 생활을 누릴 수 있어야 하며 이를 위해 그들이 필요로 하는 도움을 받을 권리가 있다(Lebenshilfe, 1990). 주거는 여가시간(leisure time), 노동(work), 성(sexuality)과 함께 정신지체인을 위한 성인교육의 한 부분이다. 성인 교육은 학교교육의 연장의 의미 – 즉, 쓰기, 읽기, 셈하기 – 를 넘어 성인으로서 이들이 정상적인 생활을 누릴 수 있도록 하는 데 그 목적을 두고 있으므로 주거는 개인적 능력과 사회통합의 증진에 기여할 수 있는 성인교육의 중요한 영역에 속한다.

　최근 유럽 성인 정신지체인의 주거상태는 –주로 독일을 중심으로– 교육과 의료적인 보호개념하의 전통적인 대규

---

10) 이 글은 서울장애인종합복지관 성지재활연구 제8호(2000년, 51-84p)에 실린 글이다.

모 장애인 시설과 정상화와 사회통합을 주요 목적으로 하는 새로운 주거보호 체제의 혼합 상태에 있다. 새로운 주거 체제의 발전은 다음과 같은 노력을 통해 추진되고 있다.

- 부모회의 앙가주망
- 유럽에서 시작되어 미국 등 서방 여러 나라들에서 실시되고 있는 Normalization 개념
- 전문가에 의한 현 체제에 대한 비판적 토론
- 긍정적인 실제 경험
- Independent, Living, Movement

이 소논문은 유럽, 특히 독일의 정신지체인들을 위한 Group Home의 최근 상태를 살펴보는 데 그 목적을 두고 있다. 이를 위해 먼저 유럽에서 - 특히 독일에서 - 사용되고 있는 정신지체인에 대한 개념정의를 알아보고 50년대 이후부터 Group Home을 위한 기본적 이념들로 사용되고 있는 개념들의 변화과정 - 즉 일반적 인권보장, 정상화와 통합이론, 그리고 자립과 자율개념을- 살펴보고자 한다. 그 뒤를 이어 유럽 Group Home의 현황과 본인이 현재 일하고 있는 마인프랑코니아 장애인작업장(Mainfrankische Werkstatt) 소속의 Group Home들의 형태, 운영체제, 그리고 본인의 실제경험을 기록하고자 한다.

II. 성인 정신지체인이란?

독일에는 미국의 AAMD(American Association on Mental Deficiency)의 "Committee on Terminology and Classification"에 상응하는 개념정의에 권위를 갖고 있는 기관이 없다. 따라서 '정신지체인(Geistigbehinderte)' 에 대한 개념정의는 통일되지 못하고 다양하게 쓰이고 있다. 그러나 비교적 공인되어 넓게 인용되고 있는 독일 교육위원회 (Deutscher Bildungsrat) 의 정의를 보면 다음과 같다.

"정신지체인이란 신체 기관적, 유전적 혹은 그 밖의 손상으로 인해 전체적인 정신의 발달과 습득능력 장애가 심해 전 생애 동안 사회적, 그리고 교육적 도움이 필요하다고 예측되는 사람을 말한다. 이때 지능면의 손상과 함께 언어, 사회, 감정 그리고 감각 발달에 손상을 입을 수 있다"(Deutscher Bildungsrat 1973, S. 37).

AAMD의 정의와[11]의 기본적 차이는 장애 원인요소와 진단에 있어 상대적 확고성("예측되는…")을 강조한 데 둘 수 있다. 물론 이런 차이들로 미루어 두 국민집단의 차이점을 자동적으로 추론할 수는 없다. 그러나 "mentally retarded" (AAMD) 와 "geistig behindert"(Deutscher Bildungsrat)의 차이는 해당되는 집단에 대한 통계를 통해 또한 볼 수 있다. 즉, 미국에서 전 인구의 대략 3%를 "mental retardation"으로 라벨을 매기는 반면에 독일에서는 대략 전 인구의 0.5~0.6%를 "geistig Behinderter"로 산정하고 있다. 해당 집단의 사회적 그리고 경제적 구조에 대해 이 두 정의들은 거의 일치한다고 볼 수 있지만 IQ 수치에 따른 구분에서는 전혀 다른 해석을 내리고 있다. 정신측정학적으로 독일에서는 IQ 50~60을 그 상위 경계선으로 긋고 있으나(Bach, 1979) 조심스럽게 이러한 정신측정학적 수치는 단지 진단에만 국한되어 고려되어야만 한다는 학자들 간의 일치된 의견은 미국과 큰 차이를 보이고 있다(Speck, 1980).

위의 정신측정학적 모델에 의하면, 미국의 중도(moderate: 中), 중도(severe: 重), 최중도(profound)[12] 의 정신지체가

---

11) Mental Retardation refers to significantly subaverge general intellecual functioning exiting concurrently with deficits in behavior and manifestedduring the developmentalperiod :Herbert J.Grossman 1983, S. 1

미 국		독 일	
IQ 70 – 55/50	mild ret.	IQ 80/75 – 60/55 학습장애	
IQ 55/50 – 40/35	moderate ret.	IQ 60/55 – and below 정신지체	
IQ 40/35 – 25/20	severe ret.		
IQ 25/20 and below	profound ret.		
(Grossman 1983)		(Bach 1979)	

독일의 'geistig behindert' (정신지체)에 해당함을 알 수 있다. 이 구분에 따르면 미국의 정신지체인은 전 인구의 0.4% moderete ret. 이하) 에 해당하며 독일은 0.5~0.6 % (IQ 60~55 이하)[13]로 그 발생률의 차이를 나타내고 있다.

독일 교육위원회의 정신지체인에 대한 정의 속에는 성인도 포함되어 있다. 그러나 분명히 정신지체를 갖고 있는 성인들에게 "가능한 한 정상적"이라는 기본이념을 적용한다면 '성인'이라는 용어사용과 더불어 그들의 '성인임'을 인정해야만 한다. '성인임'이란 인간에게 있어 생물학적 그리고 사회적인 성숙의 결과를 의미한다. 그러나 이러한 자연적 현상이 정신지체인에게는 거의 고려되지 않고 있다. 어느 인구 집단을 막론하고 사회적, 지적 그리고 정서적 장애가 진단되면 그들의 나이와 신체적 성숙에 관계없이 '영원한 어린아이'로서의 역할이 고정된다. 다음과 같은 에피소드는 성인들을 위한 장애인 시설에서 자주 목격될 수 있다(Hofmann 1979).

"20살의 Brigitte는 심한 장애인으로 스스로 식사를 하지 못할 뿐만 아니라 기저귀를 차고 휠체어에 하루 종일 앉아 있다. Brigitte는 또한 스스로 말을 하지 못하기 때문에 과장된 표정과 웃음 그리고 눈빛을 통해 그녀의 감정을 나타낸다. 예를 들어 그녀가 아침에 새 옷과 모자를 쓰고 학교(Day Care Center)를 가면 크게 입을 벌리고는 자랑스럽게 주위를 둘러본다. 자, 이제 예쁜 얼굴의 젊은 보육사가 Brigitte를 씻기거나 음식을 먹이면서 나누는 대화를 들어보자!

"음! 냠냠 맛있네! 그치, 귀염둥아 ? 새끼 벌에게, 우리 작은 미식가에게 최고 좋은 것을 주지."
그 보육사는 Brigitte에게 아기 턱받이를 씌우면서 부드럽고 친근한 목소리로 –
"우리 귀염둥이, 질질 흘려 옷을 더럽히면 안 되지." 그리고 잠시 후 –
"자, 우리 지저분한 궁둥이를 닦자. 이런! 우리 새끼벌 또 쌌구나. 이런 돼지 같은 것!"
이때 의아해 쳐다보는 그녀의 친구들을 흘깃 보며,
"에이 뭐 그리 심한 말도 아니야. 어차피 이해도 못하는 걸!"

많은 부모들, 보육사들뿐 아니라 교육학자들까지도 그들이 관계하는 정신지체인들이 성인임을 고려하지 않고 교육목표를 세우고, 이 목표에 따른 시행에만 관심을 두고 있다. 따라서 '정신지체인의 성인임'을 인정하는 것은 독일 특수교육계의 커다란 문제점인 동시에 또한 이들을 위한 성인교육의 중요한 목표가 되고 있다. 특히 행위능력과 책임의식의 의미 속에서의 성년의 개념은 정신지체인들에게 문제시되고 있다. 법률적으로 성년이란 18세에 달해 그에

---

12) 이태영, 김정권(1988) 번역에 따름
13) 현재 독일 총인구 8천만 명을 감안할 때 정신지체인의 수는 대략 40만 명으로 추정된다.

따른 권리와 의무를 지게 되는데, 이러한 성년의 개념은 정신지체를 가진 시민에게도 똑같이 적용되어야 하나, 장애로 인해 행위능력이 모자람이 증명되면 그들의 권리와 의무는 부모나 법적 후견인 혹은 법정에 의해 보호나 후견의 형태로 제한된다. 더구나 후견만으로 정신지체인이 자율적인 삶을 영유할 발전가능성이 보장될 수 없다고 판정되면 금치산이 신중히 고려된다. 이 경우 18세에 달한 정신지체인은 완전한 행위능력과 결혼생활을 할 수 있는 일반적인 18세 성년과는 극단적으로 구분된다. 이들은 금치산이 되거나 보호하에 있으므로 법적으로는 성인이나 정신능력 부족의 이유로 이들의 사회편입은 상당히 침해를 받게 된다. 이와 같은 법적 성년의 개념은 개별적 특성을 고려하지 않고 '18세에 도달함'에 따른 일반적 사실만으로 규정되어 있다(Speck 1982).

정신지체로 진단된 성인들의 대부분은 신체적 발달 면에서 다른 모든 성인들의 대다수와 그리 크게 구별되지 않는다. 단지 심리 · 사회 발달 면에서 다소 어린이의 성향을 발견할 수 있을 뿐이다. 이에 따라 성인에게 기대되는 성년의 개념에는 자율성, 결혼생활과 공동생활을 할 수 있는 행위능력과 습득능력(교육, 직업, 사적과 공적생활의 구분, 책임감 등)이 정신지체인들에게는 전혀 관계없는 테마로 간주하는 데 그 문제가 있다. 이로 인해 정신지체인들이 성년이 될 수 있는 가능성은 그 심리 · 사회적 발달과정에서 완전히 차단되고 있다. 그 결과, 실제 생활에서 전 생애간의 종속, 직업과 직업교육 기회의 제한, 그리고 자율적인 주거와 생활공간제공의 한계 등이 따르게 된다. 결론적으로 정신지체인들의 성인됨에, 즉 그 역할담당에 장애가 되는 요소는 다음의 두 가지로 요약될 수 있다.

첫째, 정신지체인들은 그들의 장애로 인해 성인 특유의 능력습득에 – 개인적 차이는 있지만 – 특별한 어려움을 갖고 있다. 예를 들어 가사일, 직업에서나 개인의 문제해결 등.

둘째, 정신지체인들은 위의 능력을 배우고 습득하는 데 근본적으로 그 기회가 주어지지 않고 있다. '영원한 어린이'로의 역할기대와 함께 경험의 기회가 제한되어 있음은 사회적 발달에 1차적인 장애요소가 되어 그들을 사회적 장애인으로 만들고 있다. 사회적 발달의 2차적인 방해요인은 이러한 발전가능성의 제약이 전체적인 발달을 저해하고 있는 것이다.

정신지체인에게는 성인으로서 스스로 할 수 있는 기회는, 즉 주거지를 선택하는 결정과정에 참여하지못하고 그리고 그 일자리가 장애인을 위한 보호작업장으로 한정되므로 크게 제한되어 있다. 이를 개선하기 위해 스스로 의사를 발표하고 결정하도록, 다시 말해 성인이 되도록 배우는 데 목표를 둔 특별프로그램이 절실히 요구되고 있다. 끝으로 Group Home에 주거하는 정신지체인 스스로가 제시한 성인의 의미를 살펴봄으로써 그들의 요구와 희망을 추론해 볼 수 있다.

"성인이란

 – 혼자 버스를 타고,

 – 결혼하여 자녀를 생산하며,

 – 포크와 나이프를 사용해서 먹고,

 – 향수를 사용해도 되며,

 – 돈을 벌고 그 돈을 사용할 수 있어야 하며,

---

14) 우리나라의 Group Home의 주거인들은 주로 경도의 정신장애인들, 즉 독일의 학습장애인들에 해당하는 성인들이지만 중도(moderate)와 중도(severe)정신지체인인 독일의 G · H 주거민들의 이러한 요구는 이들과 교육자 간의 많은 훈련과 용기 그리고 이해가 필요한 것들이다.

- 어린이처럼 취급받지 말고,
- 스스로 손톱을 깎으며,
- 잠자리에 드는 시간을 스스로 결정할 수 있고,
- 예의 바르고 남에게 도움을 줄 수 있어야 하며,
- 스스로 옷을 골라 살 수 있고,
- 제시간에 일자리에 도착해야 하며,
- 세상의 많은 것들을 보고 경험할 수 있어야 하고,
- '너 (Du)' 라는 칭호로 불리지 말아야 한다"(Speck 1982) 14).

III. Group Home 을 위한 이론적 배경

1. 일반적 인권보장 – The Principle of Anthropology

정신지체인들은 1971년 정신지체인 권리선언에 이어 1975년 UN의 일반적 인권선언에 따른 동등권을 요구할 권리를 갖고 있다. 따라서 주거지의 이전에 불필요한 제한을 두어서는 안 되며 가능한 한 최대한도의 인간의 가치성 인정, 개인권의 보장 그리고 의사결정의 자유가 보장되어야 한다. UN은 1921년 경제위원회와 사회위원회의 결의를 참고로 하여 1975년 5월 6일 장애인의 보호와 재활에 대해 결의를 발표하였다. 그 내용에는 전반적인 사회적 진보와 발전으로의 노력과 함께 신체적 그리고 정신적으로 불이익을 당하고 있는 사람들의 보호와 재활을 위한 법적 보호와 보호임무의 필요성을 강조하고 있다. 이에 따른 신체장애인들과 정신지체장애인들의 보호를 위한 과제는 그들의 능력개발에 기여할 수 있는 다양한 활동분야를 마련함으로써 가능한 한 정상적인 생활로의 편입을 촉진하는 것이다. 또한 아직 많은 나라들이 현재 이 과제들을 단지 제한적으로만 시행 실시하고 있음을 감안해 장애인들의 권리에 대한 선언을 발표함써 국내뿐 아니라 외국과의 공동교류를 통해 그들의 권리보호를 위한 공동조처와 대안을 마련하도록 하고 있다.

UN의 정신지체인 권리선언(1971.12.20)은 다음과 같다.

第1조 : 정신지체인은 국민으로서 일반 시민과 동등한 기본적 권리를 가진다.

第2조 : 정신지체인은 그 상태가 아무리 심하다 할지라도, 그의 능력과 가능성을 최대한도로 발전시킬 수 있도록 적절한 의학적 조치와 교육, 훈련, 재활 및 지도를 받을 권리를 가진다.

第3조 : 정신지체인은 안정된 경제생활을 보장받을 권리가 있다. 또한 생산적이며 뜻있는 직업에 종사할 권리를 가진다.

第4조 : 정신지체인은 가족들과 함께 살 권리가 있다. 또한 모든 사회생활에 참가하며 여가를 즐길 수 있는 조치가 마련되어야 한다. 만일 시설에서의 양호가 필요한 자라면 그 시설은 최대한도로 가정적 분위기가 조성되어야 한다.

第5조 : 정신지체인은 자기의 개인적인 복지나 이익을 보호하기 위해 필요한 때는 자격 있는 후견인을 가질 권리가 있다.

第6조 : 정신지체인은 착취와 남용과 학대로부터 보호받을 권리가 있다. 만일 고소를 당한다면 그의 심신상의, 책임능력을 충분히 인정하여 공정한 재판을 받게 해야 한다.

제7조 : 정신지체인이 중증으로 그 모든 권리를 유용하게 행사할 수 없을 경우, 또는 그 권리의 일부나 전부가 제한
되거나 배제되어야 할 필요가 생겼을 경우에 이에 적용하는 절차가 남용되지 않도록 법적으로 보장되어 있
어야 한다.

2. 정상화 (Normalization)와 사회통합 (Social Integration)
- The Principle of Normalization

정상화의 이론은 사회보장제도가 잘 되어 있는 스칸디나비아 국가들, 즉 덴마크와 스웨덴에서 시작되었다. 사실상
정상화 개념은 교육의 목적을 위해서가 아니라 사회보장제도를 위한 방편으로 시작된 것이다. 스칸디나비아 국가들
의 사회복지와 학교시설은 이 정상화의 이념과 함께 최초로 정신지체인들을 고려한 세계의 선구적인 성과를 거두었
다. 지역사회학교 교사들, 사회사업가들, 심리학자들뿐만 아니라 정신지체인들의 보호정책, 재원, 그리고 운영을 담
당하는 사회관청에서도 정상화 이론은 기본적 지침으로 사용되었다. 따라서 위의 두 나라에서 발전된 정상화 이론은
학문적, 즉 이론적 모델이나 실제와 동떨어진 관료주의를 위한 것이 아니라 실제적용을 통해 그 실효를 거둔 실천이
념이다.

정상화 이론은 먼저 개인의 의지를 존중함을 모토로 무가치한 존재로 보이는 정신지체인들의 생활 조건을 변화시
키자는 데서 시작하고 있다. 즉, 그들을 지역사회에서 소외된 대규모 장애인 시설로부터 해방시키는 과감한 변화를
시도하였다. 점차 정상화 이론은 성문화되어 최초로 덴마크의 법관이자 관원인 N. E. Bank-Mikkelsen에 의해 1959년
덴마크의 정신지체인을 위한 사회보장법 속에 받아들여졌다. Bank-Mikkelsen의 정상화 이론 - "letting the mentally
retarded obtain an existence as close to normal as possible" - 에 따라 덴마크는 정신지체인을 위한 새로운 국가사회
보장체제를 마련하였고 곧 이어 스웨덴에서도 시도되었다. 그 주요 내용은 정신지체인들의 생활영역, 즉 주거 · 교
육 · 직업 · 여가시간 · 의료적 보호들이 각각 구별되어 한 곳에서 이루어져서는 안 되며, 이것은 다른 일반시민과 동
등하게 가능한 한 정상적이어야 한다는 것이다.

그 후 10년 뒤인 1969년 스웨덴의 Bengt Nirje는 정상화 이론을 학문적으로 발전시켰다.

"The nomalization principle means making available to all mentally retarded people patterns of life and conditions of
everyday living which are as close as possible to the regular circumstances and ways of life of society." (1980, S. 33).

1969년 이후 스칸디나비아의 Nomalization principle은 Bank-Mikkelsen과 Nirje에 의해 미국과 캐나다의 전문가들
에게 전달되었으며 Wolf Wolfensberger에 의해 체계적으로 더욱 발전되었다. 중요한 것은 정상화 개념이 정신지체장
애인들에 대한 지역사회의 강력한 관계개선을 그 목적으로 하여, 이를 실천하기 위해 다음과 같은 영역 속에서 확대
되어야 한다는 것이다.

- 장애인은 정상적인 매일의 생활리듬을 가져야 하며,
- 직업, 여가활동 그리고 주거의 장소가 분리되어야 하고,
- 경축일과 가족들의 생일 등 정상적인 연중행사에 참여할 수 있어야 하며,

- 전 생애의 다양한 발전과정을 통해 (즉, 유아시절, 청년시절, 직업생활 그리고 노년생활) 정상인들과 동일한 경험을 쌓을 수 있는 기회를 마련해 주어야 하고,
- 그들의 욕구, 희망, 결정을 존중하며,
- 정상적인 이성간의 교제를 인정하고,
- 일반시민으로서의 정상적인 경제기준이 보장되어야 하며,
- 학교, 주거 시설 등이 정상적인 기준에 따라 설비되어 정상적인 생활이 가능하도록 되어져야 한다. [15]

처음의 의도처럼 정상화 이론은 우선적으로 대규모의 장애인 시설을 줄여 나가는 대신에 소규모로 외부보육사가 순회하는 주거시설(Group Home)과 개방적인 사회보호체제를 늘려 나가는 데 그 목표를 두고 있다. 이것은 결국 정신지체인들을 위한 사업은 그들이 살고 있는 지역문화에 어울리고 나이와 성별에 맞는 역할을 실체화시키는 데 그 노력을 기울여야 함을 의미하는 것이다. 이것이 바로 Wolfensberger의 정상화에 대한 새로운 체계적 시도의 내용이다.

"Utilization of means which are as culturally normative as possible, in oder to establish and/or maintain personal behaviors and characteristics which are as culturally normative as possible." (1972, S. 84)

Wolfensberger의 정상화 이론은 정신장애인들의 생활을 표준적인 사회규범, 즉 한 사회의 일반적이고 평범한 규범에 맞추어 영향을 주거나 변화를 시도해야 하며, 이는 또한 상이한 체계에 따라 이루어져야 한다는 것이다. 그에 따르면 정상화는 상이한 영역 속에서 구체적 행위면(Interaktion)뿐만 아니라 그 가치평가면(Interpretation)에서도 고려되어야 하며 그 행위범위를 단지 장애인 개인에게만 한정시킬 것이 아니라 더욱 넓혀 1차적 사회 집단(가족, 이웃, 장애인 주거시설 등)을 넘어 지역사회 전체를 막론해야 한다. 이 내용을 구체적으로 그 행동범위에 따라 설명해 보자.

(1) **개인영역** -의상, 외모, 교제형태, 머리 스타일, 성형수술(예를 들어 Dawn-Syndrome의 경우)에 이르기까지 일반적 규범에 맞추어 개인을 변화시킴으로써 외형적인 상이감과 이질감을 줄이는 데 주력한다.

(2) **시설영역** - 부모상담을 통해 가능한 지역사회에 통합된 주거시설 선정, 전문인력 투입 등을 통해 장애인에 대한 그릇된 선입감을 변화시키고 비현실적인 기대감, 예를 들어 '정상인'으로의 기능에 대한 기대 혹은 '영원한 어린이'로 종속시킴을 막는다.

(3) **지역사회영역** - 학교시설들, 재원, 법률, 장애인에 대한 사회적 차별을 변화시키는 동시에 상이함에 대한 지역사회의 인식을 변화시켜 그들의 사회통합에 기여할 수 있게 한다.

물론 Wolfensberger의 이론을 포함해 Normalization principle은 여러 학자들에 의해 비판이 되고 있다. 비판의 주 내용은, 정상화 이론이 완전히 정상인의 규범에 맞추어져 정신지체인들의 현 상태를 고려하지 않고 있으며, 참작하고 있더라도 단지 경도의 정신지체인(독일의 학습 장애인)에게만이 그 적용이 가능하다는 것이다. 이러한

---

15) 1977년 Nirje가 요약정리를 내린 이 8개 영역은 다음과 같다.
- A normal rhythm of day.
- A normal rhythmof the week.
- A normal rhythmof the year.
- Normal experiences of the life circle.
- Normal respect.
- Normal life in a heterosexual world.
- Normal economic standards.
- Normal environmental standards.

오해는 'Normalization'을 '정상인으로 만들기'로 해석하여 특수한 도움이 필요 없다는 주장으로 잘못 이해되거나, 무엇보다도 정신지체인을 '험한 세상'으로부터 보호해야 한다는 그릇된 보호원리에서 비롯된 것이라고 정상화 이론의 지지자들은 주장하고 있다. 따라서 그들은 이 이론의 적용시 다음과 같은 사항을 주의하도록 권하고 있다.

- 정상화를 정신지체인들의 사회조건, 개인생활이나 태도를 무시한 채 무비판적으로 적용시키라는 것으로 해석해서는 안 된다.
- 정상화는 그들을 위한 특별한 도움이나 시설들의 필요성을 부인하는 것이 아니라, 단지 전 생애간 도움에 종속된 이등시민으로서의 낙인이 찍히지 않고 스스로 그 도움을 이용해 살 수 있도록 하는 데 있다.
- 정상화는 정신지체인의 완전한 신체적 통합만 의미하는 것이 아니라 각자 그들의 현 상태에 맞게 상이한 사회적 통합을 그 목적으로 삼고 있다 (Thimm, 1985).

기본적으로 Wolfensberger의 정상화 이론은 정신지체인들의 신체적 그리고 사회적 통합에 그 목적을 두되 정상적인 생활조건과 체제 속에서 단계적으로 이루어져야 함을 강조하고 있다. 따라서 공공시설을 장애인과 비장애인이 공동으로 사용함을 원칙으로 하여 특수수영장, 특수병원 등은 없어져야 하며, 공공교통시설, 통합된 주거시설과 일자리들이 더 마련되어야 한다. 더불어 과거의 과보호를 피하고, 위험을 과감히 받아들여야 함도 또한 중요하다. 비판의 여지는 물론 있으나 Normalization principle은 하나의 원칙이며 나아가 일반적인 도덕, 정치 그리고 교육의 정언이라고 볼 수 있다. 따라서 그 실효성은 이러한 공동생활의 실천과 그에 따른 가치관의 변화가 이루어졌을 때 거둘 수 있다. 이 말은 역으로 정상화 이론이 경제적 이용가치에 따라 비효과적으로 오용될 때 그 위험 또한 크다는 것을 시사하고 있다. 결론적으로 정상화 이론은 손상된 개인의 신체적, 사회적 통합을 통해서만이 가능한데, 그 이유는 통합을 통해서만이 지역사회와 해당되는 개인(장애인과 그들의 가족)이 동시에 변화될 수 있기 때문이다. 따라서 사회통합, 즉 개인과 지역사회와의 관계정상화는 사회의 의무이자 교육의 의무이기도 하다 (Speck, 1996).

3. 자립 (Independence)과 자율 (Self-determination)
- The Principle of Emancipation

통합(Integration)과 증가되고 있는 자율(Self-determination)의 개념은 오늘날 장애인복지사업에서 모든 분야에 걸쳐 중요한 목표로 설정되고 있다. 90년대 초부터 독일에서 특히 정신지체인 교육분야에 중요한 행동개념으로 되고 있는 자율은 1960년대 미국의 신체장애인들의 자립운동(Independence Living Movement)의 영향을 받아 발전된 것이다. ILM은 대규모 시설에서의 후견과 감독에 반대하면서 시작되어 그 동안 다른 많은 나라들에서 모든 장애인들의 자립을 위한 중요 이념으로 받아들여지게 되었다. 그 내용은 장애인 보호업무 속에서 장애인 자신들의 요구와 관심이 최우선적으로 고려되어야 한다는 것이다. 이와 함께 장애인들은 이 업무체제의 이용자(Client)이며, 더 이상 구제사업대상자가 아님이 강조되고 있다. 이에 따라 전문가들의 도움자 역할 역시 동반하는 보조자(Assistance)로 바뀜과 동시에 전문적 직무수행의 제공자들은 - 예를 들어 특수교육자나 사회사업가 - 매일의 업무를 시설화에서 치료화로 변화시켜야 한다. 나아가 장애인 정책에도 그 대상자인 장애인을 그 의사결정에 참여시켜야 하며 장애인 시설 내에 자치조직을 두어 정책계획과 시행에 기본 우선권을 주어야 한다.

정신지체인의 경우 일반의식과는 반대로 더 많은 자율의 원칙이 적용되어야 하는데 현재 보호체제의 변화는 물론 전문교육자들의 역할에 대한 새로운 규정이 이에 따라 요구되고 있다. 전문교육자들과 정신지체인들과의 권력체계의 개선을 통해 '그들을 위한' 보호사업이란 말은 이미 지양되어야 하며, '그들과 함께' 라는 표현조차도 거부되어 정신지체인들의 요구와 희망사항이 방향제시점이 되어 교육의 행위가 이루어져야 한다. 따라서 교육의 내용은 자기의 관심과 요구를 스스로 대표하고 나설 수 있도록 그들의 능력을 키워 주는 것이어야 한다. 중요한 것은 ILM이 단순히 정신지체인들의 생활보다 앞서서 적용되어서는 안 되며, 무엇보다도 Assistance의 개념이 단지 직무수행의 행위에만 제한되어서는 안 된다는 것이다.   Assistance Help 란 정신지체인들의 생활과정과 계획하는 중에 그들의 관심과 요구를 현실화시키고 구체화시킬 수 있도록 도와주는 것이다. 즉, 모든 분야에서 선택과 결정가능성은 구체적으로 그 자신의 책임에 따라 제공되어야 한다. 이때 그들의 스스로 결정할 수 있는 능력과 그 성장가능성에 대한 신뢰를 통해 이념과 실제를 구별하고, 주어진 데에서만 해결을 찾으려고 주의를 기울일 것이 아니라 자신이 변화시키고자 희망하는 방향으로 이끌어 나갈 수 있는 능력을 키워 주어야 한다. 정신지체인들의 주거시설은 이러한 가능성을 키워 줄 수 있는 공간으로, 따라서 많은 가능성과 자율성이 존중되도록 조직되어야 한다.

(1) **매일의 생활 속에서의 자율** – 정신지체인들의 요구, 관심, 불평을 존중하고 강요나 후견을 피한다. 예를 들어 머리, 손톱을 깎을 때 개인의 감각이 충분히 고려되어야 한다

(2) **주거지와 직업선택 과정에 참여** – 예를 들어 주거지 이전시 사전의 의견타진 없이 장소이전을 시행하지 말고 방 동료 선택이나 의사가 맞지 않을 때 그 대안선택에 해당된 정신지체인을 참여시킨다.

(3) **개인생활 공간 보장** – 가구, 실내장식을 스스로 선택하고 자기 방 열쇠는 본인이 소지할 수 있어야 한다. 따라서 교사의 방문시 노크를 하고, 허락이 있을 때 문을 열며 친지, 특히 이성친구의 방문이 허용되어야 한다. 기타 제한사항은 사전에 타협되어야 하며 허락 없는 외부인의 시설방문은 금지한다.

(4) **임의의 강제적용 금지** – 강제적용은 사전에 그 근거가 타협되어야 하며, 그 규정은 상황이 바뀔 때마다 새로이 변경되어야 한다. 예를 들어 침대에 묶어야 할 경우 건강에 그 근거를 둔 방책이어야 하며 벌을 주기 위한 방책이 되어서는 안 된다

(5) **자기 의견을 발표할 권리** – 불평을 할 권리, 개인의견을 말로 진술, 표현할 권리들을 인정한다.

자율은 모든 사람에게 자신의 행동능력을 갖게 하고 그 발전가능성을 높여 준다. 이러한 자율능력을 측정하는 데 장애의 정도는 결정적인 역할을 하지 않는다. 심지어 의사표현을 제대로 하지 못하는 심한 정신지체인들도 자율적인 행동을 할 수 있다. 예를 들어 아침 식사 때 보육사가 딸기쨈 병과 복숭아쨈 병을 들어 보이며 무엇을 원하는지 물으면 그들은 어느 하나를 손가락으로 지적하거나 나름대로의 의사표현을 통해 스스로 선택할 수 있다. 여기서 우리는 자립과 자율을 구별해야 한다. 즉, 도움이 필요해 자립적으로 살 수 없는 사람들도 스스로 결정할 수 있는 자율적인 삶을 살 수 있다. 이때 중요한 것은 이들이 실수할 수 있는 위험성을 과감히 감수하면서,

– 선택의 가능성을 주고,

– 스스로 선택할 수 있도록 충분한 정보와 기회를 마련해 주며,

– 그들의 모든 요구를 진정으로 받아들이고,

– 그들이 무엇을 원하는지 스스로 생각하도록 맡겨 주는 것이다.

요약하면, 정신지체인들과 관계하는 교사는 전문적이되 필요에 따라 자신의 요구를 그들의 요구 다음으로 미룰 줄 아는 보조자의 역할을 담당해야 한다. Assistant Help 란 그들의 의견을 경청하고, 혹 의사표현을 못하는 경우 그들의 요구를 찾아내어 실현화시킬 수 있도록 돕는 것이다. 최중도 정신지체인의 경우 음식을 먹여 주고 기저귀를 갈아주는 매일의 일과 중에도 두 가지 음료수 중 하나를 선택하도록 해줌은 그들을 위한 하나의 작은 자율화로의 길을 열어 주는 것이다.

Ⅳ. 독일의 Group Home 의 현황

독일 정신지체인들의 현 주거상태는 부모의 집에서부터 교육학적 원리에 따라 보호, 교육하는 장애인시설 그리고 정신병원이나 수용시설 등에 이르기까지 매우 다양하다. 통계(1995)에 의하면 전 정신지체인들의 과반수가 이직도 가족들과 친지들에 의해 보호되고 있다고 보고되고 있다. 또한 임의 추출된 조사연구 결과에 의하면 대략 94,000명의 정신지체인들(주로 성인들)이 그들의 보호와 교육을 위한 장애인 주거시설에 살고 있으며, 단지 6%만이 지역사회에 통합된 보호공동가정이나 단독가정에서 살고 있다. 이에 따르면 90%이상의 정신지체인들이 어떠한 형태이든 보호의 대상이 되어 보살핌을 받고 있으며, 1%정도는 마을공동체에서 공동생활을, 대략 2%는 그 밖의 다른 여러 형태의 주거지에서 살고 있다. 정확한 통계는 나와 있지 않으나 일부 특수교육학자들에 의하면 정신병원이나 수용시설에 잘못 수용되어 있는 정신지체인의 수는 옛 서독지역에 대략 10,000명 그리고 옛 동독지역에 6,000명에서 9,000명에 달한다고 보고 있다. 현재 이러한 다양한 주거상태는 지역적으로 다소 차이를 나타내고 있는데 외부 순회보육사에 의해 도움을 받고 있는 Group Home이나 개인주거 형태는 주로 북독일, 특히 베를린이나 함부르크와 같은 대도시들에서 더 많이 볼 수 있다. 예를 들어 베를린의 경우를 살펴보기로 하자.[16]

▶ Berlin (n=8054)

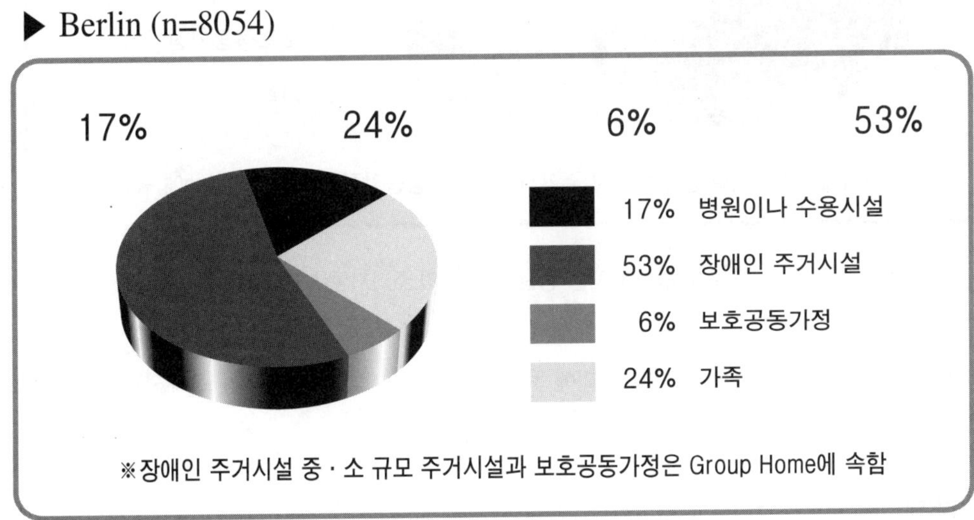

※장애인 주거시설 중·소 규모 주거시설과 보호공동가정은 Group Home에 속함

---

16) Monika Seifert, Über 1000 Menschen mit gestiger Behingerung fehlplaxiert. Ergebnisse einer Studie zur Wohnsituation von Menschen mit geistiger Behinderung in : Bundesvereinigung Lebenshilfe e.V. 1995, S. 77

▶ Berlin -West (n= 4188)

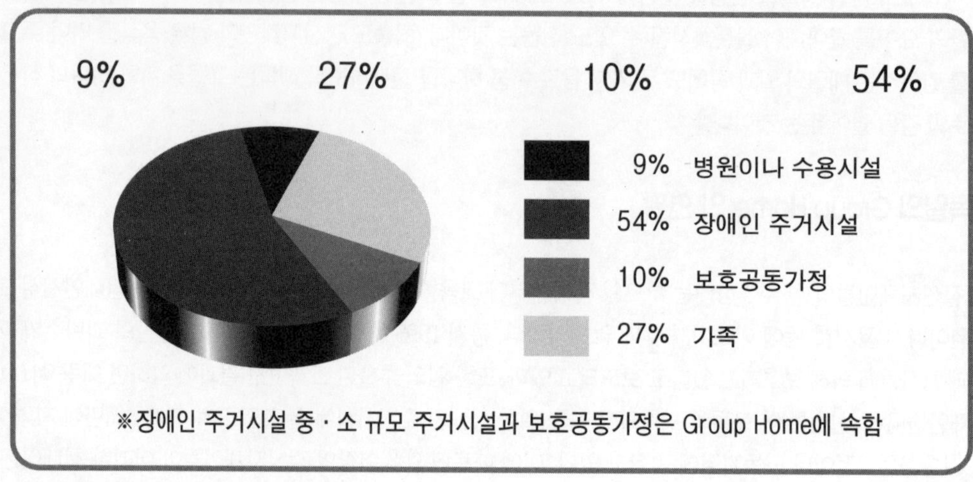

▶ Berlin-Ost (n=3866)

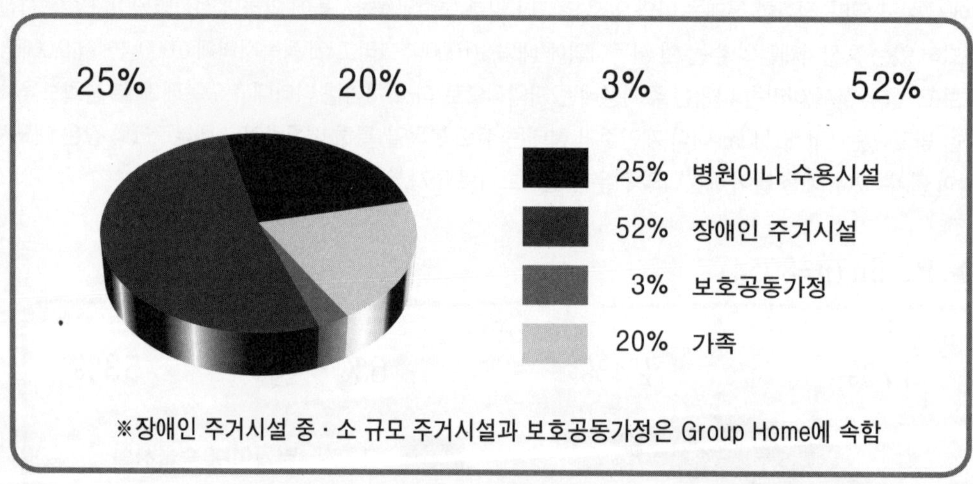

〈도표 1〉 베를린에 사는 정신지체인들의 주거지 현황 (1991)

위에 언급된 다양한 주거형태를 4개의 카테고리에 묶어 설명하고 이를 위한 전문인력과 재정구조를 살펴보고자 한다.

1. 주거형태

1) 부모 집에서의 추거

아직도 많은 정신지체인들이 성인의 나이에도 불구하고 그들 부모의 보호 하에 함께 살고 있다. 그 원인분석에 따르면 부모의 집 외에는 기거할 주거시설의 부족이 그 큰 이유이며, 아직도 부모와 정신지체를 갖고 있는 자녀와의 분리문제가 어렵다는 것이 그 다른 이유이다. 많은 부모들은 그들 자녀들의 미래를 염려하면서도 부모만이 그 자녀들의 욕구를 가장 잘 알아 최선으로 보호할 수 있다는 생각을 굳게 갖고 있다. 그러나 부모, 형제와 친지들의 부담은 날로 커져 감으로 이에 따른 정부 차원에서의 재정과 물질보조를 해주는 동시에 그들의 부담을 덜고, 나아가 부모 사후 자녀의 미래를 위해 단기간이나 장기간의 다른 형태로의 주거이전이 불가피함을 부모상담을 통해 주지시키고 이에 대한 여러 정보를 제공하고 있다.

2) 대규모 장애인 주거시설

이는 물론 교육적 목표에 따라 운영되며 주로 종교단체나 국가에서 관할하는 전문 장애인시설이다. 이곳에서는 계획적이며 체계적으로 직업과 여가활동이 함께 제공되고 있으며 의료, 치료 그리고 사회교육 영역 등에서 전문적으로 보호가 시행되고 있다. 이들 대규모 장애인 주거시설은 지난 30년간 개방된 주거형태로의 시설면에서나 교육이론에 따른 매일의 Programme 등 다양하게 자체변화를 시도해 왔음에도 불구하고 많은 학자들에게 비판의 대상이 되고 있다. 최근에는 새로운 형태의 주거지를 찾기가 어려운 심한 정신지체인들에게 교육과 발전의 기회를 주는 시설로 그 방침을 바꾸고 있다. 따라서 교육방침은 전문 보육사의 지도에 따른 점증적인 매일의 치료와 그리고 균일한 보호체제하에 자립을 위한 기초단계를 닦는 데 그 초점을 두고 있다. 그러나 이로 인한 전문 보육사들과 정신지체를 갖고 있는 주거민들 사이의 불균형적 관계는 변화되기가 어렵다. 이러한 대규모 장애인 주거시설은 점차 그 필요성이 적어지고 장기적으로 규모 또한 작아져야 하며, 그 주최가 국가나 종교단체와 같은 범지역적이 아닌 지역사회단체에 의한 것으로 바뀌어 '삶의 장소'로서의 새로운 주거형태가 이루어져야 한다.

3) 마을 공동체

마을공동체는 주거, 일자리 그리고 여가활동을 위한 장소가 통합된 대규모 시설의 하나로 어떤 특정한 이념하에 장애인들과 비장애인 등이 함께 사는 주거형태이다. 가장 잘 알려진 마을 공동체로 인지학(Anthroposophie)을 기본이념으로 한 스코틀랜드의 생활공동체이자 작업공동체인 Camphill Movement를 들 수 있다. 이 공동체는 특수교육과 치료기능을 함께 한 대안적 사회생활형태를 시도하면서 상황에 따라 4명에서 9명의 정신지체인들과 보육사 가족들이 함께 하나의 가족공동체를 이루며 살고 있다. 그들은 마을에서 수공업과 농경 혹은 과수원을 운영하면서 그들의 생산물을 이웃들에게 직접 판매하고 있으며 문화행사를 통해 자신들의 삶의 가치를 찾고 있다. 이들 공동체들은 이처럼 그 지역주민들과 잘 어울려 살기도 하지만 때로 일반지역사회와 근본적으로 상이한 이념으로 자기들만의 공동체를 이루며 스스로 소외되어 사는 경우도 있다. 예를 들어 원시 기독교적 공동체인 'Arche Gemeinde'(방주공동체)는 먼저 프랑스에서 시작되어 영국, 독일 등 유럽뿐 아니라 멀리 아시아(인도, 필리핀)와 오세아니아까지 퍼져 그들만의 공동체를 이루며 살고 있다.

4) 지역사회에 통합된 주거형태인 Group Home

이러한 주거형태에는 다양한 주택구조가 있어 주거민들이 자기의 요구에 맞는 것으로 선택할 수 있는 가능성과 다양성의 장점을 가지고 있다. Group Home의 스펙트럼 속에는 <u>소규모 그룹형 장애인 주거시설</u>(Gruppengegliederte

Wohnheim : 밀도 있는 보호교육을 필요로 하는 중도 이상의 정신지체인들을 위한 소규모 장애인 주거시설), 셋집이나 개인 집에서 보육사의 보호를 받고 있는 <u>보호공동가정</u>(Betreute Wohngemeinschaft), 외부순회 보육사에 의해 최소한의 도움만을 받고 있는 <u>단독가정이나 부부가정</u>, 독일에는 아직 그 수가 적기는 하지만 <u>정신지체를 갖고 있는 부모와 그 자녀들을 위한 보호가정</u>(Eltern Kind Wohnung), 그리고 <u>정신지체인과 비장애인(주로 대학생)이 함께 사는 공동가정</u> 등을 들 수 있다. 이들 그룹홈들은 정상화의 이론에 따라 주간에는 직업에 종사하며 – 대부분이 장애인들을 위한 작업장에서 – 주거시설 외의 스포츠와 여가활동 그리고 교육과 치료 프로그램에 참가하므로 주거와 기타활동을 위한 장소가 분리되어 있다. 주거하고 있는 정신지체인들의 욕구와 관심을 우선으로 한 매일의 생활리듬과 가능한 한 자신의 생활을 스스로 헤쳐 나갈 수 있는 능력을 키워 줌과 동시에 정상적인 생활에 참여할 수 있도록 이끌어 주는 것이 가장 큰 목적이다. 그러나 이들 그룹홈들 중 최상의 정상화와 자율의 가능성을 제공할 수 있는 형태는 외부보육사에 의해 최소한의 통제만을 받는 개인가정형의 그룹홈으로 평가되고 있다.

<u>소규모 그룹형 장애인 주거시설</u> (Gruppengegliederte Wohnheim)

가정의 크기는 지역마다 차이는 있지만 일반적으로 한 Group에 6명에서 12명으로 구성되어 있는 3개에서 6개의 Group들이 연립주택식[17]으로 나란히 붙어 있으며, 각 Group들은 각 보육사와 각각의 주거민들의 성격에 따라 완전한 독립체로 운영되고 있다. 이러한 형태의 공동가정은 보육사들의 2부 내지 3부 교대근무를 통해 전일간의 개인성 발전과 단체생활을 위해 보호와 교육을 받고 있다. 주거민들은 자체 내에 구성된 자치모임을 통해 그들의 욕구와 희망을 대표하며 자신들의 문제를 서로 의논하고 결정한다. 그 외에도 부모위원회가 있어 주민들의 권리를 수평적으로 돕고 있다. 소규모 연립주택형 공동가정은 24시간 보호제로 인해 주거민들의 자립적인 생활이 다소 제한되어 있지만 고도의 도움이 요구되는 중, 중도 정신장애인에게 자율의 길을 열어 주고 있다는 데 그 큰 의의를 두고 있다.

그룹홈의 주거조건, 즉 방의 크기, 구조, 가구 등은 주거민들의 요구에 따라 스스로 선택함을 우선으로 하며 주거민들의 구성은 남녀혼합을 원칙으로 하고 있다. 개별적 보호체제로 심한 행동장애를 갖고 있는 주거민의 교육과 치료를 위해 전문 인력을 배치하고 전문적 위기개입을 실시하도록 되어 있다. 그러나 사실상 전문적 위기개입은 재정상의 문제로 실시가 어려워 위기개입이 심각하게 요구될 경우 대학의 전문가에게 Project를 주기도 한다. 노령의 주거민들의 경우 가능한 한 그들의 보금자리를 계속 유지하도록 함을 원칙으로 하되 그들의 특성에 따라 그 보호체계를 젊은 연령층의 주거민들과 차별적으로 하고 있다. 그러나 그들의 수가 많아지고 돌보는 데 많은 인원과 시간이 필요하기 때문에 전체 공동가정의 운영체제에 위기가 올 것으로 예상될 때는 지역 내의 양로원을 골라 이전시키기도 한다. 마지막으로 소규모 그룹형 장애인 주거시설의 주요과제를 살펴보면 다음과 같다.

– 가능한 한 자율적인 개인생활을 보장해 준다.
– 이주 이전의 개인들의 사회적 관계를 유지하도록 도와준다.
– 노령의 주거민들을 위해 안정되고 조용한 개인 생활공간을 마련해 준다.
– 안정되고 따뜻한 주위환경을 조성해 준다.
– 병이 났을 경우 전문의사의 치료를 받을 수 있도록 주선해 준다.
– 신체적, 정신적 발전을 위한 적극적인 활동 프로그램을 마련해 준다.

---

17) 건물형식은 한국의 연립주택과 같으나 지하로 서로 연결되어 있다.

- 교육적 활동이나 여가시간 활용을 위한 그룹홈 외부행사에 참여하도록 촉진시킨다(예를 들어 취미 클럽활동, 주
  간보호시설 등).
- 그러나 이때 각 개인의 이력을 고려해 발전, 촉진을 시도한다.

보호공동가정 (Betreute Wohngemeinschaft)

보호공동가정은 일반적으로 3명에서 6명으로 구성되어 있으며, 시험기간을 거친 후 단지 오후부터 저녁시간까지
만 보육사에 의해 도움을 받고 있다. 이러한 형태의 공동가정은 중앙보호체제나 업무계획에 따른 통제가 적으므로
더 많은 자유가 허락되어 정신지체를 가진 주거민들에게 최고의 자립과 자율성을 제공할 수 있다. 따라서 주거민들
에게는 공동생활을 할 수 있으며 모든 가사 일을 동료들과 나누어 맡아 할 수 있는 능력이 전제조건으로 따른다. 보육
사의 과제는 일반적으로 다음과 같이 규정되어 있다[18].
- 매일의 전 생활분야에서 도와주되 주거민들이 필요로 하는 정도에 맞추어야 한다. 예를 들어 장보기, 식단 짜기,
  빨래, 집 장식과 청소, 개인의 위생과 외모, 개인금전관리, 공동 가사비 예산, 관청과 병원 방문, 서류와 건강관리
  등 다양하다.
- 개인 여가활동에 관심을 갖도록 이끌어 주고 이를 위해 나이에 적절하고 사회통합에 기여할 수 있는 활동을 찾
  을 수 있도록 도와준다.
- Group 내의 공동생활에 모두 참석하도록, 즉 계획을 짜거나 결정하는 데 모두 참여해 함께 하도록 도와준다.
- 주거민들과 보육사의 관계는 신뢰와 서로간의 존중이 우선되어 이로 인해 자기존중이 보강되도록 해야 한다.
- 이성관계, 부모나 친구들과의 갈등 등의 개인문제를 상담해 준다.
- 직장에서나 Group Home 내에서의 갈등 등의 위기 상황에 원조해 준다.
- 동등하고 관용적인 사회적 행동을 할 수 있도록 돕는다.
- 연방사회보장법에 따른 인력이나 물자원조 신청을 도와준다.
- 행정에 관계된 일이나 금전관리에 상담과 조언을 해준다.

정신장지체인과 비장애인을 위한 공동가정

'개방적인 장애인 사업'의 한 일환으로 정신지체를 갖고 있는 성인과 비장애인(주로 대학생)을 위한 공동가정이 적
은 수이기는 하지만 실시가 되고 있다. 이 형태의 공동가정은 프로그램을 통해서 두 사람이 오랜 기간 동안 서로 사귀
어 본 후 스스로 결정을 내림으로 이루어진다. 이때 장애를 갖고 있지 않은 성인은 정신지체를 갖고 있는 파트너의 사
회통합에 기여하는 대가로 주거비 면제의 혜택을 받을 수 있다. 이에 대해 많은 긍정적인 평가가 있는 반면에 또한 적
지 않은 문제를 내포하고 있다. 시간할애 문제, 책임소재 문제 등과 관련해 가사일에 동등한 권리가 있음에도 불구하
고 대부분의 책임소재가 비장애인에게 사실상 과중되어 있으며, 이에 따라 정신지체를 갖고 있는 동료를 후견자가
아닌 동등한 파트너로서 인정하고 존중하는 데 있어 많은 갈등을 겪고 있다. 이러한 주거형태를 위한 사회통합과 숙
련으로의 목표가 정신지체인에는 너무 과중하며 이 목표를 위해 비장애인에게 요구되는 기대 또한 커서 두 사람의
갈등의 중요한 원인이 되고 있다.

---

18) 이것은 베를린의 한 보호공동가정을 모델로 한 것이다. (Seifert, 1998)

혼자 살거나 파트너와 함께 살기를 희망하는 정신지체인들을 위한 주거형태로 단독가정의 경우 시간제로 (평균 15시간) 순회보육사에 의해 도움을 받는다. 따라서 최고의 자율능력을 전제로 하고 있다. 보육사의 과제는 건강, 여가시간활용, 가사일, 재정관리, 관청출입에 관계되는 일은 물론 부모와 법정보호인과의 관계를 원활히 할 수 있도록 상담자로서의 역할이 중요하다. 이러한 단독가정은 정상에 가장 가까운 주거형태이나 많은 경우 소외와 외로움의 문제가 따르므로 다음과 같은 구조적 조처가 필요하다.

- 각 단독가정에 살고 있는 정신지체인들과 장애를 갖고 있지 않은 이웃들과의 잦은 교제를 위해 연락망을 짜는 동시에 주택지 중앙에 만남의 장소를 마련한다.
- 정신지체를 가진 단독가정들과 부부가정들의 주거민들이 함께 만날 수 있는 만남의 공간을 마련해 서로간의 잦은 교제를 갖게 한다.
- 이러한 단독가정과 부부가정의 주거민들의 만남에 전문인의 상담이 함께 이루어져야 한다.
- 시민대학 등 일반성인교육기관에서의 성인 교육기회를 넓혀 준다.

정신지체를 가진 부모와 자녀를 위한 가정 (Eltern kind Wohnung)

정신지체를 가진 성인들의 성 관계와 자녀생산에 아직도 많은 이견들이 있으나 정신지체를 가진 부모와 그들의 자녀를 위한 가정은 최근 점점 늘어나고 있는 자녀생산을 감안해 실시되고 있는 가족주거형태이다. 현재 970명의 정신지체를 갖고 있는 부모들(혹은 부, 모 한쪽)과 약 1370명에 달하는 그들의 자녀들이 있다. 그러나 이 통계(1995)는 실제보다 훨씬 적은 것으로 학계에서는 평가하고 있다. 과거에는 정신지체인들의 자녀가 출생하는 즉시 보육원이나 수양가정에 맡겨졌으나 현재는 그들의 많은 수가 자녀와 함께 살고 있다. 그들 중 대략 2/3 정도는 개인 집에 살고 있으며, 1/4은 장애인시설에서, 13%는 그들의 태어난 부모의 집에서 부모의 도움을 받아 자녀를 키우면서 살고 있다. 개인 집에서 살고 있는 정신지체 부모들은 그들의 자녀교육에 필요한 도움을 받으면서 키우고 있다. 개인 집에서 살고 있는 정신지체 부모들은 그들의 자녀교육에 필요한 도움을 거의 받지 못하고 있으며 단지 몇몇 지역에서만이 외부 순회보육사의 보호와 함께 부모 · 자녀 가정을 실시하고 있다. 예를 들어 베를린의 Lebenshilfe는 후견인을 통해 가정 Project를 만들어 현재 5개의 부모 · 자녀 가정을 운영하고 있다. 그 목적은 부모와 자녀가 한 가정에 함께 살게 해 그들의 자녀들이 나이에 맞게 정상적으로 양육될 수 있도록 하는 데 두고 있다. 베를린 Lebenshilfe의 보고에 의하면, 도움의 질(보육사 선정, 적절한 조건과 보호체계 등)뿐만 아니라 부모와 자녀 관계, 부부관계 그리고 자녀들을 위한 발전 가능성 등이 그 성패에 중요한 역할을 한다. 이러한 부모 · 자녀 가정은 크게 필요하지만 재정상의 이유로 그 수요를 채우지 못하고 있는 실정이다.

기타 형태의 공동가정

이 외에도 부모들이 정신지체를 가진 성인 자녀 없이 휴가를 보내거나 병원에 입원함으로써 그들의 자녀를 돌볼 수 없을 경우 단기간 동안 맡겨두기 위한 단기공동가정과 미래에 공동가정이나 단독가정으로의 이전을 준비하기 위한 훈련공동가정 등이 있다. 특히 훈련공동가정(Wohnvorbereitungsgruppen)은 많은 지역에서 실시되고 있는데, 그 성격상 가정학교라고도 부른다. 그러나 훈련공동가정은 사실상 사회, 가사, communication, 여가시간활용, 쓰기 · 일기 · 셈하기 등을 배우는 가정학교와는 조금 달리 생활기술의 습득과 연습에 그 목적을 두는 것이 아니라 미래의 그룹홈의 주거민으로 같은 동료들과 서로 만나 교제하는 데 더 큰 의의를 두고 있다. 이러한 생활기술들은 그룹홈에서 실제적인 공동생활을 하면서 충분히 보강될 수 있기 때문이다. 부모를 떠나 공동가정이나 공동가정에서 생활하게 될 정신지체인들을 위한 체계적인 준비과정으로서의 이러한 예비 집단은 개별적 훈련과 집단훈련을 통해, 그리고 부모들과 함께 하는 개방된 프로그램으로 부모와의 분리과정이 수월할 수 있도록 마련하고 있다.

2. 전문보육사

Group Home에서 일하는 전문 인력의 문제는 Group Home 주민들의 성격과 요구에 따라 그 방향이 정해져야 한다. 그러나 전문보육사들의 과제는 일반적으로 주거민들의 자립과 자율을 촉진시켜 그들이 가능한 정상적인 삶을 살 수 있도록 도와주는 것이다. 이러한 협력자로서의 전문보육사들은 그 활동영역에 따라 교육학자(특수교육학, 사회교육학), 심리학자, 사회사업가들이며 그 밖의 보조 인력으로 가사담당자와 사무직원들이 있다. Group Home의 Leader는 대부분이 2년간 사전실습과 3년간의 전문교육을 받은 특수보육사[19]가 맡고 있다. 전문보육사의 전문영역과 수는 Group Home의 크기와 주거하고 있는 정신지체인들의 장애 정도에 따라 결정되어야 하나 사회도움체계의 주체자들(연방이나 주정부 그리고 지방자치단체 등)의 절약정책에 따른 전문 인력의 최소화로 많은 Group Home에서는 이러한 전문 인력들이 골고루 충족되지 않아 필요로 되는 장애인 전문교육에 문제가 되고 있다. 이런 이유로 중증 혹은 노령의 정신지체인들이 Group Home에서의 주거가 사실상 제한되고 있다.

3. 재정 보조

정신지체인들의 주거시설을 위한 재정보조는 크게 투자재정(건물구입이나 건축시의 재정보조)과 경상재정(운영비 보조)으로 나눌 수 있다. 각 주의 지역적 행정구조나 주거시설의 등급에 구별 없이 투자재정의 원천은 주 정부, 지방자치단체, 독일 장애아동복권(AktionSorgenkind) 그리고 Group Home의 운영법인 등이며 중증 장애인법에 따른 일반기업의 보상지불금[20]을 추가로 들 수 있다. 투자재정은 Group Home의 건축시 부동산구입이나 그 밖의 부속적인 개축에 필요한 자금 등에 차별 없이 한 자리당(1인당) 71,000DM에서 110,000DM를, 시설비 보조로 7,500DM 범위 내에서 보조를 받을 수 있다. 예를 들어 한 장애인 법인체가 24명을 수용할 수 있는 Group Home을 세우기 위해 이전의 학교건물을 구입해 시설하고자 할 때 다음과 같이 투자재정을 예산한다.

---

19) 특수교육사는 2년간 G·H에서의 사전실습(주당 38.5시간) 후 3년 과정의 G·H에 종사할 전문 인력을 양성하는 교육기관에서의 의료, 특수교육, 간호, 가사 등의 이론과 주당 30시간의 실기 근무를 마치고 시험을 치러 자격을 습득한 전문보육사이다.
20) 일반 기업의 장애인 고용의무(16인 이상 사업체의 6% 의무고용)를 고용 대신에 보상금으로 지불하는 금액

비 용	학교건물 구입비용	300,000DM
	개축비용	2,390,000DM
	시설비용	180,000DM
		2,870,000DM
재정보조	공공보조: 연방노동부(35%) 1,004,500DM	
	주 사회부(35%) 1,004,500DM	
		2,009,000DM
	개인자산 : 부동산 300,000DM	
	장애아동복권 287,000DM (수익금)	
	113,000DM (대부금)	
		700,000DM
합 계		2,709,000DM
비충당된 나머지 비용		161,000DM

이때 총 비용 2,870,000 DM은 바로 투자재정으로 한 자리당 건물구입과 건축비 110,000DM, 시설비 7,500 DM의 최대한도에서 계산한 것이다.

즉, 110,000×24 = 2,640,000DM

7,500×24 = 180,000DM

경상비용은 연방사회보장법에 의해 한 정신지체인이 사회에 편입되는 데 필요한 식비, 차비, 의료비, 의복비, 용돈 등 개인의 처지(직업의 유무, 나이, 유산 유무 등)와 부모의 경제상태에 따라 각기 다르게 보조되고 있다. Group Home의 전 관리비 보조 중 대략 80%가 보육사 인건비로 충당되고 있다.

독일에서 70년대부터 현재(1995)까지 시설 운영되고 있는 지역사회에 통합된 공동가정의 수는 700개에 달하며 이들 공동가정에서 주거하고 있는 정신지체인들의 수는 15,000명으로 통계되고 있다. 이 수치로 미루어 현재 45,000에서 50,000개의 자리가 부족한 것으로 나타나고 있다. 이에 따른 Group Home의 신축과 시설을 위한 엄청난 비용이 필요하며 그 해결책 모색이 시급하다. 현존의 Group Home의 개선점은 다음과 같다.

- 그 시설 규모들이 너무 크며,
- 심한 행동장애인, 중증(severe)이나 노령의 정신지체인들을 흡수할 수 있는 Group # Home의 수가 너무 적으며,
- 비용절감을 위해 전문 인력을 전 인력의 50%로 규정하고 있기 때문에 나머지는 실습생, 일반보육사, 공익요원들이 업무를 맡고 있어 전문교육과 보호의 질이 우려되고 있다.

Ⅴ. 마인프랑코니아 장애인 작업장 (유) (Mainfränkische Werkstätten GmbH)

본인이 일하고 있는 Group Home이 속해 있는 마인프랑코니아 장애인작업장(유)은 독일뿐 아니라 유럽 전역에 널리 퍼져 있는 정신지체인부모회(Lebenshilfe)를, 그 상위 법인체로 하고 있으며, 정신지체인들의 사회재활을 위해 직업과 주거시설을 제공하고 있다. 이곳에서 운영하고 있는 여러 형태의 Group Home들을 소개하기에 앞서 정신지체인들의 교육과 재활사업에 선구적인 역할을 하고 있는 독일 정신지체인부모회(Lebenshilfe)를 여기에 간단히 소개하고자 한다.

1. 정신지체인부모회 (Lebenshilfe)

독일 정신지체인 부모회가 창설된 1958년 당시 장애인사업은 현재와 같은 국가 중심의 공공사업이기보다는 시민주최나 종교단체에 의한 자유복지체제의 전통이 아직도 강한 성격을 띠고 있었을 때였다. 따라서 정신지체인부모회(Lebenshilfe)는 창설과 함께 새로운 장애인 보호체제와 법령제안을 통해 다른 시민주최 장애인복지단체에는 물론이고 중앙정부의 장애인 정책에 커다란 자극과 변화를 가져오게 하였다.[21] 부모위원회와 함께 전문가위원회를 그 내부 조직에 두어 정신지체에 대한 용어 'Geistige Behinderung'을 학계에 정립시켰으며 수많은 출판사업과 세미나를 통해 현재까지 특수교육계에 중요한 위치를 차지하고 있다. 처음 15명의 부모들과 몇몇의 전문가들로 시작된 이 부모회는 현재 전국적인 조직망을 둔 연방정신지체인부모회로서 정신지체를 가진 어린이들을 위한 유치원, 학교 그리고 성인들을 위한 보호작업장, 작업장, 주거시설, 다양한 여가시간 활용 프로그램 등을 마련해 그들의 조기교육과 성인교육에 커다란 기여를 하고 있다. 1990년대의 독일 재통일과 유럽공동체 내 독일의 리더적 위치를 이용해 장애인들의 법적 보장과 사회 정치적 지휘향상을 위한 광범위한 사업을 벌이고 있다. 예를 들어 미국의 장애인차별금지법에 상응하는 법 제정을 위해 동조자들의 서명을 전국적으로 모으고 있으며 정신지체인들의 자율적 삶을 위한 자조단체 조직망을 전국적으로 설치하기 위해 상담과 경제적인 보조를 해주고 있다.

현재 마인프랑코니아 장애인작업장(유)이 소재하고 있는 뷔르쯔부르크 Lebenshilfe는 1966년에 조직되어 1969년 조기교육시설과 학교를 설립하고 1970년에 보호작업장, 1973년에 현 위치의 마인프랑코니아 장애인작업장[22]이 문을 열게 되었다. 현재 뷔르쯔부르크(Wurzburg)시와 근교에 6개의 장애인작업장과 여러 형태의 Group Home이 8군데에 세워져 그 정도와 수에 따라 24시간보호체제, 반자립체제 그리고 완전자립체제에 이르기까지 다양하게 실시되고 있

---

21) 구체적으로 연방사회보장법(1960), 직업촉진법(1969), 중증(severe) 장애인법(1975) 등이 이 부모회의 영향으로 법령제정이 이루어졌으며, 특히 직업촉진법에 장애인작업장이 그 보호영역에 포함될 수 있었음은 전적으로 이 부모회의 적극적 활동의 결과이다.
22) 마인프랑코니아 장애인작업장은 다음과 같은 다양한 작업분야들로 나눠져 있다.
　　– 금속분야
　　– 목공/목수분야
　　– 기계조립분야
　　– 서비스업분야
　　– 수공업분야
　　– 작업훈련분야
　　– 작업장의 Project를 위한 동물원 사육분야

다. 이들 장애인 작업장들과 Group Höme들은 마인프랑코니아 장애인작업장(유)에 소속되어 있으나 독립적으로 관리되어 있으며 그 밖의 단독가정이나 부부가정은 Lebenshilfe가 직접 관할하고 있다.

2. Group Home의 형태

현 뷔르쯔부르크 시내에 5개의 Group Home에서 약 150명의 정신지체 성인들이 살고 있다.
- Group Home Heuchelhof (1981)
- Group Home Heidingsfeld (1983)
- Group Home Zellerau (1985)
- Group Home Grombuhl (1990)
- Group Home Sterntalerweg (1997)

그 밖에 90년대 초반에 뷔르쯔부르크시 근교에 3개의 Group Home이 더 세워져 운영되고 있다. 그 정도에 따라 다음과 같은 세 가지의 형태의 Group Home을 골라 설명하고자 한다.

1) 전일보호체제 Group - Group Home Heuchelhof (WG 1)

이 Group Home은 마인프랑코니아 장애인작업장 소속의 최초의 Group Home으로 주거지역내에 소재하고 있어 일반 주민들을 이웃으로 하고 있다. Group Home 가까운 곳에 큰 상점이 있어 주거민들이 매일 장보기가 수월하며 교통이 편리해 혼자서 대중교통수단을 이용해 시내 중심가로 타고 나가 쇼핑을 하거나 커피를 마실 수 있다. WG 1에는 현재 7명의 정신지체 성인들(연령 31~54세의 남자 2명과 여자 5명)이 함께 살고 있다. 이들은 모두 마인프랑코니아 작업장에서 일하고 있으며 각기의 요구와 희망에 따라 1인용 혹은 2인용 방을 선택해 개인가구를 들여놓거나 나름대로의 실내장식을 해 각자의 특색을 살리고 있다.

보호인력은 5명의 각기 다른 분야의 전문 인력들과 1명의 공익요원으로 구성되어 있는데, 이들은 함께 교육, 심리, 의료, 사회, 가사 등의 모든 업무를 맡고 있다. 전문의료진에 의한 치료는 근방의 전문의들과 조직망이 짜여 있어 보육사와 함께 의사를 방문해 치료받고 있다. 6명의 보육사들은 밤 대기 근무를 포함한 시간제 교대근무를 통해 아침, 저녁 식사와 출근준비를 돕는다. 일주일에 3번 청소부가 와서 큰 청소를 해주며 사소한 것은 각자 나누어 하고 있다. 주거민들의 하루 일과는 다른 일반 직장인들과 똑같이 아침 5시 30분에 일어나(스스로 일어나지 못하는 경우 보육사가 깨워 준다) 각자 씻기와 옷 입기를 스스로 하나, 때때로 목욕과 머리감기는 보육사가 계획을 짜서 통제하기도 한다. 아침식사 준비는 2명씩 교대로 보육사와 함께 하고 식사 후 작업장 버스로 출근하여 오전근무를 시작한다. 보육사는 뒷정리를 간단히 하고 7시 30분에 퇴근한다. 오후 4시 30분경 직장에서 돌아온 주거민들은 역시 오후 4시부터 근무를 시작한 보육사와 함께 커피를 마시며 대화를 나눈다. 곧 부엌일 담당자들이 보육사와 함께 장보기 위해 나가면 다른 동료들은 빨래 널기, 걷기 혹은 작은 청소를 맡아 한다. 보육사와 함께 요리해 저녁을 먹고 나머지 저녁시간은 자유로이 자기 방에서 음악을 듣거나 거실에서 함께 TV를 보거나, 혹은 목욕계획표에 따라 목욕을 하면서 각자의 시간을 보낸다. 때로 지역사회 내 저녁 여가 프로그램에 참여하거나 일주일에 한번씩 있는 정규모임에 참석하고자 하는 사람은 자유로이 외출해 밤10시(주말에는 11시)까지 귀가하면 된다.

연중 프로그램으로 작업장의 여름휴가 기간을 이용해 전 Group이 함께 여행을 하거나 개별적으로 Group Home

외부의 특별 프로그램에 참여할 수도 있다. 그밖에도 스키 타기, 시내관광, 정규모임 등이나 가족끼리의 여행에 참여하기도 한다. 작업장의 여름휴가나 겨울성탄휴가 기간에는 작업장이 운영되지 않으므로 이들에 대한 보호 의무는 Group Home의 보육사들에게 주어져 있다. WG 1의 경우 이러한 정상적인 연중행사에 참여하여 휴가와 축제를 즐기는 것은 어느 비장애인보다도 중요한 의미를 갖기 때문에 생일에 가족과 친지를 초대하여 축하하는 등의 가족적인 분위기는 이들의 생활을 정상화시키고 사회통합을 촉진시킬 수 있다. Group Home 내에서의 이성관계는 동료관계를 벗어나지 않으며 진정한 의미의 이성교제는 사실상 크게 제한되어 있다. 이 Group Home의 시설을 살펴보면 1인용 방(3개), 2인용 방(2개), 부엌, 목욕탕(2개). 화장실(2개), TV가 있는 거실, 식당, 보육사들을 위한 사무실, 발코니(2개), 지하의 세탁실 등이 있으며 부엌의 설거지 기계와 세탁기는 보호인력만이 작동하도록 되어 있다.

2) 반자립체제 Group – Group Home Grombuhl(G 3)

이 Group은 1990년 이후 Grombuhl 구역의 일반 셋집에 전일보호제 Group과 완전자립 Group과 함께 세 그룹이 각기 독립성을 갖고 생활하고 있다. 인근에는 쇼핑"센터가 있어 자유로이 장을 볼 수 있고 교통이 편리해 시내교통편으로 혼자서의 외출이 가능하다. 애쵸에 6명을 기준으로 조직된 G 3에는 현재 4명(21~28세의 여자 2명과 남자 2명)이 함께 생활하고 있다. 이들은 모두 보육사의 도움이 필요 없는 자립적인 직업, 예를 들어 수공업분야 등에 종사할 수 있는 능력이 있으나 현재는 모두 장애인 작업장에서 일하고 있다.

반자립 Group Home인 G 3에는 2명의 작업장 소속 보육사[23]들에 의해 보호를 받고 있으며 이들의 과제는 전일보호 Group과는 현저하게 다르다. 보육사들은 낮에는 이들과 함께 생활하나 저녁에는 퇴근하여 주거민들만의 저녁과 밤 시간을 자유롭게 주고 있으며, 점차 낮 시간마저도 2시간만의 보호로 줄일 계획이다. 비상시는 옆 전일보호 Group Home의 보육사들에게 도움을 요청할 수 있도록 되어 있어 병이 나거나 의사 방문예약 등의 필요한 업무들을 맡아 해준다. G 3의 보육사들도 역시 교육, 심리, 의료, 사회 전반에 걸쳐 직무를 수행하고 있으며 전문 의료는 인근 전문 의사들의 조직망을 이용해 통근치료를 받을 수 있다. 가사 일에 있어 보육사의 도움은 주거민들이 요청할 때만 제공된다.

G 3의 하루 일과는 여느 직장인들과 마찬가지로 스스로 일어나 씻고 아침 식사 후 시내 대중교통편으로 출근한다. 보육사의 밤 대기와 오전근무가 없으므로 모든 준비는 본인들의 책임하에 이루어진다. 퇴근 후(오후 4시 30분경) 커피를 마시며 장보기 조들은 목록을 적어 장보기를 시작하고 나머지는 자유로이 시간을 보낸다. 주거민들은 그들의 퇴근과 함께 출근한 보육사와 같이 식사준비와 저녁식사를 하고 필요한 상담이나 대담이 끝나면 나머지 저녁시간을 Group Home 내에서 해야 할 의무가 없기 때문에 장보기와 저녁식사 준비의 책임이 없는 사람은 작업장 업무가 끝나면 자유로이 친구들과 밖에서 식사하고 시간을 보낸 후 밤 10시(주말에는11시까지) 귀가하면 된다. 따라서 모든 주거민들은 자기 방 열쇠는 물론이고 집 열쇠를 소지하고 있다.

이들의 연중행사는 작업장의 여름휴가를 이용해 Group Home 단체여행이나 개인이 원하는 대로 개별적으로 다른 Group Home의 프로그램에 참가할 수 있다. 휴가기간에는 가족이나 친지들을 장기간 방문하여 그들과 함께 시간을 보내기도 한다. 이들의 이성교제는 같은 Group 내에는 적지만 다른 Group Home의 주거민들과의 가까운 이성관계가 흔히 이루어진다. 이들에게는 본인들이 원할 경우 각 파트너 집에서의 외박이 허용되므로 성교육, 즉 성관계와 피

---

23) 이들 보육사들은 작입장 소속으로 작업장 규정에 따라 관할, 통제될 뿐 작업장내 업무와는 별개로 Group Home의 업무만 맡고있다.

임도구사용 등에 대한 보육사들의 개방적이고 진지한 상담이 필요로 되고 있다.

G 3에는 4개의 1인용 방과 1개의 2인용 방, 부엌, TV와 식사할 수 있는 구석공간이 마련되어 있는 거실, 목욕탕이 설치되어 있으며 설거지 기계의 사용은 주거민들에게 허락되어 있으나 세탁기의 사용은 가사보조원에게 맡겨져 널거나 걷는 일 그리고 각자의 방 청소를 스스로 하고 있다.

3) 완전자립체제 Group – Group Home Heuchelhof (WG 2 – 4)

WG 2-4 는 Heuchelhof 구역에 전일보호 Group의 맞은편에 자리잡고 있다. WG 2와 WG 3 은 1983년 개설 당시 한 Group이었으나 1987년 WG 3이 독립적으로 분리되었으며 1989년 WG 4가 새로이 만들어졌다. WG 2에는 현재 20대의 여자 2명이, WG 3과 WG 4에는 각기 20~30대의 남자만 3명씩 함께 살고 있다. 이들은 최고의 자립과 자율적인 생활능력이 있어 가사일, 즉 집 청소, 장보기, 빨래 등에 전혀 도움이 필요 없으며 직장 역시 장애인작업장뿐만 아니라 정원사, 동물 사육사 등으로 일하는 사람도 있다. 이에 따라 각자의 근무시간이 다르며 출근방법도 시내버스와 Group Home 버스 등 다양하게 이용하고 있다.

2명의 작업장 소속 보육사들은 앞의 두 Group과는 다른 다양한 업무를 맡고 있다. 이들은 주중 최소한 이틀만의 필요한 업무만을 하고 있어 주거민들은 많은 시간을 보육사의 도움 없이 자율적으로 해 나가고 있다. 나머지 요구되는 도움은 – 예를 들어 병원방문 시간예약, 사고가 났을 경우 등 – 맞은편의 전일보호 Group의 보육사들이 맡아서 해주고 있다. WG 2-4의 주거민들도 다른 Group Home과 마찬가지로 전문 의사들에 의한 전문치료를 받을 수 있으며 필요한 경우 보육사가 동반한다.

WG 2-4 주거민들의 하루 일과는 각기 다르나 원칙적으로 스스로 일어나 시간에 맞추어 직장에 출근하고 있다. 퇴근 후 장보기와 식사준비를 스스로 하며 대규모 쇼핑은 보육사가 있는 날 함께 해결한다. # 이들의 저녁식사 시간이 다양해 함께 식사하는 기회가 적으므로 가사비를 미리 받아 각자 영수증을 모았다가 보육사와 모두 함께 모여 가계비 정리를 한다. 이들 각자는 자기 방 열쇠와 집 열쇠를 소지하고 있어 외출이 자유로우며 저녁 10시까지 귀가해야 할 의무 또한 없다. 연중행사도 각기 휴가가 다르므로 자율적으로 보내나 요구에 따라 Group이 함께 여행을 하거나 시간을 보내기도 한다. 또한 위의 두 Group과는 자신의 작업수당을 본인이 소지할 수 있으며 필요한 문건들은 그 돈에 맞추어 스스로 구입 할 수 있다. 그러나 수당으로 받는 돈이 충분치 않아 주정부나 지역자치단체로부터 용돈보조를 받고 있으며 용돈 관리는 대부분이 보육사가 하고 한 달에 한번 용돈을 받아 은행에 넣어 스스로 인출을 하도록 하고 있다.

〈WG 2〉	〈WG 3〉	〈WG 4〉
– 1인용 방 3개	– 1인용 방 1개	– 1인용 방 3개
– TV와 식탁이 있는 거실	– 2인용 방 1개	– TV와 신탁이 있는 거실
– 부엌	– TV와 식탁이 있는 거실	– 부엌
– 목욕탕	– 부엌	– 목욕탕
– 화장실	– 목욕탕	– 화장실
– 발코니	– 화장실	– 정원
	– 발코니	

WG 2 - 4 주거민들에게 가장 많이 언급되고 있는 테마는 이성문제로, 한 Group Home에서의 동거문제가 그 주를 이루고 있다. 대부분의 주거민들은 가까운 이성교제를 하고 있어 파트너를 데려오거나 파트너에게 가서 밤을 지내는 경우가 잦아 실제적인 성교육이 시급하게 요구되고 있다. 따라서 보육사의 중요한 업무도 이성문제 상담을 위한 상담자로서의 역할이 강조되고 있다. 또한 'Pro Famila'(가정문제를 전문으로 하는 상담기관)의 상담자들이 Group Home을 방문해 상담해 주고 있다.

이들 Group Home의 시설은 각기 특성에 따라 조금씩 차이가 있다. 각 Group은 각각 세탁기가 있어 스스로 빨래를 해결하며 부엌에는 설거지 기계와 기타 자립적인 생활을 할 수 있는 도구들이 갖추어져 있다.

VI. Sterntalerweg 그룹홈

본인이 근무하고 있는 Group Home은 뷔르쯔부르크의 시내 중심가에서 조금 떨어져 있는 Sterntalerweg 177번지에 위치하고 있으며 마인프랑코니아 장애인작업장에 속해 있는 Group Home들 중에 가장 최근인 1997년에 설립되었다. 이 Group Home은 4개의 집이 연립주택식으로 나란히 붙어 있으며, 장애를 갖고 있지 않는 이웃의 건물형태와 전혀 구별 없이 지어져 있다(사진 참조). <House 1>에는 3개의 Group Home들을 총 행정관리하는 사무실과 회의와 전체 행사를 위해 꾸며진 홀 그리고 1인용 방 하나가 있어 자립적 생활능력은 있으나 공동생활에 저해가 되는 문제행동이 있는 정신지체인 1명이 소속그룹 <House 2>과 분리되어 따로 살고 있다. <House 2>에는 12명의 심한 정신지체인, 행동장애인 그리고 노령의 정신지체인들이 15명의 보육사들에 의해 24시간 보호를 받으며 살고 있으며, <House 3>은 반자립 Group으로 12명의 경·중(中)도 정신지체인들이 오후시간만을 보육교사들과 함께, <House 4> 에는 11명의 장애인작업장에서 일하고 있는 중도(中) 정신지체인들이 7명의 보육사들에 의해 전일제 보호체제하에서 함께 살고 있다.

〈House 1〉

이 Group Home들이 설립될 당시에는 〈House 4〉형의 세 그룹을 고려해 지었으나 처음으로 〈House 4〉주거민들이 이주한 후(1997년 4월) 계획과는 달리 현 Group Home 형태 중 드문 혼합형인 〈House 2〉 주거민들이 하나하나 모여 이주해 들어왔고, 다음해 10월 자립능력이 있는 몇몇의 〈House 2〉 주거민들이 살던 〈House 3〉를 종래의 반자립 그룹과 다소 구별되는, 즉 반자립과 완전자립의 중간인 새로운 형태의 Group을 만들어 새로운 이주자를 받아들였다. 이들 세 그룹은 완전히 서로 간에 독립되어 운영되고 있다. 이들 Group Home들은 각기 특색을 가지고 있으나 〈House 3〉과 〈House 4〉는 위에 설명한 여러 형태의 Group Home들과 중복되는 것이 많으므로 다음에는 아직 소개되지 않은 새로운 형태인 〈House 2〉만을 자세히 설명하고자 한다.

〈House 2〉

본인이 현재 전문보육사(특수교육학)로 일하고 있는 〈House 2〉는 전일보호체제의 Group Home으로 장애의 정도나 나이에 따라 주거민들을 세 개의 하부Group으로 나눌 수 있다. 4명의 중증 정신지체 및 심한 행동장애를 갖고 있는 정신지체인으로 구성된 주간보호Group, 6명의 나이 많은 정신지체인들을 위한 Senior Group, 그리고 대체로 자립능력은 있으나 공동생활에 크게 문제가 있는 2명의 작업장Group이 그것이다.

주간보호Group에 속해 있는 4명(30대의 여자 3, 남자 1)의 중증 정신지체인들은 밀도 있고 질적인 전문교육과 보호를 필요로 하기 때문에 Group Home에서만의 교육으로 부족하여 주간보호학교(Day Care School)에서 월요일부터 금요일까지 다양한 프로그램에 따라 전일제 교육(오전 8시 ~ 오후 3시 30분)을 받고 있다. 이들의 장애 정도는 언어표현이 거의 불가능하며, 기저귀를 차고, 음식을 먹여 주어야 하거나 스스로 먹을 수는 있어도 보육사가 옆에서 하나하나 도움을 주어야 한다. 더구나 심한 자해나 타인 공격성, 간질 그리고 기타 신경정신과의 정규적인 치료를 받고 있어 사실상 보육사들의 대부분의 업무가 이들과 관련되어 있다. 이들을 위한 일관성 있는 교육을 위해 주간보호학교와 긴밀한 연락을 하고 있는데, 조그만 노트장에 매일의 중요한 사건들을 간단히 적어 서로 정보를 교환하고 전화와 방문을 통해 모든 조그마한 변화에도 주의를 기울이고 있다. 이들의 하루 일과는 6시에 보육사에 의해 깨워져 씻기, 입기, 식사하기 등이 마쳐지면 7시 45분에 학교버스가 와서 데려간다. 오후 4시 같은 학교버스로 Group Home에 돌아오면 커피를 마시거나 휴식을 취하고 저녁 6시경 다른 동료들과 함께 저녁식사를 한다. 이들의 저녁시간은 조용히 음악을 듣거나 TV를 보면서 보내지만 작은 일들, 예를 들어 쓰레기 봉지를 버리거나 식탁을 놓는 일을 돕고 있다. 대부분 저녁 8~9시에 잠자리에 드나 주말이나 본인이 원하면 10시까지 거실에서 다른 동료들과 시간을 보낼 수 있다. 부모들의 상황에 따라 다소 차이는 있으나 일반적으로 2주일에 한 번씩 부모의 집에서 주말을 보내며 여름휴가는 여름방학(6주 정도)을 이용해 학교에서 실시하는 일주일간의 단체여행을 하고 부모의 집과 Group Home에서 자유로이 보낸다.

Senior Group에 속하는 사람들은 장애인작업장에서 더 이상의 작업이 불가능한 48세에서 63세까지의 중·중도의 노인 정신지체인들로 언어표현이 대체로 가능하고 기본생활을 스스로 할 수 있다. 이들은 가장 많은 시간을 Group

Home 내에서 보내면서 장보기, 식사준비, 빨래 등 보육사들의 일을 많이 돕고 있다. 이들의 하루 일과는 스스로 일어나 식사를 하고 보육사와 함께 가사 일을 하거나 그림 그리기, 산책하기 등 다양하게 시간을 보내며 잠자리 역시 본인이 원하는 시간에 들 수 있다. 일주일에 한 번씩 이들만을 위한 오후시간을 보육사와 함께 시내 다방이나 시외 경치 좋은 곳을 찾아 대화를 나누고 사회통합의 기회를 마련하고 있으며, 여름휴가는 이들 6명과 3명의 보육사들이 함께 새로운 환경과 자연 속에서 충분히 휴식을 취하면서 보낸다.

2명(여자 1, 남자 1)의 작업장Group에 속하는 주거민은 장애인작업장에서 일하며 자립적인 개인생활능력에 비해 단체생활에 필요한 능력이 현저하게 떨어져 <House 3>이나 <House 4>에 속하지 못하는 중(中)도 정신장애인들이다. 이들은 아침에 스스로 일어나 식사하고 각자 시내버스나 작업장버스를 타기 위해 6시 30분경에 Group Home을 떠나 오후 4시 30분경에 돌아온다. 그러나 이 두 사람에게는 저녁식사를 함께할 의무가 없어 밤10시(주말에는 11시)까지 귀가하면 된다. 이들의 외출은 자유이나 공동생활을 배우게 하기 위해 일주일에 한 번 저녁외출을 금지하고 Group Home에서 다른 동료들과 시간을 함께 보내며 가사 일을 돕게 한다. 저녁에 다음날 아침식사를 위한 식탁을 차려 놓고 커피와 빵을 준비해 놓는 것은 이들의 일이며 주말에는 자기 방을 청소하고 정원에 물주기와 풀 깎기 등의 일을 맡아서 하고 있다. 이들의 여름휴가는 작업장의 휴가기간에 맞추어 각자의 선택에 따라 여행 프로그램에 참가하기도 하고 Group Home에서 지내며 가족과 친지들을 방문하면서 보낼 수 있다. 이들의 이성문제는 다른 Group들과는 달리 신경을 써야 하는데, 이성 친구를 데려오는 것은 허락되어 있으나 이성관계가 원만치 못해 심각한 정도는 아니나 자주 문제가 되고 있다. 예를 들어 이성 친구를 자주 바꾸며 이에 따른 질투 싸움이 잦고, 주거 없는 이성 친구를 데려와 주거를 마련해 주어야 하며, 성 문제가 충족되지 못할 경우 젊은 보육사들에게 신체적인 접촉을 하는 등의 사례가 일어나고 있다. 그러나 사실상 성교육은 형식적인 상담에 그칠 뿐 실제적이고 체계적인 성교육은 못하고 있는 실정이다.

이 세 Group 모두는 보육사들에 의해 계획적으로 목욕이 통제되고 있으며 주기적으로 혈압, 몸무게 등을 재어 건강체크를 하고 있다. <House 2>에는 현재 15명의 보육사들이 3부제로 근무를 하는데 오전근무는 6시 30분/8시 30분 ~ 14시 30분/16시 30분, 오후근무는 14시/16시 ~ 22시 그리고 한 달에 서너 번 있는 밤 근무는 14시/16시 ~ 다음날 8시(주말에는 14시 30분)까지 하고 있다. 이들 중 7명은 특수교육, 사회교육, 특수보육과 노인보육을 전공한 전문보육사이며 보조보육사로 실습생, 일반 아동보육사, 공익요원들이 함께 일하고 있다. 그 밖에 청소, 빨래 그리고 가사를 보조를 돕는 보조 인력들이 있다. 2~3명의 전문보육사와 보조보육사들이 한 조가 되어 근무하고 있으며, 근무시간은 노동법 규정과 본인의 선택에 따라 주장 35, 30, 25, 20 시간제 등 다양하나 실습생과 민방위 근무자들은 주당 38.5시간으로 규정되어 있다. 이처럼 보육사들의 근무시간이 다르므로 업무의 일관성을 위해 근무일지와 함께 30분간의 근무교대 보고를 의무화하고 있으며, 일주일에 한 번씩 전체 보육사들이 함께 모여 계획을 짜고 과제들을 의논해 결정하고 있다. 또한 한 달에 한 번씩 supervision을 통해 위기개입이나 기타 보육사들 간의 마찰 등 특정 테마를 외부에서 오는 sueprvisior와 함께 토론하고 있다. 이때 sueprvisior는 토론된 내용에 대한 침묵의 의무가 있으며 보육사들이 원할 경우 중재를 서기도 한다. 사실상 교대근무를 통해서 보육사의 책임이 분산되어 있어 책임과중의 문제는 적지만 이러한 책임분산이 책임소재를 불 분명히 하고 보육사들 간의 의견차이로 인한 서로간의 마찰은 불가피하다.

VII. 결론

유럽 Group Home의 발전은 민주주의의 역사와 함께 소외되고 불이익을 당하고 있는 소수집단에 대한 사회와 국가의 보호의무 차원에서 이루어지고 있다. 독일은 스칸디나비아 국가들에 비해 상당히 늦게 시작되어 이들 국가들의 모범적 선례들을 잘 배우고 연구해 나름대로 빠른 발전을 이룩하였다. 그러나 어느 나라를 막론하고 이러한 장애인 복지사업의 발전은 그 나라의 사회역사와 커다란 상관관계를 나타내고 있는데, 특히 독일의 정신지체인에 대한 복지사업은 나치시대의 국민보건과 건강정책의 일환으로 정신지체인들을 '국가에 이익 없는 존재'로 낙인찍어 체계적으로 소멸시켰던 어두운 역사를 떨쳐 버리기 위해 국가적 차원에서 많은 노력을 기울여 지난 30년간 결정적인 변화를 가져왔다. 그러나 현재에도 실리주의 차원에서 새로운 정신지체인들에 대한 차별이 이루어지고 있음은 많은 학자들의 우려를 낳고 있다. 즉 정신지체인들이 출생하여 평생을 보호하고 교육하는 데 드는 비용에 비해 염색체검사, 양수검사 등을 통해 아직 태어나지 않은 태아의 장애 여부를 검사한 후 유산시키는 것이 훨씬 경제적일 뿐만 아니라 정신지체를 갖고 있는 자녀로 인해 그 가족과 지역사회의 삶의 질을 떨어뜨리고 있다는, 이용가치에 따른 장애인에 대한 평가가 문제가 되고 있다. 이러한 실리주의가 다시 국가사회정책에 고려될 때 제2의 나치시대와 같은 결과가 올 수 있다고 학자들은 경고하고 있다.

이러한 사회도덕적인 관점에서 정신지체인 주거공간의 변화는 이들과 관계된 모든 사람들의 앙가주망이 요구되고 있다. 이에는 가족 친지들, 장애인시설의 관계자들, 그리고 특히 국가의 사회 정책자들의 의식의 변화가 중요함이 역설되고 있다. 따라서 지역사회에 통합된 Group Home은 다양한 형태를 그들에게 제공함으로 선택, 변화 그리고 발전의 가능성을 열어 주고 그들이 원하는 주위환경을 마련해 주어 가능한 한 정상으로 살아갈 수 있도록 도와주는 데 그 목적을 두어야 한다.

현재 우리나라에도 유행처럼 늘고 있는Group Home에 대한 분석이 이제는 이러한 자립과 자율의 관점에서 재평가되어야 할 시점이다. 물론 모든 나라들의 역사와 문화가 다르므로 선진국의 Group Home 형태를 그대로 모방함은 지양되어야 하나 이들의 발전과정을 연구하고 배우는 데는 게을리 말아야 할 것이다. 중요한 것은 우리의 실정에 맞는 Group Home을 위해 우리의 특수교육의 역사뿐 아니라 사회정치와 사회역사를 깊이 연구하는 것이 필요하다. 아무쪼록 Group Home이 새로운 형태의 소규모 보호시설이 되어서는 안 됨을 명심해야 한다.

[참고 문헌]

이태영,김정권 (공편)(1988). : 정신박약아심리, 정신박약아교육총서Ⅲ. 서울 : 형설출판사.

- Bath. Heinz (1979) : Personenkreis Geistigbehinderter. In : Handbuch der Sonderpadagogik (Bd. 5), S. 3– 18.
- Bundesvereinigung Lebenshilfe (1995): Wohnen heiBt zu Hause sein. Handbuch fur die Praxis gemeindenahen Wohnens von Menshen mit geistiger Behinderung Marburg .
- Deutscher Bildeungsrat (1973) : Empfehlungen der Bildungskommission–Zur pädagogischen Förderung behinderter und von Behinderung bedrohter Kinder und jugendlicher. Bonn
- Grossman, Herbert J (1983): Classification in Mental Retardation. American Association Mental Deficiency Washington, D. C.
- König, Andreas (1986) : Normalisierung und Burgerrechte. Geistig behinderte Erwachsene in den USA. Frankfurt/M
- Lebenshilfe Stadt und Landkreis Würzburg e. V. : 30 Jahre Lebenshilfe fur geistig Behinderte.
- Nirje, Bank : The normalization principle. In : Flynn. R. J. / Nitsch, K. E. (eds.) 1980, pp. 31 ~ 49
- Seifert, Monika : Wohnen – so normal wie moglich. In : Jakobs, H. / Konig, A. /
- Uheunissen, G. (Hrsg.) : Lebensraume – Lebensperspektiven. Butzbach–Griedel 1998. S. 150 B 190.
- Speck, Otto (1982) : Erwachsenenbildung bei geistiger Behinderung. München
  (1996) : Systemheilpädagogik. München
- Thimm, Walter (1990) : Das Normalisierungsprinzip. Eine Einführung. Kleine Schriftreihe Bd .5 Marburg
- Thimm. w./ v. Ferber, Ch./ Schiller, S./ Wedekind. R. (1985) : Ein Leben so normal wiemoglich. Zum normalisierungskonzept in Danemark. Marburg
- Wolfensberger, Wolf (1972) : The Priciple of Normalization in Human Service. Toronto : National Institute on Mental Retardation (NIMR).

7. 독일의 성인 정신지체인을 위한 지역사회 통합주거 형태[24)

— "주거란 집에 거주함을 의미한다" —

유 병 주

독일의 그룹홈의 현황을 알아보기 위해 우리의 그룹홈과 같은 것으로 이해되는 지역사회 통합 주거의 의미를 살펴보고, 이에는 어떠한 형태들이 있으며, 배경과 문제점은 무엇인지 조사하고자 한다. 우리의 공동생활가정(그룹홈)과는 어떠한 공통점과 상이점이 있는지 참석자 스스로 찾아보고 토론하기로 한다.

1. 주거의 의미

정신지체를 가진 성인들은 자신의 거주지를 가질 권리를 갖는다. 그들은 비장애인들과 똑같은 나이에 그들의 부모집으로부터의 독립이 가능해야만 한다. 주거란 단지 보호나 숙소로서만이 아니라 안전과 독립, 사적인 것과 공동의 것, 즉 자기만의 공간으로의 도피와 공동생활에의 참여의 모든 가능성이 주어져야 한다. 정신지체인들은 가능한 한 정상적으로 살 수 있으며 이를 위해 필요한 모든 도움을 받아야 한다. 이러한 요구에서 다양한 주거지 제공의 필요성이 강조되고 있다. 정신지체에 대한 정의를 학문적으로 정립한 정신지체인부모회 'Lebenshilfe(생의 도움)'는 1990 회원 정규집회에서 "주거란 집에 거주함을 뜻한다"라는 기본정의를 내리고 있다.

정신지체인들의 정상적인 주거환경에 대한 이러한 요구가 정당하게 인정된 것은 그리 멀지 않다. 그들은 장기간 수용시설이나 기타 보호시설에서 격리되어 지역사회 내에서 비장애인과 분리되어 살아왔다. 오늘날에는 정신지체인들이 인간답고 자기만의 주거를 갖는 데 논쟁은 더 이상 없다 (최소한 정신지체인부모회나 그 밖의 정신지체인들의 요구를 목표로 삼고 있는 기관에서는). 이제는 그들에게 적절한 주거시설, 예를 들어 지역사회에 통합된 주거형태를 마련해 주는 일이 대두되고 있다.

희망하기는 이러한 지역사회에 통합된 주거형태가 더 나아가 조기교육, 학교 혹은 보호작업장 영역에서의 교육, 의료 그리고 직업재활과 연계되어 확대되는 것이다.

지역사회통합 주거형태에 대해 설명하기 전에 먼저, 독일에서 정신지체를 가진 성인들의 대체적인 주거형태를 살펴

---

24) 이 글은 서울시립정신지체인복지관에서 주최한 『제4회 서울시 그룹홈 종사자 연수회』 자료에 게재된 글이다.

보고자 한다.

2. 주거의 형태

독일에서 정신지체인들을 위한 기본 주거형태로 보통 다음의 네 가지 형태로 설명하고 있다(Kraling 1990).
  - 부모의 집(원래 가정)
  - 교육적 목적으로 설립되어 주로 종교단체나 국가가 운영하고 있는 대규모 시설
  - 인지학적 원칙으로 세워진 마을공동체(Camphill-Bewegung)
  - 지역사회에 통합된 주거형태(예를 들어 정신지체부모회의 각 지회에서 운영하고 있는 것과 같은 주거형태)

여기서 정신병원이나 의료적 치료를 우선적인 목적으로 하는 대규모 시설, 요양시설 그리고 양로시설은 의도적으로 제외하였다. 물론, 이러한 곳에 아직도 많은 정신지체인들이 수용, 보호되고 있는 것이 현실이기는 하지만 이것은 분명히 잘못된 조치이기 때문이다. 아래의 <도표 1>은 베를린에 사는 정신지체인들의 주거현황을 조사한 것이다.

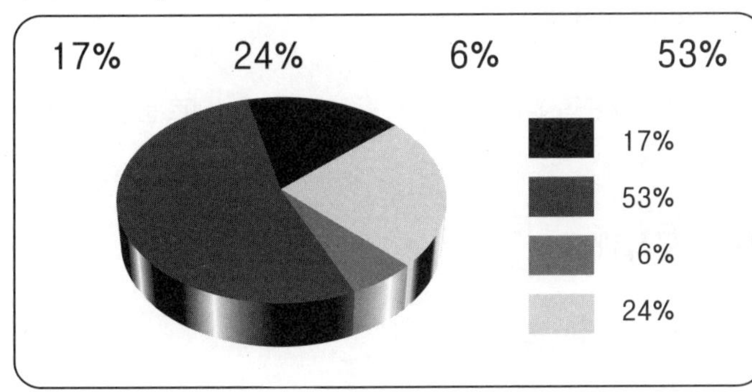

이어서 지역사회통합 거주형태를 자세히 설명하고자 한다. 먼저 '지역사회 통합거주 형태'의 여러 가지 다양한 유형을 살펴보고 인간적인 주거환경에 필요한 기본조건들을 설명하고자 한다.

3. 지역사회 통합주거 형태

주거시설

연방사회보장법(BSHG)에 따라 범지역적인(연방의) 사회보호체계로, 지원을 받아 입주자들에게 영속적인 생활지도를 제공한다. 이러한 지원체계로 운영되는 주거형태는 다음과 같다:

⑴ 소규모 그룹형 장애인 주거시설

소규모 그룹형 주거시설(예를 들어 Wohnheime, Wohnstätten, Wohnhäuser)에는 소규모의 단위로 최대 세 그룹들로 구성된다. 이때 한 그룹의 입주자들의 수는 6명에서 8명을 넘어서는 안 되며 전일보호체제로 생활지도가 실시된다.

⑵ 공동생활가정

이 집단가정에서 생활하는 입주자의 수는 6명을 넘어서는 안 된다. 생활지도는 입주자들의 필요와 요구에 따라 차별적으로 다양하게 – 예를 들어 완전자립체제, 반자립체제 등 – 실시된다. 그러나 부득이한 경우에는 전일보호체제로 시행되기도 한다.

⑶ 단독가정과 부부가정

이러한 주거형태는 소규모 그룹형 장애인 주거시설과 가까이 있어 그 곳의 생활지도교사로부터 정기적으로 필요한 도움을 받는다.

⑷ 부모 · 자녀 가정

정신지체인 부모(어머니 혹은 아버지)가 자녀와 함께 살 수 있도록 시간제로 필요한 도움(주당 15시간)을 주는 주거형태이다.

⑸ 순회보육교사에 의한 보호가정

장애인 시설과 독립적으로 분리되고 재정지원체계가 연방사회보장법(BSHG) 99조에 의거해 지방비로만 운영이 되며 그 밖의 다른 지원체계는 전혀 참여할 수 없도록 되어 있다.

위의 두 유형들은 – 주거시설과 이동 보호체제에 의한 단독 혹은 집단가정 – 주거연합의 형태로 운영체들이 서로 연관을 맺기도 한다.

4. 지역사회 통합주거의 설립배경 I – 이론적 배경

사회통합을 위한 주거시설들은 다음의 세 원칙에 따라 설립되었다:

⑴ 일반적 인권의 인정

정신지체인은 1971년의 UN선언에 따라 일반적 인권을 인정받을 권리를 갖는다. 이에 따라 장애인 주거시설로의 입주는 불필요한 제한이 있어서는 안 된다. 정신지체인은 가능한 최대한의 인간의 가치가 인정되어야 하며 개별적으로 존중받는 개인의 권리와 의사결정권을 강력히 보장받아야 한다.

⑵ 정상화 이론

정상화 이론에 따라 정신지체인은 '정상화되고 있는' 시민의 한 사람이다. 이때 정상화의 의미가 잘못 해석되어서는 안 되는데, 정상화란 그들의 장애를 부인하는 것이 아니라 가능한 한 많은 영역에서 정신지체인의 정상적인 활동에 주력하자는 것이다. 따라서 주거시설은 비장애인의 주거와 생활환경의 구별이 없어야 한다.

⑶ 학습과 개인의 발전 가능성

정신지체인은 학습과 개인의 발달을 성취할 수 있는 능력이 있다. 따라서 그들의 주거시설은 자립과 주거훈련을 통해서 나이에 맞는 적응기술과 사회행동을 높임으로써 잠재된 발전가능성을 최대한도로 활용하는 데 기여해야 한다. 이를 위해 단계적이며 다양한 주거형태를 제공할 수 있는 프로그램이 필요하다.

5. 지역사회 통합주거의 설립배경 II - 실제적 배경

"어떠한 주거형태를 누구에게 제공할 것인가?"에 대한 실제적인 조건을 고려하여 제시해야 한다. 지역사회 통합주거는 장애 정도와 종류에 관계없이 모든 정신지체인에게 제공되어야 한다. 이러한 조건들을 구체적으로 다음과 같이 나열할 수 있다.
- 부모의 집(원 가정)을 떠나 독립하기를 희망할 경우
- 성인의 나이(18세)가 되었을 경우
- 부모의 질병, 연로 혹은 사망의 경우
- 교육적 혹은 심리적 사유가 있을 경우
- 가족의 과부담으로 그 필요성이 요청될 경우
- 여태까지 대규모 시설 (정신병원, 병원 그리고 수용시설)에 있었던 정신지체인들을 받아들여야 할 경우

부모의 집(원 가정)에서 지역사회 통합주거지로 옮겼을 때도 부모와 가족들의 계속적인 도움이 필요하며 이때 최대로 가능한 적응능력을 성취할 수 있다.

근본적으로 지역사회 통합주거 형태는 모든 정신지체인들에게 제공되어야 한다. 그들은 그곳에서 평생을 지낼 수 있어야 한다. 한 지역에 다양한 주거형태의 가능성은 개별적인 관심, 나이, 장애 정도, 장애 종류에 따라 그리고 입주자들의 변화된 자립상태를 고려해 기회를 제공한다.

주거연합 내에 심하거나 중복장애가 있는 사람들, 문제행동을 가진 사람들(예를 들어 습관적인 가출, 심한 폭력적 행동 그리고 자신이나 타인에게 심한 상해를 입히는 행동) 그리고 연로한 정신지체인들에게도 기회가 제공되어야 한다. 이러한 다양한 욕구에 대해 각기 다양한 교육조치들이 고려되어야 한다.

지역사회 통합주거의 운영기관은 개축과 증축을 통해 주거제공을 적절하게 대치하여야 할 책임이 있는데, 예를 들어 인원과 공간 배치, 종사자의 질, 안전과 위기개입 등이 상세히 고려되어야 한다.

주거에 관해서는 연방사회보장법에 근거해야 한다. 여기에 거주자, 부모자문위원회, 거주자자치위원회 그리고 종사자들이 함께 참여한다. 입주 전 운영기관의 이행규약은 성문화되어 있어야 한다.

6. 지역사회 통합주거 종사자들

지역사회 통합주거 종사자들의 업무는 입주자들의 욕구와 관심에 따라 결정된다. 종사자들은 입주자들의 자립과 자치를 촉진하며 이때 가능한 한 정상적으로 이루질 수 있도록 지원하고 일상생활은 정신지체인들이 내 집처럼 느낄 수 있도록 허용되어야 한다.

지역사회 통합주거 형태에서 교육학, 사회사업학(사회복지학), 심리학 그리고 가사와 행정의 역할들을 담당할 종사자들이 필요하다. 위의 세 전문영역의 종사자들은 소위 동반자로서의 임무를 가져야 하며 이를 위해 사회사업가, 사회교육자, 특수교사 혹은 심리학자들이 업무를 담당하고 있다. 그러나 주거시설에서 이러한 동반자적 임무는 사실상

실현되지 못하고 있음은 비판의 여지가 되고 있다.

지역사회 통합주거의 책임자와 팀장은 가능한 한 자격을 소유한 전문특수보육사, 전문보육사 혹은 사회교육자가 맡아야 한다.

근본적으로 종사인력의 수는 지역사회 통합주거 형태의 크기와 입주자들의 장애 정도에 따라 결정된다. 그러나 사실상 이를 결정하는 것은 사회보장지원체계를 책임지고 있는 기관으로, 경제적 이유를 들어 최소한의 전문 인력을 허가하고 있다. 따라서 많은 경우, 특히 심한 정신지체인들과 노령의 정신지체인들이 생활하는 곳에서는 전문 인력의 부족으로 질적인 프로그램이 실시되지 못하고 있다.

7. 지역사회 통합주거의 발전과 미래 전망

스칸디나비아 국가들(스웨덴, 덴마크)과 네델란드의 본보기에 힘입어 독일에서는 60년대 중반부터 현재(1995)까지 약 700개의 지역사회 통합주거 형태에서 15,000명의 정신지체인들이 생활하고 있다. 이들 중 대부분은 정신지체인 부모협회 Lebenshilfe의 지역연합들이 운영하는 것이다.

다음의 도표는 Lebenshilfe의 자료로 '독일에서 1970~94의 성인 정신지체인들의 지역사회 통합주거 시설에서의 입주상황 변화를 나타내고 있다. 이 도표에 나타난 급속한 발전은 그러나 거주를 필요로 하는 정신지체인들의 욕구를 충족시키기에는 아직도 많이 부족한 상태다. Lebenshilfe의 자료에 따르면 지역사회통합 주거시설은 현재 대략 45,000에서 50,000 자리가 부족한 것으로 집계되고 있다. 이 계산은 장애인작업장의 근로자 수의 50%를 입주대상자로 보고 추정한 것이다. 따라서 계속적이고 다양한 지역사회 통합주거 시설의 증축이 절실히 요청된다.

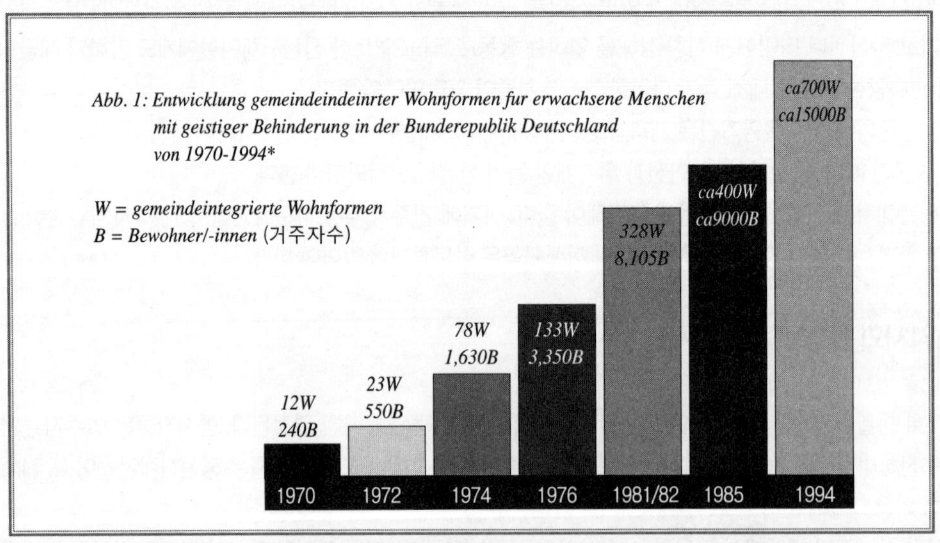

〈도표 2〉 1970~94 독일의 성인 정신지체인들을 위한 지역사회 통합주거 형태 발전 *

* 지역사회 통합주거 형태라 함은 소규모 그룹형 장애인 주거시설, 집단가정 그리고 단독가정 사이에 차별을 두지 않았다. 이 자료는 정신지체부모회 Lebenshilfe의 통계자료에 의한 것이다.

8. 재정

재정에 대한 문제는 투자재정과 경상재정, 두 가지의 다른 재정구조로 구분하여 설명된다. 각 주의 특별한 행정구조와 주거시설의 상황을 고려하지 않고 투자재정을 위한 재정 원천으로는 주, 지방자치단체, 독일 장애인돕기복권 Action Sorgenkind, 그리고 지역사회 통합주거 시설 운영체 자체들을 들 수 있다. 추가로 중증장애인법에 의거해 의무고용을 실시하지 않은 기업으로부터 징수한 분담금도 이에 속한다.

주거시설 한 자리당 투자액은 부동산 매입이나 혹은 택지개발 여부에 관계없이 지역사회 통합주거 시설의 신축시 현재 71,000DM 와 110,000DM 사이로 되어 있다. 지역사회 통합주거 시설의 경상재정은 이미 위에서 언급된 대로 법적 규정에 따라 연방지원비와 지방비로 나뉜다.

9. 건축과 내부구조

정신지체인들을 위한 건축 환경은 그들을 위해 학습과 생활적응기술 습득이 가능하며, 특히 매일매일 적용이 가능할 뿐만이 아니라 반드시 허락되어야 한다. 그러므로 지역사회 통합주거 시설은 '푸른 초원' 위에서가 아니라 대중교통을 이용할 수 있는 주거지역 내에 자리잡아야 하며 장애인 전용 작업장 가까이에 두어서도 안 된다.

가능한 한 소규모의 지역사회 통합주거 시설의 장점은 주거지역에서 이웃들과 손쉽게 접하고 만날 수 있다는 데 있다. 모든 정신지체인들은 개인 방을 가질 권리가 있으며 방 구조는 거주자들과 함께 가정답게 그리고 개성 있게 설비되어야 한다. 휠체어 사용자들의 요구는 지방 건축규정에 따라 고려되어야 한다.: 이것은, 예를 들어 계단 대신 경사로, 턱없는 문지방, 엘리베이터, 거실과 침실, 부엌, 식당, 화장실 그리고 목욕탕과 샤워실을 크게 하거나 알맞는 시설장비배치 등을 들 수 있다.

6에서 8명으로 이루어진 주거단위를 위해서는 다음의 공간들을 필요로 한다.
- 개인 방(가능한 한 14 m²이상)
- 위생영역은 필요에 따라
- 방안의 세면대
- 샤워시설
- 높이를 자유로 조절할 수 있는 욕조
- 화장실(샤워시설과 구별된)
- 기술적인 보조시설
- 거실
- 식당
- 부엌
- 옷장
- 밤 대기 근무자를 위한 사무실

소규모 그룹형 장애인 주거시설에는 필요에 따라 추가로 특별용도를 위한 공간이 고려되어야 한다. 예를 들면 다음과 같다.
- 저장실
- 책임자(관리자)실
- 손님 방
- 취미실
- 세탁실
- 다용도실

보통 집단가정과 단독가정에서는 개축된 기타 시설들을 특별히 설치하지 않는다. 각 주는 개별적으로 건축과 내부장치 그리고 재정 가능성에 대해 규정하고 있으므로 참고로 하여야 한다(주거시설 최소화 건축규정).

10. 법적 근거

지역사회 통합주거 형태에서 주로 연방사회보장법 (BSHG) 100조에 의거해 실질적으로 범지역적 사회보장지원체계로 지원받을 수 있는 것은 시설들(소규모 그룹형 장애인 주거시설) 이다.

여기에는 그곳에 사는 거주자들에게 연방사회보호법 39 – 47조에 의해 거주에 필요한 비용을 담당함으로써 그들의 사회통합에 도움을 주고 있다. 이 규정에는 또한 주거시설에서 생활하는 거주인들 혹은 부모나 후견인들이 어떠한 조건으로 거주비용을 지불하고 입주할 수 있는지를 자세히 서술하고 있다.

1974년부터 주거시설법(1990년 개정법)이 제정되어 지역사회 통합주거 형태를 관리하여왔다. 이 법에 서술되어 있는 다음의 규정들을 자세히 살펴볼 필요가 있다.
- 주거시설 공동행사(참여)규정 (1992년 개정): 거주인들이 시설운영에 함께 참여할 수 있도록 규정한 것으로 정신지체부모회 Lebenshilfe의 주거위원회는 1993년 부모자문위원회 견본 정관을 만들어 활용토록 하고 있다.
- 주거시설 인력 규정(1993)
- 주거시설 안전규정: 유가물들의 관리와 관리업무의 내용을 규정하고 있다.
- 주거시설 회계규정: 운영기관의 회계기록과 보고의무 규정을 내리고 있다.
- 주거시설 최소화 건축규정: 소규모 건축을 요구하는 규정이 되어 있다.

추가로 연방의 각 주들은 사회청에서 방침들을 정해놓고 있다. 이 방침에는 거주인들이 상태에 맞추어(예를 들어 장애인작업장에 고용되어 있는지 등) 지역사회 통합주거 시설의 장소, 크기, 인건비, 방 내부구조 등을 결정한다. 이러한 방침들은 추천하는 성격을 가지므로 각 시설의 욕구가 이것만으로 충분치 못할 때는 개개의 경우에 따라 제시된 법적 조건들을 참고해 결정한다.

거주자와 주거시설 운영체 사이의 법적 관계는 시설거주 계약을 통해 규정하고 있다. 이 계약서에는 특별히 운영자의 임무와 주거시설 거주자들의 권리(예를 들어 퇴거보호)들을 규정하고 있다. Lebenshilfe의 주거위원회는 이를 위해 주거시설 규정 견본(1993)을 마련하고 있다.

순회(이동) 보호되는 단독과 집단 가정에서는 경상비 문제와 이에 따른 불충분한 인력문제가 자주 발생한다. 이러한 상태에서 다음 사항들이 특별히 요구된다.
- 순회 보호되는 단독과 집단 가정의 법적 권리는 연방보호법(BSHG)에–사회통합 보호규정–규정되어야 한다. 여태까지는 소규모 그룹형 장애인 주거시설에서 전일 보호되는 경우에만 이러한 규정이 해당되고 있다.
- 가족과 노인들을 위한 현존의 연방내각이 새로운 규정을 만들 때까지 사회보호 담당자는 적절한 인건비의 보장을 위한 순회 보호되는 주거에 대한 방침을 마련한다.
- 만약 장애인들이 순회보호 주거에서 생활비를 위한 주거비 보조를 받을 경우에(지역사회 사회보장 담당자의 관할) 부모들은 자녀가 21세가 되면 생활비 지원을 더 이상 하지 않도록 규정해야 한다(BSHG의 91조 3항에 이 같은 규정은 주거시설에 전일 보호되고 있는 경우에만 해당한다고 못을 박고 있다).

11. 독일 지역사회 통합주거의 문제점

지역사회 통합주거와 관련해 독일 전체적으로 제시되고 있는 문제점들을 정리하면 다음과 같다.

- 주거시설의 규모가 아직도 너무 크다.
- 특히, 아래 사람들을 위한 지역사회 통합주거 시설이 많이 부족하다.
  - 노령의 정신지체인들
  - 심한 문제행동을 갖고 있는 사람
  - 신경정신과적 문제를 갖고 있는 정신지체인들
  - 중증과 중복 장애인들
- 공적 자금에 대한 과도한 절약 경향도 문제이다. 현재 45,000~50,000 자리가 부족하여 이에 따른 보충에 대한 자금이 필요한데 공적 자금 사용만으로 해결하려고 하지 말고 이와 독립적으로 Lebenshilfe의 자체자금처럼 부모, 친지 그리고 일반 투자자들로부터 미래의 안정과 투자를 목적으로 하는 민간자원을 유입시켜 특별히 주거시설을 신축하는 데도 주력을 해야 한다.
- 정신지체인들, 부모 혹은 후견인들의 의사결정에의 참여는 1990년에 개정된 주거시설법과 1993년 개정된 주거시설 공동참여규정으로 현재 상당한 정도로 발전되었다.
- 아직도 많은 지역에서 지역사회 통합주거 시설에 대한 이웃들의 반대가 있다.
- 불충분한 자격을 소유하고 있거나 너무 적은 혹은 잦은 이직률에 따른 인력문제가 크다. 이는 전문적인 보호와 교육의 위기상태에까지 이르고 있다.
- 법이 바뀌기는 했지만 주거시설의 종사자들이 장애인작업장에서도 동시에 일하는 문제는 해결되지 못하고 있다.
- 질적인 발전과 보장에 관한 문제는 지역사회 통합주거 시설에서 아직도 커다란 과제로 남아 있다.
- 정신지체인들을 위한 보호, 임무 그리고 시설에서의 간병보험법의 영향을 확대시켜야 한다. 특히 연방사회보장법에 의한 사회통합지원과 간병보험법에 따른 간병임무 사이의 연계성은 법 제정자들의 피력에도 불구하고 그 모호성이 설명되고 있지 않다. 이에 대해 정신지체인부모회는 뚜렷한 연계성이 정립되어야 할 것을 강력히 요구하면서 자체연구를 실시하고 있다.
- 장애인 정책에 있어 민간 자금을 이용한 유료로의 정책의 흐름은 사회보장 주체(예 : 정부)로부터 비용부담 감소를 위한 도구로 이용될 수 있는 위험을 내포하고 있다.

12. 맺는 말

유럽의 그룹홈(지역사회 통합주거 형태) 발전은 민주주의의 역사와 함께 소외되고 불이익을 당하고 있는 소수 집단에 대한 사회와 국가의 보호의무 차원에서 이루어지고 있다. 독일은 스칸디나비아 국가들에 비해 상당히 늦게 시작되어 이들 국가들의 모범적 선례들을 잘 배우고 연구해 나름대로 빠른 발전을 이룩하였다. 그러나 어느 나라를 막론하고 이러한 장애인 사업의 발전은 그 나라의 사회 역사와 커다란 상호관계를 나타내고 있는데, 특히 독일의 정신지체인에 대한 사업은 나치시대의 국민보건과 건강정책의 일환으로 정신지체인들을 '국가에 이익이 없는 존재'로 낙인을 찍어 체계적으로 소멸시켰던 어두운 역사를 떨쳐버리기 위해 국가적 차원에서 많은 노력을 기울여 지난 30년간 결정적인 변화를 가져왔다. 그러나 사람을 경제적 가치로 평가하는 실리적인 일반의 사고는 현재에도 새로운 장애인에 대한 차별을 낳고 있음을 학자들은 크게 우려하고 있다. 즉 장애인으로 출생하여 평생 보호대상으로 교육과 보호에 드는 비용에 비해 염색체 검사나 양수검사를 통해 임신을 통제하거나 어머니 뱃속에 있는 태아가 장애를 가진 경우에는 유산시키는 것이 훨씬 경제적일 뿐만이 아니라 장애 자녀로 인해 그 가족과 사회의 삶의 질을 떨어뜨린다는 이용가치에 따른 장애인에 대한 평가가 문제가 되고 있다. 이러한 경제적 가치를 바탕으로 한 실리주의가 다시 국사사회정책에 반영될 때 제2의 나치시대와 같은 결과가 나올 수 있다고 학자들은 경고하고 있다.

이 같은 사회 도덕적 관점에서 강조되고 있는 정신지체인의 주거공간의 변화는 이들과 관계된 모든 사람의 양가주망이 요구된다. 이에는 가족, 친지들, 장애인 시설의 관계자들뿐만이 아니라 국가의 사회정책자들 나아가 모든 국민의 의식의 변화가 중요함이 역설되고 있다. 따라서 지역사회 통합된 주거시설인 그룹홈의 다양한 형태를 단계적으로 제공함으로써 선택, 변화 그리고 발전의 가능성을 열어주고 그들이 원하는 주거환경을 마련해 주어 가능한 한 정상적으로 生活할 수 있도록 도와주는 데 그 목적을 두어야 한다.

현재 우리나라에도 200여 개의 그룹홈 (서울시에 등록된 것만 62개)이 있으며 그 수는 90년대 중반기를 중심으로 대량으로 늘고 있다. 이러한 경향은 세계적인 것이나 거주자들의 삶의 질과 도움의 질은 아직 세계적 수준에 많이 뒤져 있다. 사실상 많은 그룹홈의 경우 새로운 형태의 소규모 수용, 보호시설의 기능을 담당하는 곳이 적지 않다. 이제는 그룹홈 설립 취지인 자립과 사회통합을 평가척도로 삼아 그들의 자립성과 만족도를 재평가해야 할 단계이다. 물론 모든 나라의 역사와 문화가 다르므로 선진국의 형태를 그대로 모방함은 지양되어야 하나 이들의 발전과정을 통해 배움으로써 우리가 겪을 시행착오를 줄일 수 있다. 나아가 우리에게 맞는 그룹홈을 발전시키고 이를 위해 연구와 노력을 최대한으로 기울여야 한다.

[참고 문헌]

• Bank-Mikkelsen, N. E. (1972): Das Normalisierungsprinzip. In: Sozialpadägogik 6, 265 ff.

• Bundesvereinigung Lebenshilfe fuer geistig Behinderte e. V. (Herg.) (1992)
  : Gemeindenahes Wohnen: Konzeption, Planung und Realisierung. Marburg (Sonderdruck).

• Bundesvereinigung Lebenshilfe für geistig Behinderte e. V. (Herg.) (1991)
  : Grundsatzprogramm der Lebenshilfe. Marburg.

• Grünewald, K. (1981): Die geistig Behinderten in Schweden. Stockholm.

• Kräling, K. (1990): Was stehen wir unter Wohnstättenfuer erwachsene Menschen mit
  geistiger Behinderung? In: Jaspert, B. (Herg.) : Familie, Wohnstaette, Gemeinde, Hofgeismar, 8 – 32. (1995)
  : Wohnen heisst zu Hause sein. Gemeindeintegriertes Wohnen erwachener Menschen mit geistiger Behinderung in
  Deutschland. In : Handbuch derBundesvereinigung Lebenshilfe 21 – 28

• Nirje, Bent. (1975) : Das Normalisierungsprinzip und seine Wirkung auf den Behinderten. In
  : Lebenshilfe 2, 65 – 71.

8. 그룹홈 종사자 업무만족도 조사[25)

유 병 주

■ 설문조사개요

본 복지관 사회재활팀에서 개최한 제4회 그룹홈 종사자연수회(2000년 11월 24일 - 25일)를 마치고 설문지를 통해 참석자들의 업무만족도와 연수회에 대한 의견을 수렴하였다.

설문지는 자체적으로 제작하여 우리 복지관 그룹홈 사회재활교사들의 예비검사를 통해 수정, 보완되었다. 설문지는 연수회의 종료일인 25일에 전 참석자 48명에게 배부하여 기록하게 하였으며, 회수율은 71%이다. 설문지 분석은 SPSS for Windows Release 8.0을 이용하여 비교, 분석하였다.

설문지는 다음의 세 부문으로 구성되어 있다:

I. 일반적 사항 (9 문항)
II. 그룹홈 업무에 대한 만족도에 관한 사항 (12 문항)
III. 그룹홈 종사자연수회에 관한 사항 (6 문항)

I. 일반적 사항

1. 성별

그룹홈 종사자연수회 참가자들 중 응답자의 성별은 여자 29명, 남자 5명으로 여자가 절대 다수(85.3%)이다. 이는 그룹홈 종사자의 과반수 이상이 여자임(63.1%)을 대변하고 있다(최재성, 2000).

성 별

		Frequency	Percent	Valid Percent	Cumulative Percent
Valid	여자	29	85.3	85.3	85.3
	남자	5	14.7	14.7	100.0
	TOTAL	34	100.0	100.0	

---

25) 이 글은 서울시립정신지체인복지관에서 주최한 『제4회 서울시 그룹홈 종사자연수회』(2000.11.24-25)의 평가설문지를 분석한 자료이며, 본 고에는 만족도 조사결과 분석만 발췌 개재하였다.

2. 연령

응답자의 연령은 50%가 30대로 나타났다. 그러나 다른 조사연구에 의하면 종사자들의 과반수 이상은 20대로 조사되었다.

연 령

		Frequency	Percent	Valid Percent	Cumulative Percent
Valid	20세이상~30세미만	12	35.3	35.3	35.3
	30세이상~40세미만	17	50.0	50.0	85.3
	40세이상~	5	14.7	14.7	100.0
	Total	34	100.0	100.0	

3. 학력

응답자들의 학력은 대졸이 가장 많았으며 전문대졸을 포함하면 61.8%가 어떤 종류이든 전문교육을 받은 것으로 나타났다. 이중 기타로 응답한 3명은 현재 대학 재학 중이다.

학 력

		Frequency	Percent	Valid Percent	Cumulative Percent
Valid	고졸	10	29.4	29.4	29.4
	전문대졸	7	20.6	20.6	50.0
	대졸	14	41.2	41.2	91.2
	기타	3	8.8	8.8	100.0
	Total	34	100.0	100.0	

4. 직책

응답자들의 직책은 91.2%(31명)가 사회재활교사이다. 이중 1명의 응답자가 기타에 생활지도교사라는 이전의 직책명칭으로 답하여 사회재활교사로 분류하였으며 이러한 응답으로 미루어 설문지에 사용된 사회재활교사라는 용어가 일부 현장에서조차 일반화되어 있지 못함을 알 수 있다. 그 외에 기타 난에 팀장 겸 순회교사라고 응답한 것은 기타에 그대로 분류하였다.

직   책

		Frequency	Percent	Valid Percent	Cumulative Percent
	백업직원	1	2.9	2.9	2.9
	사회재활교사	31	91.2	91.2	94.1
Valid	순회교사	1	2.9	2.9	97.1
	기타	1	2.9	2.9	100.0
	Total	34	100.0	100.0	

5. 자격

응답자들의 과반수는 사회복지사 자격증을 소지하고 있다. 이외에 워드프로세서 2급(1명), 보육교사(5명), 중등정교사(1명), 레크리에이션(1, 2급 포함해 3명), 펜글씨 3급(1명), 한·영 타자 3급(1명), 부기·주산 2급(1명), 직업재활상담사(1명) 자격증을 단수 혹은 복수로 소지하고 있다. 전 응답자의 30%에 해당하는 무응답한 종사자들은 어떤 자격증도 소지하고 있지 않은 무자격증자들로 사료 되며 기타 자격증 소유자를 포함한 이들에 대한 그룹홈의 전문적인 종사자 교육의 시급성이 요구된다(참고: 77명의 사회재활교사들을 대상으로 조사한 최재성 교수의 연구결과에 따르면 44%에 해당하는 33명의 사회재활교사들이 무자격증 소유자라고 기록하고 있다).

자   격

		Frequency	Percent	Valid Percent	Cumulative Percent
	사회복지사	17	50.0	50.0	50.0
	기타	7	20.6	20.6	70.6
Valid	무답	10	29.4	29.4	70.6
	Total	34	100.0	100.0	

6. 수입

응답자의 수입 분포는 최저 60만원, 최고 140만원이며 평균임금은 1,021,667원으로 나타났다. 수입의 최빈치는 100만원으로 26.5%에 해당하며 100만원 이하가 50%에 달한다.

수　입

(단위 : 만원)

		Frequency	Percent	Valid Percent	Cumulative Percent
Valid	60	1	2.9	2.9	2.9
	70	1	2.9	2.9	5.9
	80	4	11.8	11.8	17.6
	90	2	5.9	5.9	23.5
	100	9	26.5	26.5	50.0
	110	8	23.5	23.5	73.5
	125	1	2.9	2.9	76.5
	130	3	8.8	8.8	85.3
	140	1	2.9	2.9	88.2
	무답	4	11.8	11.8	100.0
	Total	34	100.0	100.0	

평 균 임 금

Descriptive Statistics

	N	Minium	Maaxium	Mean Std.	Deviation
입금	30	60.00	140.00	102.1667	18.4617
Vaild N (listwise)	30				

7. 소속

응답자가 근무하고 있는 그룹홈의 과반수 이상이 지역사회재활시설(장애인복지관 등)에 소속되어 있으며 지역 사회복지관, 부모회, 교회 외에도 사회복지법인(4) 그리고 장애인 생활시설 등이 기타로 기록되었다.

소　속

		Frequency	Percent	Valid Percent	Cumulative Percent
Valid	지.사시설	18	52.9	52.9	52.9
	지.복지관	4	11.8	11.8	64.7

		Frequency	Percent	Valid Percent	Cumulative Percent
Valid	부모회	4	11.8	11.8	76.5
	교회	2	5.9	5.9	82.4
	기타	5	14.7	14.7	97.1
	무답	1	2.9	2.9	100.0
	Total	34	100.0	100.0	

8. 위치

응답자들의 대부분은 서울지역에서 근무하는 것으로 나타났으며 기타로 농어촌지역을 들고 있다.

위 치

		Frequency	Percent	Valid Percent	Cumulative Percent
Valid	서울	25	73.5	73.5	73.5
	기타대도시	2	5.9	5.9	79.4
	중소도시	5	14.7	14.7	94.1
	기타	2	5.9	5.9	100.0
	Total	34	100.0	100.0	

II. 그룹홈 업무에 대한 만족도에 관한 사항

그룹홈 종사자의 업무만족도 조사의 내용은 독일 정신지체인부모회인 Lebenshilfe가 주거시설(그룹홈 포함)에서 생활하고 있는 정신지체인들의 삶의 질을 높이기 위해 제작한 종사자 업무만족도 검사 도구를 우리 실정에 맞게 수정하여 만들었다(Schwarte/ Oberste-Ufer (1997): LEWO Lebensqualitaet in Wohnstaetten fuer erwachsene Menschen mit geistiger Behinderung. eininstrument zur Qualitaetsentwicklung. Bundesvereinigung Lebenshilfe fuer Menschen mit geistiger Behinderung e.V. Marburg).

응답자들의 그룹홈 업무에 대한 만족도 검사의 응답요령은 정도에 따라 4개 중 하나를 선택하도록 하였다: 매우 그렇다(4), 그런 편이다(3), 별로 그렇지 않다(2), 전혀 그렇지 않다(1), 무응답(9). 각 문항 내용을 정리하면 다음과 같다.

만족1 – 종사자의 근무시간

만족2 – 그룹홈 업무에 대한 종사자의 자기 책임과 자율성

만족3 – 종사자의 이·전직 문제

만족4 – 일상적인 업무(일상생활 훈련 등) 외의 프로젝트나 새로운 업무 시행 여부

만족5 – 종사자의 업무 기한연장 및 정보

만족6 – 종사자의 급여

만족7 – 프로그램의 내용과 목표의 확실성과 종사자의 개입정도

만족8 – 종사자의 업무실적

만족9 – 종사자에 대한 전문적인 슈퍼비전과 팀회의

만족10 – 업무에 대한 기관장과의 정기적인 대화

만족11 – 종사자의 업무 전반적인 만족도

1. 만족1 – 종사자의 근무시간

근무시간에 대해 만족하는 응답자는 41.2%에 불과하며 과반수 이상의 응답자들은 야간, 주말 근무로 소외되고 있다고 느끼는 것으로 나타났다.

만 족 1

		Frequency	Percent	Valid Percent	Cumulative Percent
Valid	전혀 그렇지 않다	7	20.6	20.6	20.6
	별로 그렇지 않다	13	38.2	38.2	58.8
	그런 편이다	10	29.4	29.4	88.2
	매우 그렇다	4	11.8	11.8	100.0
	Total	34	100.0	100.0	

2. 만족2 – 그룹홈 업무에 대한 종사자의 자기 책임과 자율성

그룹홈 업무와 관련지어 업무시간, 휴가계획 등 행정적인 업무에 있어 종사자에게 자기 책임과 자율적인 결정권한이 다소 있다고 응답한 수는 21개(61.7%)로 이른다.

만 족 2

		Frequency	Percent	Valid Percent	Cumulative Percent
Valid	전혀 그렇지 않다	5	14.7	14.7	14.7
	별로 그렇지 않다	8	23.5	23.5	38.2
	그런 편이다	15	44.1	44.1	82.4
	매우 그렇다	6	17.6	17.6	100.0
	Total	34	100.0	100.0	

3. 만족3 – 종사자의 이·전직문제

그룹홈 종사자의 이·전직에 대한 분석과 대책마련에 대해 응답자의 85.3%는 불만족을 나타냈으며 매우 긍정적인 응답(매우 그렇다)도 1%에 불과해 문제로 제기될 수 있다.

만 족 3

		Frequency	Percent	Valid Percent	Cumulative Percent
Valid	전혀 그렇지 않다	9	26.5	26.5	26.5
	별로 그렇지 않다	20	58.8	58.8	85.3
	그런 편이다	4	11.8	11.8	97.1
	매우 그렇다	1	2.9	2.9	100.0
	Total	34	100.0	100.0	

4. 만족4 – 일상적인 업무(일상생활 훈련 등) 외의 프로젝트나 새로운 업무 시행 여부

응답자의 79.4%는 그룹홈 업무 중 일상적인 일보다 입주자와 함께할 수 있는 프로젝트나 새로운 과업을 실시함으로 만족하고 있어 생활시설과 구별될 수 있는 좋은 결과이나 가정의 기능보다는 훈련기능에 너무 집중되지 않는가에 대한 자기점검이 필요함을 배제해서는 안 된다.

만 족 4

		Frequency	Percent	Valid Percent	Cumulative Percent
Valid	전혀 그렇지 않다	1	2.9	2.9	2.9
	별로 그렇지 않다	6	17.6	17.6	20.6
	그런 편이다	22	64.7	64.7	82.3
	매우 그렇다	5	14.7	14.7	100.0
	Total	34	100.0	100.0	

5. 만족5 – 종사자의 업무 기한연장 및 정보

결혼이나 그 밖의 사유로 인한 근무 연장이 어렵다는 응답이 과반수를 넘어(55.9%) 종사자 업무의 제한요소가 되고 있으며 그 중 가장 불만족을 나타낸 응답이 가장 많은 수인 11명(32.4%)에 이른다.

만 족 5

		Frequency	Percent	Valid Percent	Cumulative Percent
Valid	전혀 그렇지 않다	11	32.4	32.4	32.4
	별로 그렇지 않다	5	23.5	23.5	55.9
	그런 편이다	9	26.5	26.5	82.4
	매우 그렇다	16	17.6	17.6	100.0
	Total	34	100.0	100.0	

6. 만쪽6 – 종사자의 급여

급여에 대한 종사자들의 만족 정도는 만족하지 않는 경우가 근소한 차이로 더 많은 것(53%)으로 나타났으나 가장 많은 응답자(44.1%)가 그런 편이라고 답하였다.

만 족 6

		Frequency	Percent	Valid Percent	Cumulative Percent
Valid	전혀 그렇지 않다	7	20.6	20.6	20.6
	별로 그렇지 않다	11	32.4	32.4	52.9
	그런 편이다	15	44.1	44.1	97.1
	매우 그렇다	1	2.9	2.9	100.0
	Total	34	100.0	100.0	

7. 만쪽7 – 프로그램의 내용과 목표의 확실성과 종사자의 개입 정도

그룹홈 업무내용에서 프로그램에 대한 종사자의 개입여부와 자율권에 대해서는 만족도(88.3%)가 높은 것으로 나타났다. 이는 행정적인 업무(만족 2의 경우–61.7%))와 비교할 때 유의미하게 높은 수치이다.

만 족 7

		Frequency	Percent	Valid Percent	Cumulative Percent
Valid	전혀 그렇지 않다	1	2.9	2.9	2.9
	별로 그렇지 않다	3	8.8	8.8	11.8

		Frequency	Percent	Valid Percent	Cumulative Percent
Valid	그런 편이다	19	55.9	55.9	67.6
	매우 그렇다	11	32.4	32.4	100.0
	Total	34	100.0	100.0	

8. 만족8 – 종사자의 업무실적

종사자의 업무실적에 대한 평가와 인정은 프로그램에 대한 자율적인 개입여부에 대한 만족도(만족 7과 비교)보다 낮은 67.6%가 만족하는 것으로 나타났다. 이러한 결과는 그룹홈 업무에 대한 재량권은 있으나 업무에 대한 공정한 인정은 이보다 낮다는 중요한 의미를 내포하고 있다.

만 족 8

		Frequency	Percent	Valid Percent	Cumulative Percent
Valid	전혀 그렇지 않다	3	8.8	8.8	8.8
	별로 그렇지 않다	8	23.5	23.5	32.4
	그런 편이다	18	52.9	52.9	85.3
	매우 그렇다	5	14.7	14.7	100.0
	Total	34	100.0	100.0	

9. 만족9 – 종사자에 대한 전문적인 슈퍼비전과 팀회의

종사자들에 대한 전문적인 슈퍼비전과 팀회의를 통한 의견교환에 대해 53%는 그렇지 못하다고 응답하였으나 가장 많은 수(41.2%)는 그런 편이라고 긍정적으로 표시하였다.

만 족 9

		Frequency	Percent	Valid Percent	Cumulative Percent
Valid	전혀 그렇지 않다	7	20.6	20.6	20.6
	별로 그렇지 않다	11	32.4	32.4	52.9
	그런 편이다	14	41.2	41.2	94.1
	매우 그렇다	1	2.9	2.9	97.1
	9	1	2.9	2.9	100.0
	Total	34	100.0	100.0	

10. 만족10 – 업무에 대한 기관장과의 정기적인 대화

기관장과의 정기적인 모임에 대한 만족은 불만족과 동일하게 50%를 나타내고 있다.

만 족 10

		Frequency	Percent	Valid Percent	Cumulative Percent
	전혀 그렇지 않다	5	14.7	14.7	14.7
	별로 그렇지 않다	12	35.3	35.3	50.0
Valid	그런 편이다	14	41.2	41.2	91.2
	매우 그렇다	3	8.8	8.8	100.0
	Total	34	100.0	100.0	

11. 만족11 – 종사자의 업무 전반적인 만족도

그룹홈종사자들의 전반적인 업무에 대해 58.8%의 응답자가 만족하고 있다고 응답하였다.

만 족 11

		Frequency	Percent	Valid Percent	Cumulative Percent
	전혀 그렇지 않다	4	11.8	11.8	11.8
	별로 그렇지 않다	10	29.4	29.4	41.2
Valid	그런 편이다	18	52.9	52.9	94.1
	매우 그렇다	2	5.9	5.9	100.0
	Total	34	100.0	100.0	

III. 결론

위에서 본 통계자료에서 4개 중 1개 선택으로 평균은 2점이며 표준편차는 분포가 변동적인가 안정적인가 또는 자료가 이질적인지 혹은 동질인지를 보여준다. 위의 통계자료에 따르면 그룹홈에서 종사자들의 이·전직에 대한 분석과 평가가 제대로 이루어지지 않고 있다는 것이 대체로 공통된 의견이며 이에 따라 대책 마련에도 소홀하다고 볼 수 있다(만족 3 – 평균 1.85, 표준편차 62%). 이와 반대로 입주자들을 위한 개별, 주말 그리고 연중 프로그램의 내용, 목표가 대체로 뚜렷하며 이에 대한 종사자들의 적극적인 관여가 이루어지고 있어(만족7 – 평균 3.18, 표준편차 72%)

프로그램의 진행은 종사자들의 고유 업무영역임을 알 수 있다. 유의할 것은 종사자들의 근무시간(만족 1), 업무에 대한 종사자들의 자기 책임과 자율성 여부(만족 2), 그리고 특정한 일(결혼, 계약직 등)로 업무기한이 제한된 경우 기간의 연장과 이에 따른 정보가 제때에 제공되고 있느냐 하는 질문(만족 5)은 평균을 약간 상위하고 있지만 분산도가 높아 응답자에 따라 변동적이고 이질적인 자료를 제공하고 있다. 특히 <만족 5>의 경우 표준편차가 100%를 넘고 있어 응답자들 간에 상당한 차이가 있음을 보여주고 있다.

전반적인 직무만족도(만족 11)를 살펴보면 대체로 만족하는 것으로 나타났다(59.8 %). 이는 최재성 교수의 연구와도 일치한다(60 %). 종자자들이 만족을 느낄 때를 구체적으로 서술한 내용을 분석하면 대다수의 경우가 입주자들의 변화(발전)를 보였을 때라고 답하였다. 이것은 독일 그룹홈 종사자들의 직무만족도 검사에서의 결과와 일치함과 비교할 때 우리나라의 그룹홈 종사자들은 열악한 환경 속에서도 그들의 직무에 대해 바른 인식과 사명감이 높음을 알 수 있다. 그 외에도 프로그램이 잘 시행되어 입주자와 교사가 함께 기뻐(만족)하거나 종사자의 노고에 대한 입주자나 부모의 인정해 줄 때(예를 들어 입주자가 꽃을 선물하거나 부모와의 신뢰와 이해가 높아졌을 때)를 들고 있다.

설 문 지

그룹홈 종사자 연수회에 참석하신 선생님 수고하셨습니다.

본 설문지는 서울시립정신지체인복지관에서 실시한 제 4 회 그룹홈 종사자 연수회를 마치고 연수회 및 그룹홈 업무 전반에 걸친 선생님의 의견을 묻고 평가 자료를 만드는 데 그 목적을 두고 있습니다. 평가 자료는 또한 다음 회에 좀더 나은 연수회를 준비하는 데 도움이 될 뿐 아니라 그룹홈의 발전에 기여할 수 있을 것입니다.

선생님이 응답하신 내용은 익명으로 작성하여 평가 자료를 위해서만 통계 처리될 예정이니 솔직하고 성실하게 한 문장도 빠뜨리지 마시고 작성해주시기를 부탁드립니다.

감사합니다.

서울시립정신지체인복지관 사회재활팀

팀 장: 최 선 자
계 장: 김 수 진
연 구 원: 유 병 주

I. 일반적 사항

다음의 문항들은 선생님에 관련된 일반적인 질문입니다. 각 문항을 읽으시고 해당번호에
O표 하여 주시거나 글로 써 주시기 바랍니다.

1. 선생님의 성별은?
   1) 여자 (   )   2) 남자 (   )

2. 선생님의 연령은?   만___________________세

3. 선생님의 학력은?
   1) 고졸이하 (   ) 2) 고 졸   (   ) 3) 전문대졸 (   )
   4) 대   졸 (   ) 5) 대학원졸이상 (   ) 6) 기타__________

4. 선생님의 직책은?
   1) 백업직원 (   )   2) 사회재활교사 (   )
   3) 순회교사 (   )   4) 기타____________
* 백업직원은 복지관 등에서 사회재활교사(생활지도교사 혹은 사회재활교사)를 관리하고
  지원하는 직책을 담당하는 사람을 말한다.

5. 선생님이 가지고 있는 자격증은?
   1) 사회복지사 (급) 2) 특수교사 (   ) 3) 조리사 (   )
   4) 간 호 사 (   ) 5) 기타(구체적으로)__________________

6. 선생님의 월평균 수입은?
   월평균___________________만원

7. 선생님이 근무하시는 그룹홈이 속하는 단체는??
   1) 지역사회재활시설(장애인복지관) (   ) 2) 지역사회복지관 (   )
   3) 부모회 (   )   4) 교회 (   )   5) 개인 (   )
   6) 기타 ____________________________

8. 선생님이 근무하시는 그룹홈이 위치는?
   1) 서   울 (   ) 2) 기타 대도시 (   ) 3) 중소도시 (   )
   4) 농촌지역 (   ) 5) 어촌지역   (   )
   6) 기타____________________________

II. 그룹홈 업무에 대한 만족도에 관한 사항

다음은 선생님이 근무하시는 그룹홈 업무에 관련된 질문입니다. 각 문항을 읽으신 후에
해당번호에 O표하여 주시기 바랍니다.

응답요령 :　　　　매우 그렇다 ------- 4
　　　　　　　　　그런 편이다 ------- 3
　　　　　　　　별로 그렇지 않다 ------- 2
　　　　　　　　전혀 그렇지 않다 ------- 1

문 항	4	3	2	1
1. 그룹홈 업무(밥ㆍ주말ㆍ연장 근무 포함)는 선생님이 소외나 불만족을 느끼지 않도록 고려되어 있습니까?				
2. 그룹홈 업무와 관련하여 업무시간, 휴가계획 등에 선생님의 자기책임과 자율적인 권한이 있습니까?				
3. 선생님들의 이직과 전직의 원인들이 계속적으로 분석, 평가되고 있습니까?				
4. 그룹홈 업무 중 선생님은 일상적인 일 외에 입주자들과 함께 경험할 수 있는 프로젝트나 새로운 과업을 수행하고 계십니까?				
5. 그룹홈의 업무가 특정한 일로 제한될 때(결혼, 계약직 등) 차후 연장이 가능합니까?				
6. 그룹홈의 업무로 인한 선생님의 급료는 경력과 전문적인 교육수준에 상응하고 있습니까?				
7. 그룹홈 업무와 관련하여 개별, 주말, 연중 프로그램의 내용과 목표가 분명히 기록되어 있으며 선생님은 이러한 업무들의 방법, 조정 그리고 발전에 적극적으로 참여하고 있습니까?				
8. 그룹홈의 업무는 정규적으로 기록되어 입주자 개별이나 그룹 전체에 관련된 선생님의 업무실적이 적절하게 평가되고 공적으로 인정되고 있습니까?				
9. 선생님은 과업을 수행하는 데 전문적인 슈퍼비전과 팀회의를 통한 의견교환이 이루어지고 있습니까?				
10. 기관장과의 정규적인 모임(예 : 1년에 2번 정도)을 통해 선생님의 직무와 그룹홈 내 업무에 대한 논의가 이루어지고 있습니까?				
11. 위의 항목들을 고려하여 선생님은 그룹홈 업무에 만족하고 계십니까?				

선생님의 그룹홈에 관련된 업무를 하시면서 가장 만족을 느끼실 때가 언제입니까?
(구체적으로)

____

III. 종사자 연수회에 관한 사항

다음은 제 4 회 그룹홈 종사자 연수회 (이하 연수회)에 관련된 질문입니다.
각 문항을 읽으신 후 해당번호에 O표 하여 주시거나 글로 써 주십시오.

1. 연수회 장소 (길병원 연수원)에 대해 어떻게 생각하십니까?
   1) 마음에 든다　(　)　2) 그저 그렇다 (　)
   3) 마음에 안 든다 (　)　-> 2번으로

2. 그 이유는 무엇입니까? 구체적으로 기록해 주십시오.

____

3. 연수회 프로그램 중 가장 마음에 드신 순서대로 나열해 주십시오.
   1) 강의 1 (고등영 실장)　　　(　　　)　　　2) 강의 2 (유병주 박사)　　　(　　　)
   3) 강의 3 (이해우 사무관)　　(　　　)　　　4) 강의 4 (김수진 계장)　　　(　　　)
   5) 레크리에이션　　　　　　(　　　)　　　6) 조별모임　　　　　　　　(　　　)
   7) 산책　　　　　　　　　　(　　　)　　　8) 워샵　　　　　　　　　　(　　　)

4. 연수회 준비와 프로그램 전반에 대해 잘 된 점들을 기록해 주십시오.

____

5. 연수회 준비와 프로그램에 전반에 대해 잘못된 점들을 기록해 주십시오.

____

6. 제 5 회 연수회를 위해 추천하고 싶은 프로그램을 기록해 주십시오.

____

기록해 주셔서 감사합니다.

9. 장애인의 삶의 질 향상을 위한 그룹홈의 이론적 근거[26]

유 병 주

｜ 장애인을 위한 주거서비스의 이념적 근거

서구에서의 장애인에 대한 보호개념은 1950년대 이후 크게 변화되었다. 제2차 세계대전 이전에는 수용시설이 유일한 가정 외의 주거시설로 장애인을 보호하였다. 이들 수용시설은 19세기에 지배적이었던 의학적, 박애적 자선 또는 교육적인 목적으로 장애인을 보호 · 수용하였다. 점차 이들 시설들은 연구대상이 되어 격리기능과 비인간적인 생활조건으로 인해 비판을 받게 되었으며, 50년대 말에 이르러 대체안으로 지역사회에 통합된 보호개념이 발전하게 되었다. 이에 따라 장애인의 주거는 대규모 시설에서 지역사회 통합주거 시설로 탈시설화를 이룩하였다. 여기에는 인간 가치의 변화, 즉 장애를 갖고 있거나 갖지 않고 있거나 '사람' 이라는 공통분모에 대한 기본적인 관심이 크게 작용하였다(Seifert 1998, 151).

장애인을 위한 주거서비스의 변화는 '정상화' 라는 이념적 배경을 갖고 있다. 우리는 흔히 정상화의 개념을 장애라는 특별한 카테고리 안에서 그 근거를 찾으려는 경향이 있다. 그러나 그 근본적인 개념은 '완전한 인간의 모습(像)', 바로 '정상의 바탕 위에 장애란 단지 특별한 다양성으로 묘사되어야 한다. 이러한 인류학적인 입장에서 Cramer(1995)는 정신지체인을 하나의 개별적인 존재로 인정해야 한다는 가설을 위해 행위적인 인간상을 제시하였다. 이것은 서구사상의 근본이 되고 있는 기독교 사상의 '하나님의 자녀' 라는 개념에서 시작하고 있으며 자신의 형상은 다른 것들과 구분된다는 것을 모두가 인식해야 함을 전제로 개별화 개념을 원칙으로 인정해야 한다고 주장하였다.

질적인 면에서의 개별화의 인정은 각기 독특한 양적인 개별화의 단계 안에서 이루어진다. 이러한 개념은 심리학, 교육학, 사회학의 모든 범주에 포함된, 그리고 칸트가 '목적 그 자체' 라고 설명한 '온전한 정신적인 존재' 로 보는 것이다. 개별화는 개(인)성 안에 초월적으로 존재하며, 바로 이러한 사실로부터 인간의 가치와 인권이 생겨난다. 그러므로 그것들은 허락되는 것이 아니라 실존적으로 그렇게 주어진 것이다. 이러한 복잡한 관계를 Cramer는 간단하게 '개인적 주권(Individuelle Souveranität)' 으로 표현하였다.

성격과 신체는 개성을 현실의 세계에서 그들의 현실을 구체화시킬 수 있는 개별적인 만남을 주도하는 개인의 한 일부들이다. 그것들은 개성이 환경과의 지속적인 대화(Dialog)를 이끌 수 있도록 하는 하나의 도구로 사용되는데, 사실상 이것 없이는 개인이 성립될 수 없다. 환경이란 단순한 자연의 개념을 넘어 국가와 사회 내에서 개인을 간섭할 수

---

26) 이 글은 서울시의 용역 여성자애인복지증진사업보고서 『그룹홈 이용자 욕구 및 실태조사』 제Ⅲ장의 내용을 발췌한 것이다.

있도록 기초된 독자적인 주권을 의미한다. 이러한 복잡한 사실을 이해하기 쉽고 간단하게 '사회적 주권(Gesellschaftliche Souveranität)'으로 부르고 있다.

　자기 자신에 대한 개인의 규제, 그리고 동시에 사회를 통한 규제, 이 두 가지는 불가분의 모순관계를 형성하고 있다. 이것들은 극적인 긴장상태를 조성하며, 그 가운데서 개인과 사회적 주권간의 대화는 불가분의 강제성을 갖고 지속적으로 이루어지고 있다. 이것은 개인에 대한 사회(국가)의 규제압력에도 불구하고 근본적으로 자유의 원칙에 따라 주권을 가진 개인의 파워가 형성되기 때문이다. 그러나 이와 같은 대화의 대치상태에서 성격과 신체는 사회적으로 주어진 범위 내에서 독자적인 주권실현의 가능성과 한계를 결정할 뿐, 사람의 행위에 따른 주권의 증감에는 영향을 미치지 않는다. 개인의 주권은 개성의 표현으로 절대적이기 때문이다.

　정신지체인에게도 이러한 개별화의 과정이 가능한가? 만약 가능하다면 정상적이 아닌 독자적인 과정일까, 아니면 하나의 변형된 과정이 진행되는가?

<그림 1> 개인 및 사회적 주권의 힘의 균형도

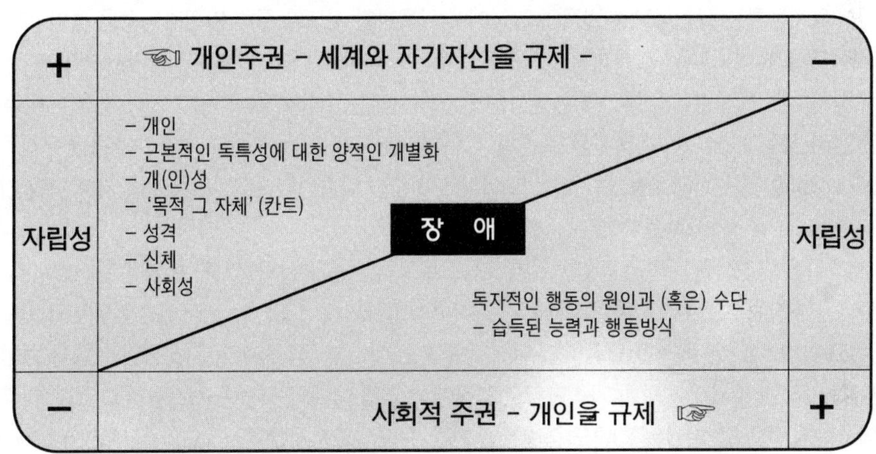

자료: Siegmund Crämer 1995, 38

　우리가 정신지체인 한 개인과 만났을 때 그 자체로 하나의 중요한 경험을 하게 된다. 또한 중증장애인의 경우에 있어서도 이러한 만남은 누구의 행위로도 파괴될 수 없는 경험이 된다. 바로 이러한 만남을 통해 인간의 가치에 대한 개념이 분명해지며 동등하고 존중되는 인간관계를 형성해 줌으로써 정신지체인은 마음대로 다루어지고 잘못된 피조물이라는 관념에서 벗어날 수 있다. 장애는 그 정도, 종류 그리고 범위에 따라 현실세계에서 자신의 주권을 찾고 개별화 과정을 실현하는 방법에 다양하게 중요한 영향을 미치며 장애로 인한 주권의 실현 가능성의 감소는 사회활동을 확대시킴으로 보충할 수 있다. 그러나 개인적인 주권은 항상 유지된다. 따라서 장애인 한 개인에 대한, 그리고 그를 위한 행동은 항상 주권자의 요구로서 이해되어야 한다. 정신지체인의 정상성은 파괴될 수 없는 개인성 안에서만이 가능하다.

　거주지는 직장과 마찬가지로 개인의 주권이 최대한 보장될 수 있어 개인성 발달에 기여하는 중요한 장소이다. 거주지는 공간 속에서 확대된 '나'를 의미하며 보호공간으로서 나 자신, 그리고 타인과의 친밀한 관계를 가능하게 한다. 이러한 친밀성의 관계는 개인의 내면화 과정, 즉 세계와의 대화(Dialog) 속에서 영구적인 방향과 행동을 제시해줌으로써 자기 자신과의 대화를 이룰 수 있게 해준다. 그 외에도 주거의 기능은 자기조달(경제적인 면), 자기주체(법적인 면), 탈 목적적인 자기형성(문화적인 면) 등의 기능을 담당하는데, 이것들은 자기책임의 행위영역에서 대화가 가능한 개인으로서의 자기구현의 기능들이다.

이러한 이론적인 근거는 비장애인과 마찬가지로 장애인에게도 지역사회 통합주거 서비스의 중요성을 강조하고 실현될 수 있도록 동기를 부여해준다.

II 그룹홈의 정의

그룹홈은 "장애인이 지역사회 안에서 가정과 같은 주거환경에 거주하면서 독립적인 생활에 필요한 각종 서비스와 지원을 받으며 사회구성원으로서 존엄한 삶을 영위할 수 있도록"(보건복지부 2001, 138)하는 소규모의 지역사회 중심주거시설(a small neighborhood-based group living residence)이다. 원래 그룹홈은 대부분 대규모 수용시설에 살던 정신지체 성인에게 가능한 정상적이고 개별적인 환경에서 교육적인 지도를 통해 발전가능성을 높이고자 하는 정상화 개념에서 시작되었다. 이에 따라 그룹홈의 교육프로그램은 지역사회 내에서 일하고 살면서 어떻게 잘 적응해 나가느냐에 그 초점을 두고 직접경험을 통하여 일상생활 기술과 지역사회에의 적응력을 기르기 위한 훈련을 제공한다. 훈련내용은 돈 관리, 교통수단 이용, 전화사용, 쇼핑하기, 은행이용하기, 여행, 그리고 개인위생 등을 우선적으로 고려할 (Shapiro 1973, 20) 수 있으며 사회성, 여가활동과 더불어 기능적 학습영역(읽기, 쓰기, 셈하기)에서의 기술을 습득할 수 있다.

그룹홈은 이와 같은 일상생활과 공동생활을 위한 교육프로그램을 통해 지도교사가 함께 생활하면서 장기 혹은 과도기적인 지도 · 관리를 해주는 주거환경을 제공하는 것이며 (Janicki et al 1982, 1), 궁극에는 장애인의 자립과 사회통합에 목적을 두고 있다. 이러한 목적을 달성하기 위해 그룹홈은 대부분 물리적이고 사회적인 통합을 최선으로 이룰 수 있는 조건인 평균적인 주거지역의 한 가족단위 가정집에서 15명 이내의 구성원으로 정하고 있다. 이러한 주거시설은 북유럽에서는 60년대 말, 미국은 70년도 중반부터 연방 주택과 도시개발부(Housing and Urban Development)로부터 지원을 받아 실시하였으며 우리나라는 80년대 초에 시작하여 90년대 중반에 이르러 그룹홈의 수가 급증하였다.

또한 그룹홈은 이러한 교육적 차원을 넘어 한 성인이 거주하는 가정의 의미가 더욱 강조되어야 한다(Kraling 1995; 최재성 2000). 장애를 가진 성인들은 자신의 주거지를 가질 권리가 보장되어야 한다. 그들은 비장애인들과 똑같은 나이에 그들의 부모 집으로부터의 독립이 가능해야 한다. 그들이 지닌 가능성의 범위 내에서 자기 개인을 위해서, 그리고 지역사회를 위한 책임, 즉 자신의 방과 공동공간의 배치, 청소, 장보기, 요리, 빨래 등을 스스로 할 수 있도록 맡겨주어야 한다. 이러한 과정을 통해서 많은 그룹홈들은 더 많은 자율성과 책임감을 요구하고 보장받을 수 있는 다른 형태의 거주지로의 준비나 과도기적인 단계로 해석되고 있지만 주거란 다만, 보호나 숙소로서만이 아니라 안전과 독립, 사적인 것과 공동의 것, 즉 자기만의 공간으로의 도피와 공동생활에의 참여의 모든 가능성이 주어져야 (Lebenshilfe 1990)하므로 영구한 주거지로 이해되어야 한다.

중증장애인도 가능한 한 정상적으로 살 수 있으며 이를 위해 필요한 모든 도움을 받아야 하며 이러한 욕구에 맞추어 그룹홈과 같은 다양한 거주지의 제공이 필요하다. Landesmann-Dwyer et al(1979)는 208명의 그룹홈 입주자들의 사회적 행동을 연구하였는데, 이들의 60%는 중도 이상의 중증장애인(moderatly, severely and profoundly retarded)이었으며 그룹홈은 그들이 사회적 관계와 친교를 형성하는데 가능성을 부여하는 데 특징이 있음을 밝혔다. 그에 따르면 이용자의 평균적인 지능지수와 집단의 크기, 깊은 관계는 아니지만 긍정적인 대인관계, 이성관계들이 그룹홈 입주
자들에게 커다란 의미를 갖는다고 결론 내렸다. Humm-Delgado (1977)는 그룹홈에서 생활하는 정신지체성인의 정
상화의 정도를 연구하였다. 그는 주거영역에서의 정상화란 지역사회와 함께 상호작용하며 통합되는 것을 의미하는
것이라고 정의를 내리고 연구대상인 전체 그룹홈(N=73)의 85% 이상이 이용자의 직접적인 생활영역에서 긍정적인
영향을 미쳤다고 보고하였다.

   그룹홈에 관한 많은 연구들은 그룹홈이 가정이나 수용시설에 비교해 그 효과성과 효율성이 높다고 보고하였다.
대부분 초기의 연구들은 비교할 수 있는 객관적인 자료의 부족으로 그 결과에 대한 신뢰성에 문제가 제기되기는 하
였으나, 한 가지 중요한 것은 그룹홈이 다른 주거시설과 비교해 정상성을 구체화하고 실현할 수 있는 가능성이 많다
는 데 더 큰 의의가 있다고 연구자들을 강조한다(Konig 1986, 319). 그러나 지난 20년간의 그룹홈의 효과에 대한 많은
연구들은 대체가정으로서 그룹홈의 기능을 우리나라에서도 학자들은 물론, 부모 그리고 행정가들로부터 관심을 갖
도록 하는 데 커다란 기여를 하였다.

Ⅲ 그룹홈의 유형

그룹홈의 유형은 분명하게 규정되어 있지 않고 조직의 특성에 따라 크게 달리 구분되어 있다(Konig 1986).
- 일부 그룹홈은 '보호감독의(custodial)' 개념으로 쓰이고 있다. 여기서는 통제, 매일매일 반복적인 리듬의 효과성
  을 강조하는 반면에 개인의 요구와 입주자 개별욕구에 중점적인 관심을 두는 데는 등한시한다. 동기유발이 제
  대로 되어 있지 않은 종사자는 그룹홈 내에 엄격한 행동방침을 이끌어 낼 수 있다.
- 다른 그룹홈에서는 입주자의 지극한 보살핌에 중점을 두고 있다. 이러한 그룹홈에서는 개인의 행동능력의 변화
  에 가치를 두기보다는 특히 입주자의 안전, 건강 그리고 충분한 원조에 주력한다. 이러한 유형의 그룹홈 종사자
  는 입주자들을 위해 많은 것들을 준비하고 베풀지만 그들에게 협력과 참여를 요구하는 일은 적다.
- 그룹홈의 세 번째 유형은 입주자의 각자의 개인성에 대한 체계적인 발달에 초점을 두고 있다. 종사자는 입주자
  가 습득능력이 있음을 전제로 하여 개별적인 능력과 숙련을 촉진시킨다. 입주자는 행동으로 실천하도록 권유되
  며 종사자는 입주자들이 해야 할 일을 적극적으로, 그리고 필요한 만큼 광범위하게 할 수 있도록 지원해준다.
   위의 세 가지 보호개념에 따른 분류는 다양한 그룹홈의 형태를 만든다. 이것은 그룹홈 내에 조직구조, 업무일정,
입주자와 종사자의 업무분담, 책임 그리고 운영에의 참여 가능성에 영향을 미친다. 결론적으로 이들 모든 그룹홈들이
이용자들에게 정상적인 환경을 제공하는 것은 아니다. 그룹홈의 정상적인 환경이란 다음과 같은 영역에서의 자립에
기여해야 하다.
- 경제적인 조달
- 그룹홈 내외에서의 여가시간의 활용
- 이웃과 그 밖의 사람들과의 접촉에 대한 인식
- 친밀한 관계의 파트너 선택과 결혼
- 주거와 생활에 관련된 권리의식

   그룹홈의 다양한 운영방침을 연구한 Bjaanes & Butler(1974)는 시설의 크기가 입주자의 발전 가능성을 위한 방법
들을 모색하는 데 커다란 영향을 미치지 못한다고 하였다. 오히려 수많은 관련요소들 중에서 종사자의 사고와 교육

방침의 방향에 따라, 그리고 이에 따른 앙가주망, 즉 업무동기의 방법과 정도가 입주자의 정상적인 환경의 정도와 그들의 행동능력에 결정적인 영향을 미치는 것으로 조사되었다. 입주자의 특별한 욕구는 잘 교육받은 전문 인력과 안정된 관계를 필요로 하며 이를 통해 입주자 개인의 발달과정이 체계적으로 촉진될 수 있어 그룹홈의 유형에 종사자의 개입 정도는 중요한 역할을 한다. 또한 종사자의 전문적인 개입을 위해 지속적인 재교육 중요성도 강조되고 있다.

일반적으로 그룹홈의 유형은 입주자의 나이, 수, 성, 정도, 입주기간 혹은 장애 종류에 따라 분류된다. 입주자의 나이에 따라 그룹홈은 아동 그룹홈, 청소년 그룹홈, 성인 그룹홈, 노인 그룹홈으로 분류되며, 규모에 따라 대집단가정, 소집단가정(Evans 1983)으로 분류된다. 또한 입주자의 성이나 장애 종류에 따라 남성 그룹홈, 여성 그룹홈, 혼합 그룹홈으로 분류되기도 한다. 그러나 이러한 단편적인 분류는 위에서 언급하였듯이 입주자의 발전가능성에 커다란 의미를 주지 못하며 종사자 혹은 운영기관의 교육이나 운영방침의 방향에 따라 유형을 분류하는 것이 의미가 있다. 이상의 것들을 고려할 때 가장 적합한 Crämer의 단계적인 주거모델을 소개하고자 한다.

<그림 2> 개인의 정도에 따른 주거유형

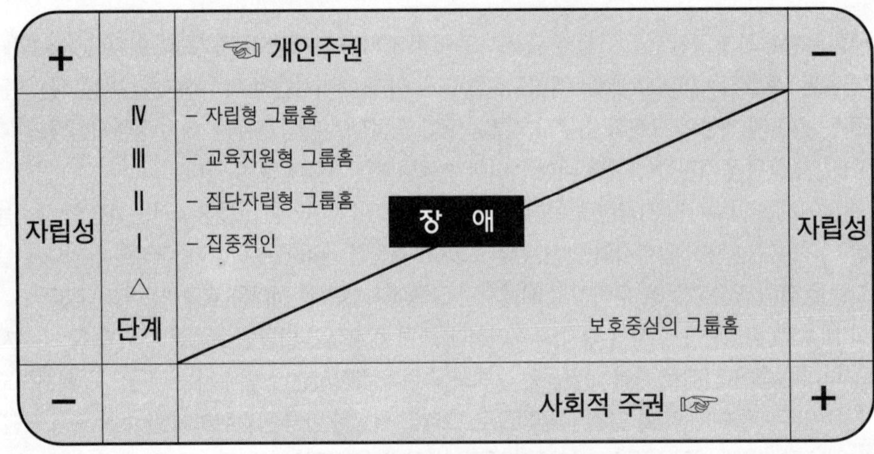

자료: Siegmund Crämer 1995, 41

제1단계: 집중적인 보호중심의 그룹홈

집중적인 보호중심의 그룹홈은 기초단계로 다른 여러 단계로 발전할 수 있으며 또한 입주자의 정도를 고려해 영구적으로 이 단계에 머무를 수 있다. 이 단계는 원칙적으로 개인의 주권에 대한 사회적 주권요소가 지배적이라는 것이 특징이나, 가능성에 따라 개인의 주권이 다소 축소된 정도로 유지되고 있다. 즉, 기초단계는 개개인 모두가 개별적인 가치를 갖는다는 단계적인 체계의 하나로 이해되어야 한다. 이 단계에서는 자립을 위해 매일 반복되는 교육과 새로운 훈련이 이루어지며 특별히 주거훈련을 시키는 # '가정학교'의 형태를 취하기도 한다. 기초단계의 입주자들은 자신의 생활을 극복하는 데 실질적인 도움(간병)과 관리(교육)가 필요한 최저능력의 장애인, 현재 가능한 능력의 정도는 낮으나 훈련을 통해 습득할 수 있는 아직 능력을 소유하지 못한 장애인, 그리고 노령이나 신체적 혹은 정신적인 퇴보로 인해 높은 자립의 정도에 도달할 수 없는 장애인들이다.

이 기초단계의 구조단위는 집단가정이다. 이 집단가정은 단계별로 구별된 총체적인 집단가정 형태에 통합되어 있으나 행정과 교육이념들은 각 집단가정마다 독자적으로 운영되고 있다. 이러한 집단가정에서는 중증장애인을 전일 보호하고 있지만 이들 중 특별한 중증장애인집단을 구별하지는 않는다. 집단가정은 모든 개인을 망라하는 사회의 주권으로 중중장애인 입주자들에게 다음과 같은 보호와 보충기능을 담당하고 있다.
- 입주자 상호간의 도움과 공동의 협력기능
- 종사자의 도와주고 이끌어주는 대리기능
- 입주자 개인에 대한 주위환경의 영향에 대한 보호와 여과기능

일상의 과제는
- 공동의 가사운영(장보기, 요리, 식사, 청소, 빨래 등)을 통한 자기조달
- 공동의 여가활동을 위한 공동의 계획과 수행
- 개인의 권리와 자기주장에 대한 각자의 인식 등을 통해서 극복할 수 있도록 한다.

위의 과제를 수행하기 위해 집단의 수는 가능한 적어야한다. 이것은 집단의 생활영역을 조망할 수 있도록 하고 개인간의 관계에 신뢰를 높일 수 있다. 또한 무명화함으로써 갈등의 기회를 줄이는 대신에 자기신뢰와 안정감에 대한 경험을 높여 개인성이 안정적으로 발전될 수 있도록 한다. 이와 같은 중증장애인에 대한 높은 보호안전망은 집단의 크기를 축소시킴으로써 개인의 주권을 유지해야 한다. 그러나 이 단계의 주거유형에서 개인과 사회의 주권관계는 논의의 여지가 있다. 모든 행위영역에서 집단의 주권이 지배적인 상태에서는 개인의 주권이 유지되기가 어렵기 때문이다. 그러나 집단의 주권이 개인의 요구를 반영함으로써, 집단의 행동이 개인의 주권에서부터 시작되도록 한다면 집중적인 보호중심의 주거유형에서도 개인의 주권이 주거시설의 핵심요소가 될 수 있다.

제2단계: 집단자립형 그룹홈

개인의 주권이 집단주권의 지배에서 어느 정도 탈피하였으나 완전히 그 영향력에서 벗어난 상태는 아니다. 따라서 이 단계에 속하는 장애인들은 여전히 집단가정 형태가 필요한 입주자들이다.
- '가정학교'를 정해진 일정한 자립 정도에 도달하고 졸업한 장애인
- 보호와 지도가 더 필요해서 높은 정도의 자립위치에 더 이상 도달하지 못하고 머물러 있는 장애인
- 높은 정도의 자립적인 생활공간이 필요하나 이를 위해 특별한 방법의 지원과 지도가 필요한 장애인(예를 들어 자녀를 둔 부부 등)

자립형 그룹홈의 형태는 단독가정, 소그룹형, 부부가정 등 다양하며 보호가 필요한 그룹홈은 가까운 이웃들이 있는 곳에 위치하여 필요한 도움을 요청하도록 한다. 이 단계에서는 개인의 주권이 확대되므로 독자적인 조달과 여가

활동수행을 더 많이 자립적으로 행할 수 있다. 또한 자신의 능력으로는 해결하기 어려운 간병, 상담, 지도 등이 필요할 때, 그 밖의 지역사회 참여나 의사결정을 위해 도움이 필요할 때 지원을 요청할 수 있다. 이러한 지속적인 도움이 없이는 집단자립형 그룹홈의 입주자들은 장기적으로 자립생활을 성취할 수 없다. 특히 자녀를 둔 부부가정의 경우 이러한 유형의 그룹홈은 매우 이상적이다. 한편으로는 독자적인 부부가정에서 가족들과의 생활체험을 할 수 있는 동시에 부모와 그들의 자녀를 위한 도움을 – 예를 들어 병이 났을 때나 간병이 필요한 경우 – 제때에 받을 수 있기 때문이다.

제3단계: 교육지원형 그룹홈

개인의 주권은 집단의 주권의 지배를 완전히 벗어날 수 있는 정도에 도달하였다. 보살핌과 실질적인 도움은 분명히 감소되었다. 그러나 안정적인 자립의 정도에 도달하기 위해 교육적인 지도가 절실히 요구된다. 따라서 정신지체인은 이러한 유형의 집단가정이 필요하다. 입주자는 가정학교에서 일정한 정도의 자립에 도달하였고 장기적으로 유지할 수 있어야 한다. 교육형 그룹홈의 구조는 도시 내의 단독가정과 부부가정으로 하나의 단독주택에서 다른 장애인과의 이웃하면서 각기 단독가정을 유지하거나, 비장애인들이 거주하는 다세대 주택에서 다른 장애인과 함께 독립적으로 집단가정을 이룰 수 있다.

교육형 그룹홈에서는 개인의 주권이 자립적으로 자기책임에 의해 공동으로 그룹홈이 운영되도록 명시되어 있다. 이것은 입주자 스스로 제시한 그룹홈 규정과 또한 여가활동에 있어서는 스스로 결정하여 자신의 생활을 영위할 수 있도록 하는 데 목적이 있다. 안정적인 자립을 성취하기 위한 교육조치는 전문 인력의 도움을 받아 개별적으로 실시되어야 한다. 이때 전문가의 역할은 리드가 아닌 조력함으로 입주자의 장애 정도와 모든 개인적인 욕구를 고려하여 자립을 이룩할 수 있도록 한다. 따라서 전문 인력은 장애인의 독자성을 존중해야 함을 원칙으로 다음과 같은 행동강령을 준수해야 한다.
- 장애인의 능력이 과도하게 요구되는 모든 상황(예: 법적인 문제, 관청관계, 그룹홈 운영에 발생한 실질적인 문제 등)에서 자문해주고 도와준다.
- 더 이상 자신의 힘으로 해결할 수 없는 심각한 갈등문제로 위험에 처했을 때 조정하고 갈등을 해소해 준다.
- 심각한 위기상황(예: 무리한 채무, 과도한 책임, 타인으로부터의 폭력 등)에 개입한다.
- 외부압력(직장상사나 동료, 스포츠클럽 등에서의 해고, 추방, 폭력 등)으로부터 보호한다.
- 병으로 인한 단기간 요구되는 간병을 해준다.

교육을 담당하는 전문 인력의 개입활동은 가급적 최소화하며 한계를 지켜야 한다. 대리인으로서의 전문가의 역할은 근본적으로 줄여나가야 한다.

제4단계: 자립형 그룹홈

개인의 주권은 입주자 자치적으로 가능한 정도에 이른다. 이 단계에 속한 장애인은 가정학교나 제3단계를 충분히 경험하고 졸업하여 장기적으로 자립생활이 가능한 사람들이다. 장애 정도로 보아 정신지체와 학습장애의 경계급에 속한다고 볼 수 있다. 이 그룹홈의 구조형태는 정상적인 주거환경에서 개인의 욕구와 경제적인 가능성이 입주자의 자립의 정도와 상응하도록 되어야 한다. 따라서 주거계약은 부득이 후견인이나 그룹홈 운영기관이 해야 하는 예외적인 경우를 제외하고는 장애인 자신이 스스로 하도록 한다.

입주자의 자립의 정도는 가사와 기타 생활영역에서 스스로 책임지고 결정하도록 주거의 정상성을 분명히 보장해야 한다. 자립성이 제한되는 경우는 단지 법적인 원인에 의한 강제적으로 행위능력이 규제되어 있는 경우에만 가능하도록 되어 있다. 이러한 경우에는 법적 후견인과 대리인 기능을 위임받은 그룹홈 운영기관이 행사한다. 그러나 장애인의 실질적인 일상생활과 직접적인 환경은 외부의 영향을 가능한 최소한도로 규제하고 있다. 후견인과 그룹홈 운영기관이 대행하는 경우에도 다음 상황에서만 개입한다.

- 실제적인 일상의 문제를 자신의 판단과 외부의 도움 없이 도저히 불가능할 때
- 법적인 문제나 관공서의 행정담당자들과의 문제가 입주자의 지적인 능력과 기능적인 학습영역면(읽기, 쓰기 등)을 고려했을 때 과도한 부담이 될 때
- 직장 등지에서의 문제로 입주자로부터 신뢰받는 단체의 개입요청이 있을 때

그러나 운영기관이나 종사자는 방문이나 상황에 따른 개입이 이루어졌을 때 입주자를 주의 깊게 관찰함으로 입주자 자립의 발전에 기여하고 종사자와의 지속적인 신뢰관계를 유지하도록 한다. 또한 입주자가 위기상황에 처했을 경우에는 즉각적인 지원을 재개할 수 있도록 한다.

이들 4가지 유형 외에도 농촌이나 기타 특정지역(농장 등)에서는 작업장을 겸한 혼합된 유형의 그룹홈이 운영되기도 한다.

IV 그룹홈에서의 장애인의 삶의 질

1. 질(質)에 대한 정의

사회복지업무에서 질(Quality)의 개념은 업무성과나 생산물의 본질과 특성의 총체로, 이것은 이미 고정되었거나 전제된 자격의 충족된 조건을 뜻하는 것이다. 이러한 맥락 속에서 삶의 질의 개념은 먼저 객관적인 삶의 조건과 관련된 사회적응 상태로 이해해야 한다(Wacker 1994). 객관적인 삶의 조건이란 삶에 대한 기대, 주거공간의 조달, 동등한 교육기회의 제공 등을 들 수 있다. 이러한 객관적인 사회적응을 통해 장애인복지의 발전뿐만이 아니라 장애인 개인이 존중받고 있다는 주관적인 인식이 중요하다. 그러므로 객관적, 즉 관찰되어질 수 있는 복지서비스의 질은 우선적으로 인간의 기본욕구와 관계된 것이다. 예를 들어 양호한 영양상태, 의사소통, 외부활동, 남성 혹은 여성으로서의 역할, 고통과 두려움에 대한 보호, 그리고 가능성의 인정과 인간답게 죽는 것 등 그 다음으로 객관적인 복지서비스는 장애인의 환경, 즉 생태적인 내용을 포함하고 있다.

중요한 것은 서비스의 특성과 성과에 제시된 필요조건 사이의 관계이다. 먼저 정의된 조건에 상응할수록 질적인 것으로 해석된다. 따라서 그룹홈을 평가할 때 구체적인 기준과 표준이 기본적으로 정의되어 있을 때만이 질적 관리와 발전의 방법을 얻을 수 있다. 그룹홈의 구체적인 기준과 표준을 정하는 구조적인 질에는 다음과 같은 것들이 포함된다.

- 공간의 크기와 분할을 포함한 물질적, 재정적 그리고 기술적 설비, 설비의 물품과 편안함
- 조직적이고 행정적인 규칙, 그리고 그룹홈의 업무과정

- 지역사회의 사회시설에 있어서 그룹홈과의 연계
- 그룹홈의 위치, 부동산의 크기, 주위환경 여건(안전, 소음으로부터의 보호 등)
- 인력구조를 포함한 인력자원, 종사자의 자격과 변동 등(Schwarte, Oberste-Ufer 1997)

2. 삶의 질을 평가하기 위한 과제들

그룹홈에서 장애인의 삶의 질이 보장되고 발전되고 있는지를 평가하기 위해서는 공식적인 평가방법 기술뿐만 아니라 다양한 영역에서의 내용적인 규범과 목적들이 확립되어야만 한다. 예를 들어 구조, 그리고 직무수행과 서비스제공의 투입절차들에 관련되어 있다. 현재 종사자에 대한 전제조건과 그룹홈 이용자의 욕구와 관심 또한 모든 관련된 사람들간(이용자, 종사자, 부모, 후견인 등)의 상호관계 안에서 전문 인력의 공식적인 자격을 조사해야 한다. 이때 그룹홈의 모든 환경과 업무영역을 위한 전문적인 목표설정 외에도 그룹홈 업무들이 얼마만큼 효과적으로, 그리고 조직적으로 수행되어 그룹홈의 발전과 이용자의 삶에 도움을 주었는지에 대한 평가를 하게 된다.

즉, 그룹홈 프로그램들이,

1. 나이와 문화에 적절하고 개개인에게 분명한 주거기준과 이용자의 삶의 방식의 발전에 기여하는가?
2. 이용자가 일상생활을 극복하는 데 요구되는 능력을 촉진시켜주는 반면에, 이용자가 타인의 도움에 종속되지 않도록 기여하는가?
3. 이때 이용자에게 선택의 가능성을 높여주고 도움을 더욱 자율적으로 관리하도록 지원하는가?
4. 이용자들이 소외와 외로움을 극복할 수 있도록 일반적인 사회, 문화 프로그램 그리고 지역사회시설에서 제공되는 서비스에 특히 비전문가(예를 들어, 같은 프로그램을 이용하는 비장애인)들의 도움을 받아 참여하도록 하였는가?

이러한 질문들을 통해 구체적으로 고려되어야 할 과제영역들은 다음과 같다.

- 그룹홈의 물리적이고 사회생태적인 조건: 소재지, 그룹홈의 시설과 설치영역
- 자기관리능력, 독립성, 교제 그리고 사회문화활동에의 참여를 포함한 일상생활의 공식적, 비공식적 구조: 일상구조, 서비스, 일상생활, (여가)활동영역
- 이용자들, 종사자, 그리고 그 밖의 관련된 사람들 사이의 관계와 행동규범: 공동생활영역
- 그룹홈 내외에서의 사회적 연계: 비전문적(사적)인 관계 및 연계영역
- 이용자의 권리, 요구, 그리고 특별한 보호욕구의 실현: 법/보호영역
- 이용자의 삶의 질 발전을 위한 효과적인 인사관리를 위한 전제와 조건들: 종사자 관리영역
- 그룹홈의 조직적인 구조와 진행과정: 조직발전영역

그러나 모든 사회복지업무는 협의의 과정이며 사회복지시설의 이용자는 단지 수동적인 소비자가 아니라 사업성과와 이용자에게 제공된 지원에 처음부터 참여하고 협력한 생산자이다. 따라서 그룹홈에 심리사회적인 서비스를 제공하기 위한 일반적인 성과기준을 정의하거나, 그룹홈 내에서의 프로그램 수행의 성공이나 실패가 그룹홈의 질을 평가하는 데 직접적인 요인으로 작용하는 것은 사실상 불가능하다. 결론적으로 그룹홈에서의 이용자의 삶의 질에 대한 평가는 결과가 아니라 과정이므로 정기적이고 개별적인 평가가 지속적으로 이루어져야 한다.

3. 삶의 질 평가도구의 발전

장애인의 생활과 주거에 있어서의 질적평가는 원칙적으로 비장애인를 위한 것과 다른 기준이 적용되어서는 안 된다. 이러한 원칙에 따라 성인정신지체인의 그룹홈에서의 생활의 질 평가를 위한 지표를 발전시키는 방법들이 이론적으로, 그리고 방법론에서 관련연구의 노력으로 이어지고 있다. 이러한 노력은 국제사회복지연구에서 사회지표운동으로 잘 알려져 있다. 독일의 Glatzer & Zapf(1984), Flade(1987), 그리고 Silbermann(1991)은 사회지표를 이용해 독일의 생활의 질과 주거규범을 실험연구를 통해 제시하였다. 그 밖의 이와 관련된 일반적인 독일 주거조건에 관한 연구들(Silbermann 1966 & 1991; Flade 1987)과 특별히 장애인과 관련된 주거조건에 관한 연구들(Mahlke, Schwarte 1985; Bettelheim 1989; Metzler 1995)이 있다. 영어권에서는 주거영역에서의 정신지체인의 객관적인 주거조건과 또한 개별적인 욕구구조와 만족에 대한 주관적인 영역에서 고찰할 수 있는 Quality Life Studien (Campbell, Converse 1976)이 있으며 객관적이고 주관적인 사회복지지표를 제공한 Allardt(1973)의 시도를 들 수 있다.

평가도구의 제작을 위한 독일의 선행연구에는 연관된 정의, 원칙, 권유사항들이 체계적으로 그리고 구체적으로 설명되어 있다. 이러한 선행연구들 중 다음의 몇 가지 적용 가능한 연구들을 소개하고자 한다.
- 주거영역에서 중요한 이론적 개념연구, 예를 들어 연계망연구, 사회계획(정책), 조직 발전(Nestmann 1989; Keupp 1987; 연방정신지체인부모회 1992) 등
- 사회복지에서의 질 발전과 질 관리에 관한 평가연구를 주제로 한 전문서적(Heiner 1986; 1988; von Spiegel 1993)
- 평가도구들을 이용한 연구보고서, 예를 들어 PASSING을 기초로 한 연구(Konig 1992)와 사회재활에 관련된 기본 태도와 업무지침에 관한 다큐멘터식 보고(특히 Mosher, Burti 1992; Luger 1989; Dorner 1991)
- 보호가정에 관련된 현행 법적 조건(예를 들어, 연방사회복지법 39조, 연방사회복지법 93조 제2항, BtG, 시설에 관한 법, 간병보험법)
- 질적 평가와 질 관리에로의 국내외 방향과 소개(DIN ISO 9000ff., 장애인민간지원 단체의 소개)
- 주거영역에서의 사회재활에 대한 이론적인 근거, 즉 정상화 이론, 사회역할강화 이론(SRV이론), 통합, 장애이론, 수상성 개념(특이손상) 등(Beck 1994; Bleidick 1977; 연방정신지체인부모회 1986; Thimm 등 1985; Wolfensberger, Thomas 1983)

그룹홈에서의 장애인의 삶의 질을 평가하는 평가도구를 제작하는 데는 전문영역에서의 이론이 뒷받침되어야 한다. 그룹홈의 주 이용자가 정신지체인임을 감안할 때 이러한 이론적 배경으로 다음의 두 가지 전문영역에서의 고무가 요구된다.

첫째, 사회정신병학 부문에서의 고무

개별 대상범위로의 개론서 제작을 위해서는 무엇보다도 사회정신병학 영역의 전문서적이 참고로 되어야 한다. 편견과 차별을 막기 위해서는 정신병학적인 생각과 행동들이 정신지체인의 사회재활의 업무영역 안에 의도적으로 유도되지 않도록 해야 한다. 또한 그 내용은 장애인과 관계된 것이어야 한다. 관련 전문서적에서 사회정신병학의 저자들이 제시한, 장애부문에 관련된 중요한 일련의 질문들 즉, 사회복지분야의 종사자와 이용자의 관계 혹은 그룹홈 주위환경 조성에 관련된 것들을 총괄적으로 고려해야 한다. 무엇보다도 특수교육이나 치료교육에서 현재 다루고 있는,

실제 중심으로 이루어져야 한다(예: Dorner, 1991).

둘째, 재활연구에서의 고무

적용 가능한 내용과 방법론적인 요소들을 평가한 질 보증과 질 발전에 대한 평가도구는 특히 영어권에서 이미 이루어졌다. 예를 들어 PASSING(Wolfensberg, Thomas 1983), LOCO(Günzburg, Günzburg 1989), Accreditation, Council, Commins, Schalock 등이다. 또한 현재 사용되고 있으며, 부분적으로 비교 가능한 개인평가와(나) 개별욕구조사 방법인 FILM(Bundesvereinigung Lebenshilfe 1995), SYLQUE/EHB(Bichler 등 1995) 과 GBM(Haisch 1995), 그리고 사회적 응능력을 기술한 P-A-C (Gunzburg 1977)가 이에 관련해 쓰이고 있다.

이들, 특히 영어권 지역에서 발전된 평가방법들은 그룹홈에서의 생활의 질을 평가하는 데 많은 노력을 하였다. 이들 중 일부의 평가도구들은 우선적으로 이용자(입주자)의 개별적인 만족도를 조사하는(예: Schalock 등 1990) 반면에, 다른 도구들은 그룹홈 제공구조와 이용자만족도간의 관계를 연구하는데(예: Stenfertkroese, Fleming 1990) 초점을 맞추고 있다. 평가도구의 세 번째 그룹은 생활의 질의 일반적인 기준에 따라 그룹홈 프로그램의 질을 연구하고자 시도하였다. 여기에는 주관적인 질 영역으로서의 생활만족에 대해서는 명시적으로 고려하고 있지 않다(Gunzburg, Gunzburg 1989: LOCO; Klaling, Schadler 1992; Beck 따른 체계화 1994).

평가모델 중 특별히 Lebenshilfe Wien(비엔나 정신지체인부모회)의 '질 보증'과 뉴질랜드에서 쓰이는 그룹홈 평가방법 PREM(Capie, Craig, Hartnett 1992), 그리고 Key Points (Capie, Rocco 1992)가 비교분석결과 그룹홈에서 질 평가를 위해 적합한 평가도구로 검증되고 있다.

◆ *PASSING*

　위에 언급한 평가도구 외에 Wolfensberger와 Thomas(1983)에 의해 이미 80년대 초에 미국에서 발전된 PASSING(Program Analysis of Service Systems Implementation of Normalization Goals)이 많이 쓰이고 있다. PASSING 은 이제까지 사회복지서비스의 질을 평가하는 데 가장 포괄적인 평가도구이다. 그 이론적 배경으로 포괄적인 사회과학의 기초에 따른 체계론과 분리, 그리고 미국과 캐나다에서 적용범위와 가능성에 대한 선제경험들은 PASSING을 정상화 이론의 기본원리를 구체화시키는 데 필요한 중요한 평가지석으로 만들었다. 그러나 이러한 PASSING의 장점 이면에는 몇 가지 단점을 갖고 있다. 북미 이외 지역의 사회복지 서비스와 시설의 가정과 조건들에 대한 PASSING의 단순한 적용은 지양해야 한다. 이것은 자기평가의 사용방법으로의 제한적인 활용은 허용될 수는 있으나 개별적인 이용자 측면에서의 분명한 고려 없이 일방적인 제공은 금지되어야 한다는 것이다. 더구나 PASSING을 통해서 어떻게 업무의 질을 의도적으로 개선시킬 수 있는가 하는 시설을 위한 실행 가능한 방법들은 밝혀내지 못했다. PASS(PASSING의 전신)를 이용해 미국과 캐나다의 연구자들은 이처럼 단지 제한적인 경험을 하였으며 외국의 분석가들 역시 거의 '좋지 않은' 결과를 가져왔다고 평가하였고 동시에 미래의 발전 가능성에 대한 언급을 하지 않았다. 우리나라에서도 시설평가를 위한 PASSING의 활용에 대해 일부 학자들은 부정적인 견해를 갖고 있다.

◆ *LOCO*

　H. Gunzburg과 A. L. Gunzburg(1989)에 의해 개발된 LOCO(Learning Opportunities Coordination)는 평가도구 중 가장 실제 중심적이지만, 그러나 내용면에서는 충분치 못한 도구 중의 하나로 평가받고 있다. 이 도구는 일정한도 내에서 주거시설에서 생활하고 있는 이용자 개개인의 사회성 발전에, 그리고 정신지체인의 자립성에 대한 분명한 기준을 마련하는 데 목적을 두었다. 이 평가도구는 '정상화'와 '통합'이라는 일반적인 원리의 기초 위에 필요로 되는 물리적인 전제조건들을 추가적으로 명시하고 있다. 이것들은 매우 구체적이기는 하나 어떤 분명한 주관적인 의지가 포함되어 있다. 도움체계를 개별화하는 방법과 마찬가지로 이용자 개개인의 욕구의 조사는 이 안에서 이루어지지 않고 있다.

　이제까지의 선구적인 평가방법들의 비판적인 고찰을 통해 그룹홈 서비스의 질적인 기준을 충실하게 만들고 평가하며 더 나아가 다양한 관점의 이론과 실제를 함께 이끌어갈 수 있는 평가도구의 필요성이 분명해졌다. 뿐만 아니라 그룹홈의 계속적인 발전의 요소까지 개념적으로 제시할 수 있어야 한다. 이러한 점들을 고려해서 독일의 Schwarte & Oberste Ute(1997)는 성인 정신지체인을 위한 주거시설에서의 삶의 질적인 향상을 위한 평가도구인 LEWO (Lebensqualitaet in Wohnstaetten fuer erwachsene Menschen mit geistiger Behinderung)를 제작하였으며 이 평가도구는 발전단계에서 위의 두 관점이 적절하게 이루어지도록 시도하였다. 즉, 실질적인 경험과 문헌 속에서의 그룹홈에 대한 관찰이 하나로 이어져 있다. 수많은 인용된 선례들에는 그룹홈과 업무를 담당하고 있는 종사자들의 일상생활에서, 이용자와 그의 가족들 그리고 종사자들과의 만남과 대화 속에서, 그리고 그룹홈에서의 상담과 평가과정에서 얻어진 경험들이 기록되어 있다.

10. 여성근로자들을 위한 협의체 구성에 관한 연구[27]

- 그룹홈 종사자 협의체 구성에 대한 욕구조사 -

유 병 주

I. 서론

1. 연구배경 및 필요성

그룹홈(장애인공동생활가정)이란 소규모의 지역사회에 통합된 주거시설을 말한다. 3~5명의 장애인들이 지역사회 내의 일반주택(아파트, 빌라, 개인주택)에서 사회재활교사와 함께 공동생활을 하면서 독립된 생활을 위해 필요한 각종 서비스와 지원을 받으며 사회의 한 구성원으로서 존엄한 삶을 영위할 수 있도록 자립과 사회통합에 목적을 두고 있다.

그룹홈은 1960년대 북유럽의 대규모 시설에서 생활하고 있는 정신지체인들을 위한 탈시설화 운동에서 시작하여 전 세계로 급속하게 확산되었다. 우리나라에서는 1981년 광주 엠마우스복지관의 천노엘 신부가 운영한 공동생활가정서비스를 최초로 하여, 1992년 서울특별시립정신지체인복지관에서는 시범사업으로 서울시의 지원을 받아 장애인 공동생활가정이라는 명칭으로 4개(현재 6개)를 운영하였다(장비. 1995). 90년대 중반부터 그룹홈의 수는 급격히 증가하여 현재 전국적으로 200여개(비인가 포함)가 있으며 이중 42개는 보건복지부로부터 국비 40%, 지방비 60% 비율로 지원받아 운영되고 있다(이중 21개는 2001년도 신규지원으로 운영). 또한 지방비 100%로 지원받고 있는 서울시의 그룹홈 수는 67개에 달하고 있다. 그룹홈은 지역사회 통합주거 시설로 주거뿐만이 아니라 직업과 여가활동의 기회를 제공하고 있는 장애인 복지 분야에서 가장 발전된 종합적인 재활서비스로 평가받고 있으며 그 수는 점차 늘어날 계획이다.

그룹홈은 대체가정으로 가정의 기능과 교육자의 기능을 겸하고 있다. 보건복지부(2001 장애인복지사업안내)는 자립생활, 사회적응, 지역사회와의 유대, 가족과의 유대, 여가생활 지원, 직장생활 지원, 정서안정 등을 그룹홈 운영프로그램으로 예시하고 있다. 이처럼 그룹홈에서는 가사가 교육의 커다란 부분을 차지하고 있어 그룹홈에 종사하고 있는 사회재활교사는 대부분이 여성이다(신상윤. 1998/ 최재성. 2000). 입주자들과 숙식을 함께하는 전일근무 형태가 대부분이기 때문에 20~30대의 젊은 미혼여성인 사회재활교사들의 사생활은 전혀 고려되고 있지 않다. 더구나 그룹홈은 지리적으로 운영기관 (복지관, 부모회 등)과 떨어져 있어 사회재활교사들의 소속감과 그룹홈 업무에 대한 기관장의

---

27) 이 글은 서울여자대학교 여성연구소 『여성연구논총』 2001년 제16집(97-122)에 게재된 논문이다.

114

이해에 영향을 미치고 있다. 지난해인 2000년 서울특별시립정신지체인복지관에서 실시한 제4회 그룹홈종사자연수회에 참석했던 종사자들(48명 참가자 중 44명이 여성종사자)은 입주자들의 돌발행동, 부모들과의 관계, 기관장들의 이해부족, 그룹홈에 관한 자료와 정보부족 등을 호소하면서 협의체 구성의 필요성을 강력히 시사하였다. 2001년부터 2부교대로 근무하고 있는 생활시설의 생활재활교사와 비교할 때 그룹홈 종사자들에게는 사회재활프로그램을 운영할 수 있는 더 많은 전문지식을 요구하는 반면에 근무여건은 더 열악하여 이직이 잦는 등 많은 문제점을 내포하고 있다. 종사자의 복지는 입주자인 장애인의 복지와 직결되어 있다. 이는 대부분이 여성인 그룹홈 종사자들의 전문영역이 인정되지 않으므로 기관장과 입주자들의 부모들은 그들에게 재활전문가(사회재활교사)가 아닌 소규모 고급수용시설의 생활지도요원으로의 역할을 기대하고 있어 사회복지사 자격을 갖고 있는 여성종사자들의 권익은 물론, 장애인 입주자들의 자립과 사회재활에 커다란 방해가 되기 때문이다.

2. 연구목적 및 내용

본 연구의 목적은 여성 중심인 그룹홈 종사자들을 위한 협의체를 구성하기에 앞서 이들 종사자들의 실태와 협의체 구성에 대한 종사자들의 욕구를 조사하고 나아가 협의체의 목적, 대상범위, 역할 그리고 추진사업에 이르기까지 협의체의 주체인 종사자들의 의견을 수렴해 협의체 구성을 위한 근거자료를 제공하는 데 있다.

협의체란 어느 한 개인이 성취하기 어려운 목적을 달성하기 위해 결속된 하나의 조직이다. 따라서 조직이론에 대한 접근을 통해 협의체의 기능, 역할을 바로 이해하고 효과적이며 지속적인 운영이 될 수 있는 이론적 근거가 제시되어야 한다.

본 연구에서는 그룹홈 종사자 욕구조사를 위해 협의체 구성에 대한 사항(I)과 종사자에 대한 일반적 사항(II)을 조사하였다. 제I장 협의체 구성에 관한 사항에서는, 그룹홈 종사자 협의체가 필요한 이유(1, 2), 종사자들의 문제(4), 협의체의 역할(5), 대상범위(6) 그리고 추진사업(7)에 대한 종사자들의 의견을 수렴하였다. 제II장 종사자에 대한 일반적 사항에서는 종사자의 성별, 연령, 학력, 자격 그리고 월수입에 관한 질문(1)에 이어 그룹홈의 운영단체(2), 종사자로서의 총 경력(3), 현 그룹홈에서의 근무경력(4), 하루 평균 근무시간(5), 마지막으로 그룹홈에서의 근무형태(6)에 대한 질문을 통해 현재 그룹홈의 실태를 조사하였다.

3. 연구방법 및 제한점

본 연구를 위해 그룹홈과 조직이론에 관한 국내외 문헌연구와 함께 서울시 지원 67개 그룹홈 종사자들을 대상으로 협의체 구성에 대한 욕구를 파악하기 위해 설문조사를 실시하였다. 설문지는 그룹홈 실무경험을 바탕으로 연구자가 직접 작성하여 협조공문과 반송봉투와 함께 법인주소로 우편으로 발송하였다. 우편으로 회수된 조사결과는 사회과학 통계 패키지인 SPSS(Statistical Package for Social Sciences)로 분석하였다.

본 연구의 한계는 서울시 지원 67개 그룹홈 종사자를 대상으로 욕구조사를 실시하였기 때문에 타 대도시, 중소도시, 농어촌지역 그룹홈 종사자들의 총체적인 의견으로 확대시키는 데 제한점이 되고 있다. 그러나 2000년 그룹홈종사자연수회에서 논의된 타 지역 그룹홈 종사자들의 문제나 협의체의 필요성에 대한 의견에는 이견이 크지 않아 확대해석에 큰 무리는 없을 것으로 추측한다.

II. 그룹홈의 구성요소

1. 그룹홈의 효과성과 효율성

그룹홈에 관한 국내외의 연구결과를 살펴보면, 그룹홈은 대규모 시설과 비교해 그 효과성과 효율성을 평가받고 있다. 그룹홈의 설치와 운영비는 대규모 시설보다 적게 드는 반면에 일상생활과 공동생활에 필요한 적응기술을 배우는 데 더 빠른 효과를 보여주었다(Conroy. 1977). 뿐만이 아니라 중증장애인인 입주자들의 자신감과 자기표현, 의사소통의 기술에 많은 발전을 가져왔으며 직업재활의 기회도 더 많음이 밝혀졌다(Schroeder & Hanes. 1978). 관심은 많이 보고 접촉하는 데서 생기는 것이므로 이러한 지역사회에 통합된 주거형태를 통해서 비장애인과의 잦은 접촉은 사회의 인식을 변화시키는 데 기여할 수 있으며, 특히 부모와 형제들의 심적, 경제적 부담을 덜어주어 가족관계에도 도움이 되는 것으로 나타났다(강석동.1993).

"장애인이 지역사회 안에서 가정과 같은 주거환경에 거주하면서 독립적인 생활에 필요한 각종 서비스와 지원을 받으며 사회구성원으로서 존엄한 삶을 영위할 수 있도록"(보건복지부. 2001: 138) 하는 데 목적을 둔 공동생활가정 지원서비스인 그룹홈의 입주자들은 중증장애인인 정신지체인들이 대부분이다. 서울시 67개 그룹홈의 입주자들을 장애 종류별로 보면 정신지체인 244명(90%), 뇌성마비 등 지체장애인은 6명(2.2%), 시각장애인 16명(5.9%), 청각장애인 4명(1.5%) 그리고 발달장애인 1명(0.4%)으로 입주자들의 대부분이 정신지체인임을 알 수 있다.

독일 정신지체인부모회(Lebenshilfe)는 정신지체인을 위한 지역사회 통합주거 시설(그룹홈)을 다음의 세 가지 원칙에 두고 있다(Kraling. 1994: 21~22).

1) 정신지체인은 1971년 UN이 정한 정신지체인권리선언에 따라 모든 일반적인 인권에 대한 인정을 요구하고 있다. 따라서 정신지체인의 인간으로서의 가치가 존중되어야 하며 개인의 권리가 보장되고 자유결정권이 강조되고 있다.

2) 정상화 원칙에 따라 정신지체인은 '정상적인' 혹은 '정상화되고 있는' 시민이다. 이때 '정상화'란 장애를 부인한다는 의미가아니라 가능한 한 많은 정상적인 환경과 활동에 주안점을 둔 것이다. 따라서 그룹홈은 비장애인의 주거와 생활여건에 상응하는 것이어야 한다.

3) 정신지체인은 학습과 발전이 가능한 사람이다. 따라서 그룹홈은 그들이 갖고 있는 잠재성을 최대한도로 열어주는 데 기여하여야 한다. 나이와 문화에 알맞은 적응기술과 사회행동을 높이기 위해 자립훈련과 주거생활훈련을 실시해야 하며 이를 위해 그룹홈의 다양한 유형(영주형)과 훈련홈이 필요하다.

그룹홈이 정신지체인의 생활에 미치는 영향은 가정 내에서의 적응, 직장 및 사회적응력을 높이는 데 효과가 있으며 심리적 안정, 자율성 증진, 가사처리 능력의 발달, 의사소통능력의 향상에 기여하고 있는 것으로 알려지고 있다(강석동. 1993/ 박현숙.1993/ Anderson 외 1992). 따라서 시설종사자나 부모는 원가정, 재활시설과 비교해 그룹홈을 정신지체인에게 꼭 필요한 프로그램으로 그 필요성을 강조하고 있다(김명선 외. 1995/ 신상윤. 1998).

2. 남성 중심의 이용자(입주자)와 여성 중심의 종사자

Lebenshilfe가 정하고 있는 그룹홈의 입주대상은 장애의 정도와 종류에 관계없이 모든 정신지체인들이 해당한다.

1) 원 가정(부모 집)을 떠나 독립을 희망하는 정신지체인

2) 성인의 나이에 도달한 정신지체인

3) 부모가 병중이거나 연로 또는 사망한 정신지체인

4) 교육이나 정신적인 문제가 있는 정신지체인

5) 가족의 과부담으로 거주지가 필요한 정신지체인

6) 현재 대규모 시설에 살고 있는 정신지체인

우리나라 74개 그룹홈을 조사한 최재성의 연구(2000)에 따르면 이들 그룹홈 이용자 355명 중 남성은 224명으로 전체의 63.1%에 해당한다. 반면에 77명의 종사자중 여성종사자의 수는 63명으로 81.8%에 달한다. 서울시 자료에 의하면 2001년 3월 현재 67개 그룹홈에서 271명(남자 172명, 여자 99명)의 입주자들이 생활하고 있다. 이와 같은 그룹홈에서의 남녀의 구성비율은 남성이 여성보다 자유로우며 가사와 집안일은 여성의 몫이라는 우리나라의 일반적인 성차별적인 가부장적인 사회성향을 그대로 반영하고 있다.

III. 그룹홈 종사자 협의체에 대한 이론적 접근

1. 협의체의 정의 및 목적

<u>협의체(Association)</u>란 협의회나 협회 등으로도 불리는데 '특별한 목적을 위해, 혹은 인식된 목적들, 혹은 절차나 행동의 인정된 방법 등을 위해 연합된 개인들의 집단' 이라고 정의한다. 예를 들어 노동조합(Trade Union)은 확실한 목적을 위해 모여진 개인들로 구성된 하나의 협의체이다. 그러나 협의체가 어떤 특별한 목적을 이루기 위해 설립되었다고 해서 사람들의 생각이 단일(unitary mind)해야만 한다는 것은 아니다. 오히려 그 안에 소속된 사람들 특정한 목적을 위해 서로 다른, 심지어 갈등하는 동기들이 함께 참여하여 명확하고 결속됨을 얻기 위해 시행착오를 경험하는 가운데 그 조직과 더불어 성장하는 것이다. 또한 이러한 조직은 다양한 방법으로 통제기능을 행하여 그 성원들이 미래의 역할을 수행할 수 있도록 사회화시키는 중요한 역할을 수행하게 된다. 독일의 기능주의 사회학자 Simmel은 인간의 결사체와 상호작용의 분석을 중심으로 사회조직을 연구하였는데, 개개의 사건의 다양성과 복잡성의 밑바탕에는 어떤 일정한 유형, 즉 '기초가 되는 형식' 이 존재한다고 주장한다(Burrel & Morgan. 1982). 그에 따르면 "서로 계속 작용하는 개개 인간들간에 확립된 다원적인 관계의 복잡한 망(web)…, 그리고 규모가 큰 초개인적인 구조들 - 예컨대, 국가, 씨족, 가족, 도시 또는 노동조합 - 은 자율성과 영속성을 획득하고 그들이 마치 외부의 권력인 것처럼 개인들에게 대한다 할지라도 그것은 위와 같은 상호작용의 구체화에 불과한 것이다. 그러므로 사회학도 주요 연구 분야는 사회보다는 오히려 결사체(association)인 것이다"(Coser. 1965: 5). 따라서 사회의 개인들은 그들의 전체성 안에서 그들의 이해 가능한 개개의 존재에 의해서 그들의 행동들이 결정된다. 집단의 형성과 집단의 존재에 의한 결정은 인간들의 상호작용 때문이라는 것이다(Simmel. 1950: 10-11).

이처럼 사회학적 정의를 종합적으로 살펴볼 때 협의체는 개인들의 결사체인 하나의 조직이다. <u>조직은 의식적으로 협조하는 사회적 실재이며 상대적으로 동일하다고 간주되는 범주를 갖고 있다.</u> 그 기능은 상대적으로 의식적인 바탕 위에 공통목적 혹은 일련의 목적들을 성취하기 위한 것이다. '의식적인 협조'란 관리를 의미한다. '사회적 실재'란 그 단위가 사람들이나 서로 관련된 사람들의 집단들로 이루어져 있다는 것이다. 한 조직에서 일어나는 사람들간 상호관계의 유형은 바로 드러나지 않고 이미 사전에 조정되는 편이다. 따라서 조직은 사회적 실재이므로 그들 멤버들 간의 상호작용 유형은 균형 있고 조화가 되어 불필요한 것들 축소시켜 중요한 과업들이 수행되도록 해야 한다.

하나의 조직은 '상대적으로 유사한 범주'를 갖는다. 이 범주는 시간이 경과하면서 변할 수 있다. 그리고 그것은 항상 완벽하지는 않지만 비구성원으로부터 구성원을 구별되도록 한다. 구성원과 그들의 조직 사이에는 명료하고 절대적인 계약에 의해 이루어진다. 대부분의 고용관계에서는 근로는 급료를 받기 위한 분명한 계약관계에 있다. 반면에 사회적 혹은 자발적인 조직에서는 구성원은 명예, 사회적인 상호관계 혹은 타인을 돕는 만족감을 얻는 데 기여한다. 그러나 모든 조직이 구성원들을 확실히 구별되게 하는 범주를 갖는 것은 아니다.

사람들은 한 조직 내에서 일종의 지속적인 결속을 지니고 있다. 물론 이러한 결속은 평생 동안의 구성원이 되는 것을 의미하는 것은 아니다. 반대로 조직은 그들의 구성원 내에서 끊임없는 변화를 한다. 그들이 구성원 중에 있는 동안에도 조직 내의 사람들은 일정한 정규성을 유지하면서 변화에 참여한다. 끝으로 조직은 '어떤 것'을 성취하기 위해 존재한다. 이 '어떠한 것들'이 바로 목표들이며, 흔히 혼자서는 성취할 수 없는, 혹은 성취할 수 있다고 하더라도 집단의 노력을 통해 더 효과적으로 이루어낼 수 있는 것들이다.

2. 협의체의 구조

위에서 조직의 정의는 조직 구성원들의 상호작용 유형에서 의도적으로 협조하려는 욕구를 인식하는 것이다. 조직구조는 어떻게 과업들이 할당되는지, 누가 누구에게 보고를 해야 하는지, 그리고 형식적인 협조기제들과 수행되는 상호작용 유형들을 정의한다. 조직의 구조는 3가지 구성요소로 설명된다. 복합성(complexity), 형식화(formalization), 그리고 집중화(centralization) (Robbins. 1990: 5-6),

<u>복합성(complexity)</u>은 조직 내부에 차별화의 한도를 고려하는 것이다. 이것은 노동의 특별화와 분리의 정도, 조직의 수직적인 계급단계에 있어서의 범위 수, 그리고 조직단위를 지리적으로 분산범위 등을 포함한다. 조직 소속인들의 행동이 직접적으로 규칙과 과정에 의존하는 정도를 <u>형식화(formalization)</u>라고 정의한다. 일부 조직들은 이러한 표준화된 지침이 최소로 작용하나 극히 일부의 조직들에서는 구성원들이 할 수 있거나, 없는 지시들을 담은 모든 종류의 규정들을 갖고 있다. <u>집중화(centralization)</u>는 의사결정권의 소재가 어디에 있는지를 고려하는 것이다. 일부 조직들에서는 의사결정이 상당히 집중되어 문제들이 그 위로 상정된다. 최고 집행부는 상정된 사실만을 선택한다. 반대의 경우에서는 의사결정은 분산되어 있다. 권한은 수직적인 계급단계에서 밑으로 분산된다. 그러나 조직은 복합성과 형식화에서와 마찬가지로 완전히 집중적이지도 분산적이지도 않고 집중화되는 경향이 있거나 분산화되는 경향이 있다. 집중화와 분산화는 두 개의 양극선상에서 지속적으로 재연된다. 그러나 이러한 연속성 위에서 조직의 위치는 구조의 어떤 유형이 존재하는가를 결정하는 중요한 요소 중의 하나이다.

3. 협의체의 유형들

조직의 유형들은 다양한 방법으로 개념정의가 된다. 협의체의 유형들을 위해 아래에 가장 많이 이용되고 있는 몇 가지를 개념들을 설명하고자 한다(Robbins. 1990: 10-11).

⑴ 목표를 추구하는 합리적인 실재(實在): 조직들은 목표를 성취하기 위해 존재한다. 따라서 조직구성원들의 행동은 이들 목표들의 합리적인 수행으로 설명될 수 있다.

⑵ 강력한 구매자들의 연합: 조직들은 자신의 욕구를 만족시키고자 하는 개인들이 모인 집단들로 구성되어 있다. 이들 집단들은 조직 내에서 자원의 배분에 영향을 행사하는 데 그들의 파워를 사용한다.

⑶ 오픈 시스템: 조직들은 투입(Input)-결과(Output) 변환체계이다. 조직들은 살아남기 위해 그들의 환경에 의존하고 있다.

⑷ 의미·창출 체계: 조직들은 인위적으로 만들어진 실재(實在)이다. 그들의 목표와 목적들은 상징적으로 만들어지고 관리됨으로써 유지된다.

⑸ 독립적으로 연결된 체계: 조직들은 유사하지 않거나 심지어 갈등관계에 있는 목표들을 수행할 수 있는 상대적으로 독립적인 단위들로 이루어져 있다.

⑹ 정치적 체계: 조직들 내부에는 구매자들로 구성되어 있다. 따라서 그들의 위치를 강화하기 위해 의사결정과정 전반적인 관리감독을 추구한다.

⑺ 통제의 도구들: 조직들은 직무 사서함들(boxes)로 구성원들을 배열한다. 여기에는 그들이 무엇을 할 수 있고 개별적으로 그들이 상호관계를 맺고 있는 사람들과 할 수 있는 것들을 설명하고 있다. 추가로 그들은 그들 상위의 권위를 가진 보스가 주어진다.

⑻ 정보·저장 단위들: 조직들은 그들의 환경, 조정된 활동들 설명하고 수평으로, 그리고 구조적인 계급조직을 통해 수직으로 정보들을 저장함으로써 의사결정을 손쉽게 한다.

⑼ 심리적 구속: 조직들은 직무설명, 부서, 영역 그리고 수용되거나 수용될 수 없는 행동들을 작성함으로써 구성원들에게 복종을 강요한다.

⑽ 사회적 약정: 조직들은 서면화되지 않은 일련의 동의들로 이루어져 있다. 이를 통해 구성원들은 보상을 위한 답례로 어떤 확실한 행동을 수행한다.

중간집단으로서의 협의체는 권위(authority)의 문제에 있어서는 모호하다. 개인이나 협력된 어떤 힘에 대해 강제적인 권위의 실제적인 행사는 불가능하며 도덕적인 차원에서 바탕이 되어져야 한다. 결국 협의체의 권위는 유도적이며, 2차적인 충성심에 의할 수밖에 없다. 충성심(allegiance)을 갖고 조직에 협력하느냐 안 하느냐는 조직이 그들의 각기 욕구(need)와 요구(requiment)를 고려하고 조직 그 자체에 초점을 맞추느냐에 달려 있다. 협의체가 이렇게 고려된 목적을 성취하기 위하여 서비스를 받을, 서비스를 지시·감독할 인적 서비스 등의 요소와 재원이 동원되어야 한다.

4. 그룹홈 종사자 협의체의 목적들

이미 언급된 협의체의 정의를 통해 그룹홈 종사자 협의체의 목적을 다음과 같이 가정할 수 있다.

⑴ 그룹홈과 종사자들의 문제점을 파악하고 변화와 공동의 대안 책을 모색한다.

⑵ 동시에 자신들의 욕구와 요구를 대표하여 정책에 수렴될 수 있도록 영향력을 행사한다.

⑶ 정보와 의견을 교환함으로써 그룹홈 종사자로서의 더 나은 역할수행에 기여한다.

⑷ 그룹홈에 대한 홍보와 활성화 방안을 모색하여 궁극에는 장애인에 대한 사회적 편견해소와 사회통합에 기여한다.

⑸ 그룹홈 종사자들 간의 친목을 도모한다.

Ⅳ. 조사연구 결과

설문조사기간은 4월 말에서 5월 12일까지로 2주일간으로 기한을 두었으나 12일 이후 도착한 설문지 일부도 조사에 포함시켰다. 설문지는 우편으로 법인주소로 발송되었고 전화를 이용해 설문에 참여해 줄 것을 독려하였으나 일부 법인의 이해부족과 종사자 본인의 의식과 신뢰의 부족 등의 문제로 총 67명의 종사자 중 응답자의 수는 34명으로 50%의 회수율을 나타냈다. 설문분석은 사회과학 통계 패키지인 SPSS(Statistical Package for Social Sciences)를 통해 통계 · 분석하였다.

1. 협의체 구성에 관한 사항

⑴ **문항 1** 그룹홈 종사자들을 위한 협의체 구성의 필요성 여부

조사에 응답한 그룹홈 종사자 34명 중 100% 가 협의체 구성이 필요하다고 응답하였다.

협 의 체

		Frequency	Percent	Valid Percent	Cumulative Percent
Valid	필요하다	34	100.0	100.0	100.0

⑵ **문항 2** 그룹홈 종사자들을 위한 협의체 구성이 필요한 이유

조사에 응답한 종사자의 38.2%인 13명은 종사자들간의 정보교환을 위해, 20.6%인 7명은 종사자들의 처우개선을 위해 협의체가 필요하다고 답하여, 종사자들을 위한 실제적인 이익을 위해 협의체의 필요성을 느끼고 있다. 그러나 기타로 응답한 12명(35.3%)은 예시된 예문에서 2개(5명), 3개(2명), 그리고 4개(5명)에 이르기까지 복수 응답하였다. 복수응답 내용을 살펴보면 입주자 교육, 정보교환, 친목도모, 처우개선에 각각 9명, 11명, 8명, 8명이 응답하였다. 복수응답자 중에서도 역시 정보교환에 대한 욕구가 가장 높은 것으로 나타났다.

구 성 필 요

		Frequency	Percent	Valid Percent	Cumulative Percent
Valid	교육	3	5.9	5.9	5.9
	정보교환	13	38.2	38.2	44.1
	처우개선	7	20.6	20.6	64.7
	기타	12	35.3	35.3	100.0
	Total	34	100.0	100.0	

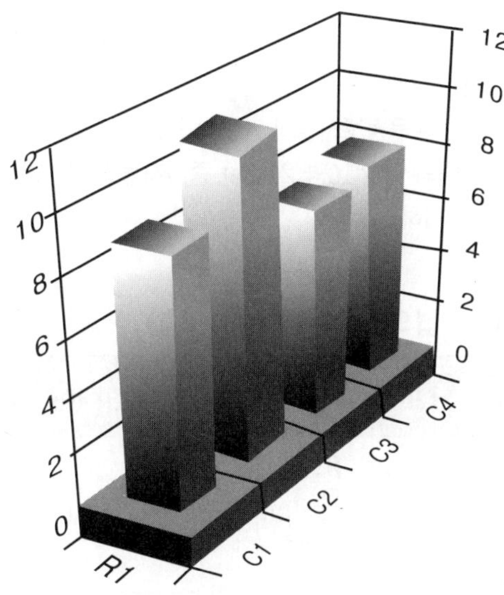

(3) **문항 3** 그룹홈 종사자들을 위한 협의체 구성이 불필요한 이유

이 문항에 대해서는 응답자 전원이 무응답하여 문항 1에 대한 신뢰도를 증명하고 있다.

(4) **문항 4** 그룹홈 종사자들의 커다란 문제(2개 선택)

설문에 응답한 그룹홈 종사자들이 느끼는 커다란 문제가 무엇인가 하는 질문에 복수 응답한 45개 응답 중 장시간 근무(17명, 37.8%)가 가장 큰 문제이며 그 다음이 기관장의 이해부족(10명, 22.2%), 종사자 교육의 문제(7명, 15.6%) 순으로 나타났다.

Group Home 종사자가 갖는 문제점

Category label	Code	Pct of Count	Pct of Responses	Cases
장기근무	1	17	37.8	70.8
낮은 보수	2	2	4.4	8.3
입주자	3	3	6.7	12.5
부모	4	4	8.9	16.7
교육	5	7	15.6	29.2
기관장	6	10	22.2	41.7
기타	7	2	4.4	8.3
Total		45	100.0	187.5

10 missing cases; 24 valid cases

(5) 문항 5 그룹홈 종사자 협의체의 중요한 역할(2개 선택)

복수응답 66개의 답변 중 그룹홈과 입주자를 위한 교육정보전달의 역할이 34.8%(23명)로 제일 많았으며, 그 다음으로 종사자들의 복지와 처우개선을 위한 압력단체의 역할(16명, 24.2%), 종사자들의 자기발전을 위한 정보교환의 역할(14명, 21.2%)로 나타나 〈문항 2〉의 응답과 일치하고 있다.

Group Home 협의체의 중요한 역할

Category label	Code	Pct of Count	Pct of Responses	Cases
교육정보	1	23	34.8	69.7
사회계몽	2	2	3.0	6.1
처우개선	3	16	24.2	48.5
친목도모	4	2	3.0	6.1
자조단체	5	9	13.6	27.3
정보교환	6	14	21.2	42.4
Total		66	100.0	

1 missing cases; 33 valid cases

(6) 문항 6 그룹홈 종사자 협의체의 대상범위

협의체의 대상범위는 응답자의 76.5%에 해당하는 26명이 사회재활교사, 순회교사 그리고 중간관리자(백업직원)까지 원하고 있어 협의체가 친목도모나 사회인식개선을 위한 추상적이고 이념적인 역할이 아니라 그룹홈과 종사자들을 위한 실질적인 도움체계를 구축하고자 하는 욕구가 분명하게 나타나 있다.

대상범위

		Frequency	Percent	Valid Percent	Cumulative Percent
Valid	2.00	6	17.6	18.2	18.2
	3.00	26	76.5	78.8	97.0
	4.00	1	2.9	3.0	100.0
	Total	33	97.1	100.0	
Missing	System	1	2.9		
	Total	34	100.0		

7) 문항 7 그룹홈 종사자 협의체의 추진사업

그룹홈 종사자 협의체가 구성되었을 때 가장 먼저 추진되어야 할 사업으로 복수 응답한 68개 응답 중 27명(39,7%)은 전문위원회 구성이라고 응답하였고, 홈페이지 운영(16.2%), 정기모임(14.5%), 상담실 운영(13.2%) 순으로 나타났다.

Group Home 협의체의 추진사업

Category label	Code	Pct of Count	Pct of Responses	Cases
정기모임	1	10	14.7	29.4
전문위	2	27	39.7	79.4
상담실	4	9	13.2	26.5
소위원회	5	7	10.3	20.6
홈페이지	6	11	16.2	32.4
기타	7	4	5.9	11.8
Total		68	100.0	200.0

0 missing cases; 34 valid cases

2. 일반적 사항

1) 문항 1 그룹홈 종사자들에 대한 개인적 사항*

종사자의 성별은 94.1%인 32명이 여자이며 연령은 20세에서 48세에 이르기까지 다양하며 평균연령은 29.9세로 나타났다. 종사자들의 학력은 전문대졸 이상이 70.6%로 대학원 이상의 학력소유자도 1명으로 조사되었다. 이들의 대부분(33명, 97.1%)은 사회재활교사의 직책을 갖고 있으나 사회복지사의 자격증 소유자는 19명(55.9%)으로 조사되었다. 월 평균수입은 73.5%인 25명이 100~150만원으로 기록하였으며 나머지(26.5%)는 50~100만원으로 밝혀졌다.

성　별

		Frequency	Percent	Valid Percent	Cumulative Percent
Valid	남자	2	5.9	5.9	5.9
	여자	32	94.1	94.1	100.0
Total		34	100.0	100.0	

직　책

		Frequency	Percent	Valid Percent	Cumulative Percent
Valid	사회재활교사	33	97.1	97.1	97.1
	기타	1	2.9	2.9	100.0
Total		34	100.0	100.0	

학　력

		Frequency	Percent	Valid Percent	Cumulative Percent
Valid	고졸이하	9	26.5	27.3	27.3
	전문대졸	11	32.4	33.3	60.6
	대학졸	12	35.3	36.4	97.0
	대학원 이상	1	2.9	3.0	100.0
	Total	33	97.1	100.0	
Missing	System	1	2.9		
Total		34	100.0		

자　격

		Frequency	Percent	Valid Percent	Cumulative Percent
Valid	사회복지사	19	55.9	67.9	67.9
	기타	9	26.5	32.1	100.0
	Total	28	82.4	100.0	
Missing	System	6	17.6		
Total		34	100.0		

월 수 입

		Frequency	Percent	Valid Percent	Cumulative Percent
Valid	1.00	9	26.5	26.5	26.5
	2.00	25	73.5	73.5	
	Total	34	100.0	100.0	

(2) **문항 2** 그룹홈이 소속하고 있는 단체

그룹홈 운영단체는 장애인복지관 41.2%, 법인 47.1%, 지역사회복지관과 부모회 소속 그룹홈은 각각 5.9%로 조사되었다.

소 속

		Frequency	Percent	Valid Percent	Cumulative Percent
Valid	장복기관	14	41.2	41.2	41.2
	지복지관	2	5.9	5.9	47.1
	부모회	2	5.9	5.9	52.9
	법인	16	47.1	47.1	100.0
	Total	34	100.0	100.0	

(3) **문항 3** 그룹홈 종사자의 총 근무경력

현재까지 그룹홈 종사자의 총 근무경력은 50% 정도가 1년 미만이며 80% 정도가 2년 미만으로 종사자들의 이직이 많은 것을 알 수 있다.

총 경 력

		Frequency	Percent	Valid Percent	Cumulative Percent
Valid	1.00	17	50.0	50.0	50.0
	2.00	10	29.4	79.4	79.4
	3.00	5	14.7	94.1	94.1
	4.00	2	5.9	100.0	100.0
	Total	34	100.0		

(4) **문항 4** 그룹홈 종사자의 현재 그룹홈에서의 근무경력＊

현재 그룹홈에서의 근무경력은 1개월에서 8년까지 다양하며, 평균으로 보면 18.7개월(1년 6개월)로 종사자들의 잦은 변동을 추측할 수 있다.

(5) **문항 5** 그룹홈 종사자의 하루평균 근무시간＊

그룹홈 종사자의 하루 평균 근무시간은 17.6시간으로 응답자들이 자유로 기록한 24시간 근무에 대한 비율이 (26.5%) 가장 높다. 종사자의 근무시간에 대해서는 취침시간을 어떻게 해석했느냐에 따라 다양한 계산이 나오므로 보충적으로 근무형태를 참고로 하는 것이 바람직하다.

＊문항 1, 4, 5에 관련된 연령, 현재경력 그리고 근무시간의 평균은 다음과 같다.

Descriptive Statistics

	N	Minium	Maaxium	Mean Std.	Deviation
연령	33	20.00	48.00	29.9091	5.9127
현재경력	33	1.00	96.00	18.7576	21.3688
근무시간	32	7.00	24.00	17.6250	5.2163
Vaild N (listwise)	30				

(6) **문항 6** 그룹홈 종사자의 근무형태

그룹홈 종사자의 근무형태는 79.4%(27명)가 동거로 응답하였으며, 출퇴근과 두 형태의 병합은 각각 8.8%와 11.8%로 나타나 대부분의 그룹홈이 동거형의 전일보호형태를 취하고 있는 것으로 나타났다.

근 무 형 태

		Frequency	Percent	Valid Percent	Cumulative Percent
Valid	출퇴근	3	8.8	8.8	8.8
	동거	27	79.4	79.4	88.2
	병합	4	11.8	11.8	100.0
	Total	34	100.0	100.0	

V. 요약 및 제언

그룹홈은 지난 10여 년 간의 발전을 거쳐 90년대 중반부터 그 수가 급격히 늘어나면서 장애를 가진 성인들을 위한 가장 발전된 종합적인 복지서비스로 평가를 받고 있다. 그러나 그룹홈에 대한 통일되고 객관화된 이론 및 제도가 정비되지 않아 실제로 그룹홈을 운영하고 있는 기관은 물론 직접 이용자들의 교육과 훈련을 담당하고 있는 종사자들의 어려움은 매우 크다. 장시간 근무, 낮은 보수, 기관장의 이해부족, 종사자 교육의 부재 등을 대표적으로 들 수 있다. 그룹홈 종사자들의 대다수가 여성임을 감안할 때 이러한 종사자들의 문제는 여성근로자의 문제로 결론지을 수 있다. 이에 대한 자구대책으로 그룹홈 종사자들은 자신들의 문제와 욕구를 함께 나누고 해결할 수 있는 그룹홈 종사자 협의체 구성을 강력히 희망하고 있다.

협의체는 개인들로 구성된 하나의 조직으로 의식적인 협조를 통해 공통목적 혹은 일련의 목적들을 성취하기 위한 사회적인 실재(實在)라고 정의할 수 있다. '의식적인 협조'란 관리를 의미하는 것이며 '사회적 실재'란 그 단위가 사람들이나 서로 관련된 사람들의 집단들로 이루어져 있다는 것이다. 따라서 협의체는 그들 멤버들 간의 상호작용 유형은 균형 있고 조화가 되어 불필요한 것들 축소시켜 중요한 과업들이 수행되도록 해야 한다.

조직이론에 따른 협의체의 개념을 근거로 그룹홈 종사자 협의체의 목적을 다음과 같이 가정하여 보고 실제 종사자들의 욕구조사를 통해 비교, 확인하였다.

(1) 그룹홈과 종사자들의 문제점을 파악하고 변화와 공동의 대안책을 모색한다.

(2) 동시에 자신들의 욕구와 요구를 대표하여 정책에 수렴될 수 있도록 영향력을 행사한다.

(3) 정보와 의견을 교환함으로 그룹홈 종사자로서의 더 나은 역할수행에 기여한다.

(4) 그룹홈에 대한 홍보와 활성화 방안을 모색하여 궁극에는 장애인에 대한 사회적 편견해소와 사회통합에 기여한다.

(5) 그룹홈 종사자들 간의 친목을 도모한다.

그룹홈 종사자 협의체 구성에 대한 종사자들의 욕구를 조사한 결과를 바탕으로 정리요약하면 다음과 같다.

(1) 응답자의 전원이 그룹홈 종사자 협의체의 구성이 필요하다고 답하여 협의체의 구성을 현실화할 수 있는 근거를 제시하고 있다.

(2) 종사자들의 문제점은 장시간 근무(37.8%)와 기관장의 이해부족(22.2%)으로 나타났으며, 대책을 위한 협의체의 역할은 교육정보전달(34.8%)과 처우개선(24.2%)이라고 응답하였다. 협의체를 통해 종사자들은 처우개선(이해, 임금상위조정)과 근무시간 조정을 원하고 있음을 알 수 있다.

(3) 그룹홈 종사자 협의체의 대상범위는 사회재활교사뿐만이 아니라 중간관리자까지 포함하여 실질적인 변화와 도움체계 구축을 원하고 있음을 알 수 있다.

(4) 그룹홈 종사자 협의체에서 먼저 추진해야 할 사업으로 전문위원회 구성(39.7%)과 홈페이지를 통해 전문인들의 실질적인 도움, 그리고 교육과 정보전달을 가장 시급하게 원하고 있다.

설문에 응답한 종사자의 94%가 여성인 그룹홈 종사자들의 학력과 자격을 조사한 결과 70% 이상이 전문대학 이상의 학력을 갖고 있으며 50% 이상이 사회복지사 자격증을 소유하고 있는 전문 인력들임이 밝혀졌다. 이 결과를 미루어 가정과 교육의 기능이 강조되고 있는 그룹홈의 종사자들에게는 프로그램을 계획, 실시할 수 있는 높은 자격을 요구하면서 처우는 2부 근무가 실시되고 있는 생활시설 종사자보다 열악해, 사실상 잦은 이직은 예상되는 것으로 보아야 한다. 이는 가사를 다루는 것이 여성의 전유물이며, 그러한 여성의 역할을 낮게 보는 우리 사회의 반영이다. 따라서 복지관 내 근무 직원들과 같은 자격을 갖고 있는 그룹홈의 종사자들은 명분과 실재가 모두 낮은 현실에서 그들의 근무사기를 진작시켜줄 수 있는 실질적인 처우 개선안이 필요하다. 종사자들의 처우개선은 직접으로 이용자들의 교육과 훈련에 영향을 미치므로 그룹홈의 활성화와 발전에 기여할 수 있는 중요한 요건임을 기관장들과 정책입안자들은 인식해야 한다.

그러나 더욱 중요한 것은 종사자 협의체는 (여성)종사자들 스스로를 위한 결사체로, 종사자 자신들의 인식과 자조능력을 인정하고 증대시킬 수 있도록 기관장과 중간관리자들의 이해와 협조가 절대적으로 필요하다. 그룹홈 종사자는 하나의 독립된 전문영역으로 인정되어야 하며, 특히 가사 중심의 보조 인력이 아닌 전문직 근로여성을 고려한 근로조건 등의 개선이 이루어져야 한다. 종사자 협의체는 이러한 종사자들의 공동의 욕구와 목표들은 달성하는 데 체계적이고 효과적으로 기여할 수 있을 것이다.

【참고 문헌】

• 강석동 (1993), 『정신지체인을 위한 집단가정(Group Home)서비스가 정신지체인과 그의 어머니에게 미치는 영향에 관한 연구』. 석사논문, 서울: 숭실대학교 대학원.
• 김명선, 임해용, 조병주, 김경순 (1995), "정신지체인의 거주형태에 따른 삶의 질에 관한 연구
 : 원 가정, 그룹홈, 재활시설의 비교분석", 『정신지체연구』 제3권. 광주
 : 엠마우스복지관. 보건복지부. 『2001 장애인복지사업안내』.
• 박현숙 (1993), 『장애인공동생활가정 실태연구조사』. 서울특별시립정신지체인복지관.
• 신상윤 (1998), 『공동생활가정(Group Home) 유형 및 운영기준에 관한 연구』. 한국장애인 재활협회.
• 유병주 (1986), 『장애자복지 서비스에 있어 부모회의 기능에 관한 연구. – 한국 장애자 부 모를 중심으로 –』.
 석사논문, 서울: 숭실대학교 대학원. 장비(1995), "한국의 그룹홈 실태와 그 전망". 『정신지체연구』 제3권.
 광주: 엠마우스복지관
• 최재성 (2000), "장애인 그룹홈 실태와 활성화 방안". 보건복지부 자료, 31 – 62. Burrel, G/ Morgan, G. (2001),
 『사회과학과 조직이론』, 윤재풍(역), 서울: 박영사 (Londeon · Exeter, New Hampshire: Heinemann, 1982)
• Conroy, D. W. (1977), Trends in Deinstitutionalization of the Mentally Retarded. Mental Retardation, 15(4).
• Hansenfeld, Ycheskel. (1983), Human Service Organization. Englewood, N.J.: Prentice–Hall Inc.
• Kring, Klaus (1994), "Wohnen heisst zu Hause sein. Gemeindeintegrierte Wohnen erwachsener Menschen geistiger Behinderung in Deutschland". Wohnen heisstzu Hause sein. Handbuch fuer die Praxis gemeindenahen Wohnens von Menschenmit geistiger Behinderung. Marburg: Lebenshilfe –Verlag, 2. Auflage, 21 – 28.
• Robbins, Stephan P. (1990), Organization. Structure, Design, and Applications. Englewood, N.J.: Prentice–Hall Inc.

그룹홈 종사자 협의체 구성에 관한 종사자 욕구조사

안녕하십니까?

서울시립정신지체인복지관에서는 그룹홈 종사자들을 위한 협의체 구성에 앞서 종사자들의 욕구를 조사하고자 합니다. 따라서 본 설문지는 협의체 구성을 위한 선생님의 의견을 기초 자료로 하여 협의체의 방향설정과 사업내용을 결정하는 데 목적을 두고 있습니다.

선생님의 응답한 내용은 무기명으로 작성하고 컴퓨터에 의해 통계 처리되며 연구목적에만 사용될 것입니다.

개인의 비밀이 절대적으로 보장됨을 약속드리오니 솔직하고 성실하게 한 문장도 빠트리지 마시고 작성해주시기 부탁드립니다.

감사합니다.

서울시립정신지체인복지관

유병주

김수진

I. 협의체 구성에 관한 사항

협의체란 특별한 목적을 위해, 혹은 함께 인식된 목적들, 혹은 절차나 행동의 인정된 방법 등을 위해 연합된 개인들의 집단이라고 정의할 수 있습니다.

1. 그렇다면 선생님은 그룹홈 종사자들을 위한 협의체 구성이 필요하다고 생각하십니까?
   ① _____ 필요하다 ---> 2번으로   ② _____ 필요하지 않다 ---> 3번으로
   ③ _____ 잘 모르겠다 ---> 4번으로

2. 그룹홈 종사자들을 위한 협의체 구성이 필요하다면 그 이유는 무엇이라고 생각하십니까?
   ① _____ 입주자 교육에 도움이 되므로   ② _____ 종사자들간의 정보교환을 위해
   ③ _____ 종사자들의 친목도모를 위해   ④ _____ 종사자들의 처우개선을 위해
   ⑤ _____ 기타 (   )

3. 그룹홈 종사자들을 위한 협의체 구성이 필요 없다면 그 이유는 무엇이라고 생각하십니까?
   ① _____ 별 도움이 안돼서   ② _____ 문제가 없기 때문에
   ③ _____ 현실화가 불가능하기 때문   ④ _____ 기타 (   )

4. 그룹홈 종사자들의 커다란 문제가 무엇이라고 생각하십니까? 두 가지만 골라주십시오
   응답 1)______   응답 2)______
   ① _____ 장시간 근무   ② _____ 낮은 보수   ③ _____ 입주자들과의 관계
   ④ _____ 부모와의 관계   ⑤ _____ 종사자 교육   ⑥ _____ 기관장의 이해부족
   ⑦ _____ 기타 (   )

5. 그룹홈 종사자 협의체의 중요한 역할이 무엇이라고 생각하십니까?
   2개만 선택해 주세요.   응답 1)______   응답 2)______
   ①그룹홈과 입주자를 위한 교육정보전달의 역할
   ②장애인에 대한 편견을 해소하기 위한 사회계몽의 역할
   ③종사자들의 복지와 처우개선을 위한 압력단체의 역할
   ④종사자들의 친목 도모의 역할
   ⑤종사자들의 문제를 스스로 해결하기 위한 자조단체의 역할
   ⑥종사자들의 자기발전을 위한 정보교환의 역할
   ⑦기타 (   )

6. 그룹홈 종사자 협의체의 대상범위는 어디까지라고 생각하십니까?

　① ＿＿＿＿＿ 사회재활교사

　② ＿＿＿＿＿ 사회재활교사＋순회교사

　③ ＿＿＿＿＿ 사회재활교사＋순회교사＋중간관리자(백업직원)

　④ ＿＿＿＿＿ 기타(　　　　　　　　　　　　　　　　　　)

7. 만약 그룹홈 종사자 협의체가 구성된다면 가장 먼저 추진해야 할 사업이 무엇이라고 생각하십니까?
　두 가지만 골라주십시오.　　응답 1)＿＿＿＿＿　응답 2)＿＿＿＿＿

　① 정기모임(1년 1회)　　　② 전문위원회 구성
　③ 친선도모 체육대회　　　④ 상담실 운영
　⑤ 소위원회(사업별) 구성　　⑥ 인터넷 홈페이지 운영
　⑦ 까페(대화방) 운영　　　⑧ 기타＿＿＿＿＿＿＿＿＿＿＿＿＿

II. 일반적 사항

1. 다음은 선생님의 개인적인 사항에 관한 질문입니다. 해당사항에 V표시해 주십시오.

성　별	① ＿＿＿＿ 남자　② ＿＿＿＿ 여자	연　령	만 ＿＿＿＿＿ 세
학　력	① ＿＿＿ 고졸 이하　② ＿＿＿ 전문대졸　③ ＿＿＿ 대학졸　④ ＿＿＿ 대학원 이상		
직　책	① ＿＿＿ 사회재활교사　② ＿＿＿ 순회교사　③ ＿＿＿ 백업직원　④＿＿＿ 기타 (　　　)		
자　격	① ＿＿＿ 사회복지사(급)　② ＿＿＿특수교사　③ ＿＿＿간호사　④＿＿＿ 기타 (　　　)		
월 수 입	① ＿＿＿ 50～100만원　　② ＿＿＿ 100～150만원 ③ ＿＿＿ 150～200만원　　④ ＿＿＿ 200만원 이상		

2. 선생님이 근무하시는 그룹홈은 어느 단체에 속해 있습니까?
　① ＿＿＿ 지역사회재활시설(장애인복지관)
　②＿＿＿지역사회복지관
　③ ＿＿＿ 부모회
　④ ＿＿＿ 교회
　⑤＿＿＿개인

⑥ ____ 법인
⑦ ____ 기타 (   )

3. 그룹홈 종사자로서 지금까지 그룹홈에서의 총 근무경력은 얼마나 됩니까?

① ____ 1년 미만   ② ____ 1-2년   ③ ____ 2-5년
④ ____ 5-8년   ⑤ ____ 8-10년   ⑥ ____ 10년 이상

4. 현재의 그룹홈에서 근무하신 경력은 얼마나 됩니까? (년   개월)

5. 그룹홈에서 선생님의 근무시간은 하루 평균 얼마나 됩니까? (시간)

6. 선생님의 그룹홈 근무형태는 어떠합니까?

① ____ 출퇴근 근무   ② ____ 입주자와 동거   ③ ____ 출퇴근과 동거의 병합

응답해 주셔서 감사합니다.

II. 서울시립정신지체인복지관 그룹홈 운영과정

11. 장애인 공동생활 가정 운영 1차 보고서

– 정부와 기관의 역할 중심으로 –

김 수 진

Ⅰ. 개요

1. 운영주체 – 서울특별시립정신박약자복지관 (관장 – 전익준)
2. 위　　치 – 노원구 중계동 중계4단지 410동 108호
　　　　　　 노원구 중계동 중계4단지 412동 105호
　　　　　　 강서구 가양동 가양8단지 801동 103호
　　　　　　 강서구 가양동 가양8단지 803동 103호
　　　　　　 송파구 문정동 문정단지 9동 105호
3. 규　　모 – 22평형 4가구 (중계, 가양단지)
　　　　　　 23평형 1가구 (문정단지)
4. 가구수 – 총 5가구 (남:4가구 , 여:1가구)
5. 입주일 – 중계단지 : '92. 10. 17(토),　가양단지 : '92. 11.6(금)
6. 입주자 현황 ('92,11,17 현재)

번호	성 명	성별	나이	생년월일	장애등급	취업체명	비고
1	안 ○○	남	25	68. 12. 1	3	나라가공(빅맨)	
2	김 ○○	남	22	70. 7. 1	2	나라가공(빅맨)	
3	정 ○○	남	21	71. 5. 31	3	용신양말	
4	송 ○○	남	27	74. 1. 27	2	신용재단	
5	주 ○○	남	22	70. 9. 10	3	신흥양행	
6	김 ○○	남	18	74. 10. 7	3	용신양말	
7	황 ○○	남	22	70. 3. 7	2	무성섬유	
8	박 ○○	남	24	69. 2. 14	2	번동보호작업장	
9	천 ○○	여	26	66. 6. 6	3	건영섬유	
10	이 ○○	여	22	70. 2. 19	2	서경산업(주)	
11	우 ○○	여	27	65. 8. 1	2	문정제책사	
12	권 ○○	남	26	66. 4. 12	3	동해주식회사	
13	이 ○○	남	22	69. 9. 29	3	한국음향	
14	성 ○○	남	23	69. 5. 20	2	문정제책사	
15	최 ○○	남	18	74. 1. 21	2	동해주식회사	
16	유 ○○	남	22	70. 7. 22	2	충현작업장	

Ⅱ. 운영

1. 운영방법
본 사업은 서울시로부터 제반사항을 위탁받아 서울시립정신박약복지관의 프로그램(단위사업)으로 운영함.

2. 운영단위
⑴ 1개소 당 정신지체인 4명 거주

　　(단, 아파트의 구조나 규모에 따라 거주인원을 조정할 수 있음)

⑵ 1개소당 생활보조원 1명 채용

3. 생활보조원 현황
⑴ 채용 – ' 92, 9, 1일자

⑵ 인원 – 6명 (생활보조원 5명, 대체 근무직원 1명)

번호	성명	성별	나이	근무지	비　　고
1	안 ○○	여	27		홀트일산복지타운 4년
2	백 ○○	여	24		자원봉사 3년
3	김 ○○	여	26		홀트일산복지타운 4년
4	김 ○○	여	29		홀트일산복지타운 2년, 자원봉사 2년
5	신 ○○	여	28		자원봉사 3년

⑶ 교육 – 전담직원 및 생활보조원에 대한 직무교육

① 일정 : ' 92. 9. 14 – ' 92. 10. 2 (해외파견교육 포함)

② 내용 : ○ 복지관 사업안내

　　　　　○ 장애인 공동생활 가정의 위상 및 특성

　　　　　○ 생활보조원의 역할

　　　　　○ 지원기관 (백업기관)과의 행정업무 관계 처리 및 절차

　　　　　○ 입주자의 건강, 영양, 취업지도 등

　　　　　○ 회계처리 규정 및 절차

　　　　　○ 현장교육

4. 지원체계

⑴ 조직

효과적인 관리운영을 위해 관장이 임명하는 직원으로 장애인 공동생활 가정운영회 설치운영

① 운영위원장 : 관장 전익준

② 위　원 : 사무장 하상준

사회복지부장 문용수
직업재활과장 윤애진
담당 김수진

③ 임 무
　○ 장애인 공동생활 가정 설치 및 운영방안 설정에 관한 사항
　○ 입주자 선정 및 퇴거에 관한 사항
　○ 생활보조원 선임에 관한 사항

⑵ 장애인 공동생활 가정에 대한 지원, 관계 업무는 사회복지부에서 관장하여 사회복지부 내에 담당직원을 둠.

5. 비용부담

⑴ 주택비(임대보증금, 임대료), 주방용품, 생활용품, 비품 등 일상용품비와 생활보조원의 인건비는 서울시에서 부담
⑵ 식비, 공과금(전기료, 가스료, 전화료, 우편료) 및 의료비 등은 입주자 부담(월 97,000원)

6. 생활용품 현황

⑴ 가전제품류 – 별첨
⑵ 주방용품류 – 별첨
⑶ 일상용품류 – 별첨

7. 실시효과

⑴ 신변처리에 대한 진전이 있음
⑵ 직장에 대한 적응력이 양호해 졌음
⑶ 사회성 발달에 대한 변화(전화예절, 인사성 등)
⑷ 가정 내에서의 역할에 대한 이해가 되고 있음
⑸ 지속적인 지도로 인해서 정서적으로 안정되어감
⑹ 청결, 위생관념이 확립되어감
⑺ 금전관리, 시장보기 등에 대한 두려움 해소
⑻ 소수의 입주인원으로 개별화 지도가 가능함

8. 기타(문제점 등)

⑴ 문정단지의 기존 입주자와의 문제 등이 해결되지 않아 현재까지 입주일을 확정짓지 못하고 있음

⑵ 입주자의 출 · 퇴근시 교통편의 불편 - 노선부족 및 배차간격등
⑶ 단지 내 정비(가양단지)가 아직까지 끝나지 않은 관계로 주거환경이 산만함

※별첨 - 가전제품, 주방용품, 일상용품류

가전제품	주방용품	일상용품
냉장고	홈 세트	옷장 겸 이불장
가스렌지	커피 세트	서랍장
전자렌지	티스푼	책상, 의자
전기밥솥	주전자	TV대
믹서기	수저양념통 세트	식탁
가습기	쟁반세트	건조대
트랜스	찻상	스탠드 옷걸이
에어포트	냉면그릇	휴지통
TV, 비디오(겸용)	마늘 다대기	매트
청소기	밥상	소화기
세탁기	설탕, 프림기	약품상자
전화기	컵세트	시계
다리미	압력솥	우산꽂이
미니오디오	냄비세트	메모판
전기 후라이팬	후라이팬	쌀통
토스터기	칼, 도마	공구세트
선풍기	수저 10벌	(기타)
전기스탠드	김치통	파일박스
전기난로 中, 小	간이 찜기	커텐
식품조리기	빨래 삶는 통	베란다 새시
	막냄비 中, 小	자바라
	식품조리기구 세트	
	바가지	
	프라스틱 반찬통	
	앞치마	

12. 장애인 공동생활 가정실태 연구보고 요약서[29]

박 현 숙

Ⅰ. 현 황

1. 입주자

위 치	입주인원	연 령	장애등급	취 업
중계4단지 410-108	정신지체인 4명	18-20세 2명	2급 - 8명	일반취업 14명
412-105	사회재활교사 1명	21-22세 2명	3급 - 7명	보호작업장 2명
가양8단지 801-103	(각 가정별)	23-24세 7명		
803-103		25-27세 5명		

※ 남자가정 (3가구), 여자가정 (1가구)
※ 입주일 : 중계단지('92. 10. 17) 가양단지('92. 11. 11)

2. 생활보조원

(1) 채용 : '92. 9. 1 일자
(2) 인원 : 5명 (생활보조원 4명, 대체직원 1명)

번호	보조원	성별	연령	결혼상태	교육정도	경 력
1	보조원 1	여	27	미혼	전문대졸	정신지체관련시설 4년
2	보조원 2	여	24	미혼	고졸	장애인관련자원봉사 3년
3	보조원 3	여	26	미혼	고졸	정신지체관련시설 4년
4	보조원 4	여	29	미혼	고졸	정신지체관련시설 2년
5	보조원 5	여	28	미혼	고졸	장애인관련자원봉사 3년

---

29) 이 글은 1992년 서울시 시범사업으로 실시된 서울시립정신지체인복지관의 4개 그룹홈에 대한 운영실태를 서울시의 의뢰로 조사한 결과요약이다. 전문은 『장애인 공동생활가정운영실태연구조사』 (1993.11)에 실림.

3. 운영체계

⑴ 서울정신박약자복지관에서 운영
⑵ 장애인공동생활가정운영위원회를 두어 지도감독하고 실무부서에서 담당
　　운영위원 : 관장 외 4명
　　실무부서 : 사회복지부 상담지도과

Ⅱ. 연구방법

1. 연구대상
① 그룹홈 입주자 16명
② 생활보조원 5명
③ 입주자의 부모 및 가족 15명
④ 입주자 취업 기업체의 고용주 혹은 감독관 11명
⑤ 그룹홈 지역주민 20명
⑥ 기타 (백업직원/그룹홈 환경)

2. 연구방법
① 연구도구 – 7개의 설문지 개발
② 자료수집방법 – 연구대상과의 직접 면담, 연구대상에 의한 평정, 연구진의 직접 관찰에 의한 평정 및 그룹홈 관
　　　계서류 분석

3. 연구진
① 연구자 : 박현숙(이화여자대학교 특수교육학과 교수)
② 보조연구원 : 전인진, 이송민, 류기연, 유성은 (이화여자대학교 특수교육학과 대학원)

4. 연구기간 : '93. 7 – 10월

Ⅲ. 실태분석 요약

1. 본 그룹홈의 경우, 시설과 환경에 관한 거의 모든 항목에서 '적절하다' 혹은 '매우 적절하다' 로 평정되어 긍정적
으로 평가되었다. 4명으로 구성되어 보다 가정적인 분위기 속에서 생활하고 있었고, 아파트에 위치하여 이웃주
민과 친분을 맺을 기회가 더 많으며, 그룹홈의 내ㆍ외부 환경이 입주자들에 대한 부당하고 과도한 관심을 전혀
불러일으키지 않았고, 입주자들이 비품들을 적절하게 잘 사용하도록 훈련되어 있었다.

2. 입주자들은 그룹홈 생활 및 직장생활에 매우 만족하고, 보조원 및 다른 입주자들과도 매우 원만한 관계를 유지
   하며, 문제행동이 감소되고, 입주시와 현재 간 기술습득 정도 및 가사·여가활동 참여빈도에서 큰 차를 보이며,
   또한 그룹홈 내 공동생활은 거의 자율적으로 이루어지고 있어 그룹홈이 매우 긍정적으로 운영되고 있음을 관찰
   할 수 있었다. 반면에, 문제점으로 지적할 수 있는 점들로 입주 전후간 큰 변화가 없었던 기술들에 대한 지속적인
   교수프로그램의 제공, 취업업체의 작업특성과 작업훈련기술의 연계성, 지역사회활동 및 자원사용을 위한 인적
   자원의 지원 등이 포함된다.

3. 생활보조원들은 근무시간 및 보조원 역할에 대해 대부분이 만족해 하고, 근무시작 이전의 생활안내와 훈련 프로
   그램 내용은 구체적이었고 그 충실도·유용도가 높았으며, 그룹홈 설립목표 및 역할에 대한 정확한 인식을 지니
   고 다양한 기술의 개별지도를 활동 영역별로 시행하고 있고, 업무일지를 비롯한 각종 기록부 및 보고서를 성실
   히 기록·보고하며, 보조원의 각 입주자의 기호에 대한 인식 정도는 높은 것으로 평가되었다.
   반면, 전반적으로 보조원들은 전문적인 지식에 한계가 있고 경험과 훈련이 부족하며, 실제 그룹홈 생활에 적용
   될 수 있는 내용의 훈련, 입주자 문제행동 및 개별교육 계획에 대한 자문과 실제적 방안을 제시해 줄 수 있는 직
   원의 지원, 그리고 남자 그룹홈의 경우 여성보조원이 감당하기 어려운 일의 해결을 위한 남성 직원의 지원이 필
   요한 것으로 나타났다.

4. 부모들은 그룹홈의 안락한 정도, 청결한 환경, 입주자에 대한 인간적 대우, 그룹홈 재난시의 안전도 등 거의 대부
   분에 대해 만족하며, 자녀의 그룹홈 입주 전후간 비교해서 입주자의 기술, 자신감, 예의범절, 가족과 입주자의 행
   복 등이 전보다 더 좋아졌다는 반응을 보였다. 또한 그룹홈 내에서의 가정교육도 보통가정 이상으로 모범적으로
   잘 이루어지고 있는 것으로 평가하고, 입주자 부모회를 결속한 후 정기적인 모임에 모두가 적극 참여하는 것으
   로 보아, 부모들은 그룹홈 운영자체에 대해서는 염려할 것이 없는 반면에 그룹홈 사업을 지속적으로 추진할 것,
   보다 안정되고 영구적인 직장을 보장해 줄 것, 정신지체인에게 임대아파트 입주시 혜택을 줄 것 등을 강조하였
   다. 또한 부모들 대부분(73%)은 국가와 보호자가 입주자의 장래대책에 대해 공동으로 책임을 져야 한다는 데 동
   감하였다.

5. 2명을 제외하고 모두 일반취업을 하고 있는 입주자들의 취업업체 고용주·감독관들이 대부분의 입주자들의 작
   업을 위한 사전 훈련 정도와 작업능력에 만족하는 편이고, 입주자들의 예의바름, 지시 따르기, 작업습관에 관한
   교육이 비교적 잘 되어 있다는 반응으로부터 직업지도 교사와 보조원들이 그룹홈 취업인들을 충실히 보조한 것
   으로 평가된다. 감독관·취업인이 그룹홈 취업인으로 인하여 갖는 어려움과 요구사항은 작업에 집중하는 태도,
   감독하지 않아도 자율적으로 작업하고, 작업에 관한 이해력 증가 등을 포함하며, 작업기술 및 작업태도상의 문
   제점 개선이 요구된다.

6. 그룹홈 운영이 잘 되고 있는지를 그룹홈 지역주민들의 견해를 통해 조사해 본 결과, 지역주민들은 전반적으로
   '매우 긍정적인' 반응을 보였다고 평가할 수 있다. 주민들의 태도변화로 현재는 '비지지적'인 주민이 한 명도 없
   고, '지지적'인 반응은 60%에서 85%로 증가하였으며, 부정적인 인식을 지녔던 그룹홈 주민들이 입주자들의 지

역사회에 잘 적응하고 있는 모습과 그룹홈 방문으로부터 보다 긍적적인 인식을 지니게 된 점을 발견할 수 있었다. 반면, 그룹홈 운영시의 유의사항으로 그룹홈의 감독 정도를 우려하는 주민들이 소수나마 있다는 점과 그룹홈 직원 중 일부가 이웃들의 잠재적인 부정적 반응에 대해 불필요하게 민감한 점 등을 들 수 있다.

IV. 결론

이제까지 살펴본 현 그룹홈의 실태 및 평가 자료로부터 알 수 있는 분명한 사실은, 정부 차원에서는 처음으로 서울시 당국에 의해 8개월간 시범적으로 운영되어 온 서울의 4개 그룹홈들을 6개 집단(입주자, 생활보조원, 백업직원, 입주자 부모 · 가족, 입주자 취업체 감독관 및 그룹홈 지역주민)과 그룹홈 환경 및 비용을 대상으로 다각적으로 평가했을 때, 매우 긍정적이고 바람직한 방향으로 운영되고 있고 그 호응도가 매우 높은 것으로 나타나, 서울시에서 시도한 그룹홈 위탁운영이 매우 고무적인 변화임이 입증되었다.

본 연구에서 이제까지 나타난 문제점들은 추후 충분히 개선의 여지가 있다고 보며, 따라서 앞으로 서울시에서 그룹홈 사업을 하나의 국가사업으로 계속 추진하는 것은 정신지체아 부모들의 염원과 서울시의 그룹홈 사업의지에 대한 많은 국민들의 지지에 반응하는 필연적 과제라 여기는 바이다.

V. 제언

1. 미국을 비롯한 여러 나라에서는 1970년대 이래로 소규모 그룹홈의 급증현상이 일고 있고, 많은 연구자들이 소규모 그룹홈이 정신지체인들을 위한 사회통합 및 사회적 자립의 목표를 가장 충족되게 달성할 수 있는 환경이라 주장하며, 우리나라의 경우 수용시설보다 그룹홈이 1인당 월 10,488원의 비용이 절약되므로, 앞으로 수용시설보다는 다수의 그룹홈을 설립하는 것이 필요하다.

2. 그룹홈이 이용자 수의 선정과 관련하여, 그룹홈의 목적은 전형적인 가정적 분위기를 유지하는 것이고, 주거지의 건물구조 및 활동 공간 선정시에는 가능한 한 성인의 프라이버시(privacy)를 존중하는 차원에서 이루어져야 한다는 것과, 외국의 경우 구성원이 4인인 그룹홈이 가장 많고, 우리나라의 1가구당 평균 가구원수가 3. 7명이라는 점들을 고려하여 구성원이 4인 정도인 그룹홈이 가장 적합하다고 본다.

3. 주택구입과 관련하여 가장 이상적이고 효과적인 방안은 정부 및 지방자치단체가 비용 일체를 지원해주는 것이 겠으나, 이에 대한 대안으로서 정부는 영구임대 아파트를 임대받을 수 있도록 제도적인 뒷받침을 해주어 아파트 입주시 혜택을 보장해줄 것과 인건비, 관리비, 생활지도비를 포함한 운영비를 지원해 주는 반면, 부모 · 보호자들에게 주택 확보 · 유지에 소요되는 입주보증금 및 임대료와 생활비를 부담하게 하는 방안을 고려해 볼 수도 있다.

4. 장비구입비는 각 입주자 부모가 그 비용을 분담하는 것을 원칙으로 하되, 하나의 대안으로서 가능한 기증형식을 통하여 구입하는 것을 고려해 볼 수 있다. 즉, 미국에서는 비교적 규모가 큰 비품은 지역사회 내의 다양한 매스컴 매체의 힘을 빌어 기업체나 후견인 혹은 독지가로부터 기증받고, 텔레비전, 가구, 저축, 기타 생활필수품은 부모,

친척, 이웃들로부터 중고품을 기증받는 형식을 취하는 경우가 많다. 이러한 대안은 우리에게도 현실성 있는 방안이 될 것으로 여겨진다.

5. 영세민과 시설수용자에 대해서는 주택 확보·소유에 소요되는 경비, 설비금 및 입주자의 생계비를 포함한 운영비는 정부의 생활보호법에 의한 재정지원과 지역사회로부터의 지원금을 통하여 충당되어야 할 것이다.

6. 소규모의 그룹홈의 목적 중의 하나는 가정적인 환경을 유지하는 것 외에 가능한 한 독립적으로 모든 일을 수행할 수 있게 가르쳐야 한다는 것이며, 지역사회 주민들이 정신지체인에 대한 인식을 옳게 갖게 하기 위해서는 그들의 기능을 향상시키도록 힘을 기울이는 것이 주민들의 태도 변화에 가장 확실한 동기를 제공하는 것인 까닭에, 이들을 교육시키기 위한 생활지도비는 정부에서 적극 지원해줌으로써 그 활동 정도를 최대화시켜야만 한다.

7. 직장의 보장은 곧 그룹홈 거주 안정화를 위한 필요조건이 되며, 입주자가 취업생활을 만족스럽게 유지하는 것이 그룹홈의 효율적인 운영과 밀접한 관계가 있으므로, 백업시설의 취업담당교사와 그룹홈 직원들의 입주자 작업 기술 및 작업태도상의 문제점 개선을 위한 노력은 물론 이들의 고용기회 확대를 위한 정부 차원에서의 강력한 제도적 뒷받침 또한 절실히 요구되는 바이다.

8. 근무시작 후의 생활보조원들을 위한 그룹홈 운영에 실제적으로 적용될 수 있는 훈련 프로그램을 지속적으로 제고하는 데 대한 적절한 조치가 취해져야 할 것이며, 생활보조원의 자질 정도에 따른 사생활보조원 자격증 제도의 도입은 이러한 훈련 프로그램의 정기적인 제공을 활성화시키는 계기가 될 것이다.

9. 생활보조원의 개별교육 계획서 작성 및 개별교육 실시와 관련하여, 주거지관리, 서류작성 등의 비교적 과중한 업무와 전문지식과 경험의 한계로 어려움을 지니고 있으므로, 프로그램 개발과 개별지도 계획서 작성에 관한 도움 및 지속적인 감독을 제공할 수 있는 정신지체인의 특성 및 요구(need)에 관한 높은 이해를 지니고 특수교육을 전공한 또 다른 인적자원이 필히 필요하다고 본다.

10. 생활보조원이 남자 입주자들에게 적절한 기술지도 및 여가활동을 지도하는 데 어려움을 갖는 것과 관련하여, 백업시설에서는 전문가가 특별 지도하는 기회를 제공하는 것 외에 자원봉사자를 적극 활용하는 제도를 마련하는 것, 시간제 남자직원을 채용하는 것, 혹은 선진국에서 많이 활용되는 젊은 부부를 보조원으로 채용하는 것 등을 재고해 볼 필요가 있다.

11. 선행 연구들이 가장 빈번하게 언급하는 부모들의 염려 사항이 그룹홈 직원의 높은 이직률, 지역사회를 기초로 한 프로그램의 불안정성, 보조원·직원의 제한된 지식과 기술임을 볼 때, 직원 자질 향상을 위한 보다 나은 훈련을 체계적으로 제공하는 것이 백업시설의 가까운 시일 내에 시행되어야 할 필수과제가 될 것이다.

13. '94년 신설 그룹홈 추진현황

김 수 진

Ⅰ. 입주자 모집을 위한 공문 발송

1. 서울시내 특수학교 (졸업자 대상) 8곳
2. 서울시내 직업훈련기관 8곳
3. 본 복지관 졸업자, 졸업예정자 약 40명
4. 부모회 조직 3곳
5. 재가 장애인

Ⅱ. 입주자 신청 접수 및 합격자 발표

1. 많은 신청자가 있었으나 장애가 심해 취업이 어려운 자, 18세 미만인 자, 거주지가 인천인 자, 학교재학중인 자, 주택비 부담이 어려운 자 등 다양한 이유로 인해 최종합격자는 다음과 같다.

성명	나이	등급	주 소	전화번호	취업사항	비고
최진호	22세	2급	강남구 논현동 167-15	549-6309		
신창훈	23세	3급	강남구 역삼동 755-4	539-4134	취업체 실습중	
김인집	34세	3급	성북구 정능1동 16-381	914-5759	취업체 섭외됨	
김준호	23세	3급	영등포구 당산 2가 47	675-7810	번동 보호작업장	

※ 기타 여자 입주자 신청인이 2명 대기중에 있다.

Ⅲ. 홍 보

입주자 모집 선정에 있어 아직까지 그룹홈 인식이 많이 부족한 것으로 판단되어 홍보에 전력을 기울임.

Ⅳ. 주택확보 문제

8월중 그룹홈 매스컴 홍보 내용			
광주기독교방송	8. 1	기독교라디오방송	8. 8
한겨레신문	8. 2	교육방송(TV)	8.15
새건강신문	8. 6	장애인신문	8월 중순

⑴ 현재 동작구, 안암동, 길음동, 상계동 등, 여러 지역을 대상으로 알아보고 있으나 전세권 설정과 장애인이라는 이유로 주택확보가 어려운 상황이다.

⑵ 전세권 설정시 집주인은 소득세 부과 및 전세권 설정 수수료, 번거로움 등으로 인해 전세권 설정이 사실상 이루어지지 않음이 일반적이다.

⑶ 주택지는 입주자의 취업체를 고려한 지역으로 알아보고 있다.

14. 그룹홈 설문결과 보고

김 수 진

지난(1997년) 7월초 장애인공동생활가정에서는 그룹홈 입주 부모를 대상으로 만족도 설문조사를 실시하였다. 대상자 총 23명 중 20부가 회수되어 87%의 참여율을 보였다.

[일반적 특성]

	분　　　류	빈　　도
성　　별	남 : 13명	65%
	여 : 7명	35%
연　　령	20세 미만 :	
	20세~29세 : 18명	90%
	30세~39세 : 2명	10%
학　　력	초졸: 7명	35%
	중졸: 7명	35%
	고졸: 6명	30%
장애 정도	1급 : 0명	
	2급: 11명	55%
	3급: 9명	45%

* 이상에서 볼 때 입주자 연령이 20~29세의 수가 90%를 차지하는데, 사실상 20대 후반이 약 80%로 가까운 시일에 대부분의 입주자가 30대로 접어들 것이다. 이는 그룹홈의 거주기간이 제한적이지 않고 입주자 이동이 크게 없기 때문으로 분석할 수 있으며 학력은 초 · 중 · 고에 있어 고르게 분포되어 나타났다.

장애 정도에 있어서는 2급이 55%, 3급이 45%로 나타났다. 이상에서 볼 때 일반고용이 80%이상인 본 그룹홈을 일부 외부에서는 3급의 경증장애인이 대부분으로 알고 있으나 사실은 훈련급 정신지체인을 적절한 훈련과 교육, 취업 후 사후지도를 통하여 일반고용이 가능했음을 알 수 있다.

◎ 그룹홈 생활에 대한 만족도

(단위명, %)

만족도	만 족	보 통	불만족	무응답
인원수	9	9	1	1
백분율	45	45	5	5

자녀가 거주하는 그룹홈 생활에 대한 만족(45%), 보통(45%), 불만족(5%), 무응답(5%)의 순으로 나타났으며 5%의 무응답자는 입주한 지 2개월째여서 잘 모르겠다고 설명했다.

◎ 그룹홈 내부환경에 대한 만족도

(단위명, %)

만족도	만 족	보 통	불만족	무응답
인원수	8	12	.	.
백분율	40	60	.	.

보통(60%), 만족(40%), 불만족(0%) 순으로 나타나 그룹홈의 내부환경이 보통 이상의 환경이 된다고 평가받았으며 응답자 중 1명은 평수가 조금 넓었으면 하는 바람을 나타냈다.

◎ 월 생활비용 (월 113,300원)에 대한 적절 정도

(단위명, %)

만족도	적다	적절하다	많다	무응답
인원수	4	14	1	1
백분율	20	70	5	5

적절하다(70%), 적다(20%), 많다(5%), 무응답(5%) 순으로 나타났으며, 참고로 본 그룹홈에서는 물가상승에 따른 2차례의 생활비 인상(약5%)이 있었는데 직접 생활을 꾸려가는 생활보조원 선생님들과 부모들의 사전상의를 통해 이루어졌다.

◎ 자녀의 그룹홈 입주 후 부모의 심리적 부담에 관해

(단위명, %)

만족도	줄어 들었다	그저 그렇다	줄지 않았다	무응답
인원수	14	6	.	.
백분율	70	30	.	.

줄어 들었다(70%), 그저 그렇다(30%), 줄지 않았다(0%) 순으로 나타나 그룹홈 운영이 부모들의 심리적 부담을 줄이는 것에 긍정적인 효과를 주는 것으로 나타났다.

[그룹홈 생활에 대한 만족도]

◎ 입주자녀의 자립심 능력

(단위명, %)

만족도	향상되었다	그저 그렇다	그렇지 않다	무응답
인원수	15	5	.	.
백분율	75	25	.	.

◎ 자녀의 사회적응 능력 (대중교통, 전화걸기, 물건사기 등)

(단위명, %)

만족도	향상되었다	그저 그렇다	그렇지 않다	무응답
인원수	15	5	.	.
백분율	75	25	.	.

◎ 자녀의 의사소통 능력

(단위명, %)

만족도	향상되었다	그저 그렇다	그렇지 않다	무응답
인원수	10	10	.	.
백분율	50	50	.	.

위의 자립심 능력, 사회적응 능력, 의사소통 능력에 관한 설문결과는 모두 75%, 75%, 50%의 긍정적인 반응이 나타났다. 그룹홈은 사회적응력, 일상생활 능력, 대인관계 등 여러 분야에서 잠재능력을 극대화할 것으로 생각된다.

[그룹홈 지역환경에 대하여]

◎ 그룹홈의 주변환경

(단위명, %)

만족도	조용한 동네	깨끗한 동네	시끄러운 동네	더러운 동네	그저 그렇다	무응답
인원수	6	9	.	.	3	2
백분율	30	45	.	.	15	10

◎ 그룹홈과 이웃과의 교류

(단위명, %)

만족도	매우 활달	적절다	그저 그렇다	거의없다	무응답
인원수	1	9	5	1	4
백분율	5	45	25	5	20

적절히 이루어진다(45%), 그저 그렇다(25%), 무응답(20%), 매우 활발하다(5%), 거의 이루어지지 않는 편이다(5%).

◎ 그룹홈의 교통편의

(단위명, %)

만족도	편하다	그저 그렇다	불만족하다	무응답
인원수	5	10	4	1
백분율	25	50	20	5

그저 그렇다(50%), 편하다(20%), 불편하다(20%), 무응답(5%) 순으로 나타났다.

[취미생활 및 직장생활의 만족도에 대하여]

◎ 취미생활의 만족도

(단위명, %)

만족도	만족한다	그저 그렇다	불만족하다	무응답
인원수	5	12	1	2
백분율	25	60	5	10

그저 그렇다(60%), 만족한다(25%), 불만족한다(5%), 무응답(10%)

◎ 직장생활 (근무조건, 환경 등)에 대한 만족도

(단위명, %)

만족도	만족한다	그저 그렇다	불만족한다	무응답
인원수	8	7	5	·
백분율	40	35	25	

만족한다(40%), 그저 그렇다(35%), 불만족한다(25%)

취미생활(여가생활)에 있어서는 직장과 사회생활이 안정기에 접어듦에 따라 지난해 하반기부터 가장 중점적으로, 입주자 개인별 여가지도를 해오고 있었다. 그러나 나타난 평가결과를 볼 때 부모님들의 의견을 수렴하는 과정이 필요할 것으로 보이며, 또한 그룹홈에서의 여가활동들에 대해 부모님들에게 적절한 정보제공과 홍보가 필요할 것으로 판단된다.

직장생활에 대한 만족도는 만족한다, 그저 그렇다, 불만족한다가 큰 차이가 없어 고르게 나타났으며 불만족의 이유로는 다음과 같다.
– 전자부속품 조립에 의한 피부질환발생(기름때 작용)
– 지하의 부적절한 작업환경, 시간외 수당과 연금제도, 의료보험 적용 원함.

[생활보조원에 관하여]

◎ 자녀와 생활보조원 선생님과의 관계

(단위명, %)

만족도	어머니	누나또는언니	친구	선생님
인원수	2	7	1	10
백분율	10	35	5	10

선생님(50%), 누나나 언니(35%), 어머니(10%), 친구(5%)

◎ 생활보조원의 역할

(단위명, %)

만족도	생활지도	상담	가사보조	취업지도
인원수	10	5	4	1
백분율	50	25	20	5

생활지도(50%), 상담(25%), 가사보조(20%), 취업지도(5%)

위의 결과에서와 같이, 부모들이 생각하는 생활보조원의 역할의 우선순위에 관해서는 생활지도를 가장 우선으로 생각하고 있으며, 상담과 가사보조는 큰 차이가 없고, 취업지도는 상당히 적은 부분을 차지하고 있다.

[그룹홈의 발전방향에 관하여]

◎ 자녀의 결혼은

◎ 앞으로 희망하는 그룹홈의 형태

(단위명, %)

형　태	영구적인 보호	일정기간 생활후 가정으로 복귀	더 독립적인 생활처로 이동	결혼한 부부를 위한 그룹홈	기　타
인원수	6	1	2	5	6
백분율	30	5	10	25	30

영구적인 보호(30%), 기타(30%), 결혼을 위한 커플(25%), 더 독립적인 생활처로 이동(10%), 일정기간 훈련 후 다시 가정으로 복귀(5%).

기타 30%의 응답자는 가정으로 복귀를 제외한 나머지 문항을 중복적으로 표시함으로써 앞으로 그룹홈의 형태는 어떤 형태로든 계속해서 정부나 기관차원에서 보호해주기를 원하는 것으로 나타났다. 95%가 본 가정으로의 복귀는 원치 않는 것으로 나타났다.

[그룹홈 입주 후 발전된 점]

• 자립심과 독립심이 향상됨.
• 집중력 향상, 의사소통 향상, 전화걸기, 대중교통 이용이 발전됨.
• 스스로의(부모 도움 없이) 생활에 너무 감사함.
• 대인관계 향상, 한 달 용돈을 짜임새 있게 사용, 시간개념 철저해짐.
• 생활예절 부분 향상, 스스로 찾아서 일하기, 자기 주장과 의사표현이 분명해지고 소유욕이 강해짐.
• 여러 면에서 성숙되어졌고 외박 때 집에 오면 가사 일을 많이 도움.

[그룹홈 입주 후 퇴보된 점]

• 사회생활로 인해 세상의 나쁜 점과 쉽게 접한다.

- 여가생활에 더욱 힘써 달라.
- 가사 일을 더 잘할 수 있도록 지도해 달라.
- 주거안정성 확보를 위해 현재 전세 입주되어 있는 주택을 영구임대주택이나 매입할 수 있는 방법을 제시해 달라.
- 현재의 주거공간이 좁아 더 넓은 곳을 희망함.
- 선생님과 보다 많은 상담을 희망함.
- 외박을 1달 2회로 늘렸으면 한다.
- 생활보조 선생님의 지도방법이 명령적이지 않았으면 함.
- 복지관 운영위원의 보다 많은 관심 바람.
- 복지관 차원에서 그룹홈에 대한 더욱 많은 홍보를 해주기를 원함.

15. 서울시의 장애인 공동생활 가정에 관한 주요 시책 [32)]

이 해 우

Ⅰ. 개념

가정에서 보호하기 어려운 장애인 4 ~ 5명이 지역사회 소규모 주거시설에서 생활지도교사 1명의 도움을 받아 사회적 자립을 수행할 수 있도록 일반인과 동일한 생활을 유도.

Ⅱ. 지원 및 운영현황

◉ 서울시 지원
 - '99년 예산액 : 운영비 1,898,060원
 - 운영비
 • 서울시의 장애인 공동생활 가정에 관한 주요 시책 1개소 당 / 년 27,322원
 • 종사자 수당 5년 미만 근무자 월 135,000원
         5년 이상 근무자 월 190,000원
 • 신규 설치시 생활용품 설치비 10,000천원 지원

◉ 장애인 공동생활 가정은 서울시에서 '92. 4월 4개소를 운영하기 시작하여 '99. 10월 현재 21개 법인이 54개소를 운영 중

설치년도수	계	'92	'94	'95	'96	'97	'98
개소수	54	4	8(4)	15(7)	17(2)	26(9)	54(28)

◉ 입주자 장애 종류별 유형

계	지체장애	시각장애	정신지체
207명(54개소)	4명(1개소)	17명(4개소)	186명(49개소)

---

32) 이 글은 1999년 제3차 서울시 그룹홈 종사자 연수회 강의 자료이다.

III. **앞으로의 계획**

◉ 시민복지 5개년 계획 및 중기재정계획에 의거 점차적으로 증설할 계획임

◉ '97 서울시 사회복지 기초수요 조사에 나타난 바에 의하면, 그룹홈에 대한 입주 희망자가 10.3%(9,160명)에 이르러 요구 인원에 대해 시설이 부족함

(단위 : 명, 개소)

계	지체장애	시각장애	청각 · 언어장애	정신지체
9,160	5,046	208	1,540	2,367
1,831	1,009	41	308	473

IV. **공동생활가정 운영지침**

◉ 설치기준
  ○ 공동가정의 설치지역은 원칙적으로 지역주민들과 교류가 쉬운 곳으로 함
  ○ 주거형태는 5인(입주자 4인, 생활지도교사 1인)이 생활할 수 있어야 하고, 방의 넓이는 최소한 1인당 2.2㎡ 이상이어야 하며, 1개 방당 3인을 초과할 수 없음
  ○ 주택에는 입주자가 식사, 취침 등 일상생활에 필요한 비품 및 안전설비를 갖추어야 하고, 응급상황에 대비한 전화기, 소화기 등을 갖추어야 함

◉ 운영요령
  사회복지법인 및 비영리법인이 사업계획 수립 후 소재지 관할 구청장의 승인을 받아 운영

◉ 설치승인 및 휴 · 폐지
  ○ 입주자는 2년 이상 거주 가능하여야 한다.
  ○ 공동가정을 설치, 운영하고자 하는 자는 신청서에 다음 각 호의 서류를 첨부하여 소재지 관할구청장에게 제출하여 설치승인(변경승인)을 받아야 한다.
    • 사업계획서 및 세입, 세출예산서 1부
    • 설치를 결의한 법인이사회 회의록 1부
    • 설치할 주택의 등기부등본, 임대계약서 사본 등 재산현황 1부
    • 위치도, 평면도 및 설비구도 내역서 1부
  ○ 운영자가 공동가정을 폐지 또는 휴지하고자 하는 경우, 다음 각 호의 서류를 첨부하여 관할 구청장에게 제출하여야 한다.
    • 공동가정의 폐지 또는 휴지를 결의한 법인이사회 회의록 1부

◉ 입주 대상자

   • 입주자에 대한 조치계획서 1부

   • 설치주택 등의 재산에 관한 사용 또는 처분 계획서 1부

◉ 입주 대상자

  ○ 시설 입소자 및 재가장애인으로서 시설보다 그룹홈에서 재활가능이 더 유리하다고 인정된 자

  ○ 낮 시간에 생산적인 작업이나 정규적인 활동에 참여하고 있는 자

  ○ 생활지도교사의 도움을 얻어 공동생활을 하는 데 큰 지장이 없는자

  ○ 재가장애인으로서 저소득 계층에 속한 자

  ○ 기타 운영자가 필요하다고 인정한 자

◉ 입주 대상자 선정

  ○ 입주대상자는 운영자가 선정한다.

  ○ 운영자는 운영자, 입주 대상자의 보호자, 관계공무원 및 전문가 등으로 구성된 운영위원회에서 입주대상 심사
    표에 의거 입주대상 여부를 심사하여 선정

  ○ 장애인 복지시설 무료입소자가 공동가정 입주 대상자로 선정되었을 경우에도 그 지위를 유지

◉ 입주기간, 이용료 등

  ○ 입주기간은 계약서에 의한 계약기간을 1년으로 하고 필요시 연장할 수 있다.

  ○ 운영자는 다음 각 호에 해당하는 경우에는 해당 입주자를 퇴거시킬 수 있다.

    • 본인 또는 보호자가 퇴거를 희망하는 경우

    • 전염성 질환 등 공동생활을 할 수 없는 질병에 감염되었을 경우

    • 본인의 결혼

    • 생활부담금을 계속해서 3회 이상 연체하는 경우

  ○ 운영자는 생활보호대상자가 아닌 장애인에게 생활부담금의 징수가 필요한 경우, 징수여부 및 산정금액을 소
    재지 관할 구청장의 승인을 받아 징수할 수 있다

◉ 입주자의 생활

  ○ 낮 시간에는 장애인복지관, 보호작업장, 근로시설, 직장 및 학교 등을 원칙으로 함(질병 등 특별한 경우에는
    제외)

◉ 생활지도교사의 자격 및 역할

  ○ 생활지도교사의 자격

    • 장애인복지시설에서 6개월 이상 근무경력이 있거나 운영자가 이와 동등한 자격이 있다고 인정한 자

  ○ 생활지도교사의 역할

    • 입주장애인의 식사, 외출, 취침, 금전출납, 건강관리 등 일상생활을 조언하고 지도

• 입주자의 지원계획 및 관찰내용을 기록, 작성하여 월간보고서를운영자에게 보고

◉ 사업계획의 수립 및 운영
  ○ 사업계획을 수립하고 예산을 편성하여 관활 구청장의 승인을 받아야 함
  ○ 사업계획 내용에는 입주 장애인에 대한 서비스 내용, 입소자의 생활 등을 포함한 연간프로그램 등 반영
  ○ 공동가정의 사업계획 및 공정한 집행을 위하여 '장애인 공동생활 가정운영위원회'를 설치, 운영
  ○ 위원회 위원장을 포함 5인 이상 9인 이내의 위원으로 구성
  ○ 위원장은 운영자가 됨
  ○ 위원회는 사업계획의 수립, 운영, 사업평가 입주자 선정 및 퇴거 등에 관한 사항을 심의 의결
  ○ 공동가정의 재무회계 처리는 사회복지법인의 재무회계규칙이 정한 바에 따름
  ○ 운영자는 관리운영에 따른 다음 각 호의 장부 및 서류를 작성, 보관하여야 함
    • 공동가정 설치 승인신청 및 승인서
    • 사업계획서 및 사업실적서
    • 입주자 명부 및 입주관계 서류
    • 업무일지, 비품대장, 금전출납부
    • 월간보고서, 취업관련서류

◉ 장애인 공동생활 가정 관리실태 점검결과 지적사항
  ○ '99. 7. 14 조사담당관실에서 17개 자치구에 대한 점검결과 지적사항
    ― 행정관리분야 : 6건
    ― 시설운영분야 : 3건
    ― 기타운영관리분야 : 4건

장애인 공동생활 가정 관리실태 점검결과

Ⅰ. 행정관리 분야

구 분	지적사항	내　용
사업승인업무 처리 부적정	2개 사업 중복 승인	공동생활과 주·단기 보호시설을 한 장소에서 중복 승인한 사례
	생활공간(방) 부족시설 승인	공동생활가정 설치기준에 의하면 입주자 및 생활보조원의 방을 최소한 3개 이상 확보하여야 함에도 방이 1개 뿐임에도 승인한 사례
	비정상 건물 사용시설 승인	장애인들이 입주하여 생활하기에는 불편한 다락방을 승인한 사례
	변경승인업무 처리 태만	공동생활가정 소재지 및 입주정원 변경에 따른 변경 승인 처리하지 않음
시설운영 지도감독 소홀	장애인 공동생활 가정 운영지침 미준수	자치구에선 공동생활 운영실태에 대해 연1회 이상 정기적으로 또는 필요시 수시로 지도점검을 실시하고 미흡사항에 적절한 시정조치를 하여야 함에도 방치한 사례
운영비 과다지급	실제운영기간 미산정 운영비 지급	공동생활가정 개소 당 동일 금액을 지원하고 있는 시설운영비는 인건비, 관리비, 생활지도비 등에 사용하는 경상비용으로서 연간 총액을 분기별로 나누어 지급하고 있는 바, 실제 운영기간이나 입주 인원이 기준에 미달할 경우 그에 상당하는 금액을 차감하고 지급하여야 함에도 전액 지급한 사례

Ⅱ. 시설운영 분야

구 분	지적사항	내　용
입주자 선정관리 부적정	입주요건을 위반하여 입주자 선정	서울시에 거주하는 18세 이상의 장애인이어야 함에도 이를 위반한 사례
	지방학교 기숙생을 입주자로 선정	서울시 거주하는 입주자로 선정하여야 함에도 타 시·도 거주자를 선정 입주시킨 사례
	입주자 선정절차 미준수	적정 절차 – 입주자 추천 또는 신청 접수 – 입주요건 적합여부 심의(자체운영위원회) – 입주계약서 작성(법인대표와 입주자) 위반사항 – 운영위원회 심의 미이행 – 입주계약서 작성 소홀

III. 기타 운영관리

구 분	지적사항	내 용
입주기간	입주기간 임의 단축 운영	입주기간은 본인의 퇴소 희망 등이 있는 경우를 제외하고는 1년 이상 계속해서 생활하는 것을 원칙으로 하고 있음에도 입주기간을 1~6개월 미만으로 임의 결정한 사례
운영위원회 구성	운영위원회 부실	운영위원회는 위원장 포함 5인 이상 9인 이내의 위원으로 하고 사업계획의 수립, 운영, 사업평가, 입주자 선정, 퇴거 등에 관한 사항을 심의하여야 함에도 심의하지 않은 사례
임차기간	임차기간 만료시설 대책 소홀	공동생활가정 건물 임차기간이 만료되면 사전에 대체건물 확보 등 적절한 대책을 강구하여 함에도 입주시설을 확보치 못하여 다른 공동생활가정에 혼합 거주하고 있는 사례
생활지도교사 관리	생활지도교사 관리 부실	생활지도교사의 자격미달과 역할소홀 - 장애인 복지시설 근무경력이 6개월 이상인 자인데 미경력자 채용 - 입주자의 상설계획 작성 · 지도 · 상담 및 기록 등이 제 역활인데, 입주자 신상기록 관리 등 소관업무 처리태만 - 미경력자 채용

’98 장애인 공동생활 가정운영 실태분석

○ 장애인 공동생활 가정은 가정에서 보호하기 어려운 장애인 4~5명이 지역사회의 소규모 주거시설에서 생활지도교사의 도움을 받아 사회적 자립을 도모하는 사업으로 장애인의 가치회복과 일탈방지를 위하여 보다 쉽게 지역사회에 통합될 수 있도록 물리적 환경을 제공하는 프로그램으로,

○ ’98 장애인 공동생활 가정 운영현황 및 설문조사를 분석하여 공동생활 가정의 질적인 면과 양적인 면에서의 복지서비스를 향상하고자 함.

Ⅰ. 현황 및 운영실태

◉ 현황
○ 시설 수 : 54개소, 21개 법인(남성 30개소, 여성 24개소)
　※ 사회복지법인 12개소, 재단법인 2개소, 비영리법인 5개소
○ ’99 예산액 : 1,899백만원
○ 임차비 지원내용 : 44가구에 3,723백만원
○ 개소 당 운영비 지원액 : 1개소 당 / 년 27,322천원
　　　　　　　　　종사자 수당 5년 이하 연, 1,620천원
　　　　　　　　　5년 이상 연, 2,280천원
○ ’98 사업실적

(단위 : 천원, 명)

예산액			집행액			종사자	입소인원		
계	보조금	자부담	계	보조금	자부담		계	남	여
1,793,683	1,452,690	340,993	1,761,559	1,435,492	326,067	55	214	137	77

▶ ’98 보조금 사업별 집행내역

(단위 : 천원)

계	인건비	프로그램비	관리비 및 기타
1,435,492	856,028	229,942	349,522

— 1개소 당 평균 집행액

(단위 : 천원)

계	인건비	프로그램비	관리비 및 기타
26, 583	15,852	4,258	6,473

Ⅱ. 분석현황

▶ 연령분포도

(단위 : 명)

계	18~20세	21~25세	26~30세	31~35세	36~40세	40 이상
214	27	74	69	24	11	9

※ 18~30세 나이가 170명으로 전체의 79.4%임

▶ 자부담액

(단위 : 원)

계	부담액없음	5~10만원	11~15만원	15만원이상
214	12	43	155	4

▶ 취업형태, 임금형태

(단위 : 명)

계	보호작업장	일반취업	취업준비	학생	무
214	82	53	40	20	19

▶ 출 · 퇴근시간 및 교통편

(단위 : 명)

계	15~30분	31~60분	1시간이상	차량이용	도 보
214	147	57	10	90	124

▶ 공동생활가정 지역분포도

(단위 : 명)

계	종로	중구	성동	성북	강북	도봉	노원	은평
54	3	4	3	2	1	2	5	1
서대문	마포	강서	영등포	동작	서초	강남	송파	강동
1	1	3	2	1	2	9	8	6

▶ 장애 종류별 유형

(단위 : 개소)

계	지체장애	시각장애	정신지체
214	4	17	193

※ 정신지체가 193명(91%)으로 대부분임

▶ 입주기간별 현황

(단위 : 명)

계	1년미만	1~2년	2~3년	3~5년
214	50	101	17	46

※ 3년 이상 46명으로 전체의 21.4%

▶ 생활보조교사 인적사항

(단위 : 명)

성 별			연 령				자격증여부			
계	남	여	계	25세미만	26~40세	41세이상	계	사회복지사	기타	무
55	7	48	55	10	40	5	55	21	21	21

▶ 장애인 공동생활 가정 설문조사 결과
  • **자립능력 향상**

(단위 : 명, %)

구분	계	향상되었음	별로변화없음	전혀변화없음
인원	209	202	7	0
비율	100	96.7	3.3	0

• 입주자의 직업에 관한 견해

(단위 : 명, %)

구분	계	직업이필요	주간일거리필요	상관없다
인원	209	75	101	33
비율	100	35.9	48.3	15.8

• 독립을 위한 능력신장

(단위 : 명, %)

구분	계	사회생활	신변자립	직업생활	가사생활
인원	209	88	54	49	18
비율	100	42.1	25.8	23.4	8.6

III. 총평 ·

○ 재활적 측면
  • 1일 209명(연인원 76,285명)의 장애인들에게 자립능력을 배양하여 취업률 24.8%(53명), 취업적응훈련과정 64.7%(122명)로 수용시설의 단순 보호측면에서 더욱 발전, 자립기반 계기를 마련하여 장애인들로 하여금 평범한 시민으로서 존중과 삶의 권리를 보장함
  • 장애인 공동생활 가정 설문조사 결과, 자립능력 향상이 94.3%(202명)에 달함

○ 경제적 측면
  • 지가상승 등에 따른 복지시설 설치의 재정적 부담을 극복할 수 있으며, 임금형태는 월급을 받고 취업하는 비율이 63.7%(136명)이며, 무급자 및 취업대기자가 36.3%(77명)에 달함
  • 사회복지법인 또는 재정자립도가 낮은 비영리법인에서 주택을 월세로 임대, 공동생활가정을 운영함으로 인하여 재정부담이 가중되고 효율적 운영이 곤란하여 '98년에 44개소, 3,723백만 원의 임차비를 지원함.

○ 복지정책적 측면
  수용시설의 단순보호적 측면에서 적극보호로 향상, 장애인 본인 및 가정의 복지 기대 충족

◉ 문제점 및 대책

○ 장애인의 사회적 자립을 도모하기 위한 사업으로 단순보호 차원보다 적극적 사회통합화 과정에서 장애인 부모, 가족, 단체 등이 적극 요구하고 또한 '97 서울시 사회복지 기초수요 조사에서 나타난 바에 의하면, 그룹홈

에 대한 입주대기자가 10.3%에 이르므로 요구인원에 비해 시설이 부족한 실정임(현재 54개소) - 중기 재정계획 및 시민복지 5개년계획에 의거 연차적으로 증설할 계획임

○ 한정된 예산으로 공동생활가정의 수요욕구 충족이 역부족하여 개소당 운영비 중 관리비 및 프로그램비를 10%절감하여 신규 예산지원 검토

○ 장기입주자(3년 이상)에 대하여 사회로 자립진출이 조속히 이루어지도록 기능훈련을 강화하게끔 재활프로그램을 개발지도

장애인 공동생활 가정 설문조사 결과

◉ 부모 및 입주자용

(단위 : 명, %)

설문내용	문 항	인 원	비 율
장애인 등록여부	(1) 예	207	99
	(2) 아니요	2	1
입주자 성별	(1) 남	137	64.1
	(2) 여	75	35.9
자립능력 향상	(1) 매우 향상	91	43.5
	(2) 다소 향상	111	43.5
	(3) 별로 변화없다	7	3.3
	(4) 전혀 변화없다	0	0
독립을 위한 필요한 능력신장	(1) 신변자립	54	25.8
	(2) 가사생활	18	8.6
	(3) 사회생활	88	42.1
	(4) 직업생활	49	23.4
그룹홈생활 지도교사 채용방법에 대한 인지도	(1) 추천	51	24.4
	(2) 공채	76	36.4
	(3) 의뢰	15	7.2
	(4) 기타	5	2.4
	(5) 잘 모른다	62	29.7
입주자 만족도에 관한 견해	(1) 그룹홈 선호	83	39.7
	(2) 자신의 집 선호	25	12.0
	(3) 둘 다 선호	81	38.8
	(4) 결혼, 더 자립희망	20	9.6
입주자의 직업 유무	(1) 직업은 반드시 있어야 한다	75	35.9
	(2) 주간일거리만 있으면 된다	101	48.3
	(3) 상관없다	33	15.8

(단위 : 명, %)

설문내용	문 항	인 원	비 율
입주자의 월 귀가 횟수	(1) 월 4회 이상	55	26.3
	(2) 월 2회	99	47.4
	(3) 월 1회	22	10.5
	(4) 자율	33	15.8
생활지도교사의 바람직한 자격	(1) 사회복지사	127	60.8
	(2) 보육사	36	17.2
	(3) 치료사	21	10.0
	(4) 기타	25	12.0
그룹홈 입주동기	(1) 부모가 선택	76	36.4
	(2) 입주자 희망	32	15.3
	(3) 가족이 더 돌볼 수 없음	11	5.3
	(4) 지역사회 이주	50	23.9
	(5) 보다 가정다운 환경	40	19.1
생활지도교사에게 기대하는 역할	(1) 입주자 평안	42	20.1
	(2) 집관리 운영	2	1.0
	(3) 지역사회 통합	11	5.3
	(4) 교육, 훈련 담당	154	73.7
그룹홈 입주하는 데 가장 문제되는 점	(1) 주택비	30	14.4
	(2) 생활비	37	17.7
	(3) 입주할 기회 없음	18	8.6
	(4) 부모 곁을 떠나 사는것에 대한 불안감	68	32.5
	(5) 기타	56	26.8
그룹홈 주택환경	(1) 집보다 더 좋음	112	53.6
	(2) 그런대로 지낼 만함	84	40.2
	(3) 약간 부적합함	13	6.2
	(4) 보내고 싶지 않다	0	0
생활지도교사의 자질	(1) 매우 헌신적임	168	80.4
	(2) 봉사정신은 있으나 지도능력 없음	27	12.9
	(3) 지도능력 있으나 봉사정신 부족	6	2.9
	(4) 전반적으로 입주자 지도에 부족함	8	3.8
그룹홈 입주자 자율성	(1) 매우 자유롭다.	77	36.8
	(2) 자율적인 분위기다.	87	41.6
	(3) 어느 정도 통제된 상황이다.	39	18.7

설문내용	문　　항	인 원	비 율
그룹홈 입주자 자율성	(4) 매우 제한됨	6	2.9
입주자의 생활비 부담여부	(1) 본인(자녀)	41	19.6
	(2) 부모	142	67.9
	(3) 형제, 자매	4	1.9
	(4) 정부	15	7.2
	(5) 기타	7	3.3
그룹홈이 위치한 지역환경	(1) 쾌적하고 살기 좋은 곳	74	35.4
	(2) 주택단지의 적당한 위치	107	51.2
	(3) 약간 번잡하고 복잡하다	28	13.4
	(4) 주거지로 부적당하다	0	0
개별사례 발표실시	(1) 한다	96	45.9
	(2) 안한다	51	24.4
	(3) 잘 모른다	62	29.7
그룹홈의 생활이 어떻습니까?	(1) 내가 가장 바라는 곳이다	97	46.4
	(2) 부모님과 살기를 희망한다	16	7.7
	(3) 결혼해서 독립하고 싶다	38	18.2
	(4) 기타	58	27.8
그룹홈 입주자 희망사항	(1) 좀 더 자유롭기를 바람	51	24.4
	(2) 친구 왕래가 더 많기를 희망	42	20.1
	(3) 집에 자주 갔으면 좋겠음	25	12.0
	(4) 설거지 등 집안일을 안 했으면 함	7	3.3
생활지도교사 성별	(1) 남	5	12.2
	(2) 여	36	87.8
생활지도교사 연령	(1) 20세 미만	0	0
	(2) 20~25세	5	12.2
	(3) 26~40세	31	75.6
	(4) 40세 이상	5	12.2
생활보조교사 전공	(1) 사회사업(복지)	13	31.7
	(2) 재활학	1	2.4
	(3) 고졸 또는 사회복지 분야 근무경험	22	53.7
	(4) 경험 없음	5	12.2
전공의 그룹홈 근무 도움 여부	(1) 반드시 전공해야 함	6	14.6
	(2) 전공 안 해도 재활경험	27	65.9

(단위 : 명, %)

설문내용	문 항	인 원	비 율
전공의 그룹홈 근무 도움 여부	(3) 사회경험이나 사명감	7	17.1
	(4) 경험없이 가능	1	2.4
직무능력 향상시 필요한 것	(1) 연수회	16	39.0
	(2) 기관견학	5	12.2
	(3) 연구발표회	4	9.8
	(4) 외국 그룹홈 관계자 초청강연	1	2.4
	(5) 기타	15	36.6
생활지도시 어려운 점	(1) 근무시간이 고되다	10	24.4
	(2) 개인생활이 어렵다	19	46.3
	(3) 생활지도가 어렵다	8	19.5
	(4) 백업시설의 통제가 어렵다	2	4.9
	(5) 무응답	2	4.9
입주자 부모 요구사항	(1) 음식을 잘해 줄 것	2	4.9
	(2) 자유로운 분위기	2	4.9
	(3) 안전관리	16	39.0
	(4) 자립능력 향상	20	48.8
	(5) 무응답	1	2.4
입주자 그룹홈 생활만족도	(1) 집보다 더 좋아한다	10	24.4
	(2) 집을 더 좋아한다	0	0
	(3) 두 곳 다 좋아한다	25	61
	(4) 결혼해서 자립	5	12.2
	(5) 무응답	1	2.4
재난에 대한 준비	(1) 비상연락망 유, 훈련 월 1회	6	14.6
	(2) 소화기를 갖추고 사용방법 월 1회	13	31.7
	(3) 화재시 대피훈련 월 1회	4	9.8
	(4) 연 2~3회 정도	17	41.5
	(5) 무응답	1	2.4
지역주민의 반응	(1) 매우 호의적이다	17	41.5
	(2) 싫어하는 것 같지 않다	19	46.3
	(3) 무관심하다	4	9.8
	(4) 배타적이고 싫어한다	0	0
	(5) 무응답	1	2.4
지역주민과의 접촉수	(1) 자주 만남	8	19.5

(단위 : 명, %)

설문내용	문　　　항	인 원	비 율
지역주민과의 접촉수	(2) 한 달에 몇 번 만난다	6	14.6
	(3) 인사 정도 한다	25	61.0
	(4) 전혀 만나지 않는다	1	2.4
	(5) 무응답	1	2.4
지역주민과의 프로그램 시도	(1) 초대, 방문	14	34.1
	(2) 동네 청소, 운동	11	26.8
	(3) 함께 하려고 노력	8	19.5
	(4) 계획이나 실적 없다	1	2.4
	(5) 무응답	7	17.1
대상자의 직업 유무 형태	(1) 직업은 반드시 있어야 한다	13	31.7
	(2) 주간일거리가 있어야 한다	25	61.0
	(3) 직업은 있든 없든 상관없다	2	4.9
	(4) 무응답	1	2.4
취업, 비취업 입주자의 차이	(1) 취업자가 훨씬 활동적, 자립적이다	13	31.7
	(2) 별로 차이가 없다	25	61.0
	(3) 직업은 있든 없든 상관없다	2	4.9
	(4) 무응답	1	2.4
대체직원 유무	(1) 있다	31	75.8
	(2) 없다	9	22.0
	(3) 무응답	1	2.4
백업직원에게 바라는 것	(1) 행정적 업무에서의 지원	7	17.1
	(2) 정보제공	9	22.0
	(3) 입주자 생활지도 제공	9	22.0
	(4) 의견 대립시의 조정	9	22.0
	(5) 기타	6	14.6
	(6) 무응답	1	2.4

● 운영자용

(단위 : 명, %)

설문내용	문 항	인 원	비 율
취업 위한 훈련 정도	(1) 충분하게 훈련	7	31.8
	(2) 보통이다	6	27.3
	(3) 훈련 다소 부족	7	31.8
	(4) 훈련해도 취업이 어렵다	2	9.1
직업에 대한 만족도	(1) 전혀 만족하지 않는다	11	50.0
	(2) 만족하지 않는다	7	31.8
	(3) 보통이다	4	18.2
	(4) 매우 만족한다	0	0
입주자들의 독립생활을 위한 현행 수준의 만족도	(1) 전혀 만족하지 않는다	0	0
	(2) 만족하지 않는다	0	0
	(3) 보통이다	7	31.8
	(4) 어느 정도 만족한다	10	45.5
	(5) 매우 만족한다	5	22.7
주민의 태도	(1) 비지지적	0	0
	(2) 그저 그렇다	4	18.2
	(3) 지지적	14	63.6
	(4) 매우 지지적	4	18.2
지역주민들의 요구 그룹홈 생활지도교사에 대한 요구사항	(1) 바랄 것이 없다	0	18.2
	(2) 열심히 해 줬으면 한다	4	54.5
	(3) 바르게 가로쳤으면 한다	14	18.2
	(4) 관심없다	4	9.1
지역주민들이 장애인 공동생활가정을 알게 된 동기	(1) 입주시 행사	1	4.5
	(2) 왕래가 있은 후	12	54.5
	(3) 접근 노력	6	27.3
	(4) 기타	3	13.6

16. 그룹홈 운영의 문제점

김 수 진

<1999년 기준>

1. 행정편의주의로 업무가 과중되었다

그룹홈의 예산지원이 법인 소재지 중심에서 그룹홈 소재지 중심으로 바뀜에 따라 본 복지관은 4개의 구청에서 지도 감독을 받고 있으며, 따라서 행정 업무가 종전과 비교해 4배로 늘어 프로그램 지원사업에 많은 지장을 초래한다. 또한 구청마다 기준이 조금씩 차이가 있고 그룹홈에 대한 이해도가 달라 지도에 일관성이 없어서 어려움이 많다.

4개의 구청 중 2곳은 담당자가 '99년 한 해에 5번씩 바뀜으로 인해 지도감독의 효율성을 위한다는 목적과 거리가 멀다.

2. 그룹홈은 수용시설이 아니다

공무원들의 그룹홈과 수용시설의 차이에 대한 이해가 부족하다. 예를 들어 시설의 중증 정신지체인의 강제불임 수술이 폭로되어 사회적으로 문제가 되자 모든 그룹홈에 일률적으로 입주자의 성 실태조사가 실사가 이루어졌다.

3. 그룹홈의 실적산출이 문제이다

그룹홈은 프로그램 중심이 아닌 일상생활이 이루어지는 곳이기에 일상생활 하나하나가 모두 실적화되어야 한다는 인식은 옳지 않다. 이는 성인으로 직장생활과 사회생활, 여가생활 등 일상의 모든 일들이 계획에 의해 지도받고, 프로그램에 의해 움직여져야 한다면 그룹홈 입주자들의 자율성과 성인으로서의 인권존중은 보장받기 어렵다.

예)개별지도/신변처리/가사생활/사회생활/여가생활/취업생활   총23,040건

4. 순회직원이 인정되어야 한다

그룹홈은 3개 홈마다 1명의 순회직원을 둘 수 있다는 방침에도 불구하고 사실상 인건비 지원이 이루어지지 않아 결국 그룹홈 입주자들의 잦은 외박 또는 생활지도교사의 업무 과중으로 이어지므로 안정적인 주거로서의 기능을 살리기 어렵다.

5. 그룹홈은 단기 프로그램이 아니다

그룹홈은 단기 훈련프로그램이 아닌 주거의 기능을 가진 또 하나의 가정으로 인식되어야 한다. 그룹홈이 단순히 단기훈련 과정으로, 다시 가정으로 복귀가 목적이라면 이는 귀한 예산의 손실이 아닐 수 없다.

참고로 그룹홈 입주자 부모를 대상으로 한 욕구조사에 의하면, 다시 가정으로 복귀를 원하는 부모는 5%에 해당했다.

6. 주택의 안정적 지원이 요구된다

서울시에서 임차비 지원을 하고 있으나 전세기간이 끝나면 이사를 가거나 전세비용을 증액해야 하는 문제가 있으며, 이사시의 이사비용, 부동산중개료, 도배, 장판공사, 가재도구의 수송중 손·망실 문제 등이 따르며, 또 입주자의 지역사회 적응이 어려워 혼란을 초래하므로 주택의 안정적 공급이 시급히 필요하다.

아직까지는 사회적 인식이 부족한 상황에서 전세로 주택을 구하기도 매우 어려운 것이 현실이다. 이의 대책으로는 그룹홈 입주를 희망하는 정신지체인에게는 관련법규를 개정하여 공공주택(영구임대아파트, 임대전용아파트, 민영아파트의 2% 공급)을 특별분양하는 방법을 강구해야 될 것이며, 분양에 따를 비용(보증금)은 입주자가 부담하도록 한다.

7. 그룹홈 종사자 교육이 필요하다

그룹홈의 증가에 따라 관련 종사자의 수도 늘어가고 있는 추세이다.

입주자에 대한 다양한 프로그램 개발과 일상 생활지도, 여가활동 및 지역사회 통합에 이르기까지 생활지도교사의 역할은 매우 중요하나 체계적인 교육이 뒷받침되지 못하고 있는 실정이다.

지금까지는 운영기관에서 임용, 배치하였으나 충분한 심사과정을 통해 종사자들을 선발. 배치 및 체계적인 보수교육을 하는 제도가 바람직하다. 현실적으로 자치단체에서 실시하기가 곤란하면 운영 경험이 있는 기관을 지정하여 위탁교육을 시키는 것도 한 방법이겠다.

8. 그룹홈 평가기구가 설치되어야 한다

올해 서울시는 처음으로 장애인 공동생활 가정 관리실태를 점검하였는데, 행정분야 또는 운영 및 입주자 관리 등에 많은 지적사항이 나타났다. 그러므로 시, 또는 보건복지부 산하상설기구로 설치되어 그룹홈이 당초 취지대로 운영되는지의 여부를 평가하는 것이 필요하며, 구성은 교수, 현장 전문가, 공무원 등으로 구성하고, 평가 항목은 회계, 인사, 특히 프로그램을 평가하되 개별화, 적정성, 효과성, 운영 등을 평가토록 한다.

< 2000년 기준 >

1. 전세비 상승이 문제이다

전세기간 만료에 따른 2년 마다 이주비, 중개수수료, 환경미화비, 인상된 전세비, 입주자환경적응의 문제 등이 따른다. 더욱이 전세비가 급등하여, 지침에는 법인과 기관에서 부담하도록 되어 있으나 현실적으로 불가능한 실정이다. 도봉구 창동의 그룹홈은 2년 만에 7,800만원에서 1억1천만원으로 3,200만원이 올랐다.

2. 순회직원이 필요하다

순회 직원은 지난 '92년 그룹홈 시범사업을 실시한 당시부터 그 필요성을 서울시가 함께 인식하여 오늘까지 그 역할을 담당하고 있었으나 갑자기 사전대책 없이 순회직원을 인정하지 않음으로써 본 복지관뿐 아니라 해당기관에서는 그룹홈 운영 전반에 큰 혼란을 초래하고 있다. 순회 직원의 역할과 필요성에 대한 진지한 검토가 이루어져야 한다.

☞ 본 복지관 주최로 지난 2000. 5. 31(수) 순회 직원에 관련하여 간담회를 갖은 후 순회 직원 확보를 위한 공동의견 서를 시에 제출한 바 있다.

3. 임대료는 별도로 예산지원이 되어야 한다

그룹홈 1개소 당 일률적인 운영비가 지원되고 있는 가운데 본 복지관은 4개의 영구임대 아파트를 지원받아 매달 별도의 임대비가 연간 약 500만원이 지출되고 있다. 별도로 있어야 한다.

4. 직원 호봉에 따른 현실적인 인건비 지원이 필요하다

현재 인건비는 5호봉 기준으로 1,800만원이 지원되고 있으나 본 복지관은 10호봉, 11호봉 등의 장기근속 근무로 인해 상대적으로 그룹홈 운영에 많은 어려움이 따른다. 일률적인 운영비에 호봉을 감안한 현실적인 인건비 지원이 반드시 요구된다.

17. 성인 정신지체인을 위한 단계적인 그룹홈 모델의 다양화에 관한 연구[33]

유 병 주

I. 서론

1. 연구의 필요성

현재 서울시립정신지체인복지관에서 1992년부터 운영되고 있는 6개(당시 4개) 그룹홈들은 서울시 시범사업으로 타 기관이나 그 밖의 그룹홈 운영단체에 귀감이 되어왔다. 그러나 8년이 지난 현재 이들 그룹홈은 변화 없이 현상유지만 되고 있어 나름대로 변화를 시도하고 있는 몇몇의 타 기관 소속 그룹홈에 비교할 때 시범사업으로서의 명분을 점점 잃고 있다. 물론 지난 8년 간 서울시 그룹홈 종사자 연수와 함께 직원 복지와 교육은 조금씩 보강되었으나 입주자들의 자립에는 기여하지 못하였다. 이러한 문제점은 차차 인식이 되었으며 과감한 변화가 필요하게 되었다. 이 같은 변화의 시급성은 본 복지관만의 문제는 아니다. 90년대 중반기에 들어서 유행처럼 급격히 늘고 있는 많은 그룹홈들은 사실상 그 설립 취지대로 입주자들의 자립과 자활에 힘을 기울이기보다는 소규모 단위의 새로운 보호시설로 운영되고 있는 형편이다. 이와 같은 고급 보호 수용시설로 자리를 잡아가고 있는 데에는 재정, 전문인력 부족, 전문적 정보와 교육부재 등 다각적인 면에서의 원인들이 분석될 수 있다. 서울시 역시 이러한 문제점들을 인식하고 민간차원의 지원을 고려하는 등 다각적인 방안마련에 고심하고 있다.

이러한 결과들로 인해 서울시립정신지체인복지관의 6개 그룹홈 생활지도교사들의 사기가 저하되어 있어 변화모색이 시급하게 요청되었다. 특히 개선되어야 할 문제점들은 다음과 같다

(1) 현재와 같은 전일보호제로는 자립이 가능한 입주자들에게 자립의 기회가 주어지지 않고 있다.
(2) 전일보호제에 따른 생활지도교사들의 24시간 근무제는 장기화되면서 부모처럼 같은 잘못을 범하게 되어, 체계적이고 일괄적인 교육이 이루어지지 못하고 있다.
(3) 이와는 반대로 이러한 상태에서의 생활보조원들의 입주자들에 대한 교육시혜의 의무감은 가정으로서의 그룹홈의 기능을 약화시킬 수 있다. 즉, 우리의 그룹홈들은 교육중심의 훈련홈이 아닌 비장애인과 마찬가지로 직장에서 돌아와 가정적인 분위기속에서 함께 살면서 자연스럽게 배우는 것을 목표로 하는 생활거주형의 그룹홈이다.
(4) 또한 이 전일보호제에서는 생활보조원들의 개인의 사적인 생활보장이 어려우며, 계속 근무하고자 하는 의사가

---

33) 본 연구는 독일 기독교해외봉사단(Dienste in übersee)지원으로 실시한 프로젝트이다.

있어도 결혼과 함께 그룹홈을 떠나야 하므로 장기간의 경험으로 쌓아진 그들의 노하우가 유용하게 활용되지
못하고 있다.

2. 연구목적 및 내용

본 연구는 현재의 전일보호제 중심의 그룹홈 형태를 다양하게 변화, 시도함으로써 다음과 같은 목적을 달성하고자
한다 .
⑴ 그룹홈 입주자들에게 자율과 자립의 기회를 높인다.
⑵ 생활보조원들의 가능한 한 사적생활 보장과 더불어 전문성을 높인다.
⑶ 위를 통해 정상적인 주거환경을 최대한도로 마련해 준다.

그룹홈들을 두 홈씩 묶어 단계적으로 준비, 훈련기간을 거쳐 현재 상태와 유사한 전일보호형, 반자립형, 완전자립
형 그리고 남녀혼합형으로 다양화시켜 그룹홈 입주자들에게 자립의 기회를 높여준다.
- 첫단계인 준비기간 동안 현 상태의 문제점을 파악하고 다양화로의 변화 필요성을 그룹홈 관계자들뿐만이 아니
  라 복지관 내 관·부장급, 그리고 부모들과의 토의를 통해 문제의식을 고취시킨다.
- 두 번째 단계로 훈련평가기간을 두어 입주자들의 자립훈련과 함께 각 거주인들의 현 상태를 파악한다. 이를 위
  해 두 홈의 사회재활교사들이 교대로 대기근무를 맡음으로써 주중과 주말 각각 하루씩의 교사 없는 자립의 날을
  통해 거주인들과 생활보조원 모두 새로운 체제에 준비토록 한다.
- 평가서와 입주자, 교사 그리고 부모들의 욕구조사를 바탕으로 훈련홈을 제외한 세 가지 형으로 나누고 1년간의
  실험기간을 거쳐 현실가능성과 교육의 일반화를 시도한다. 이때 평가서에 의해서만이 아니라 본인의 의사를 중
  심으로 부모와 생활보조원들의 의견을 충분히 반영한다. 따라서 실험기간 동안에도 수정이 불가피한 경우 충분
  한 토의를 거쳐 수정, 보완될 수 있다.

그 밖에 우리 복지관 내의 사회적응반에 1년간의 그룹홈 훈련(훈련홈)을 실시하여 평가 후에 본인의 의사와 능력에
맞는 그룹홈 예비입주자의 자격을 준다. 사회적응반은 평가반으로 작업능력뿐 아니라 생활 전반에 걸친 평가가 이
루어지고 있는데, 현재 훈련생들의 일상생활 능력에 대한 평가는 부모님들을 통해 간접적으로 이루어지고 있어 그
공정성에 문제가 있으며, 그들의 미래를 생각할 때 그룹홈 훈련은 필요하다. 이로 인해 체계적이고 일괄성 있는 평가
와 동시에 자립훈련이 이루어지도록하며, 차후 그룹홈에 입주하여 연계성 있고 계속적인 자립생활을 현실화시키도
록 시도할 계획이다. 그러나 이 안은 직업재활팀의 전 훈련생을 대상으로 확대되어 희망자에 한해 그룹홈 경험을 할
수 있도록 보완, 수정될 수 있다.
중요한 것은 두 그룹홈이 가까이 위치하여 두 홈을 한 단위로 만드는 것이다. 이는 두 홈 교사들이 월차나 연차 휴가
로 부재시 교대로 비상시에 대비케 할 수 있어 현재 순회교사의 부족을 메울 수 있으며, 그룹홈 입주자들의 단계적이
고 체계적인 자립훈련과 사회생활을 보장해줄 수 있기 때문이다. 이를 위해서는 또한 부모님들의 절대적인 협조가
필요하다. 따라서 사전, 사후뿐만이 아니라 실시 중에도 계속적인 부모모임을 통해 의견교환과 협조를 높여야 한다.
나아가 복지관, 부모님들 그리고 사회재활교사들간의 연계와 협조망을 강화시켜 이 연구의 목표인 다양한 형태로의

변화 효과를 높인다.

이 소고는 이론적 연구논문이 아니므로 그룹홈에 대한 이론적 배경은 연구대상에서 제외하며, 개념정의는 용어해석으로 대신한다. 그러므로 연구내용은 실제로 프로젝트를 진행하면서 그 과정을 중심으로 기록하고 평가한 것이다.

3. 용어해석

(1) 그룹홈 : 정신지체인들의 사회적 자립과 통합을 목적으로 생활지도교사와 함께 생활하는 지역사회중심 거주 프로그램
(2) 완전자립형 그룹홈 : 사회재활교사가 격일로 오후시간만을 입주자들과 함께 생활하며 취침은 하지 않음으로써 입주자들에게 자립의 기회를 최대한도로 보장하는 그룹홈 형태
(3) 반자립형 그룹홈 : 사회재활교사가 일주일 내내 오후시간을 입주자와 함께 생활하나 취침은 하루만으로, 입주자들의 자립의 기회를 제공해주는 그룹홈 형태
(4) 남녀혼합형 그룹홈 : 아파트의 주거형태를 벗어나 이층 건축구조 주택에서 8명의 남녀 입주자들이 2명의 사회재활교사와 함께 생활하는 그룹홈 형태
(5) 전일보호형 훈련홈 : 일상생활훈련이 필요한 입주자들이 상주하는 사회재활교사와 함께 일정기간동안(3개월) 교육을 목적으로 생활하는 그룹홈 형태
(6) 그룹홈 종사자 : 이에는 백업직원인 복지관 그룹홈 담당자, 상주 사회재활교사 그리고 순회생활지도교사를 통틀어 일컫는다.
(7) 그룹홈 입주자 : 서울시립정신지체인복지관에서 운행하고 있는 한 홈에 4명씩, 6개 그룹홈에 살고 있는 24명의 입주자들을 말한다.

II. 제 1 단계 : 준비단계

1. 그룹홈 종사자 워크숍

2000년 3월과 4월 동안 그룹홈을 방문하여 종사자들과 입주자들을 면담하면서 6개 그룹홈을 분석하고 입주자들의 자립과 사회재활교사들의 전문성 보장을 위해 새로운 모델로의 변화가 필요함을 인식하고 있는 그룹홈 종사자들과 먼저 모임을 갖고 그들의 욕구와 변화로의 현실 가능성을 논의하였다. 구상된 4 개 모델에 대해 먼저 훈련평가기간 동안의 입주자들과 사회재활교사들의 준비를 위해 사회재활교사들의 근무 일정을 조정하였다. 이러한 준비를 위해 4월 29일과 30일을 걸쳐 한 그룹홈에서 1박을 모두(그룹홈 생활지도교사 7명, 백업직원 3명) 함께하면서 독일 그룹홈에 대한 비디오를 통해 선진국의 그룹홈 현황을 살펴보고 새 모델에 대한 설명회와 토론을 갖고 서로간의 협조와 다짐을 새롭게 하였다.

2. 새로운 모델에 대한 관장 및 부서장을 위한 브리핑

4월 28일 (금요일) 오전 9시 30분 서병용 관장, 이종희 사무국장(현 정년퇴임), 최의광 부장(현 관장), 문용수 부장(현 사무국장), 그리고 운영위원의 부모대표인 이 모씨의 어머니가 함께한 가운데 다양한 모델변화로의 필요성과 문제의식을 고취시키고 구상된 모델들을 OHP를 통해 브리핑을 갖고 토론하였다. 결과로 4개 모델에 따른 변화를 시도하기로 최종 결정되었다.

3. 그룹홈 입주자들의 부모모임

새로 개선될 모델들에 대한 설명회를 갖고 이해와 협조체계를 구축하기 위하여 5월 9일 (화요일) 오후 3시 본 복지관 강당에서 16명의 부모들이 모였다. 그룹홈의 백업직원과 순회교사만이 함께한 가운데 그룹홈 분석 결과와 함께 새로운 모델로의 변화에 대한 설명과 부모들의 의견들이 수렴되었다. OHP를 통한 설명이 있은 후 참석자 대부분은 변화에 대한 두려움을 나타내기는 했으나 그 필요성은 잘 인식하고 있는 상태였다. 즉 과보호 경향으로 자립의 기회가 적었음에 대해 문제로 인식은 하고 있었으나 자립의 기회가 많아짐은 개입의 기회가 적어짐으로 아직 능력이 부족한 입주자의 적응문제와 정서적 문제가 대두되지 않을까 염려하였다. 또한 새 방안 외에 입주자들의 노후대책과 부모 사후 재산의 법정관리에 대해 관심을 보였으며 이에 대한 대책마련에 강한 욕구를 나타냈다. 결국 훈련평가단계와 실험단계의 준비기간을 전재로 한 구상된 모델로의 변화에는 대부분의 참석자들이 지지하고 협조하기로 결론을 내리고 불참석자에 한해서는 그 다음주 내로 개별면접을 실시하여 전 부모들의 동의서를 받았다 (부록 1 참조).

Ⅲ. 제 2 단계 : 훈련평가단계

1. 대상

가양동의 2 그룹홈 (현숙씨네, 규택씨네)
중계동의 2 그룹홈 (호주씨네, 인국씨네)
신대방(은영씨네)과 창동(진호씨네)의 그룹홈은 우선적으로 한 곳으로 모아져야 한다. 지역구는 현재 4개 관할 구에서 3개의 관할구로 줄이고 두 홈을 한 단위로 함으로써 순회교사의 부재에 대비토록 하는 동시에 입주자들에게는 더 많은 자립의 기회를 줄 수 있다. 관할 구는 본 복지관이 위치하고 있는 동작구로 정하는 것이 거리상 유리하나 다른 구도 가능하다. 이 두 홈은 하나의 주택으로 합쳐져 남녀혼합형 그룹홈이 된다.

2. 기간

훈련기간 : 2000년 5월~8월 3개월 훈련과정
종합평가기간 : 2000년 8월 하순

3. 그룹홈 입주자 교육 – "자립의 날"

훈련평가기간 동안 입주자들은 주중과 주말 각 하루씩 일주일에 두 번 자립의 날로 정해 사회재활교사 없이 생활
하며 자립의 날은 두 주 단위로 교대로 실시한다 :
제1주 화요일 오후 3시 – 수요일 오후 3시/토요일 10시 – 일요일 10시
제2주 수요일 오후 3시 – 목요일 오후 3시/일요일 10시 – 월요일 10시

제 1 주

시 간	월	화	수	목	금	토	일
이전	■		■				■
10:00			■				■
11:00	교		■			■	
15:00	육	■				■	
18:00		■				■	
21:00		■				■	
이후		■				■	

■ 자립의 날

제 2 주

시 간	월	화	수	목	금	토	일
이전				■			
10:00				■			
11:00	교			■			■
15:00	육		■				■
18:00			■				■
21:00			■				■
이후			■				■

■ 자립의 날

각 두 그룹홈 생활재활교사중 한 교사는 제1주에서 제2주로, 다른 교사는 제2주에서 제1주 계획표에 따라 근무를 맡음으로써 교사 부재중인 옆 홈의 비상사태에 대비한다. 이를 위해 두 생활재활교사는 화요일과 수요일은 14:45-15:15, 토요일과 일요일은 9:45-10:15 임무교대를 의무화한다. 신대방동과 창동의 그룹홈은 이웃과 복지관 백업직원을 포함한 비상연락망을 짜서 입주자들에게 비상시 연락하도록 교육시킨다.

가사일을 분담하고 교사 부재중에도 일상생활에 지장이 없도록 각자의 책임을 주별로 달리하여 능력에 맞게 교육하되 과부담이 되지 않도록 주의해야 한다. 입주자들은 직장인들로 야근이 잦아 이를 고려하지 않은 계획은 가정의 기능을 상실한 훈련홈의 기능만을 강조한 것이다. 자립의 날의 가사분담표는 모든 입주자들이 볼 수 있는 곳에 붙이고 확인과 함께 스스로 평가를 내려 기록하도록 자기평가란을 마련한다.

4. 사회재활교사 교육

사회재활교사는 휴가나 특별행사기간을 제외하고 매주 월요일 11시부터 오후 3시까지 복지관에서 교육을 받았다. 교육내용은 한 주간 동안의 자립의 날에 대한 각 그룹홈들의 보고에 이어 평가서 작성, 외부 기관에 참가했던 연수결과 발표, 문제행동에 관한 접근방법, 각 홈의 case conference 등 다양하다. 교육방법은 강의, 발표, 자유토론, 그리고 연극과 게임을 통한 공동으로 문제 해결방안을 모색하는 등 다양하게 활용되었다.

날 짜	교 육 내 용
5월 22일	– 평가서 작성 – 정신지체인의 성인교육을 위한 교사의 자세
5월 29일	– case conference (창동 그룹홈 : 김○○씨) – 연수교육 참가보고 (충현복지관 : '부모 사후 우리 아이 장래 어떻게 준비할 것인가?") : 중계동 그룹홈 안○○ 교사
6월 5일	– 이론교육 : 문제행동에 대한 접근방법 I (문제행동분석)
6월 12일	– case conference (가양동 그룹홈 : 최○○씨)
6월 26일	– 중간평가 (평가서 작성/ 교사의 의견에 따라 입주자들을 네 가지 유형으로 분리) – 각 그룹홈의 교사와 입주자들 간의 sociogram 작성
7월 3일	– case conference (가양동 그룹홈 : 천○○씨)
7월 10일	– 이론교육 : 문제행동에 대한 접근방법 II (stratege)
7월 17일	– 이론교육 "타인으로서 이해하기"
7월 24일	– case conference (신대방 그룹홈 : 박○○씨)
7월 31일	– case conference (중계동 그룹홈 : 최○○씨)
8월 11일	– case conference (중계동 그룹홈 : 정○○씨)
8월 21일~25일	– 평가준비 (부모들과 입주자들의 욕구조사) – 가정방문 (6개 그룹홈을 방문해 새 모델에 대한 설명회와 개별면담)
8월 28일	– 최종 평가

5. 평가 및 평가척도

입주자들을 네 가지 유형, 즉 (완전)자립형, 반자립형, 남녀혼합형 그룹홈 그리고 전일보호형 훈련홈으로 나누기 위한 평가에는 교사, 부모 그리고 본인의 욕구를 조사한 후 최종적으로 본인의 의사를 최대한으로 존중하여 이루어졌다. 이때 입주자들이 이러한 유형들에 대한 정보가 제대로 제공되어졌느냐는 매우 중요하다. 따라서 각 그룹홈 생활지도교사의 일차적인 설명이 있은 후 8월 22일부터 25일에 걸쳐 6개 그룹홈을 방문하고 그룹홈별로, 개인별로 재차 새로운 유형들의 차이점들을 비교할 수 있도록 하였다. 네 개 유형 중 입주자들은 한 유형을 선택하였다.

평가서는 Gunzburg의 PAC 2 (Paedagogische Analyse und Curriculum 2 der sozialen und persoenlichen Entwicklung: 사회적 그리고 개인 발달의 교육학적 분석과 교과과정 2)를 한국 상황에 맞추어 변형한 것이다 (부록 참조). 이 평가서안에는 자립생활, 개인 이해능력, 사회적응 그리고 직장생활과 여가활동 네 가지 영역으로 구성되어 있으며, 각 영역은 다시 다섯 가지 item로 나뉘어 총 20개 item로 되어 있다.

자립생활 – 식사예절, 개인위생, 의복입기, 동작성, 건강생활

개인 이해능력 – 언어, 돈, 시간과 단위, 쓰기, 읽기

사회적응 – 물건사기, 예절지키기, 가정생활 돕기, 돈 관리, 자역사회시설 이용하기

직장생활과 여가활동 – 수작업능력, 여가활동, 작업에 대한 열성/작업의 질/작업 정확도, 작업속도/작업성과/성실성, 도구다루기/재료다루기, 시간 지키기

각 item은 정도에 따라 6개의 단계로 나누어져 있는데, 1과 2단계는 낮은 단계(X), 3과 4단계는 중간단계(Y), 그리고 5와 6단계는 높은 단계(Z)로, 각 단계는 1~5점으로 나누어 평점을 매긴다. 방사선형의 평가표에는 4점과 5점만이 성취된 것으로 보고 색을 칠해 평가결과를 한눈에 볼 수 있도록 하였다(부록 3). 이 평가표는 일차적으로 각 홈을 담당하는 생활재활교사들에 의해 기록되었으며, 최종적으로 전 교사들과 백업직원들이 한 자리에 모여 평가의 통일성과 공정성을 기하였다. 평가결과는 다음과 같다.

평점계산 : 6 단계 × 5 점 = 30 만점 (각 item)
　　　　　　　5 item × 30 점 = 150 점 (각 영역)
　　　　　　　4 영역 × 150 점 = 600점 (전 영역)

이 름	영 역							
	자립생활		개인이해능력		사회적응		직장생활과여가활동	
권○○ (1)	개인위생	29/30	언어	25/30	물건사기	28/30	수작업능력	20/30
	의복입기	28/30	돈	27/30	예절지키기	27/30	여가활동	21/30
	식사예절	29/30	시간과 단위	27/30	가정생활돕기	29/30	작업열성	21/30
	동작성	30/30	쓰기	26/30	돈관리	28/30	작업성과	25/30
	건강생활	25/30	읽기	28/30	시설이용	28/30	도구/시간	27/30
	94%	141/150	89%	133/150	93%	140/150	77%	116/150
이○○ (1)	개인위생	30/30	언어	25/30	물건사기	29/30	수작업능력	25/30
	의복입기	29/30	돈	28/30	예절지키기	28/30	여가활동	22/30
	식사예절	29/30	시간과 단위	29/30	가정생활돕기	28/30	작업열성	25/30
	동작성	30/30	쓰기	22/30	돈관리	28/30	작업성과	29/30
	건강생활	25/30	읽기	25/30	시설이용	28/30	도구/시간	27/30
	95%	143/150	86%	129/150	94%	141/150	85%	128/150
최○○ (1)	개인위생	30/30	언어	21/30	물건사기	25/30	수작업능력	21/30
	의복입기	28/30	돈	23/30	예절지키기	20/30	여가활동	21/30
	식사예절	29/30	시간과 단위	23/30	가정생활돕기	30/30	작업열성	18/30
	동작성	27/30	쓰기	20/30	돈관리	25/30	작업성과	22/30
	건강생활	25/30	읽기	17/30	시설이용	24/30	도구/시간	22/30
	79%	119/150	69%	104/150	83%	124/150	69%	104/150
성○○ (1)	개인위생	25/30	언어	22/30	물건사기	25/30	수작업능력	19/30
	의복입기	23/30	돈	27/30	예절지키기	20/30	여가활동	24/30
	식사예절	24/30	시간과 단위	22/30	가정생활돕기	26/30	작업열성	19/30
	동작성	26/30	쓰기	22/30	돈관리	28/30	작업성과	23/30
	건강생활	24/30	읽기	23/30	시설이용	27/30	도구/시간	26/30
	81%	122/150	77%	116/150	84%	126/150	74%	111/150
권○○ (2)	개인위생	24/30	언어	24/30	물건사기	23/30	수작업능력	20/30
	의복입기	25/30	돈	18/30	예절지키기	20/30	여가활동	24/30
	식사예절	22/30	시간과 단위	21/30	가정생활돕기	22/30	작업열성	20/30
	동작성	23/30	쓰기	24/30	돈관리	22/30	작업성과	21/30
	건강생활	23/30	읽기	24/30	시설이용	24/30	도구/시간	21/30
	79%	118/150	74%	111/150	74%	111/150	71%	106/150

이 름	영 역							
	자립생활		개인이해능력		사회적응		직장생활과여가활동	
이○○ (2)	개인위생	25/30	언어	28/30	물건사기	28/30	수작업능력	23/30
	의복입기	25/30	돈	24/30	예절지키기	27/30	여가활동	23/30
	식사예절	26/30	시간과 단위	21/30	가정생활돕기	29/30	작업열성	22/30
	동작성	27/30	쓰기	24/30	돈관리	21/30	작업성과	22/30
	건강생활	20/30	읽기	26/30	시설이용	26/30	도구/시간	25/30
	82%	123/150	93%	123/150	84%	131/150	74%	115/150
조○○ (2)	개인위생	22/30	언어	23/30	물건사기	23/30	수작업능력	21/30
	의복입기	22/30	돈	23/30	예절지키기	24/30	여가활동	24/30
	식사예절	22/30	시간과 단위	24/30	가정생활돕기	23/30	작업열성	21/30
	동작성	22/30	쓰기	24/30	돈관리	23/30	작업성과	20/30
	건강생활	23/30	읽기	24/30	시설이용	24/30	도구/시간	21/30
	74%	110/150	79%	118/150	78%	117/150	71%	107/150
한○○ (1)	개인위생	23/30	언어	18/30	물건사기	25/30	수작업능력	20/30
	의복입기	20/30	돈	24/30	예절지키기	19/30	여가활동	19/30
	식사예절	23/30	시간과 단위	21/30	가정생활돕기	23/30	작업열성	23/30
	동작성	24/30	쓰기	17/30	돈관리	20/30	작업성과	22/30
	건강생활	20/30	읽기	15/30	시설이용	20/30	도구/시간	22/30
	73%	110/150	63%	95/150	71%	107/150	71%	106/150
김○○ (3)	개인위생	20/30	언어	23/30	물건사기	24/30	수작업능력	21/30
	의복입기	18/30	돈	24/30	예절지키기	25/30	여가활동	28/30
	식사예절	24/30	시간과 단위	24/30	가정생활돕기	21/30	작업열성	23/30
	동작성	24/30	쓰기	24/30	돈관리	21/30	작업성과	28/30
	건강생활	14/30	읽기	26/30	시설이용	23/30	도구/시간	28/30
	67%	100/150	80%	121/150	76%	114/150	74%	111/150
송○○ (3)	개인위생	28/30	언어	25/30	물건사기	27/30	수작업능력	21/30
	의복입기	27/30	돈	26/30	예절지키기	21/30	여가활동	28/30
	식사예절	28/30	시간과 단위	27/30	가정생활돕기	26/30	작업열성	23/30
	동작성	29/30	쓰기	26/30	돈관리	27/30	작업성과	28/30
	건강생활	23/30	읽기	27/30	시설이용	29/30	도구/시간	28/30
	90%	135/150	87%	131/150	83%	130/150	85%	128/150

이 름	영 역							
	자립생활		개인이해능력		사회적응		직장생활과여가활동	
조○○ (3)	개인위생	30/30	언어	29/30	물건사기	29/30	수작업능력	29/30
	의복입기	28/30	돈	30/30	예절지키기	25/30	여가활동	30/30
	식사예절	30/30	시간과 단위	28/30	가정생활돕기	30/30	작업열성	27/30
	동작성	30/30	쓰기	29/30	돈관리	30/30	작업성과	29/30
	건강생활	27/30	읽기	29/30	시설이용	30/30	도구/시간	28/30
	97%	145/150	97%	145/150	96%	144/150	95%	143/150
최○○ (3)	개인위생	30/30	언어	28/30	물건사기	29/30	수작업능력	25/30
	의복입기	28/30	돈	30/30	예절지키기	21/30	여가활동	36/30
	식사예절	25/30	시간과 단위	30/30	가정생활돕기	28/30	작업열성	26/30
	동작성	27/30	쓰기	30/30	돈관리	28/30	작업성과	28/30
	건강생활	24/30	읽기	30/30	시설이용	30/30	도구/시간	25/30
	89%	134/150	99%	148/150	91%	136/150	87%	130/150
김○○ (4)	개인위생	24/30	언어	24/30	물건사기	23/30	수작업능력	22/30
	의복입기	25/30	돈	22/30	예절지키기	21/30	여가활동	23/30
	식사예절	22/30	시간과 단위	22/30	가정생활돕기	23/30	작업열성	23/30
	동작성	23/30	쓰기	24/30	돈관리	23/30	작업성과	22/30
	건강생활	23/30	읽기	24/30	시설이용	23/30	도구/시간	23/30
	78%	117/150	77%	116/150	75%	113/150	75%	113/150
장○○ (4)	개인위생	22/30	언어	28/30	물건사기	28/30	수작업능력	26/30
	의복입기	22/30	돈	25/30	예절지키기	26/30	여가활동	26/30
	식사예절	21/30	시간과 단위	28/30	가정생활돕기	26/30	작업열성	22/30
	동작성	26/30	쓰기	29/30	돈관리	28/30	작업성과	22/30
	건강생활	25/30	읽기	30/30	시설이용	30/30	도구/시간	25/30
	77%	116/150	93%	140/150	92%	138/150	81%	121/150
천○○ (4)	개인위생	26/30	언어	23/30	물건사기	27/30	수작업능력	19/30
	의복입기	25/30	돈	24/30	예절지키기	18/30	여가활동	21/30
	식사예절	19/30	시간과 단위	22/30	가정생활돕기	26/30	작업열성	23/30
	동작성	25/30	쓰기	14/30	돈관리	19/30	작업성과	21/30
	건강생활	23/30	읽기	13/30	시설이용	23/30	도구/시간	20/30
	79%	118/150	64%	96/150	75%	113/150	69%	104/150

이 름	영 역							
	자립생활		개인이해능력		사회적응		직장생활과여가활동	
김○○ (5)	개인위생	29/30	언어	23/30	물건사기	25/30	수작업능력	20/30
	의복입기	27/30	돈	24/30	예절지키기	23/30	여가활동	21/30
	식사예절	25/30	시간과 단위	18/30	가정생활돕기	26/30	작업열성	18/30
	동작성	27/30	쓰기	13/30	돈관리	20/30	작업성과	20/30
	건강생활	22/30	읽기	7/30	시설이용	27/30	도구/시간	22/30
	87%	130/150	76%	114/150	81%	121/150	67%	101/150
성○○ (5)	개인위생	23/30	언어	26/30	물건사기	21/30	수작업능력	19/30
	의복입기	19/30	돈	27/30	예절지키기	26/30	여가활동	28/30
	식사예절	22/30	시간과 단위	26/30	가정생활돕기	28/30	작업열성	22/30
	동작성	25/30	쓰기	29/30	돈관리	23/30	작업성과	21/30
	건강생활	18/30	읽기	29/30	시설이용	26/30	도구/시간	218/30
	71%	107/150	91%	137/150	83%	124/150	72%	108/150
안○○ (4)	개인위생	2530	언어	22/30	물건사기	23/30	수작업능력	19/30
	의복입기	23/30	돈	24/30	예절지키기	28/30	여가활동	25/30
	식사예절	28/30	시간과 단위	21/30	가정생활돕기	23/30	작업열성	20/30
	동작성	25/30	쓰기	15/30	돈관리	24/30	작업성과	24/30
	건강생활	24/30	읽기	12/30	시설이용	27/30	도구/시간	23/30
	83%	125/150	63%	94/150	83%	125/150	75%	111/150
정○○ (4)	개인위생	21/30	언어	26/30	물건사기	27/30	수작업능력	20/30
	의복입기	26/30	돈	26/30	예절지키기	25/30	여가활동	29/30
	식사예절	21/30	시간과 단위	25/30	가정생활돕기	23/30	작업열성	21/30
	동작성	28/30	쓰기	23/30	돈관리	23/30	작업성과	19/30
	건강생활	21/30	읽기	23/30	시설이용	29/30	도구/시간	22/30
	78%	117/150	82%	123/150	85%	127/150	77%	111/150
황○○ (5)	개인위생	20/30	언어	24/30	물건사기	20/30	수작업능력	23/30
	의복입기	12/30	돈	21/30	예절지키기	26/30	여가활동	19/30
	식사예절	23/30	시간과 단위	22/30	가정생활돕기	21/30	작업열성	20/30
	동작성	22/30	쓰기	10/30	돈관리	17/30	작업성과	21/30
	건강생활	26/30	읽기	9/30	시설이용	25/30	도구/시간	22/30
	69%	103/150	57%	86/150	84%	126/150	70%	105/150

Ⅰ. 완전자립형(1)		Ⅱ. 반자립형				Ⅲ. 반자립형			
		여자(2)		남자(3)		여자(4)		남자(5)	
권○○	530/600	권○○	446/600	김○○	446/600	김○○	495/600	김○○	466/600
이○○	541/600	이○○	492/600	송○○	524/600	장○○	515/600	성○○	475/600
최○○ #	451/600	조○○	453/600	조○○	577/600	천○○	431/600	안○○	455/600
성○○ #	475/600	한○○	418/600	최○○	548/600			정○○	478/600
								황○○	420/600
평균 (%)	83%	평균 (%)	75%	평균 (%)	87%	평균 (%)	78%	평균 (%)	83%

\# 완전자립형의 최○○와 성○○는 인지면에서 반자립형의 조○○와 최○○에게 떨어지나 사회연령이 높아 그룹홈 내에서 공동생활과 자립생활 능력이 더욱 큰 것으로 평가되어 완전자립형으로 결정됨.

Ⅳ. 제 3 단계 : 실험단계

1. 대상과 기간

평가 후 부적응자나 다른 이유로 그룹홈을 나가기를 희망하는 입주자들을 제외한 20명에 한해 홈을 나누었다. 이에는 평가결과와 본인의 선택을 우선으로 했으나 부모와 교사의 의견도 일부 반영되었다. 4명의 전일보호형 훈련홈은 본 복지관 직업재활팀의 사회적응반 훈련생을 대상으로 본인의 희망순서로 3개월씩 입주하기로 하였다.

기간은 2000년 11월부터 2001년 8월 말까지로 하고, 평가는 9월 실현 가능성과 일반화 가능성을 타진하였다.

2. 내용

A. 완전자립형 그룹홈 (가양동 ○○네)

가양동의 한 그룹홈을 완전자립형으로 정하여 4명의 입주자와 1명의 사회재활교사가 함께 생활하도록 한다. 사회재활교사는 격일로 근무하면서(평일은 15~21시, 일요일은 10~21시) 대부분의 가사와 여가생활을 입주자들 자립적으로 해나가도록 한다. 따라서 교사는 사회재활교사의 역할보다는 상담자의 역할에 더 중점을 두고 지역사회 자원을 연결시켜주어 사회통합의 길을 이끌어준다. 그 밖에 도움을 청하는 일에 한하여 개입하여 도와준다. 완전자립 그룹홈 휴무일 중 화요일은 남녀혼합홈을, 토요일은 훈련홈의 근무를 대신 맡아준다. 입주자들은 한 달에 한 번 원 가정으로의 외박을 원칙으로 한다.

시 간	월	화	수	목	금	토	일
이전							
10:00							■
11:00	교						■
15:00	육		■		■		■
21:30			■		■	■	■
이후							

■ 근무일

B. 전일보호형 훈련홈 (중계동 훈련홈)

훈련홈은 당초에 가양동에 두어 완전자립형 그룹홈과 마주보며 본보기와 지원을 동시에 받고자 계획하였으나 현 가양동 입주자들의 직장관계로 부득이 중계동으로 위치를 변경하였다. 입주자들은 직업재활 훈련생으로 그룹홈의 경험을 주어 훈련과 동시에 평가를 목적으로 다른 그룹홈과는 완전히 다른 성격을 갖고 있다. 즉 거주형이 아닌 3개월 과정의 훈련홈으로 여가와 공동생활 훈련에 중점을 두고 있다. 이밖에도 부모교육과 직업훈련 교사와의 긴밀한 정보교환을 통해 객관성 있는 훈련과 평가가 이루어져 직업훈련에 바탕을 마련해 주며, 직접 그룹홈을 경험함으로써 자기 결정에 따른 그룹홈에서의 영구주거로 이어지도록 한다. 훈련홈의 성격상 주중의 일상생활 훈련과 주말 여가활동 프로그램이 중요하므로 사회재활교사의 상주가 필수적이다. 입주자들은 매 주말에 외박을 허락해 부모와의 장기간의 분리 상태에서 오는 문제를 줄이는 동시에 교사의 휴식시간을 마련해준다.

시 간	월	화	수	목	금	토	일
이전	■	■	■	■	■	■	■
10:00							
11:00	교						
15:00	육	■	■	■			
21:30	■	■	■	■			
이후	■	■	■	■			

■ 근무일

C. 반자립형 그룹홈 (중계동 00네와 00네, 창동 00네)

시 간	월	화	수	목	금	토	일
이전							
10:00	교						
11:00	육						
15:00							
21:30							
이후							

근무일

　일주일 내내 오후 3시부터 9시 30분까지 사회재활교사와 함께 생활함으로써 자립생활에 부족한 부분을 보충교육토록 한다. 이를 위해 추가로 토요일 하루 교사는 숙식을 입주자들과 함께하며 주말 프로그램을 실시한다. 이 때 각 그룹홈의 재량으로 자원봉사자를 활용하여 자립과 사교 및 사회생활을 경험할 수 있도록 프로그램의 다양화를 모색한다. 사회재활교사는 주중의 하루를 휴무로 하여 휴식과 사생활을 보장해 준다. 교사의 휴무시에는 완전자립형의 그룹홈 교사가 대리근무를 하며, 연가를 위해 지역주민을 이용한 대체교사 제도를 도입하여 사전교육과 계약서를 통해 교사의 역할을 대리토록 한다.

D. 남녀혼합형 그룹홈

　남녀혼합형 그룹홈의 입주자들은 신대방동과 창동의 두 홈을 합친 8명으로, 두 명의 사회재활교사가 2부제로 근무하면서 자연스럽게 성교육을 함께한다. 두 사회재활교사는 15~21시와 18시~다음날 10시까지 격주로 돌아가면서 근무함으로써 입주자들 간의 갈등이 가장 많이 야기될 수 있는 18시~21시 저녁시간에만 두 교사가 함께 근무하며, 남녀 혼합이라는 성격을 감안해 밤 대기근무를 하기는 하나 교사는 특별한 경우를 제외하고는 22시 이후의 개입을 피하여 가능한 한 자립적이고 자연스럽게 이성의 집단이 어울리도록 배려한다. 이를 위해 성교육은 계획적으로 실시되어야 한다.

　사실상 혼합형은 입주자 본인들의 의사는 강하나 부모님의 협조가 적으며, 행정상 두 구에 자리잡고 있는 그룹홈을 한 구로 모으는 데 문제가 있어 실시가 보류되고 있는 실정이다. 따라서 창동의 경우 반자립형을 취하고 있으며 신대방동의 경우는 문제행동이 있는 입주자와 새로 입주한 입주자를 고려해 전일보호형을 유지하고 있다. 그러나 혼합형을 위해 행정적인 문제가 해결될 수 있도록 노력을 강구할 것이며, 입주자들의 욕구와 자연스러운 이성간의 공동생활에서 얻어질 수 있는 이점, 즉 이성간의 자연스러운 접촉, 이성간의 차이점에 대한 존중과 예의 등을 감안하여 다양한 변화와 함께 추진을 시도하고 있다.

▶ 제1주

시 간	월	화	수	목	금	토	일
이전							■
10:00							■
11:00	교						■
15:00	육■	■	■	■	■	■	■
18:00	■	■	■	■	■	■	■
21:00	■	■	■	■	■	■	■
이후							■

■ 근무일

▶ 제2주

시 간	월	화	수	목	금	토	일
이전	■	■	■	■	■	■	■
10:00	■	■	■	■	■	■	■
11:00							■
15:00							■
18:00	■	■	■	■	■	■	■
21:00	■	■	■	■	■	■	■
이후	■	■	■	■	■	■	

■ 근무일

제1주 담당 교사의 근무중 화요일 근무는 완전자립형 그룹홈의 교사가 대신하여 휴무로 해주고, 제2주 담당교사는 월요일 교육을 제외시켜 과중부담을 줄여준다.

3. 평가 및 평가척도

평가의 척도는 자립성과 만족성으로 정하고 자립성을 평가하기 위해서는 훈련 평가기간 동안에 사용되었던 PAC 2 (부록2)를 사용하고, 만족도를 위해서는 그룹홈의 물리적 주거환경, 공동생활, 여가활동, 동료들, 사회재활교사 등에 대한 포괄적인 질문지를 사용해 개별면담을 실시한다. 이에 대한 답변을 객관화시키기 위해 웃는 사람, 중립의 사람, 그리고 찡그린 사람의 얼굴 모양을 사용해 직접 선택하도록 한다.

V. 결론 및 제언

위의 그룹홈 개선방안은 현재 우리나라에 대부분인 아파트에서 사회재활교사 동거형의 고정형태에서 벗어나 입주자들의 자립능력, 남녀의 분리와 혼합 등 다양하게 시도되었다. 물론 일부 그룹홈에서는 이미 주택형이나 남녀혼합 등이 시행되고 있기는 하지만 단계적으로 입주자들의 욕구와 자립생활에 바탕을 둔 정상화와 통합의 원칙에 의한 것이 아니라 법인의 운영상의 편의에 따라 이루어진 것이 보통이다. 준비, 훈련·평가 그리고 시험단계를 거쳐 사회재활교사의 교육과 함께 입주자들의 욕구와 부모들의 욕구를 대폭 반영한 그룹홈의 다양화 모델은 본 복지관의 시도가 처음일 것이다. 이를 감안할 때 현재 난무하고 있는 그룹홈의 새로운 방향설정과 정리를 위해 본 프로젝트의 기여하는 바는 클 것으로 확신한다.

이러한 그룹홈 개선방안이 실현을 보기 위해서는 이미 앞에서 지적한 바와 같이 두 구역으로 나뉘어져 있는 신대방동과 창동의 그룹홈들이 어느 한 곳으로 묶어져야 한다. 이는 순회교사의 부재에 따른 문제를 해결해줄 뿐만이 아니라 입주자들의 사회생활과 자립생활에도 기여할 수 있기 때문이다. 각 구에 형평성 있게 배분에 중점을 두기보다는 장애인들에게 자립성을 키워주고 정상적인 주거환경을 만들어 주고자 하는 그룹홈의 설립 목적을 실현할 수 있는 효율적이고 효과적인 운영방안을 마련하는 것이 실질적인 장애인 복지시책일 것이다. 실제로 원 가정의 주소지에 따라 그룹홈을 정한 입주자들이 몇 명이나 될지 조사해 본다면 형평성이 주는 의미는 그리 크지 않음이 증명될 것이다. 입주자들과 그들의 부모들은 입주자들에게 자립적이고 정상적인 생활로 이끌어 줄 수 있는 그룹홈을 찾고 있으며 이것은 그들의 권리이다.

끝으로 본 연구는 그룹홈의 효과성과 효율성을 높여줄 수 있는 몇 가지 안을 제시하고자 한다.

1) 그룹홈에 대한 지원체계를 각 운영체의 특성과 능력에 맞도록 탄력성 있게 변화시켜야 한다. 또한 그룹홈 내에 입주자 자치위원회와 부모자문위원회를 두어 종사자, 입주자 부모의 상호협력 체계망이 조성되어야 한다.

2) 그룹홈의 운영체를 정부의 방침대로 시나 지방자치 지원의 복지관 중심에서 점차 민간 차원으로 돌림으로써 시의 지원과 관리에 대한 부담을 줄일 수는 있으나 그룹홈이 난무해져 원 취지와 달리 고급 수용시설로 전환될 수 있는 위험을 배제하기는 어렵다. 따라서 민간 차원으로 돌리되 현재까지 그룹홈 사업의 시범기관으로 많은 노하우를 갖고 있는 서울시립정신지체인복지관을 그룹홈 종사자들의 교육기관으로 선정하여 최소한 서울지역 내의 그룹홈 종사자들의 정규적인 교육을 의무화한다면 종사자들의 전문성을 마련해주는 동시에 그룹홈의 변질을 막고 효과적으로 관리할 수 있을 것이다. 또한 부모교육을 통해 자녀에 대한 미래계획을 세우는 데 도움을 줄 수 있도록 한다.

3) 현재 서울시는 서울시립정신지체인복지관의 그룹홈 발전을 위한 노력과 공로를 인정하여 서울시 그룹홈지원센터를 서울시립정신지체인복지관에 두기로 결정하고 2002년 6월중에 업무를 시작하게 되었다. 지원센터는 그룹홈에 대한 이론적 정립은 물론, 서울지역의 그룹홈 종사자와 부모 교육을 담당하게 되었다. 그러나 예산이 많이 부족하고 서울지역과 타 지역간의 정보교류와 격차를 없애기 위해서는 보건복지부의 지원을 추가로 받아 그룹홈 종사자들을 위한 전국 단위의 정보와 교육지원센터로 발전되어야 한다. 전국 그룹홈지원 센타 외에 작년에 조직된 전국그룹홈 종사자협의체를 독립적인 자조단체로 인정하여 자체적인 감독기능을 보강하도록 해야 한다. 나아가 그룹홈 종사자의 체계적이고 전문적인 교육과정과 이에 상응하는 자격증이 발급되어 이들에게 전문

가로서 지위의 인정과 대우를 보장해 주어야 한다. 그룹홈 종사자는 그룹홈 이용자인 장애인들의 복지서비스를 위한 최일선의 책임자이므로 그들의 복지는 장애인의 복지와 가장 중요하게 연관되어 있음을 부모, 시설장, 지방자치단체장, 그리고 정부가 인식해야 한다.

18. 장애인 공동생활 가정운영 예규

서울시립정신지체인복지관

제 I 장 총 칙

- 제1조(목적) 이 예규는 정신지체인이 정부 및 지역사회의 필요한 도움을 받아 사회적으로 자립하여 동등한 인격을 지닌 사회 구성원으로서의 존엄한 삶의 권리를 누릴 수 있도록 하는 장애인 공동생활 가정의 설치와 운영에 관하여 규정함을 목적으로 한다.
- 제2조(정의) 이 예규에서 장애인 공동생활 가정(이하 "그룹홈"이라 한다)이라 함은 지역사회 내에 있는 주택에서 소수의 정신지체인들이 공동으로 생활하고 이에 필요한 도움(금전관리, 대인관계 등)을 사회재활교사에 의해 도움받는 생활형태로서 사회적 자립을 수행하는 장애인 복지사업을 말한다.
- 제3조(운영의 기본원칙) 그룹홈 사업은 다음의 기본원칙에 따라 수행되어야 한다.
    - ① 항 전문 인력에 의한 사업수행원칙
    - ② 항 기준시설확보의 원칙
    - ③ 항 인도주의와 입주자 존엄성 유지의 원칙
    - ④ 항 입주자 사회적 자립의 원칙
    - ⑤ 항 사업의 연계적 운영의 원칙

제 II 장 설 치

- 제4조(설치기준)
    - ① 항 설치는 원칙적으로 주택지역으로 한다.
    - ② 항 특별한 간판이나 표지 등을 붙이지 않는다.
    - ③ 항 몇 개의 그룹홈이 한 곳으로 집중되는 것을 피한다.
    - ④ 항 쾌적한 생활환경과 입주자 사생활을 고려하여야 한다.
- 제5조(설치조건)
    - ① 항 주택은 5인(입주자 4명, 사회재활교사 1명) 이상이 생활할 수 있어야 한다.
    - ② 항 방의 넓이는 1인당 1평 이상이어야 하고, 1개 방 거주기준은 2인 이하로 한다.
    - ③ 항 방 외에 현관, 주방, 욕실, 화장실, 거실, 세탁장, 건조장 등이 있어야 한다.
    - ④ 항 주택에는 비상시 대비할 전화, 소화기 등 안전시설을 갖추어야 한다.

⑤항 주택에는 일상용품을 갖추어야 하며, 시장 · 구청장은 예산범위 내에서 보조하고 그 외의 용품은 운영
주체 또는 입주자가 부담한다.

제 Ⅲ 장 입주대상자

• 제6조 (입주기준)

입주대상자는 서울시에 거주(주민등록지)하는 만 18세(1월 1일 기준) 이상의 등록 정신지체 장애인 중,
①항 일상생활을 하는 데 지장이 없고 취업하여 일정한 소득이 있는 자
②항 공동생활을 하는 데 지장이 없을 정도로 신변자립이 되어 있는 자
③항 가정이나 시설에서보다 그룹홈에서 생활하는 것이 자립발전에 유익하다고 판단되는 자
④항 저소득층 자녀 우선입주

• 제7조 (입주자 선정)

①항 입주자는 운영주체에서 선정한다.
②항 운영주체는 그룹홈 운영위원회에서 입주대상 심사표에 의거, 입주 적정 여부를 판단, 상위평점 순으로 입
주자를 선정한다.

• 제8조 (입주 절차)

①항 입주를 희망하는 본인 또는 보호자가 입주신청서에 의거, 신청하면 운영주체는 면접일자를 통보하고, 운
영위원회의 심의 후 선정된 입주대상자에게 입주 일자를 통보한다.
②항 입주자는 입주시 운영주체와 계약서를 작성한다.

• 제9조 (퇴거 기준)

그룹홈에 입주한 자는 계속해서 생활하여야 하며 다음에 해당하는 경우에는 퇴거한다.
①항 본인이나 보호자가 퇴거를 희망하는 경우
②항 회복이 어려운 위독한 병(전염병 등)에 감염되었을 경우
③항 본인의 결혼
④항 생활부담금을 계속해서 3회 이상 연체하는 경우
⑤항 실직해서 수입이 없고 취업이 어려운 경우
⑥항 독립해서 생활이 가능할 정도로 자활이 된 경우
⑦항 다른 입주자의 생활에 심한 불안을 조성할 때
⑧항 이웃주민과의 마찰이 빈번하거나 위화감을 조성할 때
⑨항 본인이나 보호자에 의해 문제가 발생하는 등, 그룹홈에서의 생활이 적절치 않다고 운영주체가 판단하는 경우

• 제10조(입주자의 생활)

①항 입주자는 한 사람의 사회인으로서 자신의 책임하에 자유로움과 협동적인 생활의 조화를 이루어 사회적 자

립을 달성함을 목표로 한다.

②항 입주자와 사회재활교사간이 주택관리, 위생관리, 가사 등 역할분담을 하고 필요시 협의하여 규칙을 정할 수도 있다.

③항 입주자는 그룹홈 프로그램에 적극 참여하여야 하며 외박, 외출, 여가선용, 취미활동 등 기타 계획된 프로그램 외의 활동은 사전에 사회재활교사와 협의하여야 한다.

④항 기타 입주자의 생활규칙에 대한 생활수칙이 필요시 운영주체가 별도의 규정을 제정할 수 있다.

• 제11조(입주자의 책임)

입주자는 자기의 생명, 신체 및 재산관리 등에 관하여 스스로 책임지며, 지역사회의 일원으로서 사회적 책임을 다한다.

• 제12조(입주자의 부담)

입주자는 주식, 부식, 간식비 및 공공요금 등 생계비를 부담한다.

제 IV 장 사회재활교사

• 제13조(사회재활교사의 자격)

그룹홈에는 입주자가 자립 재활할 수 있도록 필요한 도움을 주는 전문직원을 두어야 하고 자격기준은 다음 각 호와 같다.

ㄱ.사회복지사 자격이 있거나, 시설에서 1년 이상 근무경력이 있는 자

ㄴ.전염성 질환이나 정신 또는 신체의 결격사유가 없는 자

ㄷ.정신지체인의 지역사회 생활을 이해하고 가사처리 능력이 있으며 수용적인 태도와 건전한 사고를 가진 자

• 제14조(사회재활교사의 역할)

①항 신의와 성실을 다하여 입주자의 건강과 안전을 도모하며 이들의 자립을 위해 노력해야 한다.

②항 입주자의 사생활의 비밀과 자유를 침해하지 않는 범위 내에서 적정한 지도를 하여 그들의 자활능력을 배양할 수 있도록 하여야 한다.

③항 입주자의 생활계획을 작성하여 지도하고 그 내용을 기록한다.

④항 입주자의 금전관리, 가사, 여가활동 등을 지도한다.

⑤항 입주자의 부담금을 징수, 관리한다.

⑥항 입주자의 일상생활에 대한 상담 및 조언과 건강관리를 돕는다.

⑦항 입주자의 직장을 방문하여 사업주 이해를 도모하고 함께 일하는 직원과의 갈등을 해소시킨다.

⑧항 운영주체에게 회계 및 운영상황 등을 보고하여야 하고, 긴급상황이 발생시 즉시 연락할 수 있도록 비상연락망을 통하여 긴밀한 연락을 유지하여야 한다.

⑨항 지역주민의 그룹홈에 대한 이해증진에 노력하여야 한다.

- **제15조(사회재활교사의 임면)**
  ① 항 사회재활교사는 운영주체의 규정에 의거 운영주체가 임명하며 직원의 신분을 갖는다
  ② 항 장애인 지역사회 재활시설 직원 직급 5급 이상 자격기준 해당자를 채용하여야 한다

제 V 장 사업의 운영

- **제16조(사업계획 수립)**
  운영주체는 그룹홈의 사업계획 수립 시 입주자 및 사회재활교사들의 의견을 수렴하여야 한다

- **제17조(운영위원회 설치)**
  ① 항 사업계획 및 집행의 공정과 적정을 기하기 위하여 "장애인 공동생활 가정 운영위원회"를 구성하여 운영한다
  ② 항 위원장은 그룹홈을 관할하는 시설장으로 함을 원칙으로 한다.
  ③ 항 위원은 위원장이 지명하되 팀관리자, 사회재활교사, 입주자 부모, 교수 등을 포함한다
  ④ 항 위원회는 사업계획수립, 운영, 사업평가, 입주자 선정, 퇴거 등에 관한 사항을 심의한다

- **제18조(비용의 수납)**
  ① 항 운영주체는 입주자의 생활에 필요한 부담금을 수납할 수 있다
  ② 항 입주자가 계속 1개월 이상 입원 또는 거주하지 않을 시에는 식비 등을 감액 또는 환불할 수 있다

- **제19조(장부 및 서류의 비치)**
  운영주체는 관리운영에 따른 다음의 각 호의 장부 및 서류를 작성, 보관하여야 한다
  ㄱ. 그룹홈 설치에 관한 서류
  ㄴ. 사업계획 및 사업실적서
  ㄷ. 입주자 명부
  ㄹ. 입주자 입주 관계서류
  ㅁ. 업무일지
  ㅂ. 비품대장, 소모품대장
  ㅅ. 신상기록부
  ㅇ. 금전출납부
  ㅈ. 월간보고서 등 그룹홈 운영에 필요한 서류

- **제20조(재무회계 처리)**
  재무회계 처리는 사회복지법인 재무회계 규칙에 정하는 바에 따른다

- **제21조(관리운영 규칙)**
  운영의 주체의 관리, 운영규정에 준하여 시행하되, 별도 규정 필요시 운영주체에서 제정할 수 있다.

19. 사회재활교사 교육일정

유 병 주

제1주 : 주제 발표 (사회재활교사)

    1 월 : "정신지체와 성인"

    2~4 월 : "건강과 건강음식"

    5~7 월 : "여행과 레크리에이션"

    8 월 : 중간평가

    9~11월 : "가을과 몸단장"

    12 월 : 종합평가

제2주 : case conference (그룹홈에서 돌아가면서 모임)

제3주 : 토론 및 강의, 연수보고 – 직업재활팀 신선생님과 직업지도에 대해 토의

제4주 : 자치위원회 보고 및 의견수렴

	제 1 주	제 2 주	제 3 주	제 4 주
1월	정신지체와 성인(유병주)	가양동(현숙이네)	직재팀	4주평가 및 새달 계획
2월	레크리에이션(김창겸)	중계동(승원이네)	신선생님과 토의(직업지도)	
3월	단전호흡(김미경)	창동 104동 303동(진호네)		
4월	건강차와 음식(김홍자)	case 신대방동(은영이네)	토론	자치위원회 보고
5월	성교육(유병주)	가양동(규택이네)		
6월	레크리에이션(김창겸)	conference 중계동(훈련홈)	강의	– 부모자치회: 보고서 팩스로 보냄
7월	(박신구)			– 입주자치회: 자원봉사자 참석
8월	중	간	평	가
9월	시쓰기(이경아)		연수보고	토론및 의견반영
10월	애완동물 키우기(고정경)			
11월	챠밍스쿨(김수진)			
12월	종	합	평	가

(1) 자치위원회

부모자치위원회 : 매달 셋째 주 목요일 15~17시, 장소는 자유

회의 기록을 팩스로 보낼 것

입주자자치위원회 : 매달 셋째 주 일요일 15~17시

장소는 자원봉사자와 상의해서 스스로 결정

회의 기록은 자원봉사자에 의해 관찰, 기록되고

매달 넷째 주에 교육에 참가 보고

(2) 훈련홈 평가

: 평가서 작성 1월, 4월, 7월, 11월

Ⅲ. 생활사례를 통한 그룹홈 이해

20. 그룹홈에 관하여 [34]

김 수 진

1992년 10월 17일 중계동의 아파트 단지 내에 한 가구가 입주하였으며 그날 약간의 비가 내렸다.

20대 초반의 정신지체인 청년 4명은 각자가 가져온 소지품, 옷가지, 이불 등을 펼쳐 보이며 조금은 들떠보였고 그 곁에선 어머니들의 표정엔 걱정이 역력하였다. 그리고 그들의 생활은 시작되었다.

난생 처음 가족의 품을 벗어난 이들은 낯선 주거환경, 새로운 직장생활을 잘 적응해 나갔다.

작업장을 다니면서 겨우 자신의 용돈 벌이를 하는 큰형 박○○를 제외하고는 모두가 생활비, 용돈, 저축 등을 스스로 해결하고 있다. 처음 황○○는 금전출납부에 커피 한 잔을 1,000만원이라고 기록했다. 3년이 지난 지금 직장에서 하루 두 잔씩 빼먹는 한 달치 커피값의 동전과 버스 토큰 사용을 구입해 서랍 속에 넣어두고 남은 용돈과 구별하는 짜임새를 가지게 되었다. 김○○는 퇴근길에 주 3회씩 헬스를 다닌다. 나이로 제일 큰형인 박○○씨를 큰형으로서의 위상을 세워주는 일은 좀처럼 쉽지 않다. 행동이 느리고 여성스러운 주○○는 꼼꼼하여 금붕어와 새 모이주기를 도맡아 하고 있다. 간혹 그룹홈에서의 생활이 어떠냐고 묻는다.

그들은 자신의 생각을 정리하여 멋지게 표현하지는 못하지만 대충 이렇다. 말이 통하는 친구가 곁에 있어서 좋다. 많은 것을 배울 수 있어서 좋다. 현재의 저축과 배움을 토대로 장래의 희망을 가질 수 있다 등이다.

이들의 사회생활의 향상은 일일이 나열할 필요는 굳이 없겠다. 또한 그들 부모의 심리적 부담감을 다소나마 해소시킬 수 있었던 점도 마찬가지라 하겠다.

얼마 전 김○○의 생일초대를 받아 방문하였더니 사회재활교사 백선생님은 낡은 벽지와 장판을 바꾸어야 하지 않겠느냐고 하더니 한동안 끈질기게 그 문제로 졸라댔다. 결국 11월 초 추위가 닥치기 전에 서둘러서 장판도배를 끝냈고, 가구들을 새롭게 배치하였더니 분위기가 한결 달라졌다.

오늘은 부모님들과 김장을 한다며 시간되면 저녁에 들려 보라며 전화가 왔다. 목욕지도가 어려우니 남자 자원봉사자를 보내달라는 등 늘상 요구도 많다. 그룹홈 업무의 특성상 미리 신부수업은 완벽하게 해놨다는 사회재활교사들의 말을 웃어넘기지만 일선에서의 이들의 열의와 노력에 고개 숙여지곤 한다.

최근 특수학교 설립이 거센 주민들의 반대로 어려움에 처해 있었지만 비자금 파동 탓인지 뉴스거리도 되지 못했던 일을 기억한다. 언제나처럼 장애인들의 이상행동, 부동산 가격에 미칠 영향, 자녀들의 문제, 지역사회 거주에 대한 불쾌감 등을 이유로 내세워 장애인시설 설립을 반대하고 있으나 그룹홈이라는 작은 수의 규모는 이런 이기적인 선입관

---

34) 이 글은 김수진 계장이 월간 『새날을 여는 사람들』 96년 1월호(4-5)에 기재한 글입니다.

을 이겨내는 데 한몫을 하였다.

　사실 입주 6개월이 지나서도 그들은 좀처럼 독특한 구성원인 그룹홈 특색에 관심을 가지지 않았고, 지금껏 아무런 갈등도 없다. 이제는 정신지체인이란 낯선 이웃을 알게 되었으나 이미 친밀한 이웃으로 먼저 자리잡은 뒤였다.

　이렇게 그룹홈은 직장에서나 지역에서 자리잡아 가고 있으며, 전문가의 평가를 통해 매해 조금씩 증설되고 있다. 특히 올해는 장애분야를 넘어서, 청소년, 노인 분야까지 논의되는 등 다양한 관심들은 주목할 만하다. 안타까운 것은 부모들을 중심으로 급한 마음에 주택과 장비를 마련하여 어렵사리 그룹홈을 시작했지만 이에 따르는 지속적인 운영의 어려움에 처하는 모습을 종종 보게 된다. 아직은 걸음마 단계에 서 있는 그룹홈이 그에 대한 충분한 연구와, 부모들의 바른 이해, 정부의 적절한 지원, 주민들의 관심과 협조 속에서 단단하게 뿌리내려졌으면 하는 바람을 새날을 맞으며 기대해 본다.

21. 그룹홈 입주기

조 선 영

나는 부모님들께서 아버지 고향인 용문에 이사를 가는 바람에 그룹홈에 입주하게 되었다. 부모님들과 함께 살다가 홀로 된 것이 슬퍼서 눈물이 나왔다.

그러나 이제는 성숙한 숙녀가 되었다.

그리고 홀로 생활을 보내고 직장을 열심히 다니고 있다. 지금은 사랑의 복지관내의 베이커리에서 판매를 하고 있다.

처음 그룹홈 생활이 너무나 힘들었다. 그룹홈에서 일하는 것이 싫었기 때문이다.

직장생활도 너무 힘이 들었다. 자신이 없었다. 여러 번 직장을 옮기고 지금 사랑의 베이커리에서 근무를 한다.

지금은 차츰차츰 그룹홈 일을 하고 있다.

나는 그룹홈에서 송년회 때 사회를 보았으며 친구, 동생들과 함께 쇼핑, 영화를 보기도 하고 여행도 다녔다.

나는 그룹홈 생활을 즐겁게 보내고 있다. 앞으로 내가 혼자 되었을 때 살 수 있는 방법을 배우고 있다.

혼자서 기차를 타고 집으로 가는 것도 배웠고 반찬 만들기도 배우고 가사는 아직도 싫다.

그러나 살기 위해서 해야 된다고 한다.

나는 기숙사에서 생활을 한 적이 있는데 기숙사보다 그룹홈이 낫다고 생각한다.

자립의 날 때 우리끼리 생활하는 것이 기대된다.

지금은 사랑의 베이커리에서 판매를 하면서 그룹홈 생활을 보내고 있다.

22. 생활사례를 통한 그룹홈에 대한 이해[35)]

김 수 진

머리말

그룹홈은 정신지체인들의 장래 문제를 해결하는 데 있어서 현 단계에서는 가장 바람직한 대안으로 많은 부모들의 주목을 끌고 있다. 그룹홈이 각광을 받는 이유는 무엇보다 정부가 살 집을 제공하고 직원 인건비와 운영비 일부를 보조해 주는 등 거의 완벽한 복지서비스를 해주기 때문이다.

'그룹홈'은 1960년대 노르웨이에서 시작됐다. 부모들이 정신지체 장애를 가진 자녀들이 수용시설에서 인간답게 살지 못하는 것을 보고 그들을 지역사회에 살게 하자는 부모 운동을 벌여 그룹홈이 시작되었으며 사회통합 사상에 힘입어 전 세계로 확산되었다.

우리나라도 현재 200여개의 그룹홈이 운영되고 있고 더욱 늘어날 전망이다.

그룹홈에 대한 효과성은 많은 연구결과로도 입증되었으며, 사회적응과 자립에 있어 많은 발전이 있었음을 오랜 시간 동안 가까이에서 지켜보았기에 언제나 자신 있게 부모님들에게 말할 수 있다.

그러나 아직도 그룹홈을 모르거나, 여러 가지 이유로 망설이는 부모님들, 혹은 자녀의 그룹홈 입주 후에도 그룹홈에 대한 바르지 못한 이해로 인해 갈등을 겪는 경우도 보게 된다.

이 시간을 통해 그룹홈에 대한 개념 이해와 우리나라의 그룹홈 역사와 현황, 그룹홈 사례등을 통해 장래 자녀에 대한 다양한 준비에 도움을 주고자 한다.

본 말

I. 이론적 배경

1. 그룹홈이란

그룹홈이란 지역사회 내에는 있는 보통주택(아파트, 맨션, 독립주택)에서 소수의 정신지체인들이 공동으로 생활하고 그들의 능숙치 못한 일(금전관리, 대인관계 등)을 전문직원에 의해서 지원을 받는 생활형태로서 사회적 자립을 목

---

35) 이 글은 국립특수교육원의 2001년 부모연수 제 1 · 2기 연수자료 『부모연수 및 상담과정』 2001.1.11~6.20(59~72p)에 기재한 글이다.

적으로 한다. 정신지체인들도 일반의 장소에서 일반생활을 하는 것이 당연하다는 생각에서 나온 것으로서, 인간으로서 사회적 지위는 장애 유무에 관계없이 동일한 것이며 정신지체인도 그들의 선택에 의한 삶을 영위할 수 있는 것이다. 그룹홈은 자택이나 수용시설에서의 생활을 부정하는 것은 아니며, 정신지체인의 보다 희망적인 생활방식의 하나이다.

2. 그룹홈의 목적

그룹홈은 정상화사상의 정착으로 정신지체인들도 평범한 시민으로서의 존중과 삶의 권리를 보장받게 하고, 정신지체인들의 지역사회 거주를 통한 사회통합을 도모하여, 사회적 자립을 하게 함으로써 복지를 증진하는 데 목적이 있다.

3. 그룹홈의 성격

- 기본적으로 정신지체인은 성인이 되어도 가능하면 부모와 함께 사는 것이 바람직하다는 생각을 전제로 하지 않는다.
- 그룹홈은 지역사회에서 선택적으로 살아가는 정신지체인의 생활지점이다.
- 그룹홈은 시설을 단순히 소규모로 한 것이 아니다.
- 입주자의 일상생활에서 지도 · 훈련은 최소한이고 관리성이 배제된다.
- 입주자의 생활은 기본적으로 개인생활이고, 본인이 희망하는 한 그룹홈 생활은 계속된다.

4. 그룹홈의 역사

한국에서 그룹홈의 역사는 1981년 천노엘신부가 전남 광주에있는 엠마우스복지관에서 집단가정 서비스를 최초로 시행하였으며, 1988년 은평천사원에서 제네바 소망의 집이라는 이름으로 서비스를 시작하였고, 1992년 서울 정신지체인복지관에서는 서울시의 지원을 받아 '장애인 공동생활 가정' 이라는 이름으로 실시하였다.
그룹홈의 수는 지난 20년 동안, 특히 90년대에 전국적으로 급격히 증가하여 현재 200여개로 추정되고 있다.1992년 서울시 시범사업으로 시작된 서울시립정신지체인복지관의 4개 그룹홈(현재6개)을 위시로 하여 현재(2001년) 서울시에 등록된 그룹홈의 수는 67개, 보건복지부지원 그룹홈 수는 25개에 달한다.
그룹홈 운영주체는 크게 장애인복지관, 수용시설, 부모회로 구분된다.
이처럼 장애인 복지사업이 소규모, 그리고 지역사회 중심으로 전환되면서 그룹홈은 2000년대의 우리나라에서 장애인을 위한 중요한 주거형태로 자리잡게 되었다.

5. 그룹홈 설치의 효과 (생활시설과의 비교)

- 적응기술에 있어서 상당한 변화를 보였다(Conroy, 1977).

- 그룹홈은 대규모 수용시설보다 더 많은 사회적, 직업적 기회를 입주자들에게 제공해 준다.
- 의사소통을 비롯한 사회적응 기술에 있어서 향상을 가져왔다(Schroeder&Hanes,1978).
- 지역사회에 거주하는 장애인의 경우 시설에 수용된 장애인에 비하여 만족도가 높게 나타났다
  (Grapps&Swaim,1984).
- 사회통합을 물리적 접근성, 이웃과 통합, 우정관계, 가족과의 교류, 지역사회 자원의 이용, 가정 내 통합 등의 모
  든 차원에 걸쳐 위탁가정, 그룹홈, 민간수용시설, 공립생활시설 등을 상호 비교한 결과 위탁가정과 그룹홈이 높
  은 사회통합을 나타냈다(Anderson, 1992).
- 그룹홈에 입주한 장애인들의 경우 사회적으로 노출될 기회를 더 많이 갖게 되어 시설 장애인에 비해서 직업을
  가질 수 있는 가능성이 높다고 주장하였다(Kauffman&Hallahan, 1991).
- 지역사회 지향적인 그룹홈일수록 직원들의 직업만족도가 높았으며, 이는 더 바람직한 입주자 보호관리와 연관
  되는 경향이 컸다.

이러한 연구결과에서, 보다 작은 규모의, 지역사회를 기반으로 한 프로그램이 더 유익한 서비스를 제공할 가능성
이 있다는데 의견의 일치를 보이고 있다.

O 어머니 생활에 미치는 효과
- 장애 자녀에 대한 심리적 부담과 비장애인 자녀에 대한 미안함 감소
- 장애 자녀 및 가정에 대한 미래 계획을 세우도록 도움
- 어머니의 스트레스를 줄이고, 여가선용 시간을 갖게 하는 데 많은 도움
- 어머니의 자존심 향상과 부부관계, 어머니의 친구나 이웃과의 만남의 기회를 늘이는 것에 도움을 줌(1993, 강석동)

O 정신지체인 생활에 미치는 효과
- 정신지체인의 가정 내 적응, 직장 및 사회 적응력을 높이는 데 그룹홈이 매우 효과적이었으며, 심리적 안정, 자율
  성 증진, 가사처리 능력의 발달, 의사소통 능력의 향상, 신변처리 능력의 향상 등에 효과가 있다(1993, 강석동).
- 그룹홈의 입주 전과 입주 후에 발생한 입주 장애인의 특성변화 및 가족생활에서의 # 변화된 정도를 비교한 결과
  에서는 입주자들의 가사기술, 입주자와 부모와의 관계, 입주자의 자신감, 지역사회 생활기술 및 예의범절 등이
  이전보다 향상된 결과를 나타내었으며, 또한 입주자의 여가선용 기술, 자립심, 의사표현 기술 등에서 증요한 변
  화를 보였다(이대 박현숙교수. 1993).
- 그러나 학습능력에 있어서는 대부분 변화가 없거나 약간 도움이 되는 것으로 나타났다(' 93, 숭실대 강석동).

II. 그룹홈 운영실태 (서울시립정신지체인복지관을 중심으로)

1. 운영현황

수	소재지	평형	입주인원	개소년도	홈유형
1	중계동 목화A 410-108	22	남자 4명, 사회재활교사 1명	92. 10	반자립홈
2	중계동 목화A 412-105	22	여자 4명, 사회재활교사 1명	92. 10	반자립준비홈
3	가양동 도시개발A 801-103	22	여자 4명, 사회재활교사 1명	92. 11	훈련홈
4	가양동 도시개발A 803-103	22	남자 4명, 사회재활교사 1명	92. 11	자립홈
5	창동 삼성A 104-303	26	남자 4명, 사회재활교사 1명	94. 10	반자립홈
6	신대방동 금성빌라7차 A-104	24	여자 4명, 사회재활교사 1명	94. 12	전일보호홈

2. 입주자 현황 (단위:명)

O 성별

성별	남	여
실인원	12	12

O 연령별

연령별	계	18~20세	21~25세	26~30세	31~35세	41세 이상
실인원	24	2	6	6	7	1

O 장애 정도

장애정도	계	1급	2급	3급
실인원	24	0	12	12

O 취업현황

취업현황	계	일반취업	보호작업장	취업대기
실인원	20	17	2	1

– 훈련홈 4명은 직업훈련 과정 중
– 근로내용 : 전자조립, 부품조립, 포장, 운반, 재단보조, 사무보조, 제품검사, 청소

- 평균 급여수준(보호작업장 제외) : 487,000원

3. 운영방법

본 사업은 서울시로부터 제반사항을 위탁받아 서울특별시정신지체인복지관의 프로그램으로 운영

O 운영예산
 - 생활지도비, 관리비, 임대료 및 주택비(임차비 약 1억 미만), 인건비는 서울시에서 부담
   (1개소 당 27,000천원)
 - 식비, 간식비, 공과금 등의 생활비는 입주자가 부담
   (월 150,000원)
 - 주택비 : 홈별로 부모 부담금이 다양함

O 프로그램
 - 자립생활 : 식사예절, 개인위생, 의복입기, 동작성, 건강생활
 - 개인이해 능력 : 언어, 돈, 시간과 단위, 쓰기, 읽기
 - 사회적응 : 물건사기, 예절지키기, 가정생활돕기, 돈 관리, 지역사회 시설이용하기
 - 직장생활과 여가활동 : 수작업 능력, 여가활동, 작업에 대한 열성, 작업속도, 시간 지키기 등

O 입주자 퇴거사례
 - 계속적인 그룹홈 또는 직장 부적응
 - 지속적인 문제행동(습관적인 가출 등)
 - 대인관계에 문제가 있는 경우(가정환경이 지나친 과보호, 또는 방치)
 - 건강상의 이유
 - 결혼
 - 보다 안정적인 직장으로 이직
 - 생활 근로시설로 입소

O 바람직하지 않는 부모님 모습
 - 그룹홈에 대한 잘못된 인식
 - 일관성 없는 태도
 - 자기 자녀만을 위한 이기주의
 - 그룹홈과의 협조체계가 이루어지지 않는 경우
 - 그룹홈 사회재활교사에 대한 불신

4. 기존 운영체계의 문제점 및 유형변화

본 복지관은 지난 한 해 현 그룹홈 운영에 있어 전일보호(24시간 보호제)로는 자립이 가능한 입주자들에게 자립의 기회가 주어지지 않으며, 사회재활교사 또한 24시간 근무제가 장기화되면서 체계적이고 일괄적인 교육이 이루어지지 못하고 있다는 문제점들이 제기되면서 개선방안을 모색하고 단계적인 준비훈련기간을 거쳐(약 1년) 2001년도부터 그룹홈의 운영 형태를 다양하게 운영하고 있다.
  △ 그룹홈유형 : 훈련홈, 전일보호홈, 반자립홈, 자립홈

5. 기타 연중 사업계획 및 행사

– 부모모임(분기별), 소식지 발간(분기별), 송년의 밤, 그룹홈 종사자연수회(4회째), 해외연수(유럽, 6월경), 국제교류(일본과 자매결연), 사회재활교사 교육, 서울시내 그룹홈 평가조사, 타 그룹홈견학(분기별), 그룹홈 까페 개설

III. 그룹홈 입주는 어떻게 ?

1. 입주 대상자 선정

O 입주 기준 (장애인 복지사업 안내 2001 –보건복지부)
– 시설 입소자 및 재가 장애인으로서 공동가정에서 생활하는 것이 재활 및 자립에 더 효과적이라고 인정되는 자
– 낮 시간 동안 근로, 고용훈련, 교육 및 재활훈련 등에 참여하고 있으며 이를 통해 일정 소득이 있는 자
– 사회재활교사의 도움을 받아 공동생활을 하는 데 큰 지장이 없는 자

O 입주 대상자 신청 및 선정
  접수 → 입주신청서를 작성(별지 1 서식) → 운영자 심사(별지 3 서식) → 입주시 운영자와 계약서 작성

O 프로그램 예시 (별지 2 서식)

맺 는 말

장애인복지 전문가들은 '그룹홈' 이 제대로 국내에 뿌리를 내리기 위해서는 현재와 같은 정부나 지방자치단체에서 직접 투자하는 그룹홈이 많이 늘어나야 하겠지만, 다른 방안의 하나로 정신지체인들의 부모나 장애인들에 관심을 가진 이들이 운영하는 민간주도형 그룹홈을 정부가 후원, 확산시키는 방법을 고려해야 한다고 말하고 있다. 그럴 경우에 소유 개념이 없는 영구임대아파트 입주 자격에 그룹홈 조항을 신설하는 방안도 한 방법이 될 수 있을 것이다.
  정신지체인들의 장래 문제를 해결하는 데 가장 가능성 있는 대안으로 주목받는 그룹홈제도가 우리나라에 널리 확산되어 정착하기 위해 우리 부모님들이 앞장서야 할 때라고 생각된다.

[참고 문헌]

- 박현숙(1993), 장애인공동생활가정 실태조사연구/정신지체인복지관
- 강석동(1993), 정신지체인을 위한 집단가정(Group home)서비스가 정신지체인과 그의 어머니에게 미치는 영향에 관한 연구
- 조옥현(1991), 성인정신지체인을 위한 집단가정(Group home)서비스에 관한 연구
- 엠마우스복지관(1995), 정신지체인의 거주형태에 따른 "삶의 질"에 관한 연구-원 가정, 그룹홈, 재활 시설의 비교 분석-
- 보건복지부, 2001 장애인 복지사업 안내
- 최재성 (2000), 장애인 그룹홈 실태와 활성화 방향
- 함께 걸음(1993. 7 이태곤기자)
- 뉴스피플(1993. 2 황수정기자)

장애인공동생활가정 입주신청서

신청인	성 명	한 글 : (한자) :	성 별	남 · 여	주민등록 번호		– – (만 세)
	주 소		전 화			종 교	
	장애명		장애등급			최종학교 (직업훈련)	
	직장명		직장주소				
	근무기간		직장 전화번호			월평균 보수액	
보호자	성 명		주민등록 번호			– (만 세)	
	직 업		월간수입			직장전화	
	국민기초 생활보장 수급권자		보훈대상 자여부				

※ 첨부서류 1. 주민등록등본 2. 건강진단서(준 종합병원이상) 3. 장애인등록증 사본
　　　　　　 4. 직장재직증명서(소정양식) 5. 사진(3×4㎝) : 2매

장애인공동생활가정에 입주하고자 위와 같이 신청합니다.

20 　　년 　　월 　　일

신 청 자 : 　　　　　　　　　　(인)
보 호 자 : 　　　　　　　　　　(인)

○○○ 시설장 귀　하

프로그램 예시

목 표	하 위 목 표	세 부 내 용
자립생활	개인위생관리	대ㆍ소변처리, 이닦기, 머리감기, 샤워와 목욕, 생리처리, 면도, 손톱깍기, 이발, 더러운 것과 깨끗한 것의 구분, 화장품 사용
	건강관리	건강상태에 대한 주의깊은 관심쏟기, 의료(보험)카드 관리: 항경련제, 정서안정제 등의 정규적인 약물복용 확인, 2년에 1회 종합건강검진
	식생활관리	식사준비, 간단한 요리, 시장보기, 설거지, 라면 끓이기, 조미료 사용, 가스 및 가전제품 사용
	의생활관리	속옷 갈아입기, 세탁, 옷정리, 이부자리 정리, 장소와 계절에 맞는 옷 선택하기, 단추와 지퍼 사용
	가사관리	열쇠사용, 문단속, 청소, 가계부 정리, 공공요금 지불, 가스 등의 주문과 수선 의뢰, 보일러 사용
사회적응	사회편의시설활용	슈퍼, 약국, 문구점, 음식점, 이ㆍ미용실, 동사무소, 우체국, 세탁소, 백화점, 커피숍, 대중목욕탕
	대중교통수단활용	시내버스, 택시, 기차, 전철
	대인관계	예의, 개별적인 친구관계 유지, 바른 말 사용, 적절한 감정 표현, 다양한 대인관계의 경험
	전화사용	가정용 전화ㆍ공중전화 및 휴대폰 사용, 시외전화 하기
	안전보행	횡단보도 이용, 신호등 지키기, 위험물 주의하기, 육교, 지하도 이용
	금융기관활용	은행이용, 통장만들기 및 입ㆍ출금, 현금카드 활용, 저축습관
	성교육	적절한 성인식과 성지식 갖추기, 바람직한 이성관계의 형성과 유지, 결혼에 대한 준비(책임감, 역할수행능력)
	위험에의 대처	길 잃었을 때 도움 청하기, 위험한 상황에서 자기 방어 및 도움 요청하기, 112ㆍ119의 활용
지역사회 와의 유대	지역주민과의 교류	인사하기, 동네 공동 청소, 상호 가정방문, 독거 노인 방문과 지원, 동네의 어려움에 처한 가정 돕기
	사회행사와 활동참여	반상회, 일반인들의 초대, 일반과정과의 교류, 바자회 참여, 종교 활동 참여, 음악회ㆍ연극제 등의 참여, 대학축제 등에의 참여, 국민투표에의 참여, 수재민, 북한주민, 실직자 돕기 운동에 참여하기

목 표	하 위 목 표	세 부 내 용
가족과의 유대	지역주민의 활용 (자원봉사자)	입주자와 개별적인 친분관계 맺기, 여가 생활 및 지역사회활동에 함께 참여하기, 공동가정의 운영에 물질적, 사회적으로 지원하기
	가족과의유대관계유지	입주 · 퇴거시 가정환경 조사를 위한 직원의 방문
	휴가	주말 휴가(2~3일), 동 · 하계 휴가(7~14일)
	여가생활	스포츠 관람, 등산, 산책, 퍼즐, 독서, 컴퓨터 활용, 음악삼상, 영화와 연극관람, 헬스등 다양한 경험
	여가기술습득	탁구 배드민턴, 수영, 볼링, 화훼, 사진촬영기술 지도
직업생활 지원	직장생활에 관한 상담	담당 업무의 난이도 직장 내에서의 대인관계, 출퇴근 지원
	직장과 관련된 사람들과 관계	좀 더 안정된 직장생활을 유지하는 데 영향력 있는 사람들의 공동가정 초대, 빈번한 교류유지
	취업알선 및 교육	취업지의 소개, 전직훈련, 직업교육 위탁 등
	가족적인 분위기와 환경조성	구성원 간의 분위기를 편안하고 안락하게 하기 위하여 대화, 개인의 사생활과 개인용품의 확보, 존중하기, 실내외 환경을 밝고 가정적인 분위기로 장식하기
	개별적인 생일파티	개개인의 생일을 축하함으로써 자존감 증진
	행동수정	폭력행동, 불안행동, 야뇨증, 손톱 물어뜯기, 눈 마주침, 지시 따르기, 남의 물건 인정하기
	개별상담	장래의 대한 희망과 책임감, 권리행사에 대한 지원, 대인관계에서 비롯되는 갈등과 고민에 대한 경청, 조언, 정보제공, 정서적 지지
정서안정	집단상담	공통의 문제에 대해 토론을 유도, 자기표현력과 타인의 의견을 수렴하는 경험 제공
	위기개입	도벽, 싸움, 공격적인 행동 등의 문제 행동에 대한 즉각적인 조치, 사고 등의 긴급한 상황의 신속한 개입과 조치
	부모상담	입주자의 생활에 대한 부모의 효과적인 역할을 인식케하고 수행하도록 지원

입주대상심사표

심사일 :　　　　　 년　　　　 월　　　　 일　　　　 성명 :

제　목	세　부　내　용	평　점				
		1	2	3	4	5
1. 거 주 지	(주민등록상 주소)					
2. 장애인등록	예: 정신지체(　　　　)급					
3. 연　　령	실제연령(　　　)세, 생활연령(　　　)세					
4. 취　　업	직장명 :　　　　　　　　(업무내용 :　　　　　　　　　)					
5. 생활비 납부	생활비 부담 방법 :					
6. 건　　강	(1) 건강진단결과 : (2) 일반적 질병 :　　　　　(복용하고 있는 약품명 :　　　　)					
7. 개 인 생 활	(1) 기본생활 자립정도 　　(식사, 용변, 몸치장, 옷차림, 정리정돈 등) (2) 대인관계 (친구, 어른, 단체)					
8. 공 동 생 활	(1)가정생활(가족, 친척, 관계) (2) 이웃생활 동네, 이웃관계, 공공시설(공원, 극장, 백화점 등)적응 (3) 공동생활(은행, 학교, 동사무소, 교통, 병원, 소방서, 경찰서 등)					
9. 경 제 생 활	(1) 물건의 구입(상점, 슈퍼, 문구점, 백화점, 정육점, 약국 등) (2) 소비와 절약 (절약, 저축, 화폐단위 등)					
10. 예 절 생 활	(1) 기본예절(인사, 공경, 감사표현, 바른자세, 예절 등) (2) 애국생활 (우리나라 역사, 국기, 애국가, 국경일, 명절등)					
11. 직 업 적 응	(1) 직업생활의 기본적 이해 태도 　　(직업의 이해, 적성, 직업 생활태도, 근무자세, 직장예절 등) (2) 직업수행 기능정도 　　(가꾸기, 공작, 공예, 수예, 가사, 상차리기, 가정기기 다루기 등)					
12. 행 동 적 응	(1) 주의집중, 지시반응 (단순, 복합, 연속적 행동, 다양한 언어) (2) 부적응 행동 　　(충동, 자학, 이상습관, 폭력, 반항, 도피, 좌절, 도벽, 반사회적 행동 등) (3) 의지력(자신감, 역할에 대한 충실도, 만족감 등)					
13. 부모의 태도	(1) 부모로서의 지시에 대한 인식정도 (2) 운영주체의 방침이나 지시에 대한 반응정도 (3) 계약내용에 대한 부모의 자세					
14. 기초생활보장 　수 급 여 부						
	총　점					

인수인계보고서

전임자 : 배 ○○ ㉑

후임자 : 이 ○○ ㉑

2002년 6월 7일

서울시립정신지체인복지관

서울특별시립정신지체인복지관

우편발송, 모사전송, 정보통신, 인편

우편번호156-012 / 서울시 동작구 신대방 2동 395 / 전화 (02)834-7065 / 전송 (02)842-1959
처리팀 : 사회재활팀 · 실장:위병주/ 계장:김수진/ 담당:배은미

문서번호 서정복 2002-1242

시행일자 2002. 6. 7(3년)

(경유)

수신 내부결재

참조

보조기간	3년	관　　장	
공개여부	공 개		
사무국장			
소　　장			
계　　장			
기 안 자	배은미		협　조
심 사 자	장정은	심 사 일	2002. 6. 7

제목 : 강서구 장애인공동생활가정 (규택이네) 인수인계

저희 사회재활팀 장애인공동생활가정(규택이네)에서는 다음과 같이 인수인계를 보고합니다.

- 다　　　　　음 -

주　　소	강서구 가양3동 가양APT 803동 103호 (규택이네)	
이　　름	전 임 자	후 임 자
	배 은 미	이 미숙
내　　용	① 입주자에 관하여 취업과 생활, 건강, 여가, 개별사항 ② 입주자 통장잔액 및 거래 은행 ③ 그룹홈 관련서류 및 입주자 서류 ④ 비품과 소모품대장 ⑤ 금전출납과 그룹홈 행정서류 ⑥ 지역사회시설(장보기, 은행, 여가시설 및 지역주민인사)	

첨부 : 인수인계 보고서 1부 끝.

서 울 정 신 지 체 인 복 지 관 장

◎ 입주자에 관하여 (가족사항이나 이력사항은 개인명세서를 참고)

1. 권○○(3급)

▶ 취업사항
근 무 처 : 92년도 (주)동○ – (주)오○○ 업체 변경하여 현재까지 근무 / 가리봉역 부근
업   무 : 영업부서/박스정리 및 나르기
업무시간 : 아침 6시 50분 출발하여 저녁 **7시 정도 귀가**(격주 토요일 휴일)
급   여 : 국민은행 통장으로 **매월 10일** 자동이체됨(500,000원 정도)
　　　　　　보너스는 부모님께 드림–인출하여 태우씨에게 전달
　　　　　　정기적으로 취업체를 방문하여 상담 및 사기를 높여줌(본인 원함)
▶ 생활지도 : 개인위생은 잘하나 '치아' 관리 및 **양치질 지도**
　　　　　　의복은 계절에 맞게 잘 입고 정리정돈이 잘됨
　　　　　　스스로 세탁소나 이발소, 목욕탕 이용가능
▶ 건강생활 : 빠른 노화로 **감기나 몸살이 걸리면 출근 못하는 모습** 자주 보임
　　　　　　항문치료와 변비치료로 재발하지 않도록 주의 요망
　　　　　　(과식하지 않고, 체중조절과 야채 먹기 지도 중)
▶여가생활 : 버스와 지하철 등 스스로 교통편 이용 가능(처음인 곳은 메모나 설명 후)
　　　　　　스스로 지역사회 여가활동함(볼링장, 노래방 등)
▶ 금전관리 : 용돈은 매월 급여일날 80,000원 지급
　　　　　　(여가활동비나 축의금 등 특별한 행사나 20,000 이상의 용돈 필요시 통장에서 인출 지급)
　　　　　　개인금전출납부에 입 · 출금 내역 기장
▶ **개별사항** : 그룹홈 입주자 중 아버지의 역할을 함
　　　　　　교사의 지도를 잘 따라 다른 입주자들을 이끌고 나가는 역할을 함.
　　　　　　때로는 큰 소리와 눈빛으로 위협을 할 때가 있어 주의 요함(엄한 아버지와 눌려 있는 환경에서 성장함)
　　　　　　언어가 미숙하나 이해력이 높아 교사의 대화로 설득 가능함
　　　　　　성적인 욕구를 자위행위나 동생 입주자들에게 해소함(얼굴 쓰다듬기, 껴안기, 뽀뽀하기 등등)
　　　　　　정기적인 성교육과 상담 요함

2. 이○○(3급)

▶ 취업사항
근 무 처 : 92년도부터 (주)한○○○ 현재까지 근무 / 가리봉역 부근
업   무 : 박스정리 및 나르기
업무시간 : 아침 6시 00분 출발하여 **저녁 6시 정도 귀가**

(잦은 야근으로 9:30분 귀가/ 격주 토요일 휴일)

▶ 급   여 : 신한은행 통장으로 **매월 25일** 자동이체됨(국민은행으로 이체)

　　　　　　보너스는 부모님께 드림-인출하여 어머님께 계좌이체

　　　　　　정기적으로 취업체를 방문하여 상담 및 사기를 높여줌. 본인 원함

▶ 생활지도 : 옷소매와 목 부분의 찌든 때 지적과 면도 지도 요함

　　　　　　잦은 야근으로 그룹홈에서 가사생활 지도가 어려워 주말이나 일찍 퇴근시 지도

　　　　　　쌀 씻고 밥하기. 밑반찬과 국끓이기 등

▶ 건강생활 : 굳은살과 티눈으로 발 청결히 하기(발 마사지)

　　　　　　잦은 야근으로 피로와 스트레스 해소 요함

　　　　　　허리가 아프면 침과 찜질. 소화력 부족으로 음식 꼭꼭 씹기

　　　　　　체중 늘리기

▶ 여가생활 : 버스와 지하철 등 스스로 교통편 이용 가능

　　　　　　스스로 지역사회 여가활동함(볼링장, 노래방, 미술관, 박물관 등)

▶ 금전관리 : 용돈은 매월 급여일날 150,000원 지급

　　　　　　(여가활동비나 축의금 등 특별한 행사나 20,000원이상의 용돈 필요시 통장에서 인출 지급)

　　　　　　개인금전출납부에 입 · 출금 내역 기장

▶ **개별사항** : 회사의 라인팀장과의 지속적인 관계 개선 요함

　　　　　　회사의 여직원들에게 관심있어 간식을 사거나 선물을 자주 함(인정받고 싶고, 성적인 욕구 강함)

　　　　　　노조활동에 적극적이고 사람들과 어울리는 것을 즐김

　　　　　　범 불안증으로 용돈 사용을 자제하고 있으나 필요시 용돈 수시로 지급함

　　　　　　과중한 회사업무와 스트레스를 용돈 사용으로 해소함

　　　　　　화가 나면 손으로 주먹을 불끈 쥐거나 방에 들어가 "화가 났어요!"라고 표현함

　　　　　　(많이 화가 나면 분에 못 이겨 얼굴이 붉어지고, 손으로 얼굴을 심하게 만지거나 욕을 하며, 폭력도 사용함)

3. 성○○(2급)

▶ 취업사항

　근 무 처 : 2001년 11월부터 ㈜현○○○ 현재까지 근무 / 부천 소사역 부근

　　　　　　(잦은 이직으로 다른 입주자들보다 의기소침하나 현재는 많이 회복)

　업　　무 : 단자 놓기와 단순 업무

　업무시간 : 아침 7시 10분 출발하여 **저녁 7시 30분 정도 귀가**

　　　　　　(졸음과 하품 등 긴장이 풀리는 모습으로 지적받음)

　급　　여 : 국민은행 통장으로 매월 15일경 자동이체됨

　　　　　　지각과 일거리 부족으로 휴일날은 급여에서 삭감

스스로 달력에 체크하기 가능

정기적으로 취업체를 방문하여 상담 및 사기를 높여줌(본인 원함)

▶ 생활지도 : 면도와 콧털 제거하기. 샤워 샴푸로 땀 냄새 제거하기(땀을 많이 흘림)

지저분한 옷 갈아입기와 밥 먹고 바로 눕지 않기

▶ 건강생활 : 음식으로 체중조절과 정기적인 운동으로 배의 둘레 조절하기

아플 때 말로 표현하지 않아 주의 요망(면역성이 약해 잦은 감기와 콧물 흘림)

▶ 여가생활 : 버스와 지하철 등 스스로 교통편 이용 가능

스스로 지역사회 여가활동함(볼링장, 노래방, 미술관, 박물관 등)

▶ 금전관리 : 용돈은 매월 급여일날 80,000원 지급

(여가활동비나 축의금 등 특별한 행사나 20,000원이상의 용돈 필요시 통장에서 인출 지급)

개인금전출납부에 입 · 출금 내역 기장

▶ **개별사항** : "괜찮아요"라는 말로 본인의 의사표현을 정확히 하지 않음

상대방이 위협을 하거나 부당한 대우를 해도 방어하지 않음

(교사와 긴밀한 관계와 신뢰 형성으로 정기적인 상담요함)

표현과 이해 부족으로 종종 윗사람에게 버릇없는 듯한 의사표현과 행동으로 주의 요함

("그런 말을 어디서 배우셨어요?" – 팔짱을 끼며 가까이 다가가)

그룹홈의 전반적인 가사나 생활을 이끌어 나감

4. 최○○(2급)

▶ 취업사항

근 무 처 : 92년도 (주)동○ – (주)오○○ 업체 변경하여 현재까지 근무 / 가리봉역 부근

업   무 : 자재부서/박스정리 및 나르기

업무시간 : 아침 6시 50분 출발하여 **저녁 7시 정도 귀가**(격주 토요일 휴일)

급   여 : 국민은행 통장으로 **매월 10일** 자동이체됨(500,000원정도)

정기적으로 취업체를 방문하여 상담 및 사기를 높여줌(본인 원함)

▶ 생활지도 : 개인위생은 잘하나 곱슬머리로 머리손질 지도와 나이에 맞는 옷 입기(형들과 지내서 옷 입는 것을

닮아감)

그룹홈 소모품과 비품관리–영수증 구분하여 받기

▶ 건강생활 : 편식이 심해 김치나 야채를 먹지 않아 교사의 유도 요함

알레르기성 재채기와 콧물로 '이비인후과' 자주 이용

(겨울이 심하고 제때에 치료해야 함)

▶ 여가생활 : 버스와 지하철 등 반복 지도 후 가능함

지역사회와 가까운 곳은 스스로 가능함(메모 요함)

(주로 권○○씨와 동행하여 다님)

　　　스스로 지역사회 여가활동함(볼링장, 노래방 등)

▶ **금전관리** : 용돈은 매월 급여일날 80,000원 지급

　　　(여가활동비나 축의금 등 특별한 행사나 20,000원이상의 용돈 필요시 통장에서 인출 지급)

　　　개인금전출납부에 입 · 출금 내역 기장

▶ **개별사항** : 언어미숙과 이해부족으로 화가 나면 참지 못함

　　　화가 나면 큰 소리를 지르거나 문을 세게 닫거나 폭력을 사용함

　　　평소에는 잘 웃고 붙임성이 높아 회사에서 대인관계가 좋음

　　　어머님께서 OO씨의 그룹홈 생활을 자세히 알기 원함

　　　오해와 이해부족으로 형들에게 대들거나 폭력을 사용하는 일이 있음

　　　그룹홈 잔일과 소모품을 잘 관리함

◎ 입주자 통장 잔액 및 거래 은행

이 름	거래은행(계좌번호)	입금 내용	잔　액 (2002년 0월0일 기준)	비　고
권○○	○○은행(811-01-0000-000) ○○은행(811-01-0000-000)	○○종합통장 ○○상호부금	1,673,742 7,000,000	급여통장
이○○	○○은행(811-01-0000-000) ○○은행(811-01-0000-000) ○○은행(811-01-0000-000)	저축예금통장 ○○종합통장 ○○자금대출	2,968,488 3,032,249 매월 101,000원 할부	급여통장
성○○	○○은행(811-01-0000-000)	○○종합통장	1,064,341	급여통장
최○○	○○은행(811-01-0000-000)	○○종합통장	3,220,555	급여통장
서울시립정신지체인복지관 811-01-0000-000	○○은행		통장잔액 328,436 현금잔액　23,080	생활비
서울시립정신지체인복지관 811-01-0000-000	○○은행		통장잔액　　6,099 현금잔액　55,000	보조금
이마트 마일리지 적립금 823-0666651-00-000	○○은행		통장잔액 863,538	후원금

※ 매달 말일경에 생활비 입금

－ 서울시립정신지체인복지관/국민은행(811-01-○○○○-○○)/입금자-이미숙

◎ 그룹홈 관련서류 및 입주자들의 관한 서류

　　　모든 서류는 제출 후 결재받고 복사하여 묶는다.

서류와 관련된 양식은 양식대장(컴퓨터 양식 – 디스켓)에 비치되어 있음

- 업무일지 : 매일 기록하여 결재받음
- 식단표 : 일주일 단위로 결재한 후 시행함(계장 전결)
- 예산 청구 : 예산서에 의하여 내부 결재

  매월 생활비 630,000원을 취합하여 복지관에 송금 후 청구함

  (입주자 4인 × 150,000원, 교사 1인 30,000원)
- 월간보고서
- 월회계보고서
- 월실적보고서 ; 결재 후 월실적보고서 담당자에게 파일로 전달한다.
- 장부정리 : 금전출납부
- 연간지도계획서 : 연 1회 작성
- 개별지도 계획서
- 입주자들 개인 신상명세철
- 자원봉사활동기록부
- 비품과 소모품대장
- 입주자들 개인별 금전출납부
- 취업관련기록부
- 개인활동기록서 : 3개월씩 정리하여 중요한 내용을 작성한다.
- 부모모임 : 분기별로 부모모임을 실시하며 기록 및 결재한다.
- 외출부 : 업무상 이동으로 인한 교통비는 외출부에 기록 후 매월 초에 결재한다.

◎ 비품내역(비품대장 참고)

번 호	비 품 명	수 량	번 호	비 품 명	수 량
1	옷장 겸 이불장	2	31	식기건조대	1
2	옷장 겸 이불장	2	32	공구함	1
3	옷장 겸 이불장	1	33	빨래건조대	1
4	서랍장	3	34	세탁실 선반	1
5	책상	3	35	카메라	1
6	의자	4	36	김장김치통	1
7	책장	2	37	튀김기	1
8	거울	3	38	화장대 탁자유리	2
9	텔레비전대	1	39	보온병	1
10	스탠드 옷걸이	2	40	팥빙수기	1
11	욕실 장식장	1	41	전기밥통	1
12	식탁	1	42	자동응답전화기	1
13	신발장	1	43	3구가스렌지	1
14	오디오 장식	1	44	가스하론소화기	1
15	냉장고	1	45	컴퓨터 스피커	1
16	비디오	1	46	컴퓨터 모니터	1
17	오디오	1	47	컴퓨터 본체	1
18	전자렌지	1	48	핫블레이트	1
19	쌀통 겸 렌지대	1	49	청소기	1
20	세탁기	1	50	식탁의자	3
21	쥬서기	1	51	서류함	1
22	믹서기	1	52	우산꽂이	1
23	에어포트	1	53	분쇄기	1
24	가습기	3	54	다용도팬	1
25	전기스토브	1	55	전기후라이팬	1
26	전기라디에이터	1	56	벽시계	3
27	쿠키	1	57	면패트(통.하)	2
28	휴대용 가스렌지	1	58	식탁용 고무판	1
29	전압조정기	1	59		
30	압력솥	1	60		

24. 훈련홈 만족도 평가서

김 수 진

서울특별시립정신지체인복지관

우편번호156-849 / 서울시 동작구 신대방 2동 395/전화 (02)834-7060/ 전송 (02)842-1959
처리부서 : 그룹홈지원센터 / 소장 : 유병주 / 계장 : 김수진

문서번호 서정복2002-*1806*

시행일자　2002. 9. 10 (3년)

(경유)

수신　내부결재

참조

보존기간	3년	관　　장	
공개여부	공 개		
사무국장			
소　　장			
기 안 자	김수진		협조
심 사 자	장정은	심 사 일	2002. 9. 10

제목　훈련홈 7기 만족도 평가 결과보고

　　　저희 서울시그룹홈지원센타에서는 훈련홈 7기 만족도 평가를 실시하였기에 붙임과 같이 결과를 보고합니다.

붙 임 : 훈련홈 평가서(7기) 1부.　끝.

서울특별시립정신지체인복지관

훈련홈 만족도 평가서(7기)

그렇다-3/보통이다-2/그렇지 않다-1

1. 그룹홈의 위치, 시설, 그리고 실내장식

대 상 영 역	김○○	김○○	민○○	박○○	평균
1. 그룹홈의 위치가 마음에 드는가? (주위환경, 아파트 지역)	3	1	1	3	2
2. 그룹홈이 복지관 가기에 멀지 않는가?	3	1	3	3	2.5
3. 그룹홈의 내부환경이 깨끗한가?	3	1	3	3	2.5
4. 그룹홈의 크기가 4명의 이용자가 생활하기에 적합한가?	3	1	1	3	2
5. 그룹홈의 물건들을 자유로이 사용할 수 있었으며 열쇠를 소지할 수 있었는가?	2	1	3	3	2.25
종 합 평 가	2.8	1	2.2	3	2.3

　그룹홈의 외부와 내부환경, 복지관과의 거리에 대해 4명의 이용자들의 종합평가는 평균 이상(2.3)으로 대체로 만족한 것으로 나타났다.

특히 박00의 경우 3점 만점의 높은 만족도를 보인 반면, 김00은 냉장고, TV 등을 사용함에 있어 누가 눈치 주는 것은 아니지만 편안하게 사용하지 못했다고 하며, 민00은 혼자서 방을 사용하고 싶고 아파트 주변이 좀 시끄러워 불편했다고 대답했다.

개인차가 없을 수 없으나 이번 7기는 똑같은 상황을 놓고 개인 성향에 따라 다른 반응이 두드러진다.

2. 그룹홈 내 일상생활과 여가활동 프로그램

대 상 영 역	김○○	김○○	민○○	박○○	평균
1. 그룹홈에서 요리하기, 청소하기를 잘 배웠는가?	3	3	3	3	3
2. 그룹홈에서 선생님과 함께 노래방, 볼링, 여행 등을 가봤는가?	3	3	3	3	3
3. 프로그램 계획시 가족회의 등을 통해 이용자의 의견이 반영되었는가?	3	3	3	3	3
4. 그룹홈에서 식단과 TV보기, 잠자는 시간을 스스로 알아서 했는가?	3	3	3	3	3
5. 이용자는 지금까지 자기관리와 일상생활에 필요한 과제를 스스로 인식하도록 배울 수 있는 기회가 있었는가?	3	3	3	1	2.5
종 합 평 가	3	3	3	2.6	2.9

그룹홈 내의 일상생활과 여가활동 프로그램에 대한 이용자의 만족도는 평균 2.9로 거의 만점에 가까운 높은 만족도를 보였다.

이전 기수와 비교 분석하여 보면 성별의 차이와 입주자들의 친밀한 정도가 주요 요인으로 보여지며, 이로 인해 바로 프로그램 몰입이 효과가 높았을 것으로 판단됨.

박00을 제외한 3명이 집에서도 설거지, 청소, 빨래 등 기본적인 가사와 자기관리를 생활화하고 있는 것으로 나타난 점은 매우 바람직하다고 본다.

그 밖에 김00은 노래방 등 지역사회 이용을 더 많이 하기를 원한다고 하였다.

3. 공동생활

대 상 영 역	김〇〇	김〇〇	민〇〇	박〇〇	평균
1. 방 동료를 이용자가 스스로 선택하였는가?	3	3	1	2	2.25
2. 이용자는 그룹홈 생활에서 동료들과 긍정적인 친구관계를 맺었는가?	3	3	3	3	3
3. 자신에게 주어진 역할을 충실히 수행 하였는가?	3	3	3	3	3
4. 역할을 수행하지 못하였을 때 사전에 약속된 규율이 있었는가? 또 규율이 지켜졌는가?	3	3	3	3	3
5. 그룹홈에서 싫거나 하기 싫은 것을 솔직하게 선생님께 말씀드렸는가?	3	3	3	3	3
종 합 평 가	3	3	2.6	2.8	2.85

그룹홈 내의 공동생활에 대해서도 2.85의 높은 만족도를 보였다.

방 동료 선택에 있어 민〇〇은 혼자 쓰고 싶었다고 대답하였으며, 박〇〇은 〇〇이와 지내고 싶었다고 대답하였다.

각자의 역할수행에 관해 이용자들 모두가 매우 잘 수행했다고 대답했으며, 5번 문항에 대해서는 김〇〇과 민〇〇의 경우 주로 몸이 아프거나 피곤할 때 업무분장을 바꿔달라고 요청하였으며 그렇게 이루어졌다고 대답함.

그렇다-3/보통이다-2/그렇지 않다-1

4. 그룹홈 이용자들간의 사회적 연대

대 상 영 역	김○○	김○○	민○○	박○○	평균
1. 그룹홈의 친구나 가족이 방문한 적이 있는가?	3	3	3	3	3
2. 그룹홈 생활을 통해 가사 일은 여자의 일이라는 고정된 생각이 달라졌는가?		해당사항 없음			
3. 부모님과 형제들과의 관계가 예전보다 더 가까워졌는가?	2	3	3	2	2.5
4. 3개월 동안의 그룹홈 생활을 통해 4명의 동료들이 더욱 친밀한 관계가 되었는가?	3	3	3	1	2.5
5. 선생님과 성이나 이성친구에 대해 솔직하게 얘기를 나눈 적이 있는가?	3	2	2	1	2
종 합 평 가	2.75	2.75	2.75	1.75	2.5

　그룹홈 이용자들의 사회적 연대에 대한 평가는 3점 만점에 2.5의 비교적 높은 만족도를 보였다.
질문 3에 대해선 이용자들이 홈에 있는 동안 집과 부모님들이 무척 그리웠다고 대답함.
질문 4에 대해서는 다른 3명과 달리 박00은 김00의 핸드폰 사용 등으로 속상해서 많이 울었다면서 전보다 사이가 더 안 좋아졌다고 대답했으며, 앞으로도 그런 일이 있으면 상대방에게 자신의 불만을 말할 자신이 없다고 대답함.
김00은 사귀고 싶은 남자가 평가반에 있으며 결혼하면 아이 없이 재미있게 살고 싶다고 자신의 결혼관을 이야기했으며, 민00은 성관계, 난자, 정자 출산 등에 대한 지식을 비교적 정확히 이해하고 있었고 결혼은 어리기 때문에 잘 모르겠다고 대답함.
박00은 이성과 결혼에 대해 관심이 없어 보였는데 임창정처럼 착한 사람이 좋다고 강조하였다.
김00은 모든 질문을 같은 평가반 김00과 연관시켜 부정적으로 대답한 점이 특이하다.

대 상 영 역	김○○	김○○	민○○	박○○
1. 그룹홈에 들어오는 것을 누가 결정하였나? (본인/어머니/선생님)	엄마	엄마	잘 모름	엄마
2. 가장 좋았던 일	방닦이	설거지	요리, 방닦이, 설거지	영화
3. 가장 싫었던 일	욕실 차가운 물	없다	○○가 때리고 꼬집는 것	없다
4. 선생님에 대해	잘해줘요	예뻐요	기분 좋고 예뻐요	좋았어요 착하고 너무 아름답다
5. 홈 친구들에 대해	괜찮아요	좋다	○○가 싫다	안좋았어요
6. 가족들에 대해	잘해주신다	강아지와 논다	가족들이 바빠서 서운하다	가족들과 구경 많이 간다
7. 향후 그룹홈 입주 의사	없다	없다	잘 모르겠다	있다

　7기 훈련생은 대체로 인지와 취미 등이 비슷한 수준이 었으며, 지난 6기와 달리 동료와의 관계가 좋아서 그룹홈 생활은 대체로 원만하였다.

　그룹홈 생활 중 가장 좋았던 일로 3명이 가사 일을 꼽은 점이 특이하다. 박00은 어른이 되어 오아시스 영화를 본 점이 어른으로 대우받는 것 같다며 자랑스러운 듯이 대답했다. 가족들에 대해서는 김00은 대체로 강아지와 지내나 아버지가 잘해주신다고 하였으며, 민00은 가족들이 너무 바쁜 점이 서운하다고 하였고, 박00은 할아버지에 대한 아버지의 효심에 대해 강조했다.

　민00은 자신이 건강상의 이유로 취업 의사가 없다고 대답하였다.

　향후 그룹홈 입주 의사에 관해선, 김00은 집이 편안해서 집에서 지내고 싶다고 대답했으며, 민00은 '잘 모르겠다' 김00은 간단하고 분명하게 '없다', 박00은 다음에도 그룹홈 생활을 희망한다고 답했다.

　입주자별 종합 만족도 점수는 김00(2.9), 김00(2.4), 민00(2.6), 박00(2.5)로 나타났다.

25. 입주인 개인별 생활지도 평가서

이 경 아

서울특별시립정신지체인복지관

우편발송, 모사전송, 정보통신, 인편

우편번호156-012 / 서울시 동작구 신대방 2동 395 / 전화 (02)834-7065 / 전송 (02)842-1959	
처리팀 : 사회재활팀 / 팀장:박신구 계장:김수진 / 담당:이경아	

문서번호 서정복2002-

시행일자 2002. 4. 15(3년)

(경유)

수신 내부결재

참조

보존기간	3년	관 장	
공개여부	비공개		
사무국장			
팀 장			
계 장			
기 안 자	이 경 아		협 조
심 사 자	장 정 은	심 사 일 2002. 4. 15	

제목 : 장애인공동생활가정 개인별 생활지도 평가서

저희 사회재활팀 장애인공동생활가정에서는 개인별 생활지도 평가서를 다음과 같이 보고 합니다

- 다   음 -

1. 일   시 : 2002. 4. 11
2. 인   원 : 중계동 (여) 승원이네
   - 송승원(37세), 황효주 (33세), 최성주 (26세), 허윤(26세)
3. 평가자 : 담당교사 이경아
4. 결   과 : 첨부 참조

첨부 : 결과표 4부(각1장), 개인별 생활지도 평가서 4부 끝.

서울특별시립정신지체인복지관장

이름	결 과				내 용
	목 표	%	하위목표	성취점수	
송00	자립 생활	92%	개인위생	30/30	개인 위생면 깨끗하게 하는 편임
			의복입기	26/30	탈의 후 정리가 안되고 바느질 못함
			식사예절	28/30	식사시 장난을 치거나 속도 늦음
			동작성	28/30	대체로 잘하고 있으나 사후정리 부족
			건강생활	26/30	과다체중으로 체중조절 필요함
	개인 이해 능력	92%	언어	28/30	같은 말을 반복하여 그룹홈 내 분위기 영향 많아 주의요함
			돈	28/30	적절하게 잘 사용하는 편임
			시간과 단위	30/30	느린 감이 있으나 시간 개념 있음
			쓰기	26/30	카페에 글을 자주 올리고 있으며 맞춤법, 띄어 쓰기 지도 요함
			읽기	27/30	이해력은 있으나 전달력은 부족함
	사회 적응	91%	물건사기	29/30	주로 지하철 물건 자주 사오는 편임
			예절지키기	24/30	공공장소에서 큰 소리 / 주위 의식 안함
			가정생활돕기	26/30	자의적이지 않으나 생활 가능함
			돈 관리	29/30	적절하게 용돈 내에서 사용 가능함
			지역사회시설이용	29/30	전체적으로 잘 이용하는 편임
	직장생활과 여가활동	83%	수작업능력	21/30	복잡한 손작업에 시간을 많이 요함
			여가활동	26/30	시력이 안 좋아 독서 자체를 싫어함
			작업욕구, 작업의 질, 작업의 정확도	26/30	익숙한 작업에 능숙하나 새로운 작업에 대한 것을 도외시하는 경향 있음
			작업속도, 작업성, 성실성	24/30	책임성이 있으나 월급에 대한 불만을 자주 토로/ 미래에 대해 불안해 함
			도구다루기 자료관리 시간지키기	28/30	사후정리 모습이 부족하나 현 업체에서는 무리없이 수행하고 있음

이름	결		과		내　　　　용
	목 표	%	하위목표	성취점수	
황○○	자립 생활	76%	개인위생	20/30	비누 처리, 닦기 부족 – 대충 성향 강함
			의복입기	22/30	교사 언어적 지시 필요로 함
			식사예절	25/30	식사시 속도가 빠른 편임(성격 급함)
			동작성	21/30	정리, 정돈과 교통이용 시간 걸림
			건강생활	27/30	체중조절 필요함
	개인 이해 능력	77%	언어	26/30	반복적/흥분성 발언 강함(마찰 원인)
			돈	26/30	돈 사용이 적절치 못한 편임
			시간과 단위	25/30	시간과 단위의 개념 부족으로 너무 일찍 나가서 홈 내 마찰 원인 제공함
			쓰기	20/30	간단한 작문 가능하나 일상용어 위주임 (인지학습 필요)
			읽기	19/30	정확한 문장 읽기 부족하나 간단한 문장 활용 가능함
	사회 적응	84%	물건사기	28/30	단독으로 필요한 물건 구입 가능
			예절지키기	25/30	인사 잘하나 눈 맞춤/시선처리 부족함
			가정생활돕기	24/30	설거지, 청소 등을 대충 처리하며 사후정리 안 됨 (언어적 지시 필요로 함)
			돈 관리	21/30	불필요한 지출 많은 편임
			지역사회시설이용	28/30	교통지도를 필요로 함
	직장생활과 여가활동	68%	수작업능력	20/30	복잡한 손작업의 습득이 부족
			여가활동	25/30	독서를 안 좋아하며 산책을 즐기는 편
			작업욕구, 작업의 질, 작업의 정확도	20/30	지시하는 일을 수행하다가도 못함 –감정 기복 상태가 작업에 반영
			작업속도, 작업성, 성실성	20/30	책임감은 있으나 수행력은 약한 편임
			도구다루기 자료관리 시간지키기	18/30	늦잠을 자 지각하는 경우 있고 작업시 집중을 못하여 지적 사례 많음

이름	결과				내용
	목 표	%	하위목표	성취점수	
최00	자립 생활	84%	개인위생	26/30	지시가 있어야 씻는 것, 정리 가능함
			의복입기	22/30	교사의 언어적 지시가 필요하며 입고 벗기, 갈아입기 후 사후 정리 부족
			식사예절	27/30	식사시 소리를 내며 양이 많은 편
			동작성	26/30	정리정돈을 싫어하여 안 되고 있음
			건강생활	26/30	복부비만으로 조절 필요함
	개인 이해 능력	94%	언어	23/30	타인과 의사소통이 부족하며 부드러운 언어 사용 부족으로 마찰 원인
			돈	30/30	과다지출 등 씀씀이가 있는 편임
			시간과 단위	29/30	시간 개념이 분명하나 따로 행동하는 경우 많음
			쓰기	30/30	카페에 매일 작문 올리는 등 쓰기 활동 활발함
			읽기	29/30	이해력 있으며 글로 통한 전달력 강함
	사회 적응	89%	물건사기	29/30	단독으로 물건구입 가능(충동구매 많음)
			예절지키기	21/30	예절생활이 많이 부족함
			가정생활돕기	27/30	설거지, 청소 등이 가능하나 자의적이지 않음
			돈 관리	27/30	올바른 소비지도가 필요함
			지역사회시설이용	30/30	혼자 이용이 충분히 가능함
	직장생활과 여가활동	86%	수작업능력	22/30	작업시 인지가 빠르며 작업상 인정도 있는 편임
			여가활동	30/30	스스로 여가생활 잘함(컴퓨터/지역사회시설 이용 등)
			작업욕구, 작업의 질, 작업의 정확도	27/30	지시하는 일을 자신의 생각을 고수하여 상호협조를 요하는 라인작업은 안 맞음
			작업속도, 작업성, 성실성	25/30	책임감이 강하며 노트에 작업량을 기재하는 등 적극성 강함
			도구다루기 자료관리 시간지키기	25/30	단독작업에 강하나 사후 정리면이 부족함

이름	결과				내용
	목 표	%	하위목표	성취점수	
허00	자립 생활	86%	개인위생	25/30	잘 씻는 편이나 깨끗하지는 않음
			의복입기	22/30	혼자 의복 착·탈의는 되지만 더러우면 갈아입는 개념은 부족함
			식사예절	27/30	전체적으로 양호하나 속도가 느림
			동작성	28/30	신발 묶는 것 지도 필요함
	개인 이해 능력	93%	건강생활	27/30	가끔 코를 만져 코피가 자주 남
			언어	25/30	경어나 존칭어 사용이 부족하여 지도 요함
			돈	28/30	혼자 가능하며 수표 사용은 경험이 없음
			시간과 단위	30/30	시간 개념이 있음
			쓰기	30/30	카페에 간헐적으로 작문 올림(양호)
			읽기	27/30	이해력과 전달력을 위한 독서 필요함
	사회 적응	86%	물건사기	29/30	단독으로 물건 구입 가능함
			예절지키기	22/30	존칭어 사용이 부족함
			가정생활돕기	22/30	정리정돈 자발적이나 하고 나서 힘들어 하는 모습 많음
			돈 관리	29/30	정해진 용돈 내에 사용 잘하고 있음
			지역사회시설이용	27/30	익숙한 시설은 이용 충분히 가능함
	직장생활과 여가활동	77%	수작업능력	22/30	천천히 칼 사용을 하며 기본적인 썰기 가능함
			여가활동	25/30	혼자 가능하며 친구들과 어울리고 같이 하는것을 좋아하는 편임
			작업욕구, 작업의 질, 작업의 정확도	23/30	지시하는 일을 제대로 이해하지 못해 반복 지도 필요함
			작업속도, 작업성, 성실성	21/30	속도면, 정확도 면에서 부족하여 동료와 보조 맞추는 부분은 시간을 필요로 함
			도구다루기 자료관리 시간지키기	25/30	부과된 일은 잘 수행하나 하지 않았던 작업엔 강한 거부반응 있음(회사 쓰레기 부문)

26. 유형별 그룹홈 소개

자립홈 (가양동 · 남)

배 은 미

강서구 가양 아파트 803동 103호에 성인정신지체인들 남자 4명의 입주자들이 있습니다. 연령은 28세부터 36세까지 있으며, 모두 일반 직장에서 박스운반, 조립 등을 하고 있습니다. 1992년도에 입주하여 24시간 교사와 함께 지내오다가 평가와 자립준비기간을 거쳐 작년 11월부터 자립홈으로 바뀌었습니다.

현재 교사는 그룹홈에서 취침하지 않고 있는데, 오후 3시부터 저녁 9시 30분까지 근무이며, 격일(월 · 수 · 금 · 일요일)로 교사가 함께 있고, 나머지 화 · 목 · 토요일은 '자립의 날'로 지내고 있습니다. 그러나 입주자 중 한 명이 야근으로 9시 30분에 퇴근하는 일이 많아 퇴근시간이 잘 지켜지지 않고 있는 애로 사항이 있습니다.

아침에 스스로 일어나서 출근 준비를 하고, 저녁에 준비해 놓은 식사를 차려서 먹고 출근을 합니다. 아침에 잘 못일어나는 입주자나 면도, 옷 입는 것을 그룹홈의 제일 맏형이 잘 챙겨 주고 있습니다.

입주자들이 회사에서 퇴근해서 그룹홈으로 오면 샤워를 하고, 각자 맡은 당번을 합니다. 작업복이나 그날 입은 옷을 세탁하는 사람, 식단표를 보고, 그날 식사 당번이 시장을 보고 저녁 준비를 합니다. 저녁 식사를 한 후 그날 당번이 청소와 설거지를 하고, 간식을 먹거나 텔레비전을 보거나 신문을 읽거나 일기를 씁니다.

일주일 단위로 식단을 입주자들과 상의하여 만들고, 당번을 정하여 식사를 준비하고 가사일을 돕고 있습니다. 입주자 중 야근이 잦은 한 명은 주말에 다른 입주자들을 위해 식사를 준비하고 가사일을 돕고 있습니다.

입주자들 모두가 간단한 밑반찬과 국을 3가지 이상 조리할 수 있습니다. 조리가 복잡한 찌개류는 교사의 도움을 받고 있으며, 격일로 교사가 근무하여 밑반찬이 많이 필요하고 교사가 반찬하느라 개별프로그램이나 상담, 행정업무 등이 어려웠는데 그룹홈에서 가깝고, 자주 이용하는 농협 하나로마트에 근무하시는 이웃 아주머니께서 밑반찬 자원봉사자로 많은 도움을 주고 있습니다.

평일에는 야근도 있고, 퇴근이 늦어 여가활동은 주로 주말에 하고 있습니다. 평소 친분이 있는 또래 비장애인 청년들과 볼링이나 영화, 노래방 등을 이용하며 여가를 즐기고, 스트레스도 풀고, 직장동료 등을 그룹홈에 초대하여 식사도 하고, 입주자들에 대한 이해와 친분을 더하고 있습니다.

그룹홈의 제일 맏형인 권○○씨는 동생들을 리더하고, 교사와 잘 협력하도록 많은 도움을 주고 있으며, 성○○씨는 남을 잘 배려하고, 어려운 일을 도맡아서 솔선수범하고 있으며, 이○○씨는 여가생활이나 사회생활을 좋아해서 다른 입주자들을 리드하고 있으며, 막내 최○○씨는 그룹홈의 전반적인 정리와 수리 등을 잘 하고 있으며, 활동적이어서 그룹홈에 필요한 물품 등을 잘 구입하여 놓습니다.

이 네 사람이 서로 부족한 부분들을 채워주고, 장점들이 하나가 되어서 완전자립홈으로 자리잡아 가고 있습니다. 자립홈은 스스로 가사나 신변, 자원봉사를 활용하여 여가생활까지도 안정이 잘 되어 있으며, 교사는 입주자들을 보호하는 것이 아니라 스스로 자립하도록 기회를 만들어 주고, 다양한 경험을 하게 하여 욕구를 표현하도록 지원하고, 수용하여 입주자들이 스스로 자립하겠다는 의지를 갖도록 하는 것입니다. 또한 입주자들이 인간으로서 존중받도록 권리를 찾아주고, 사회의 한 일원으로서 안정된 생활을 할 수 있도록 취업지도와 스트레스 해소, 욕구충족을 할 수 있도록 상담하고, 건강 · 금전 관리 및 부정적인 행동 등을 감소할 수 있도록 지원하고 있습니다.

가양동 남자 그룹홈 입주자

입주자	연령	장애등급	입주	회사명	작 업	급여(8월)
권 ○○	36세	2급	92년도	(주)오므론	영업부 : 박스운반	51만원
성 ○○	33세	2급	92년도	(주)오토로	컴퓨터 부품 단자놓기	50만원
이 ○○	33세	3급	92년도	(주)한국음향자동차	스티커 운반 및 콤비아 세척	79만원
최 ○○	28세	2급	92년도	(주)오므론	자재과 : 자재운반	51만원

가사 및 여가생활

입주자	반찬	국	역할	취미,여가	기 타
권 ○○	콩나물무침 멸치볶음	북어국 통나물국 계란파국	가스안전 및 그룹홈 리더	볼링, 신문 스크랩(날씨)	맏형으로서 동생들과 교사와의 협력 리더
성 ○○	오이무침 계란말이	오뎅국 감자국	청소 및 정리	영화감상 신문스크랩 (특종기사)	어려운 일을 솔선수범하며 남을 많이 배려
이 ○○	오징어무침 오이소박이	카레라이스 콩나물국	간식, 문단속	지역사회 시설이용 및 사회생활참여	각종 잔치나 행사 참여를 적극 적으로 함
최 ○○	단무지무침 도토리묵무침 두부전	된장찌개 국 김치찌개	시장보기 그룹홈 물품 구입 및 수리	노래방이용 및 운동(자전거)	막내로서 그룹홈의 전반적인 관리 및 정리

2001년 8월 당번

당 번	월	화	수	목	금	토	일
설거지	성○○	권○○	성○○	최○○	권○○	이/최○○	이○○
청소 (청소기, 걸레)	권○○ 최○○	성○○ 최○○	이○○ 권○○	권○○ 성○○	최○○ 성○○	이○○ 권○○	이○○ 권○○
화장실	성○○	권○○	이○○	최○○	권○○	최○○	이○○
간식	성○○	권○○	이○○	최○○	성○○	권○○	최○○

◎ 문 단 속 : 이○○
◎ 보 리 차 : 최○○
◎ 쌀 씻 기 : 권○○
◎ 휴지통 비우기 : 성○○

〈 2001년 8월 계획표 〉 – 달력

2001 년 8월 : 더위를 이기자 ! ^^ 화이팅

월 (Sunday)	화 (Monday)	수 (Tuesday)	목 (Wedesday)	금 (Thursday)	토 (Friday)	일 (Saturday)
		1 여름휴가	2 본가	3 제주도	3 출발 10:15	4 관광
5 해수욕	6	7	8	9	10	11 권, 최 휴일
12 영화관람	13	14 부천간담회(교사)	15 전쟁기념관	16	17	18
19 볼링시합	20	21	22 그룹홈방문(부천)	23	24	25 ◀ 정기
26 외박 ➡	27	28	29	30	31 전기요금	

교사의 지원

신　변	가　사	취　업	여　가	기　타
• 불규칙한 면도 • 계절별 옷입기 • 건강관리 예)굳은살과 티눈제거 –발맛사지 연결 –회사 근처 –처음 동행 –스스로 가기 –치료과정 전화상담	• 복잡한 조리의 　반찬 및 찌개·국 • 밑반찬 　자원봉사자 연결	• 업체 방문 • 회사생활 상담 및 　스트레스 해소	• 다양한 여가 체험 • 지역사회 시설 　연결(처음만) • 자원봉사자 연결	• 급여, 용돈 관리 　(금전) • 개별지도 상담 • 자립의지 • 욕구표현

반자립홈 (중계동 · 남)

이 경 아

노원구 중계3동 목화아파트 410동 108호에 성인 정신지체인 남자 4명의 입주자들이 있습니다. 1992년도에 시작되어 이번 10월18일이면 10주년을 맞는 곳이지요. 연령은 26세부터 37세까지 있으며, 모두 일반 직장에서 박스포장, 운반, 조립, 종이재단보조 등을 하고 있습니다. 이곳 승원이네는 교사가 24시간 상주하며 지도하던 기간과 1년간의 평가와 자립의 날을 거쳐 2001년 11월 4일 지원자로서의 교사와 자립에 대한 욕구가 있는 입주자들이 모이면서 반자립홈 체계를 갖추게 되었습니다.

현재 교사는 그룹홈에서 토요일만 취침하고, 평일에는 오후 3시부터 저녁 9시30분까지 근무합니다. 매주 수요일 자립의 날에는 입주자들 스스로 준비하고 정리하는 시간을 갖고 있습니다. 교사가 그룹홈 인근에 거주하고 있어 입주자들이나 홈에 일이 있을 때는 비상근무도 하고 있습니다. 입주자들의 개별지도, 학습지도, 여가지도, 상담, 소식지 제작 등 그룹홈 홍보 등에 역점을 두며 자원봉사자, 지역주민들의 참여를 이끌어내는 역할을 수행하고 있습니다.

모닝콜 봉사자가 아침 모닝콜을 하면 기상도우미인 입주자가 받아 다른 입주자들을 깨우며 하루를 시작합니다. 전날 준비해 놓은 식사를 차려서 먹고 출근을 합니다. 교사가 전날 입주자들의 출근복이나 준비사항을 체크하여 미리 챙겨줍니다. 입주자들이 회사에서 퇴근하여 그룹홈으로 오면 샤워를 하고 각자 맡은 당번의 역할을 합니다. 샤워 후 세탁물을 세탁기에 스스로 넣고, 교사를 보조하여 식사를 준비하는 사람, 식탁을 닦아 반찬을 꺼내 놓는 사람, 밥을 푸는 사람, 수저 · 물컵을 준비하는 사람, 기도하는 사람 등을 가족회의를 통해 정하고 일과표를 작성, 게시판에 공고한 후부터 업무분장에 들어갑니다.

저녁식사를 한 후 설거지당번, 청소당번을 정한 대로 맡아하고, 야근시에는 서로 분담하여 도와줍니다. 식단은 입주자들의 의견을 수렴하여 교사가 작성하며, 교사가 업무상 늦을 때나 주말에 요리실습을 하여 입주자들끼리 준비토록 합니다.

입주자들 모두가 기본적으로 볶기, 프라이, 찌기, 굽기 등이 어느 정도 가능합니다. 집에서 아무것도 할 수 없었던 입주자들이 그룹홈에 들어와 신변지도와 가사지도 등 많은 시행착오를 거쳐 기본적인 요리능력을 갖출 수 있게 되었습니다. 복잡한 요리는 저녁에 교사가 하며, 아침에는 전날 준비되어진 반찬에 간단한 요리를 하여 먹습니다. 특히 요리를 좋아하는 입주자가 있어 준비를 미리 하여, 같이 나누기도 합니다. 옆집 할머니가 가져다주시는 빈대떡 하나에도 정을 느끼며 무언가를 요리하여 답례를 하는 것도 반자립홈에선 교육이며, 생활 속에서 자연스럽게 터득하는 예절입니다. 현재 반찬은 교사가 준비하고 있습니다. 여러 업무로 반찬 봉사자의 필요성을 느끼고 있습니다.

입주자들의 여가는 월요일, 수요일은 주로 TV시청이나 컴퓨터 검색을 하고, 각자 일기나 금전출납부를 작성하거나 메일을 보냅니다. 매주 화, 목, 토는 구민체육센터에서 수영강습을 받습니다. 현재 1년 5개월째 강습중입니다. 금요일은 교회 공과공부와 확인시간을 갖습니다. 주말에는 정기적인 봉사자 방문으로 같이 농구, 야구 등 스포츠 관람이나 농구, 볼링, 베드민턴 경기하기, 노래방 이용하기, 연극 · 영화 · 콘서트 관람 · 여행, 자유수영시간 등을 갖습니다. 또한 주말 오후면 봉사자와 1:1 학습을 합니다. 컴퓨터 3명, 한글 1명으로 외박시나 장거리 야외 프로그램시만 빼고는 실시하고 있습니다. 연간계획, 학습일지, 평가 자료를 마련하여 지금까지 3년간 실시해오고 있습니다. 개개인의 차이가 있지만 컴퓨터 검색, 메일 주고받기, 게시판에 글 올리기, 영화나 드라마 동영상 보기, 인터넷 뱅킹 등이 가능하며 교사와 메일로 상담하거나 보고하는 입주자도 있습니다. 작년 12월에는 인터넷 카페를 만들어 친구들 스스로 의견을 올리고 공유하는 인터넷상의 공간을 마련하였습니다. 그룹홈에 관심 있는 분, 봉사자, 후원자, 가족들 모두가 편하게 들어와 의견을 나누는 공간으로 현재 회원 137명입니다.

주소는 http://cafe.daum.net/leekyong70(하늘 닮은 집)입니다. 또한 직장동료나 이웃, 가족들을 행사시 초대하여 식사도 하고 가끔 회식을 같이 하며 교류를 합니다. 부끄러워하며 모르는 사람들에게 말도 못 건네던 입주자들이 사회성이 좋아져 다양한 관계를 유지하고 있습니다. 사회성 발달과 인지적 발달을 꾀하는 이들에게 무언가 배우고 현실생활에 적응한다는 것은 곧 발전을 의미합니다.

그룹홈의 맏형인 송00씨는 동생들을 잘 리드하고, 교사의 보조역할을 하고 있습니다. 이기적인 성향이 강하여 남에 대한 배려가 부족하고 인색했으나 지금은 베풂을 알고 잘 챙기려는 모습으로 교사 부재시에는 책임감을 가지고 총감독 역할을 다하고 있으며, 황00씨는 교사가 일일이 출근복을 챙겨야 하고 신변관리가 잘 안 되고 있으나 예의가 바르며, 낙천적인 성격과 양보하는 마음을 지녀 자신의 업무분장 외에 남을 도와주려는 모습이 있습니다. 셋째 최00씨는 개인적인 인지나 이해력이 빨라 뭐든지 빨리 습득합니다. 혼자 있는 것을 좋아해 가끔 마찰을 빚기도 하지만 그룹홈에 와서 표현력이 현저히 좋아진 친구입니다. 그룹홈에 들어온 지 6개월째인 막내 허0씨는 정리정돈을 잘하며 형들의 부족한 면을 보완해주고 전체적인 융화를 위해 늘 자발적인 자세로 임하는 친구입니다. 어디가서나 여자친구들에게 인기가 많은 친구로 늘 조용하고 성실하게 역할을 수행하고 있습니다.

24시간 보호의 체계에서 반자립홈 체계를 갖추기까지 주위의 많은 우려가 있었습니다. 특히 어머님들의 우려가 많았지만 입주자들 스스로 하려는 모습에 대견함을 느끼시며 늘 관심을 가지고 지켜보십니다. 가끔 밑반찬을 가져오시거나 전화나 방문을 하셔서 격려를 해주신답니다. 그룹홈은 교사 혼자만의 노력이 아닌 부모님의 관심과 지역사회, 봉사자들의 협조가 만날 때 더 많은 발전을 기대할 수 있습니다.

이 네 사람은 아직은 자립이라는 과정 안에 있어 배우고 서로 맞추어가는 단계입니다. 좋아하는 것들이 각자 틀리고 개성이 뚜렷하여 융화면에서는 부족하지만, 늘 같이하는 프로그램으로 같이 나누며 함께하는 시간들이 많습니다. 이성교제나 결혼이라는 고민도 안고 있어 다른 그룹홈과의 연계, 다양한 프로그램 참여로 고민을 공유하는 노력도 하고 있습니다. 교사는 자립을 목표로 하여 지도하고 있으며 입주자들이 스스로 자립의지를 가지고 모든 일에 임할 수 있도록 칭찬 위주의 교육방법을 지향하고 있습니다. 입주자들의 의견을 최대한 수렴하고 같이 결정하는 것을 원칙으로 합니다. 자립의 기회를 주고 스스로 선택하고 책임질 수 있는 선택권을 가질 수 있도록 지도합니다. 자신감을 가지고 출발하는 것이 자립의 기초임을 강조합니다. 입주자들이 사회인으로서, 그룹홈의 일원으로서 자신감을 갖게 하며, 그룹홈을 지역 내 오픈하여 무료강습, 무료이발 등을 실시함으로써 그룹홈의 홍보, 지역주민과 자연스런 교류를 할 수 있도록 하고 있습니다. 이곳 반자립홈은 열린 공간이며 나눔의 공간입니다.

무언가 할 수 있다는 자신감과 스스로 선택하고 가꾸어 가는 공간 – 그런 면에서 반자립홈은 정신지체인들에게 새로운 희망이며 시작입니다.

주간교육(주말학습)

(월~금)	(토)	(일)
06: 30 기상 06:50~07:10 아침식사 07:20 출근준비 09:00 업무(근무) 18:00~20:30 퇴근 (성주-윤-승원-호주) 19:00 시장보기 및 저녁준비 20:30~09:10 저녁식사 21 : 10 청소 및 정리 (화/목/토) 수영강습 21:40 여가 (컴퓨터/운동/TV시청/음악감상) 23:00 취침	14:00 퇴근 (성주 – 윤승원) 15:00 여가/동아리활동 (수련관 이용 및 자유) 19:30 저녁식사 20:30 수영강습 22:30 공과 점검 23:00 취침	09:00 기상 09:00~10:00 아침식사 10:00~11:30 대청소 13:00 예배 17:00~17:30 학습준비 매주 일요일 봉사자와 함께 – 여가 및 운동 (김동준) – 학습(박연진/김명애/이재욱)

6 월	2일 취업자 모임 6일 영화관람 9일 개별학습/운동 13일 지방선거일 15일 '다음의 날' 참여 16일 등산/야유회 19~28일 교사 독일연수 29~30일 정기외박

전 체	금전출납부 작성

친구들!!!
여기는 반자립홈입니다.
선생님이 저녁에 늘 같이 하지만 취침 이후 부터 아침 출근은 스스로 해야 합니다.
이제 여름이네요.
날씨가 덥고 힘들겠지만 자주 씻고 자주 갈아입어 청결하게 관리하였으면 합니다.
서로에게 힘이 되는 우리, 늘 자발적인 모습… 형이나 동생들 잘 챙겨주는 아름다운 모습 간직하길 바래요. 무언가 부족해도 늘 한가족임을 잊지 맙시다. 자유로운 만큼 스스로 책임지는 자세로 ^*^
친구들 사랑합니다.

업무분장
기상도우미 – 송○○
• 아침(저녁)식사 준비 – 허○(밥/국담기) / 황○○(반찬/상끼우기)
　　　　　　　　　송○○(물/수저준비/식탁닦기)
• 아침 설거지 – 허○/아침 욕실 청소 – 송○○
• 저녁 설거지 – 송○○(쌀씻기)
• 보리차 끓이기 – 황○○
• 청소 : 전체 청소기 담당 – 황○○
　　　　걸레 – 허○/현관, 베란다 청소 – 허○
• 세탁기돌리기 – 송○○/빨래널기 – 황○○/허○
• 문단속, 소등 확인/가스밸브 잠그기 – 송○○
• 재활용 분리 – 황○○/쓰레기통청소 – 윤/신문수거 – 최○○
• 현관문 단속 – 허○/전체적인 상황보고 – 송○○

▶ 12일 성주 귀홈 후 업무분장 재조정 예정
　　다음날 늦지 않게 정리하고 취침하도록 하세요.
　　기본적인 일을 수행한 후 자유롭게 보내도록 하세요.
　　친구들을 사랑합니다. ^*^

대상(영역)	허O 3 (컴퓨터 영역)
날 짜	2002년 5월 12일(일)
교사의 전달사항	늘 열심히 사는 재욱씨의 모습 보기 좋아요. ^^ 일주일에 한 번이라도 카페 메일이나 연락을 부탁해요. 윤은 지금 컴을 연습하고 있네요. 어제 본 연극배우에게 메일을 보낸다고 하네요. 점점 익숙해져 가는 모습이 좋습니다. 워드대회의 성과는 적지만 최선을 다하는 모습으로 잘 참여하였답니다. 오늘은 지난번 작성한 표를 토대로 일주일 계획을 짜는 것도 좋을 것 같습니다. 계획성 있게 시간을 보낼 수 있게 표 만들고 내용을 채울 수 있게 부탁해요. 연극공연에 대한 소감도 작성하여 까페에 올릴 수 있게 해주세요. 마무리 잘 부탁드려요. 참, 식탁의자 조립 좀 부탁할께요^^
학습내용	일주일 계획 세워 표 작성하였고 연극공연 관람 소감을 작성하여 까페에 올리기 하였습니다. 예전보다 문장실력이 많이 좋아진 것 같습니다.
평 가	오자나 맞춤법도 많이 좋아졌습니다. 자발적인 모습이 보기 좋습니다. 선생님, 제가 훈련으로 2주간을 못 볼 것 같습니다.

봉사자 : 이 재 욱

입주자 현황

입주자	성별/장애등급	연 령	취업체	급 여
송○○	남/정신지체2급 시각장애	37세	두광전자	50만원(식대 포함)
황○○	남/정신지체 2급	33세	천지사	50만원
최○○	남 정신지체 3급	26세	스페이스 테크놀러지	49만원
허 ○	남/정신지체 3급	26세	스페이스 테크놀러지	49만원

반자립홈(창동 · 남)

김 미 경

도봉구 창1동 삼성아파트 104동 303호에 성인 정신지체인 남자 4명이 입주하여 생활하고 있습니다. 연령은 23세에서 43세까지 있으며, 모두 일반 직장에서 근무하며 현재 3명이 양말업체에서 박스포장과 상표 붙이는 작업을 하고 있으며, 한 사람은 차량부속 조립하는 업체에 다니고 있습니다. 이곳은 1993년 10월에 그룹홈이 시작이 되어 24시간 교사와 함께 지내 오다가 1년 동안 일주일에 2회씩(주중 1회, 주말 1회) 입주자들만 지내는 입주자 '자립의 날'을 갖고 준비하는 단계를 거쳐 현재는 교사가 출퇴근하는 반자립홈의 체제로 바뀌게 되었습니다. 현재 교사의 근무시간은 오후 3시에 출근하여 저녁 9시 30분에 퇴근하며, 토요일은 취침을 하고 주 1회 요일을 정하여 휴무로 하고 있습니다. 교사가 입주자들에게 지원하는 주 업무는 신변지도, 가사생활 지도, 개별상담, 여가지도 등을 하고 있습니다.

반자립홈을 시작하면서 부모님과 교사의 걱정과 다르게 입주자들이 잘 적응해 주어 지금까지 잘하고 있습니다. 처음 얼마 동안은 불안한 마음에 그룹홈에 여러 번 전화하여 별일 없는지 확인하고, 저녁 9시 30분에 퇴근하면서 마음이 무겁고 혹시나 하는 불안감으로 지냈는데 지금은 많은 변화가 있습니다. 이제는 부모님들도 전화하여 확인하는 일이 없고, 입주자들도 처음에는 교사가 퇴근하면 불안한 모습이 보였는데 지금은 오히려 자유로움을 만끽하며 보다 더 편안해 하는 모습입니다.

그렇다고 처음 시작할 때부터 아무런 문제가 없는 것은 아니었습니다. 예를 들면 늦은 시간까지 TV 시청하고 아침에 늦잠 자고 지각하는 입주자가 있었고, 신변자립이 되지 않는 친구는 아침에 면도를 하지 않고 출근을 하기도 하고 아파트 현관문을 잠그지 않고 출근하는 일도 있었습니다. 입주자들 서로가 마음이 맞지 않아 분쟁이 일어난 적도 있었지만 지금은 서로가 주의하면서 잘 지내고 있답니다.

매월 첫날은 월 계획을 입주자들이 서로 모여 계획을 세우고 업무분장을 처음에는 교사가 참여했지만 지금은 입주자들 스스로 업무분장 계획표를 세우도록 하고 있습니다. 그리고 매월 첫째 주 일요일에는 자원봉사자와 함께 여가생활을 하고 있는데 여가활동도 입주자가 선택하도록 하여, 가고 싶은 곳이나 영화 관람이나 스포츠 활동을 하는 시간으로 지냅니다. 평일에는 회사에서 야근하는 경우도 있고 늦은 시간에 귀가하기에 특별한 프로그램을 갖지는 못하고, 저녁식사 시간에 간단한 요리실습과 가사생활지도를 받으며 씻기와 외출복을 챙기는 일이 스스로가 되지 않은 입주자에게는 교사가 지원해줍니다.

　정신지체장애인 4명이 한 가족이라는 특별함은 있지만, 다른 가정처럼 회사에서 하루 종일 일하고 퇴근하여 가정에서의 편안함과 휴식을 갖는 분위기를 갖도록 하고 있습니다. 지금의 그룹홈 환경에서는 어려운 점이 있는데, 좁은 평형의 아파트에서 개인의 사생활을 존중해주지 못하는 점이 늘 안타깝게 생각하고 있습니다. 각 개인의 공간을 주지 못한 단점도 있지만 장점으로는 항상 함께하는 시간이 많아 서로가 정을 나누기에는 좋은 점도 있다고 생각합니다..

　자립을 위하여 입주자들 스스로가 그룹홈에 필요한 물품들을 챙겨 구입하도록 저녁시간을 이용하여 마트에 가서 시장보기도 함께하고 입주자들의 운동부족으로 아파트 주변 산책과 스트레칭으로 건강생활을 유지하도록 노력하고 있습니다.

　서로의 부족한 부분을 채워 가는 모습이 많은데 예를 들면 김○○씨는 건망증이 심하여 금방 이야기하고 약속한 것도 잊어버려 약속하기 힘든데, 최○○씨는 물건 챙기고, 행사, 기념일 챙기는 데 기억력이 아주 좋아 항상 미리 전화하여 약속장소, 시간을 다시 알려주고, 본가에 있을 때는 어머니께 전화하여 약속장소와 시간을 알려주어 잊어버리는 일이 없도록 도움을 주고 있습니다.

　반자립홈은 지도교사의 지원을 조금씩 줄여 스스로 자립하는 기회를 만들어 주어 앞으로 나아갈 자립홈으로 또는 결혼한 홈으로 가기 위한 준비단계라고 생각하고 목표를 가지고 입주자 모두 열심히 생활하고 있습니다.

창동 남자 그룹홈 현황

입주자	장애등급	연　령	취업체	급　여
김○○	2급	43세	번동보호작업장	40만원
최○○	3급	32세	용신양말	45만원
김○○	3급	31세	용신가공	45만원
이○○	3급	23세		55만원

업무분장 (5월)

기상	이○○	
아침식사 준비(상차리기)	김○○, 최○○	
아침 설거지	김○○, 이○○	
저녁식사 준비(상차리기/반찬만들기)	김○○, 이○○	
저녁 설거지(물끓이기)	김○○, 최○○	
화장실 청소	김○○	
세탁기돌리기(건조된 빨래 정리)	이○○	
가스잠금장치, 소등 확인(전기 전원)	최○○	
재활용 분리(매주 수요일)	김○○	
문단속(현관, 베란다)	이○○	
비상연락	김○○	

전일보호홈 (중계동 · 여)

김 미 화

안녕하십니까?

중계동 여자 그룹홈입니다.

저희 홈은 석 달 전인 3월 10일에 가양동에서 중계 3동으로 이전을 하여 여자 입주자 3명이 생활하고 있습니다.

실 입소자 인원은 4명이나 현재는 여자 입주자 3명만이 생활하고 있으며 곧 입소할 새로운 입주자를 설레이는 마음으로 기다리고 있습니다.

저희 홈은 다른 홈들이 취하고 있는 반자립홈이 되기 위해 장기간의 시간을 두고 입주자들이 자립생활이 가능하도록 여러 가지 훈련과 지도를 하고 있습니다.

그 중에서도 현재 크게 3가지를 중점으로 지도가 이루어지고 있습니다.

첫째는, 신변자립입니다.

홈으로 귀가 후에는 깨끗하게 샤워하기, 용변 후 깨끗하게 처리하기, 자신이 먹을 식사의 상차리기, 자신이 먹고 난 상 치우기, 음식을 흘리지 않고 먹기, 식사량 조절하기, 식후 양치하기, 설거지하기, 매일매일 속옷 갈아입기, 빨래 돌리기, 더러워진 옷 갈아입기, 계절과 장소에 맞는 옷 골라서 입기, 생리 처리하기 등에 대해 지도를 해 정신지체라는 장애를 갖고 있는 입주자들이 자신의 신변을 스스로 처리할 수 있도록 지도해 신변자립을 하는 것입니다.

그래서 앞으로 입주자들이 그 누구의 도움이 없이도 자신의 신변을 스스로 책임질 수 있도록 하는 데 그 목적이 있습니다.

둘째는, 자신의 역할 수행하기입니다.

그룹홈에서는 4명의 입주자들이 같이 생활하는 공동생활을 하는 곳입니다.

그렇기 때문에 서로에게 그룹홈에서 해야 할 여러 가지 일들을 분담하여 서로 도우며 협력함으로써 공동생활이 이루어질 수 있는 것입니다.

아침 설거지는 누구, 저녁 설거지는 누가 하고, 문단속은 누구, 가스 밸브 잠그는 것은 누구, 우편물 함 정리하는 것은 누구, 음식쓰레기와 일반쓰레기 비우는 것은 누가 하고, 방청소시 청소기는 누가 돌리고, 바닥은 누가 닦고 하는 것을 분담하여서 자신에게 주어진 역할에 성실하게 임하고 다른 입주자들에게 도움을 주기도 하고 도움을 받기도 하면서 협력이라는 것을 배우고, 장기적으로 내다봤을 때는 앞으로 자립해서 혼자 살아가는 데 어려움이 없도록 하는데 그 목적이 있습니다.

 셋째는, 여가생활 즐기기입니다.

한 달에 4번 이상의 외부 여가 프로그램을 계획해 영화 보러 가기, 노래방 이용하기, 볼링장 이용하기, 놀이 시설 이용하기, 레스토랑 이용하기, 다른 그룹홈 입주자들과 교제의 시간을 갖기도 하고, 요리실습. 운동 등을 통해서 친구들과 여가시간을 즐겁게 보내고, 복지관이나 회사에서 지친 심신의 스트레스와 피로를 풀어주며, 자신에게 주어진 여가시간을 낮잠으로, tv나 만화책 보는 것만으로 낭비하지 않고 주어진 시간을 알차게 쓰며, 자신의 삶을 즐 길 수 있도록 여러 가지 프로그램들을 계획해서 진행되고 있습니다. 매월 첫째 주 월요일 가족회의를 해서 그 달에 입주자들이 하고 싶은 일과 가고 싶은 곳에 대해 이야기를 나누어 입주자들의 욕구에 맞게 여가 프로그램을 결정해 이루어지고 있습니다. 이런 여가 프로그램들을 통해서 지역사회 시설을 자연스럽게 이용하는 법을 배우게 되고, 비장애인과 섞여서 생활하는 법도 익힐 수 있게 되며, 집에서는 해주지 못하는 여러 가지 문화적인, 사회적인 혜택을 제공해 주는 데 그 목적이 있습니다.

앞으로 저희 홈은 친구들이 교사가 없이도 위험이나 불편함이 없이 생활할 수 있도록 좋은 프로그램과 전문적인 지도 방법을 통해서 반자립홈이 되기 위해서 열심히 노력할 것입니다.

월 (Sunday)	화 (Monday)	수 (Tuesday)	목 (Wedesday)	금 (Thursday)	토 (Friday)	일 (Saturday)
5월			1	2	3 공릉복지관 주체 "일일호프"참석	4
5 ····▶ 외박	6 가족회의	7 대청소의 날	8 요리실습 #부모님께 전화드리기	9 노래방 이용하기	10	11
12 ····▶ 외박	13 가족회의	14 대청소의 날	15 요리실습 "샌드위치"	16 노래방 이용하기	17 영화관람 "스파이더 맨"	18
19 ····▶ 외박	20 가족회의	21 대청소의 날	22 요리실습 "오이무침"	23 노래방 이용하기	24 오미미- 등산참가	25
26 ····▶ 외박	27 가족회의	28 대청소의 날	29 저녁외식	30 서점이용하기	31 오미미- 뒷뜰캠프	

5월

대청소의 날 (매주 화요일)

▶ 청 소 기 – 최00
▶ 바닥밀대 – 한00
▶ 손 걸 레 – 오00

♣ 싱크대와 가스렌지 청소 – 오00
♣ 화장실 청소 – 한00
♣ 현관과 베란다 청소 – 최00

♠ 아침 설거지 – 한00
♠ 저녁 설거지 – 오00
♠ 음식쓰레기와 일반쓰레기 비우기 – 최00

◈ 문   단   속 – 한00
◈ 가스밸브 확인 – 최00
◈ 우편물 정리 – 오00

전일보호홈 (신대방동 · 여)

김 홍 자

1. 들어가는 말

동작구 신대방2동 금성빌라 000호에는 성인 정신지체인 여자 4명이 살고 있습니다. 연령은 30대 2명, 20대 2명의 구성원이 가족을 이루고 생활하고 있습니다. 개인차와 새 입주자로 전일보호형 체제로 운영되고 있으며 교사는 주 2회, 오후 3시부터 다음날 오후 3시까지 '자립의 날' 을 실시하고 있으나 예외적인 사정으로 실시를 중단하기도 합니다.

교사의 역할은 보조자의 역할이나 현실적으로는 모든 도움을 주는 실정입니다. 그룹홈의 생활모습은 비장애인 가정과 차이가 없습니다. 아침에 출근, 저녁에 퇴근하여 TV시청하기, 음악 듣기, 책 읽기, 기록하기를 좋아하는 입주자는 다양한 기록들을(연예인 일정까지) 하거나 일찍 잠자리에 들고 싶으면 들기도 합니다. 일반 가정과 똑같지요. 그런데 이렇게 하기까지 개별지도를 필요로 합니다. 식사예절, 계절 옷 구별하여 입기, 정리정돈하기, 화폐 사용하여 물건 구입하기, 출퇴근하기, 직장인의 자세 습득 등, 자연스럽게 이루어지기보다는 끊임없는 훈련으로 자립을 향해 나아갑니다. 예화 하나를 들면, 신발을 신발장 안으로 넣는 데 스스로 하기까지 오랜 시간을 소비하기도 합니다. 가사는 공동 분담을 원칙으로 하지만 음식을 직접 만드는 데는 아직 어려움이 많습니다.

또한 우리 그룹홈에서 주력하는 것은 취업생활과 여가생활입니다. 우리 입주자들은 어디든지 다니기를 무척이나 좋아합니다. 신대방동 은영네 입주자들은 여자들이라 쇼핑(아이쇼핑)과 영화, 연극 등 문화행사 관람 및 여행을 선호하며 이런 여가활동은 그룹홈 생활에 활력소가 되기도 하여 일년에 두 번 정도 여행을 하고 있습니다. 취업은 경제활동과 밀접하여 중요한 부분으로 일반취업과 보호작업장에서 근무하고 있습니다. 일반 취업시 성취도의 기쁨과 자신의 노력으로 월급을 받는 즐거움을 알기까지는 많은 시행착오를 거쳐야만 했습니다. 많은 보수를 받는 입주자의 경우는 다른 입주자들의 선망의 대상이 되기도 합니다. 우리 입주자 중 한 사람은 일반 취업이 가능하나 첫 실습장에서의 경험과 자신감 부족으로 현재 작업장에서 일을 하고 있으나, 동생들에게 일을 꼭 해야 되는 이유를 설명하는 모습을 보이는 성숙한 직장인의 자세를 보여 주기도 합니다. 또한 서서 일하는 작업환경을 개선코자 다른 직장으로 옮길 것을 권유하였으나 IMF로 취업이 어려울 것이라며 감수하겠다고 하였습니다.

이렇듯 입주자들의 노력과 교사의 지도로 아름다운 내일을 향해 열심히 함께 배우고 있습니다.

2. 나가는 말

그룹홈 생활을 힘겨워 하던 입주자가 여행지에서 그룹홈으로 귀가 중 '집으로 가서 좋다' 라는 말을 하여 감동을 받은 기억이 있습니다. 그룹홈에서 입주자들과 생활하면서 부모님 역할의 중요성을 많이 느낍니다. 우리 입주자들이 장애인이기 때문에 절대적인 과잉보호로 인하여 스스로 할 수 있는 기회조차 제한받게 된다면 장애를 인정하였으나 눈높이가 장애인이 아닌 비장애인과 비교함으로써 위축되고 어디서나 자신감 부족으로 자립할 수 없게 됩니다. 그룹홈에서도 상식선에서 벗어나는 잘못된 행동임에도 부모님이 장애인이라는 이유로 수용함으로써 본인의 욕구를 지속적으로 그릇된 행동으로 표현하는 경우를 많이 접하게 됩니다. 이런 경우 모든 입주자들, 즉 그룹홈 가족 모두가 행복하게 생활할 수가 없습니다. 가족공동체인 그룹홈의 입주자들에게 나의 입장만이 아니라 상대방의 입장에서 바라보려는 노력이 중요하다고 생각합니다.

가끔 그룹홈 생활에 적응하지 못할 때가 있습니다. 집으로 향한 그리움이 지나치게 많을 때, 집에서 누구의 간섭 없이 자유롭게 생활하였을 때, 집에서 스스로 어떤 일도 해보지 않아 그룹홈의 일을(공동의 일과 개별지도 등) 하기 싫어 할 때 등으로 그룹홈 생활을 포기하는 경우도 있으나 대부분의 경우는 입주자, 부모, 그리고 교사가 힘을 합해 잘 극복하여 성공적으로 그룹홈 생활을 하고 있습니다. 이처럼 그룹홈 생활의 성공 여부는 입주자의 가까운 환경, 즉 부모님의 역할분담에 좌우되는 것을 지켜보았습니다. 문제행동이 지속적으로 발생되었을 때 교사와 협조가 이루어지지 않고 입주자의 문제행동을 수용 후 감소시키려는 노력을 하지 않을 때 결국 퇴거를 할 수밖에 없습니다. 자녀이기 때문에 어렵다는 말씀들을 많이 듣게 됩니다. 물론 현장에서 일하는 우리 교사들은 원한다면 그 역할을 피하거나 종결할 수 있지만 부모님들은 그럴 수 없기에 더욱 힘들 것이라는 생각은 잊지 않고 있습니다.

입주자들이 가장 선호하는 곳은 본가의 가정입니다. 그러나 시간이 흘러 더 이상 가정에 머무를 수 없을 경우 그룹홈은 최선의 대안이라고 생각합니다. 그러나 그 준비는 지금부터 하셔야 합니다. 그룹홈을 더 많이 아시고 활용하셔서 더 많은 장애인의 가정이 혜택을 받았으면 좋겠습니다.

훈련홈 (가양동)

이 은 영

Ⅰ. 훈련홈 운영의 실제

1. 훈련홈 운영개요

(1) 기본 정보
① 운영주체 : 서울시립정신지체인복지관
② 운영방법 : 서울시 위탁
③ 시행년도 : 2000년 11월
④ 훈련기간 : 12주(3개월)
⑤ 주택형태 : 아파트(강서구 가양3동 도시개발아파트 801동 103호)
⑥ 주택규모 : 21평형(거주자 방 2, 사회재활교사 방 1, 거실 겸 주방)
⑦ 기   타 : 정기외박 외 사회재활교사 상주

(2) 필요성
단기간 동안 일시적인 훈련프로그램을 제공하여 그룹홈에 대한 기본적인 이해와 생활방식과 기술을 연습해봄으로써 그룹홈에 대한 경험을 제공하고 거주형태 중 하나인 그룹홈에 대한 선택의 기회를 주고 그룹홈에 조기 적응할 수 있도록 돕는다.

(3) 내용
훈련홈이란 반자립홈에 입주하기 이전에 단기 거주를 통하여 일상생활 훈련과 사회적응 훈련 및 지역사회 주민과의 유대강화 훈련을 집중적으로 실시하는 적응훈련 프로그램을 말한다.
이 적응훈련 프로그램은 일반적으로 사회재활의 가능성을 지니고 있으나 장애인 생활시설 장기간 입소함에 따라서 사회적 기능이 많이 개발되어 있지 못하고, 재가 또는 시설에서 공동생활에 대한 경험이 적어 사회적으로 수동적인 태도 성향이 있는 생활 장애인들에게 재활전문 인력에 의해 집중적인 사회적응 훈련을 통해 개인의 자조생활, 가정생활, 가정관리, 식생활 및 의생활 관리와, 나아가 여가의 기회와 직업 탐색 및 구직활동을 통해 사회적응을 원활히 하도록 한다. 또한 지역사회와의 통합을 이루도록 하여 탈시설화의 발판을 형성하도록 한다.

결과적으로 프로그램에 참가한 대상자들은 단기 거주 적응훈련을 통해 영구적인 그룹홈의 입주를 선택할 수 있도록 경험을 제공하며, 지역사회의 적응과정 초기에 경험하는 어려움들에 대해 대처능력을 강화하고, 지역사회에서 어떻게 생활하며 지낼 것인가에 대한 사전교육을 시킬 수 있는 프로그램이다.

2. 훈련홈의 목적 및 목표

(1) 목적

정신지체인들이 지역사회 주거 서비스의 일환인 가정과 같은 환경을 제공하는 그룹홈에서 단기 거주를 통해 훈련홈을 체험을 하고 선택할 수 있는 기회를 제공하는 동시에 일상생활 능력의 향상과 사회성과 그룹홈의 조기 적응을 돕고 자립능력과 사회적 능력 등을 향상시키고, 또한 효과적인 시간관리와 지역사회와의 유대관계를 강화시키고 그룹홈을 재배치하기 이전에 입주 예정자를 평가하는 것을 목적으로 한다.

(2) 목표 및 하위목표

- **목표 1** : 자립생활 기술 능력 향상
  하위목표 1 : 매일 역할분담('역할분담표' 참조)
  하위목표 2 : 주 1회 가사실습 진행
  하위목표 3 : 월 2회 신변자립(개인위생, 의복입기, 식사예절, 도덕성, 건강생활 등) 교육 프로그램 진행

- **목표 2** : 개인 이해기술 능력 향상
  하위목표 1 : 언어, 돈, 시간과 단위, 쓰기, 읽기 교육 프로그램 진행

- **목표 3** : 사회적응 기술 능력 향상
  하위목표 1 : 주 1회 가족회의 진행(한 주간의 일정준비, 가사실습 메뉴 정하기 등)
  하위목표 2 : 기수별 1회 성교육 진행
  하위목표 3 : 기수별 1회 안전교육 진행
  하위목표 4 : 물건사기, 예절 시키기, 가정생활 돕기, 돈 관리, 지역사회 시설이용 진행
  하위목표 5 : 문제행동시 개인상담 진행

- **목표 4** : 여가활용 기술 능력 향상
  하위목표 1 : 주 2회 자유시간 제공, 자율적 여가활용 제공
  하위목표 2 : 월 2회 지역사회 여가활동 프로그램 진행
  하위목표 3 : 기수별 현장학습 프로그램 진행

- **목표 5** : 부적응행동기술 능력 향상
  하위목표 1 : 부적응행동 지도

3. 훈련대상

⑴ 대상 기준

- 본 복지관 직업재활팀(직업평가반, 지원고용 1·2과, 보라매작업장) 소속 훈련생
- 기타 훈련홈 프로그램을 신청하여 심의 후 선정된 자

⑵ 대상 인원 : 총 4명

4. 훈련홈 프로그램의 수행인력

프로그램 수행역할	이 름	직 위	자 격 사 항
프로그램 지도 감독	유병주	소장	특수교육학 박사학위, 사회복지시 1급
프로그램 총괄 및 운영	김수진	계장	사회복지사 1급
프로그램 운영	이은영	사회재활교사	사회복지사 1급

5. 훈련홈 기본생활 계획표

시간＼요일	월	화	수	목	금	토	일
06 : 30	기상, 세면						
07 : 00	아침식사 준비 및 아침식사						
07 : 30	훈련생 출근					자택 귀가	
15 : 00	훈련생 : 직업재활훈련 사회재활교사 : 근무 외 시간						
16 : 00	훈련홈 귀가						
17 : 00	샤워, 역할분담('역할분담표' 참조)					※ 매주 토~일요일 정기외박	
18 : 00	저녁식사 준비 및 저녁식사						
19 : 00	가족회의	자유시간	가사실습	신변자립	여가생활, 자유시간		
21 : 00	개별활동, 일일생활 점검						
22 : 00	취침						

6. 훈련홈의 세부 운영 내용

[1] 사회재활교사의 업무

⑴ 입주자와의 관계 업무
① 일반적 관리
　가. 입주자에 관련된 행정적 업무(업무일지, 프로그램일지 등)의 지원
　나. 갈등관계 개입 – 입주자들의 개인 신상 및 대인관계 등에 대한 갈등 개입
　나. 식사 제공 – 영양소에 따른 식단표 작성, 식사준비, 부엌, 식기 등의 관리
　라. 건강관리 – 위생관리, 약 복용 및 병원 이용에 대한 조언
　마. 상담 – 입주자 행동에 대한 상호 문제점 발견 및 지도상담 접근으로 문제해결 도모
② 교육
　가. 각 프로그램별 교육 – 다양한 영역의 독립적인 수행 능력 향상을 목표로 지도.
　　　　　　　　　　　　 구두 및 시범에 의한 교육
　나. 개별화 교육 – 입주자 중 취약한 능력을 집중 교육
③ 평가
　가. 입주시와 수료시에 <개인별 지도평가서 1>을 평가함(기수별 2회)

⑵ 지역사회와의 관계 업무
① 지역사회와의 교류
　지역사회 내의 편의 · 편익 시설의 적극적인 참여와 이용을 통해 입주자의 지역 내 인적 · 물적 자원의 활용 능력을 향상시킨다.
② 지역 주민과의 교류
　인근 지역 주민과 상호관계를 맺는 조력자 역할을 하며, 개발된 지역 인적 자원으로 하여금 그룹홈 입주자에 대한 옹호집단으로서의 역할을 가능케 유도한다.
③ 자원봉사자의 개발 · 관리

⑶ 기타 업무
① 그룹홈 운영비 관리 – 관리비, 생활비, 후원금 관리
② 그룹홈 관련 서류 업무 – 월간, 회계보고, 비품, 소모품대장 등

[2] 입주자

⑴ 정기적 활동
① 역할부여 – 매주마다 가족회의를 통하여 가정 내 역할을 결정(부록 3 참조)

② 자립생활 – 세면 및 샤워, 간단한 손빨래, 세탁기를 이용한 빨래, 용돈 정리

③ 가사생활 – 가정용품 사용 및 집 관리(문단속, 가스 점검 등), 청소, 밥짓기, 간단한 찬 만들기 등

(2) 비정기적 활동

① 매일 이루어짐

② 지역사회 시설 이용 – 슈퍼마켓, 기타 인근 상점 등

③ 여가활동 – 다양한 여가활동을 경험, 적성에 맞는 것을 선택하게 하여 스스로 할 수 있을 때까지 교사가 지도

④ 상담 – 문제발생시 교사와 상담

⑤ 개별화 교육 – 일정한 시간에 사회재활교사의 교육 계획에 의해 입주자 개인별 · 필요영역별로 실시

(3) 여가프로그램

① 매월 2회(금요일)

② 자발성 및 다양한 여가활동에 비중을 두고 지도하며 입주자가 스스로 적극 참여하게 유도

③ 가사실습 – 입주자들이 원하거나 흥미 있어 하는 음식을 가족회의 때 선정하여 실시

④ 외부활동 – 영화관 이용, 대중음식점 이용을 통해 금전거래 등을 직접적으로 경험하게 함

⑤ 현장학습 – 각 기수별로 1박 이나 1박 2일 정도의 시간을 두고, 숙박 또는 당일 코스로 기차 등 대중교통을 이용하여 새로운 곳에서의 경험을 쌓음으로써 입주자의 담력 및 그룹홈 구성원간의 인간관계를 발전시킴

(4) 입주자의 가족

① 내방 및 전화 상담

② 가정방문 – 입주자의 가정 내 상황 파악

③ 가정통신문 발송 – 수시로 훈련홈에서 이루어질 활동이나 주요 계획 및 각 입주자에 대한 생활지도교사의 개별적 협조사항 전달하여 그룹홈에 대한 가족의 관심 유도를 목적으로 함

7. 역할분담

(1) 역할분담 내용

영역	청소하기	세탁하기	가사실습	기타 홈 정리
세부영역	청소기 밀기	세탁기 돌리기	요리	일반쓰레기 버리기
	걸레빨기	세탁물 널기(2인조)	상차리기	재활용쓰레기 버리기
	방닦기(2인조)	세탁물 개기	설거지(2인조)	음식물쓰레기 버리기
				우편물 확인하기

⑵ 역할분담 기간 및 진행 : 입주자들이 선정하여 3주를 기준으로 순환한다.

⑶ 역할분담표(실제 사용)

<table>
<tr><td colspan="3" align="center">역 할 분 담 표</td></tr>
<tr><td>○ ○ ○</td><td>○ ○ ○</td><td rowspan="4">○
~
○
일
까
지

3
주
마
다

바
꿔
서

해
요</td></tr>
<tr><td>상차리기
걸레빨기
빨래널기
우편물 담당</td><td>설거지
방닦기
빨래개기
재활용쓰레기 담당</td></tr>
<tr><td>설거지
청소기 밀기
빨래널기
일반쓰레기 담당</td><td>요리
방닦기
세탁기 돌리기
음식물쓰레기 담당</td></tr>
<tr><td>○ ○ ○</td><td>○ ○ ○</td></tr>
</table>

8. 훈련홈 프로그램 예시(제 9기 프로그램)

2002년 12월 프로그램

일 (Saturday)	월 (Sunday)	화 (Monday)	수 (Tuesday)	목 (Wedesday)	금 (Thursday)	토 (Friday)
	16 제9기 입소식	17 가족회의	18 크리스마스 카드쓰기	19 선거일 휴무	20 여가생활 자립홈과 송년모임	21 정기외박
22 정기외박	23 가족회의	24 여가생활 크리스마스2부파티	25 가족과함께 하는 크리스마스	26 자유시간	27 신변자립 옷장정리	28 정기외박
29 정기외박	30 훈련홈 겨울방학	31 겨울방학				

＊19, 25일 당일 아침에 자택에 귀가합니다.

＊상기 프로그램은 사정에 따라 변경될 수 있습니다.

＊참고사항 : 본 복지관 2주 방학 중 1주는 훈련홈 방학, 1주는 훈련홈 사회재활 프로그램을 받게 됩니다. 겨울
방학은 훈련 12주에 포함하지 않습니다.

2003년 1월 프로그램

일 (Saturday)	월 (Sunday)	화 (Monday)	수 (Tuesday)	목 (Wedesday)	금 (Thursday)	토 (Friday)
			1 겨울방학	2 겨울방학	3 겨울방학	4 정기외박
5 정기외박	6 가족회의	7 기차여행준비	8 겨울눈꽃 기차여행	9 겨울눈꽃 기차여행	10	11 정기외박
12 정기외박	13 가족회의	14 자유시간	15 가사실습	16 자유시간	17 성교육	18 정기외박
19 정기외박	20 가족회의	21 자유시간	22 가사실습	23 자유시간	24 신변자립 생리대사용	25 정기외박
26 정기외박	27 가족회의	28 자유시간	29 사회생활 명절예절배우기	30 신정연휴	31 신정연휴	

* 29일은 당일 아침에 복지관 작업훈련 후 자택에 귀가합니다.
* 상기 프로그램은 사정에 따라 변경될 수 있습니다.

2003년 2월 프로그램

일 (Saturday)	월 (Sunday)	화 (Monday)	수 (Tuesday)	목 (Wedesday)	금 (Thursday)	토 (Friday)
						1 정기외박
2 정기외박	3 가족회의	4 기차여행준비	5 가사실습	6 자유시간	7 사회생활 생일파티준비	8 정기외박
9 정기외박	10 이○○씨 생일파티	11 가족회의	12 가사실습	13 자유시간	14 오○○씨 생일파티	15 정기외박
16 정기외박	17 가족회의	18 자유시간	19 가사실습	20 자유시간	21 여가생활 영화관람	22 정기외박
23 정기외박	24 가족회의	25 자유시간	26 가사실습	27 자유시간	28 안전교육	

* 상기 프로그램은 사정에 따라 변경될 수 있습니다.

2003년 3월 프로그램

일 (Saturday)	월 (Sunday)	화 (Monday)	수 (Tuesday)	목 (Wedesday)	금 (Thursday)	토 (Friday)
						1 정기외박
2 정기외박	3 가족회의	4 자유시간	5 가사실습	6 자유시간	7 여가생활 노래방이용	8 정기외박
9 정기외박	10 가족회의	11 자유시간	12 자립홈과 퇴소모임	13 자유시간	14 제9기 퇴소식	

* 상기 프로그램은 사정에 따라 변경될 수 있습니다.

Ⅱ. 훈련홈 프로그램의 이론적 풀이

사회재활교사는 입주자들이 오전에는 아침식사를 스스로 챙겨서 먹고 복지관으로 출근할 수 있도록 지도하며, 오후에는 입주자들이 자립적으로 할 수 있도록 합니다.

입주자들은 오후에 훈련홈에 도착하면 위에서 언급한 역할분담을 시작으로 훈련홈 프로그램을 시작합니다. 각자의 역할에 따라 순서를 맞춰 역할을 이행하고 월 프로그램에 따라 프로그램을 참여하기도 합니다.

구체적으로 훈련홈에 들어서면 교사에게 인사를 하고 샤워준비를 하며 그날 입은 옷을 세탁기에 넣으면서 각자 맡은 당번이 시작됩니다.

세탁기 돌리기 당번은 밥을 먹기 전에 세탁기를 돌리고 세탁물 꺼내기, 널기와 동시에 청소기 밀기, 걸레 빨기, 방 닦기가 시작됩니다. 세탁이 다 된 옷은 개개인이 챙겨 옷장 정리를 하는 것으로 기본적인 신변자립을 마무리합니다.

그 다음에 요리 당번이 담당교사의 지도 아래 요리를 하면 상차리기 당번이 상을 차리고 저녁을 먹습니다.

그리고 홈 정리와 식사를 마치면 훈련홈 프로그램 계획에 따라 다양한 프로그램이 시작됩니다. 입주자들이 잘못을 할 때는 프로그램에서 제한하기도 하지만 계획서에 의해 이루어지고 있습니다.

매주 월요일에는 가족회의를 통해서 입주자와 교사가 협의하여 주 계획을 세웁니다. 처음에는 교사가 진행하지만 차츰 입주자들이 진행할 수 있도록 하여 교사는 입주자들의 욕구를 반영하고 있습니다. 이때 가사실습 메뉴를 정하거나 여가생활의 내용을 정하기도 합니다. 매주 수요일에는 가사실습으로 가족회의 때 선정된 메뉴를 담당교사의 요리에 대한 안내를 듣고 각자 시장보기와 요리를 할 수 있도록 합니다. 시장보기와 요리를 하는 데까지 교사는 친구의 요청이 있을 때까지 최소의 개입을 하고 있습니다. 매주 금요일에는 영화관람, 노래방, 볼링장 이용 등 지역사회 시설을 이용하고 있으며 기수별 현장학습을 진행하고 있습니다. 그리고 매월 2번 신변자립으로 옷장정리, 생리대 사용법 등 기본적인 신변에 대한 교육을 지도합니다.

현재 훈련홈 친구들은 적응의 시간을 보내고 있습니다. 훈련홈에 입주하고 나서 6주 정도 지났을 때 홈에서의 생활이 익숙해지고 편안하게 행동을 하는데, 아직까지는 긴장한 모습이 역력하고 입주자들끼리도 서로 상호작용하는 것도 미흡하여 교사의 인위적인 개입을 필요로 하고 있습니다. 2주 동안은 친한 친구끼리만 이야기하는 모습이었는데, 4주가 지나고 나서는 서로의 안부를 묻고 아플 때는 걱정이 된다고 이야기를 합니다.

 훈련홈에서 입주자들은 짧은 시간 동안 그룹홈 생활을 체험하고 다양한 여가활동을 할 수 있으며, 홈에서의 모든 생활은 친구들 중심으로 이루어지기 때문에 대체적으로 만족스러워 하고 그룹홈 생활을 희망하고 있습니다.

입주자들의 부모님들께서는 한 번도 분리를 해본 적이 없는데 훈련홈에 보내놓고 나서 불안하고 걱정을 많이 했지만, 대체로 보내기를 잘했다는 의견이었습니다.

3개월 동안 떨어져 있으면서 집안의 천덕꾸러기라고만 생각하고, 평생 데리고 살아야 한다는 부담감에 입주자에게 무의식적으로 잘못했던 일들만 생각이 났으며, 입주자가 얼마나 소중한 사람인지를 깨닫는 시간이었다고 말씀하시는 분들이 많았습니다.

또한 아무것도 할 줄 모르고 못하는 것으로만 알고 있었는데 훈련홈에서 생활하는 것을 보면서 깜짝 놀랐고, 내 자식에 대해서 부모인 내가 무시하고 있었다는 것을 깨닫고 평소 자녀에 대해 생각했던 것들이 많이 깨졌다는 표현을 하셨습니다.

훈련홈 교사로 생활하면서 깨닫는 것이 있다면 부모님의 역할이 얼마나 중요한 것인가입니다. 훈련홈의 3개월 동안 입주자와 생활하다 보면 가정에서 장애인이기 때문에 과잉보호를 하여 입주자가 할 수 있는 역할들까지도 많이 제한하여 못하는 경우가 있고, 장애를 인정하면서도 비장애인만큼의 역할을 기대하여 할 수 있는 역할도 자신감 부족으로 망설이고 하지 못하는 경우, 잘못된 행동인 줄 알면서도 장애인이기 때문에 받아주어 본인의 욕구를 잘못된 행동으로 표출하는 경우도 있었습니다.

훈련홈 교사의 역할은 12주 동안 입주자들과 생활하면서 입주자들 개개인을 평가하여 그룹홈 입주 가능자를 선정하고 자료로 보관하여 본 복지관에서 운영하고 있는 그룹홈에 자리가 나면 추천을 하는 것으로 마쳐질지 모르지만 장애인을 키우는 부모님의 역할은 끝이 없다고 생각합니다.

27. 주제별 사례발표

심윤경

(1) 진정서

진 정 서

진정인은 정신지체 장애인으로서 현재 〈장애자 공동생활가정〉 강서구 가양3동 도시개발 아파트 801동 103호에 거주하는 손○○이며 나이는 31세 입니다.

손○○저의 특수상황 〈정신지체인〉으로 인해 대리인 심 윤 경 〈동작구 신대방동 보라매 공원내 서울시립 정신지체인 복지관 소속의 관리자〉이 진정서를 제출합니다.

1995년 12월 22일 손○○에게 일어난 사고의 경위는 이렇습니다.

손○○는 염창동 소재의 문정제책사 에서 오후 7시 정장하는 버스 1간번을 타고 가양 A·P·T 9단지에서 하차 후 본인의 Group Home 〈장애자 공동생활 가정〉으로 귀가 하던 중 정류장 부근의 포장 마차에 들러서 〈평소에 관광 들려 군것질을 함〉 떡볶기를

먹은 후 횡단보도를 건너서 토큰 판매소에서 다음날 사용할 토큰 2개를 구입하고

Group Home 으로 향하던중 약 오후 8:00경에 구양국민학교 앞에서 안면불식의 남자 1명이 서서 "왜 집에 가지 않느냐며" 손 OO를 잡았습니다. 그리고 약 8시 아무 아파트 단지 부근의 「흥든 노래방」에 데리고 갔습니다.

그곳의 8호실 방에서 남자 4명과 손 OO가 약 4시간 가량 노래를 불렀습니다.

노래방에서 노래를 부르는 도중에 여자 1명이 합류하여, 손향우는 '친구야 친구' '아파트' 를 불렀고 미명의 남자들은 '산발머리' '아리랑' '못 찾겠다 꾀꼬리' 등을 불렀고 미명의 여자는 조용필의 '돌아와요 부산항에'를 불렀다고 합니다.

약 오전 0시 10분경에 손 OO와 미명의 남자 1명을 제외하고 모두 먼저 나갔고

그 후 그 미명의 남자가 손 OO를 데리고 택시를 타고 상호 불명의 여관에 갔습

니다. 미명의 남자는 손 OO의 옷을 벗겼고 목욕도 시켜 주었습니다.

그리고 그 남자의 성기를 만지도록 했고 그 남자는 손 OO의 가슴과 성기등을 만

졌다고 하며 그 후 밤새 성관계 등을 가졌다고 합니다.

다음날 12월 23일 약 오전 8시 경에 미명의 남자는 손 OO를 가양동 G.H에

데려다 주기 위해 택시를 타고 구양국민학교 앞까지 와서 미명의 남자는

다음부터는 다시 너를 만나지 않을 테니까 선생님한테 밤새 있었던 이야기를

하지 말라고   했다고   합니다.

진정인의   대리인은   심 유 경은   1995년 12월 23일   사고 경위를   확인 하던 중   몇 가지 사실
을   알게   되었습니다.

12월 22일 밤에   손 OO와   함께 「정든 노래방」에서   노래를 부르는   분은 미명의 여자가
가양 A·P·T 7단지 앞에서   포장마차를   하는   채 양 자   아주머니라는   사실을   확인했습니다.

그런데 함께   노래방에서   노래를 부른 미명의   남자 4명을   모른다고   이야기 합니다.
피진정인(미명의 남자)의   주소와 성명은   대상이 없으나   보통 키의 잠바를 입은   약 35세
가량의 남자라는   것만을   확인 했습니다.

1995년 12월 22에 일어난   사고를 수원이 지난 처음에서   신고를 하게 된것은   우리 성
선자체인은   위험한   상황으로 부터   자신을   스스로   방어할 능력이   없습니다. 그러다 보니
1 약점을 이용하여   이런사고가   생길 수 있으여, 제2, 제3의 이러한   사고가 또 발생
되지 않기를   바라는 마음에서   입니다.

또, 이 사회의 따뜻한 관심과 보호속에서 만여 많은 정신지체인들의 안녕이 보장된

다고 믿습니다.

이번 신고를 조사하여 좀 더 안전한 생활을 보장 받고자 합니다.

1996년 1월 11일

강 서 경 찰 서 장 귀하

(2) 가양동 그룹홈의 사례를 통한 지도방법

심 윤 경

Ⅰ.머리말

1994년 12월 장애인들을 사회의 한 일원으로 통합시켜 일반인과 더불어 살아갈 수 있도록 지도한다는 목표 하에 운영되고 있는 Group Home(장애인 공동생활 가정)에 대한 매력에 이끌려 서울시립정신지체인복지관에 입사한 후 강서구 가양동 여자 그룹홈에서 생활하고 있는데 지난 16개월 동안 경험했던 몇 가지 사례를 말하고자 한다.

Ⅱ. 사례를 통한 지도 방법(성공 및 실패)

■ 사례 1 : 입주자 개인의 잘못된 행동에 대한 교정(도벽, 거짓말)

생활보조원으로 근무하기 시작한 지 2개월이 지난 작년 2월 초, 정기적인 용돈지급일이 지났음에도 입주자 1명이 돈이 있다며 용돈 받기를 거부한 일이 있어 확인해 본 결과, 다른 입주자의 핸드백에서 얼마의 돈을 훔쳤다는 것이다. 처음으로 맞이한 입주자의 그릇된 행동을 접하여 '비장애인들과 함께 생활하는 데 있어서 남의 물건을 훔치는 것은 결정적인 약점이 될 수 있다'고 판단하고 이번 기회를 이용하여 또 다른 입주자들에게 있을 수 있는 행동을 수정하기 위해 '문제를 드러내놓고 공개적으로 처리하는 방법'을 선택하였다.

우선 본인에게는 '남의 것을 훔치는 것은 대단히 나쁜 행동'임을 지적해 주었고, 상대방 입주자에게 직접 사과하도록 하였으며, 다시는 그러한 행동을 하지 않겠다는 약속을 받고, 벌칙으로 본인이 가장 좋아하는 설거지를 1주일 동안 하지 못하도록 했다.

효과가 있었는지 다행스럽게도 이후 그러한 행동이 우리 입주자들 사이에서는 일어나지 않았지만, 직장 생활 중에 발생할지도 모른다는 생각으로 예방적 차원에서 주기적으로 일깨워주고 있다.

■ 사례 2 : 입주자간의 갈등(위계질서)

그룹홈에는 통상 4명의 입주자들이 함께 거주하는데 그들 간에는 6~7세 정도의 연령 차이가 있음에도 불구하고, 자신에 비해 상대의 수준이 낮다고 생각되면 연령에 상관없이 무시하는 경향이 자주 있어서 불화의 원인이 되고 있었다.

따라서 이러한 문제를 해결하기 위해 '연장자 우선원칙'을 채택하였다. 서로 간에 상대방의 나이를 알고 있던 터라

나이가 많은 사람이 어른이며, 어른에 대한 대접을 해 주었을 때 나도 어른 대접을 받을 수 있다는 점을 일깨워주었다. 또한 가족들끼리 외출을 보낼 때도 가장 나이 많은 입주자에게 돈을 주고, 그의 말을 듣지 않았을 때는 적절한 제재를 가한다는 점을 항상 강조해 주면서 연장자로서의 권위를 세워주었다.

이렇게 1년 여 동안 강조해 온 결과, 지금은 입주자들 사이에 나이에 의한 질서가 잡혀 나이 많은 입주자에게 대들거나 거부하는 행동이 없어졌으며, 그들 사이의 갈등은 현격하게 줄어들어 화목한 그룹홈 생활의 기틀이 되었다. 그러나 직장을 다녀온 입주자가 '나이 어린 사무실 직원이 자신의 이름을 부르고, 반말을 하는 것에 대한 불만을 토로' 할 때 직장 생활에서의 위계질서는 직책에 따라 대우를 받기도 한다는 사실들을 일깨워 주었지만 지금도 입주자 자신의 나이가 많음을 강조하고 싶어 한다.

■ 사례 3 : 직장생활 지도

입주자들의 건전한 사회통합을 위해 직장생활 지도는 대단히 중요한 일이다. 우리 가양 그룹홈의 입주자 전원은 전자부품회사, 제책회사, 봉제공장 등 일반 업체에 취업되어 직장 생활을 하고 있는데, 정신지체인들의 특성상 업무능력 부분은 비장애인에 비해서 많이 떨어지지만 성실하게 열심히 일한다는 부분을 인정받으며 나름대로의 자부심을 가지고 열심히 사회에 참여하고 있다.

통상 복지관에서는 직장을 알선해 주고, 사회재활교사는 입사 이후의 직장생활 지도를 담당하게 되는데, 최초 입사 시 업무숙달과 동료들 간의 원만한 관계 형성을 돕기 위해 1주일 가량 동행출근을 하여 함께 일을 하면서 작업상태와 주변 환경의 적응 가능성 여부를 확인한다.

가끔 직장에서 자신들의 신체적, 정신적 상태와 관계없이 힘든 일을 시킨다는 불만을 말하면, 입주자들에게는 피곤해도 참아야 하며 직장인으로 최선을 다해야 된다는 것을 강조하고 있다. 그런 후에 업체에 전화통화 또는 직장을 방문하여 회사와 입주자와의 관계를 점검해 보고, 개선책을 찾는다.

■ 사례 4 : 사회인의 유혹에 의한 사고

1995년 12월 22일 입주자 중 1명이 회사에서 그룹홈으로 귀가하지 않고, 행방불명이 되어버린 사건이 있었다. 다음날 아침 아무렇지 않은 듯이 귀가한 입주자에게 어떻게 되었는지 자초지종을 묻자, 어이없게도 '집으로 귀가하던 도중 길거리에서 한 남자에 의해 노래방을 갔고, 그 남자와 외박을 하였다' 는 것이었다.

나는 입주자의 정신 연령이 8세 미만 수준(장애 2급)이라는 점을 감안할 때 그 남자에게 책임이 있다고 생각하여 만약에 있을지 모르는 제2, 제3의 사고를 예방하기 위해서는 정식으로 사건 처리해야 한다고 생각하고, 입주자의 부친 및 복지관과 상의한 후 피해자인 입주자의 대리인 자격으로 경찰서에 진정서를 제출하였지만, 입주자가 정신지체인으로 수사에 필요한 정확한 진술을 하지 못하여 수사가 다소 지연되었지만 다행스럽게도 지난 3월 25일 범인을 검거하였고, 부모와 복지관과 진정인의 합의하에 사건을 원만히 해결하였다.

하지만 그룹홈에서의 유사한 사례가 없어서 문제에 대한 신속한 대처 방법을 모색하지 못하였던 점과, 입주자들에게 올바른 성교육과 정조관념에 대한 인식이 부족하였다는 점, 법률적인 면에 있어서 전문상담 기관의 필요성을 크게 느꼈다.

III. 맺음말

여러 사례를 통해 그룹홈 생활의 단면을 밝혔는데, 그룹홈제도는 장애인들이 사회에서 비장애인들과 어울려 자연스럽게 살아갈 수 있도록 도와주는 좋은 제도라고 생각한다. 이러한 제도가 우리 사회에서 소외된 많은 장애인들에게도 확대되기를 바라며, 또한 성공적인 그룹홈제도의 정착을 위해서는 사회의 지속적인 관심과 더불어 장애인 지도자료 제공 및 생활지도자 전문교육과정 신설 등의 제도적 뒷받침이 있어야 한다고 본다.

(3) 다이어트 성공사례기

김 홍 자

단계1. 정신지체의 진단

이 름	김 ○ ○	생년월일 1970년생	그룹홈 입주 1996년
직 장	일반업체		
팀 구성원	김 홍 자		
	본가의 가족, 직장동료 및 상사		

1. 학력

일반 여자고등학교 졸업
정신지체인복지관 직업재활과 훈련생 입소

2. 두 가지 혹은 그 이상의 적응기술 영역에서의 연관된 제한성   예 / 아니오

- -

▶▶▶ 유의한 제한성

	예	아니오		예	아니오
	예	아니오		예	아니오
의사소통	○		자기지시	○	
자기관리	○		건강과 안전	○	
가정생활	○		기능적 학업교과	○	
사회성 기술	○		여가	○	
지역사회 활용	○				

- -

3. 진단   정신지체 3급

4. 입주자 소개

　　그룹홈 입주 당시 체중은 85㎏이어서 앉았다가 일어서는 과정에서 몸의 흔들거림이 심하였는데 직장에서도 안전에 신경이 쓰인다고 하였으며 결국 해직당 하기도 하였다. 언덕을 내려올 때 보통 한 발씩 내딛는 반면 위 입주자는 두 발을 동시에 내딛게 되면서 반드시 넘어져 골절상을 입는 등 언제나 불안한 상태를 보이다가, 버스에서 내리던 중 도로변으로 넘어지려는 순간 교사의 힘으로 위기를 모면하였던 일이 다이어트를 결심하게 된 동기가 되었다. 집에서 다이어트 차원으로 중국산 살 빼는 약을 복용시키는 중 그룹홈에 입주하였으며, 그릇된 다이어트 상식을 적용하여 오히려 체중이 증가하는 부작용을 초래했고, 운동이나 음식 제한은 전혀 이루어지지 않는 것을 상담 후 알게 되었다. 또한 본인이 움직이는 것을 극도로 싫어하였고, 지금까지 자신의 고집대로 움직이지 않았고, 대부분의 용돈은 군것질에 사용하였는데 단 종류의 군것질과 튀김류의 군것질을 선호하였으며, 간식을 숨겨서 먹는 모습을 초기에 많이 발견하였다. 미용상 다이어트가 아닌 건강 차원에서 다이어트를 시작하였다.

단계2. 분류와 묘사

이름　김 ○○　　　　　　　　　날짜　2002. 10

차원Ⅰ : 지적기능과 적응기술

의사소통	강 점	자신의 의사를 자유롭게 표현한다 말하는 것을 좋아한다 감정표현 솔직하다	출처 그룹홈 관찰
	약 점	거짓말을 할 줄 안다(상황 모면하기 위하여) 부정적인 말을 자주 한다 상대방의 감정 고려 없이 말을 한다	출처 그룹홈 관찰

자기관리	강 점	의복 착탈의 가능하다 독립적으로 목욕 두발 정리 가능하다 개인물품 정리정돈 가능하다 일기를 쓸 수 있다	출처 그룹홈 관찰
	약 점	식사시 흘리며 먹는 등 깨끗하지 못하다 스스로 관리 부족하다	출처 그룹홈 관찰

가정생활	강 점	요리에 관심이 많다 가스렌지, 전자렌지 이용하여 음식을 만든다 시장보기를 좋아한다(물건 구입) 손님 접대하기를 좋아한다(다과 준비) 요리시 필요한 식품 구입이 가능하다	출처 그룹홈 관찰
	약 점	불필요한 지출이 많다 금전 관리시 확인이 필요하다	출처 그룹홈 관찰

사회성기술	강 점	타인에게 공격적이지 않고 친절하다 화폐를 이용하여 물건구입이 가능하다 대중교통을 이용할 줄 안다	출처 그룹홈 관찰
	약 점	시간약속 개념이 부족하다 인사를 스스로 하지 못 한다 감정에 따라 움직일 때가 많다	출처 그룹홈 관찰

지역사회활동	강 점	지역 내에 있는 모든 편의시설 이용 가능하다(수퍼, 미장원 등) 도움을 받아 여행을 할 수 있다 지역사회 안에서 이동 가능하다 대중교통 이용 가능하다 교회 출석 가능하다	출처 그룹홈 관찰
	약 점	이동시 도움을 필요로 한다 지역사회 활동 참여 기회가 적다	출처 그룹홈 관찰

자기지시	강 점	낯선 곳은 타인의 도움 요청하여 찾아갈 수 있다 시간설정 가능하며 따를 줄 안다(취침, 출·퇴근 등) 일정표에 따라 활동 가능하다	출처 그룹홈 관찰
	약 점	자신의 생각, 경험, 상황 판단을 상상하여 다른 사람에게 곧잘 전달한다 새로운 상황에서 문제 해결이 어렵다	출처 그룹홈 관찰

건강과안전	강 점	작은 상처는 본인이 응급처치 가능하다 아프면 말할 수 있으며 병원과 약국 이용 가능하다 위험한 상황판단이 가능하며 도움 요청할 줄 안다 위험한 행동으로부터 자신을 보호 할줄 안다	출처 그룹홈 관찰
	약 점	움직이는 것 싫어한다 운동 싫어하며 안전사고의 염려 있다 편식한다(선호도에 따라 음식 섭취 심하다) 음식 자제가 부족하다(옆에서 제지 필요) 잘 넘어진다 다이어트 필수	출처 그룹홈 관찰

여가	강 점	대중가요 청취하기를 좋아한다 TV 시청하기를 좋아한다 여행하기를 좋아한다 영화, 무용, 콘서트 등 관람을 선호한다 오락적 활동을 이용할 줄 안다	출처 그룹홈 관찰
	약 점	TV 시청 등 정적인 활동만 선호한다 혼자 여가활동을 해 왔다 운동 등 움직임 자체를 싫어한다	출처 본가 가족들

차원II : 심리적 · 정서적 고려

	강 점	가족과 관계형성 원만하다 새로운 사람, 일, 좋아한다 교사의 의견 수용할 줄 안다	출처 그룹홈 관찰 본가가족 상담
	약 점	실수시 크게 위축되어 다음 행동 부자연스럽다 주위 시선에 예민하다 욕심이 많다 소극적이며 수줍음이 많으며 수동적이다	출처 그룹홈 관찰

차원III : 신체적 건강, 원인의 고려

건강과 관련된 진단 ______________ 없음 ______________

주요 원인 ______________________________________

원인에 기여하는 요소들 ______________________________________

차원IV: 환경적 고려

<table>
<tr><td rowspan="2">주거생활</td><td>강 점</td><td>그룹홈에 거주하고 있다
주변 환경이 좋다
(인근에 공원, 스포츠센터 등 지역사회 시설이용 가능)
대중교통 이용 편리하다</td><td>출처
그룹홈 관찰
본가 가족 상담</td></tr>
<tr><td>약 점</td><td>이웃과의 왕래, 도움 필요로 한다
비장애 또래와의 만남, 접촉 기회가 적다</td><td>출처 그룹홈 관찰</td></tr>
</table>

<table>
<tr><td rowspan="2">직업적환경</td><td>강 점</td><td>일반업체에 취업 중이다
도움과 협조를 받을 수 있다
장애인에 대한 시선이 긍정적이다</td><td>출처
직장상사 및 동료직원
상담</td></tr>
<tr><td>약 점</td><td>자신이 스스로 통제할 줄 알아야 된다</td><td></td></tr>
</table>

단계3. 필요한 지원의 윤곽과 강도

차원 I : 지적기능과 적응기술

차원/영역	지원기능	활 동	강도의 수준 간/제/확/전
자기관리	행동적 지원	바른 식사 습관 기르기	간헐적
가정생활	행동적 지원	금전관리 잘하기	제한적
건강과 안전	행동적 지원	걷기, 계단 오르기 훌라후프 30분 돌리기	전반적
자기지시	행동적 지원	금지식품 먹지 않기	제한적
여가	행동적 지원	욕구 표현하기, 선택하기	제한적

최적 환경

-꾸준히 운동할 수 있는 여건을 조성해준다.

-한 달 동안의 금전계획을 세울 때 간식의 날(주 1회)을 세워준다.

-하루 음식 섭취일지를 쓸 수 있게 도움을 준다.

-입주자 모두 동참의 기회를 주어 벌로 인식되지 않게 해 준다.

-간식 구입시 꼭 영수증을 챙기도록 한다.

-주말은 자유의 날로 세운다(단, 군것질 조심시킨다).

-약속을 잘 이행하면 보상을 정한다.

-지역사회 참여 활동을 활발히 할 수 있도록 해준다.

-미래의 모습을 자주 상상시켜준다.

단계4. 문제행동 수정과 운동 및 식이요법

강점이 많은 만큼 그 강점들이 약점으로 작용되기도 하였다. 편의점 및 지역사회 시설들을 이용할 수 있으므로 항상 확인이 필요하였다. 영수증 확인을 함으로써 군것질을 통제할 수 있었다. 군것질을 할 수 있는 날을 정하였는데, 매주 금요일은 간식 구입을 허용함으로써 다이어트를 통한 스트레스를 줄이려고 하였다. 다이어트를 시작하면서 미래에 예뻐진 자신의 모습을 자주 이야기함으로써 위축되는 모습을 없애고자 하였다. 다이어트를 시작한 지 6개월이 지나도 체중의 큰 변화는 없었다. 겨우 1kg이 빠졌다. 원인을 찾는 중 밖에서의 간식이 문제였다. 단 종류의 간식과 기름진 튀김류의 간식 등으로 효과는 더디었다. 그래서 생각해낸 묘안이 영수증 확인을 하면서 용돈을 통제하였다. 영수증도 컴퓨터 영수증만 인정하였다. 그러다 보니 편의점 혹은 큰 수퍼를 이용할 수밖에 없어서 그만큼 걷게 되었고 횟수도 현저하게 줄었다. 초콜릿, 사탕, 초코파이 등은 금지식품이었다. 이 간식들을 구입하는 날은 그만큼의 용돈을 감하여 주었다. 다이어트에는 운동이 필수였던 것 같다. 그룹홈이 12층에 위치하고 있었는데 내려갈 때는 엘리베이터를 사용케 하였지만, 계단으로 올라올 때는 계단을 이용토록 하였는데, 퇴근시간에 맞춰 현관에서 기다리면서 확인을 하였다. 가끔 일 때문에 그룹홈에 있을 때도 있었지만, 계단으로 올라왔는지 엘리베이터를 이용하였는지 확인은 쉬웠다. 숨이 고른 날은 계단이용을 하지 않았으므로 다시 올라오게 하곤 했다. 실직시 계단 오르기를 하였는데 30분 동안 하면 땀으로 흠뻑 젖는다. 그 후 훌라후프를 30분간 돌리도록 하였고 이때 30분을 넘기지 않았다.

이유는 30분이 넘으면 장에 안 좋다고 한다. 그리고 훌라후프는 일반 훌라후프에 천을 3겹 감아 좀 무게가 나가는 훌라후프였다. 꾸준한 운동을 계속하다 보니 체중감량이 눈에 보이기 시작하였다. 가장 큰 효과는 사이즈 맞는 옷 구입이었다. 그러나 외박만 다녀오면 보통 3kg이 증가하여 속을 태우기도 하였다. 2001년 상반기 몸무게는 62kg으로 감소하였다. 다이어트를 시작한 지 5년 동안 23kg의 감량을 하게 되었는데, 절대 음식을 굶는 방법은 사용하지 않았다. 운동과 간식 섭취 제한을 하였지만 효과는 컸다.

다이어트를 하다 보니 음식에 자연스럽게 관심을 갖게 되었다. 계란프라이를 할 때 기름 사용보다 프라이팬에 물을 반쯤 채워 물이 끓으면 계란을 넣어 익혀 주었고 육류 섭취시 야채를 많이 먹도록 하였다. 그리고 고기요리를 할 때 불고기나 샤브샤브를 많이 선택하게 되었고, 저녁보다는 아침에 요리를 해주었다. 고기를 먹을 때는 밥의 양을 평소보다 줄여주거나 고기만 섭취하도록 하였는데 야채를 많이 먹도록 해주었다. 생선도 그릴 사용과 찜이나 조림을 사용하여 주었고 굽는 게 좋지 않다고 하여 그릴 사용도 중지하였다. 프라이팬을 뜨겁게 달군 후 생선을 구우면 맛있게 요리가 된다. 실패한 요리도 많았다. 나물비빔밥을 아침에 먹었을 때 포만감은 오래 지속되었다. 교사도 먹어본 결과다. 피자 등 패스트푸드는 열량만 높고 영양가가 없다고 하나 좋아하는 음식이라 먹지 못하게 하는 것이 어려웠고, 인스턴트 음식을 좋아하므로 인스턴트 재료를 사용시 야채를 많이 혼합하였다.

다이어트에 들어가면서 비타민 영양제를 복용케 했고 마시는 물도 신경이 쓰이게 되었다 녹차와 한방 재료를 구입하여 물을 끓였으며, 보양식에도 관심을 가져 계절이 바뀔 때마다 요리를 하였다. 조미료는 일절 사용하지 않았고 대신 멸치와 다시마, 버섯을 달인 물로 국물을 내었다. 쌀 역시 현미로 바꾸게 되었는데 현미밥은 불리지 않으면 먹을 수 없어서 입주자들이 가사에 신경을 쓰게 되는 효과도 보았다. 보통 다이어트를 하는 식구가 있다 보면 다른 입주자들도 불편을 감수하는 경우가 있을 수 있겠으나, 단시일에 승부를 내는 다이어트가 아니었으므로 큰 불편을 주지는 않았다. 같이 먹는 음식의 양을 2/3 정도 먹도록 하고 단 종류의 간식 제한만 하였다. 매주 금요일은 금지된 간식을 먹을 수 있는 날이기 때문에 욕구 불만으로 인한 스트레스를 예방하고자 하였다.

다이어트를 하면서 얻은 수확 중 하나는 입주자들이 먹거리를 관심 있게 대한다는 점으로써 정보를 나에게 전해주기도 하였다. 다이어트를 실시 중일 때 잘 따라와 준 입주자 OO씨에게 감사하다.

맺는 글

단기간에 걸친 다이어트 계획이 아니므로 무난하게 실행 가능하였다.

일관성 있는 태도가 중요하였고 본인의 의지도 필요하였으며 특히 가족의 도움이 큰 힘이 되었다. 우선 효과는 본인이 당당해진 모습과 자신감이 생겼다. 그러나 조금 방심하면 체중은 쉽게 증가하는 모습을 지금도 보인다.

이 미 숙

(4) 정신지체인을 위한 성교육 프로그램

"정신지체인의 성 바로 알기"

1. 사업기간

2002년 10월 4일(월)~11월 11일(월)

2. 목적

정신지체인에 대한 성문제는 부모나 교사가 큰 역할을 해야 함에도 불구하고 지금까지 접근하기 어렵고 민감한 부분이었다. "성 바로 알기"라는 성교육 프로그램은 정신지체인에게 성에 대한 올바른 지식과 가치관을 심어줌으로써 일생에서 중요한 부분을 차지하는 성에 긍정적인 영향을 미치도록 하며, 성에 대한 근본적인 권리와 의무를 갖도록 하는 것을 목적으로 한다.

3. 목표

(1) 남성과 여성의 성과 성역할에 대해 안다.

(2) 자기 자신에 대한 올바르고 긍정적인 자아개념을 지니며 자존감을 갖는다.

(3) 타인(이성)과의 올바른 인간관계를 형성할 수 있다.

(4) 성인기에서 이루어지는 일들과 책임에 대해 안다.

(5) 남녀의 위생에 관련된 활동과 남성과 여성의 신체적, 정서적 변화에 대해 안다.

4. 사업 내용

(1) 실시 대상 : 강서구 그룹홈(자립홈, 훈련홈) 입주자 전원

(2) 대상 인원 : 총 8명

(3) 교육 강사 : 사회재활교사 이○○ 외 1명

(4) 교육 내용 : 1차 – 자아개념과 인간관계

　　　　　　　　2차 – 성인기에 이루어지는 일

　　　　　　　　3차 – 성인기의 책임

5. 성교육자로서의 태도 숙지

(1) 성교육자로서의 태도 숙지

정신지체인은 부모든 교사이든 성에 대해 정보를 교환하고 대화를 나눌 수 있는 동반자가 필요하다. 여기에서 동반자라고 표현하는 것은 앞에서 언급한 것처럼 일방적으로 지식을 전달하는 사람이 아닌 소통 (Communication)하는 사람으로서의 의미인 것이다.

우리 사회는 지금까지 성과 관련되어 왜곡된 지식과 성문화에 찌들어 살아왔다. 그러나 새롭게 고민하고 건강한 성과 가치관을 정립해 가야 하는 시점에 놓여 있기에, 지금까지는 정신지체인들의 성교육에까지 크게 관심 갖지 않았으나 앞으로는 정신지체인의 시각에서 함께 고민하고 모색해야 할 것이다.

- 성교육은 반드시 정신지체인의 수준에 맞아야 하며 구체적이어야 한다.
- 남성과 여성이 공히 철저한 성교육을 받아야 한다.
- 성에 대해 긍정적인 생각을 가져야 한다.
  언제, 어디서, 어떤 질문을 받더라도 당황하지 않고 자연스럽게 대처할 수 있는 기초는 우선 성에 대해 쑥스럽거나 나쁘다는 생각보다 자연스럽고 좋은 것이라고 생각하는 것이다.
- 감추는 성에서 건강하게 즐기는 성을 이야기한다.
  본래 성이란 인간이 누려야 할 기쁨의 특권 중 하나이지 하찮은 동물적인 것이 아니다. 성은 성인이 되어야만 생긴다기보다 태어나면서부터 성장과 함께 생애 전체를 통해 나타난다. 성은 자연적으로 일어나는 욕구이지만 어느 정도의 규칙과 약속 아래 충족되어야 한다.
- 자유로운 대화 분위기를 만들어야 한다. 평소에 관계가 잘 이루어져 정신지체인과 자신의 고민을 쉽게 이야기 할 수 있어야 한다. 부모나 교사는 감정이나 도덕적 판단을 앞세우지 않고 편안하게 들어 줄 수 있는 자세가 되어 있어야 한다. 그러기 위해서는 정신지체인을 독립된 인격체로 인정하고 존중하는 마음이 필요하다.

(2) 성교육을 하는 사람이 스스로 비판해 보아야 할 점

① 전반적인 성적인 문제, 특히 장애인의 성에 대한 나의 태도를 검토해 보았는가?
② 성적인 내용에 대해서 정확한 지식이 있는가?
③ 내가 충분히 융통성이 있고 상상력이 있고, 내가 말하는 방식이 솔직하고 직설적이어서 성교육을 받는 사람들에게 긍정적인 태도와 분위기를 조성할 수 있는가?
④ 내가 가르치는 목적이 성적 반응을 제거하려는 것이 아니고 건강하고 올바른 성적 태도를 조성하려는 것인가?
⑤ 사람은 누구나 배우고 자기만의 비밀을 가질 수 있고 자기가 좋아하는 방식대로 성적 표현을 할 수 있는 권리가 있다고 인정하는가, 그리고 이러한 그들의 권리를 옹호하는가?
⑥ 성에 대한 느낌과 행동과 태도에 사람에 따라서 큰 차이가 있다는 것을 알고 있는가, 그리고 그러한 차이점을 올바른 태도로 대할 수 있는가?
⑦ 나는 성에 관한 질문을 받을 자격이 있는 사람인가? 다시 말하면, 상대방이 말하는 것을 비판적으로 듣지 않고, 자세히 들어 줄 수 있는가?
⑧ 교육 방법을 장애인에 적합하도록 조정할 능력이 있는가? 그들에게 특유한 일상생활을 이해하고 있는가?

(3) 정신지체인의 성에 대한 그릇된 상식

① 장애인은 성적인 느낌이 없다.
② 장애인은 자기의 성적 느낌을 억제할 줄 모른다.
③ 그들에게 성에 대하여 이야기해 보아야 그들이 이해 못하니 필요 없는 일이다.
④ 장애인은 성적인 기회가 없으니 그러한 지식을 줄 필요가 없다.
⑤ 그러한 지식을 주면 성에 대한 욕망이 생긴다.
⑥ 그들이 물어보는 질문을 무시해 버리면 그들은 결국 잊어버린다.
⑦ 전문가만이 정신지체인에게 성에 대한 이야기를 할 수 있다.

6. 교육 내용

1. 1차 교육 – 자아개념과 인간관계(10/16)

(1) 자아개념과 인간관계

교육 내용	활 동 내 용	비고 (교육자료, 도구)
1. 남성과 여성의 신체적 차이	1) 남녀의 신체적인 차이를 물음. ; 골격, 생식기, 가슴, 수염, 목젖, 생리 등 2) 남녀 신체도를 통하여 교사가 설명함.	남녀 신체도

2. 남성과 여성의
행동상의 차이
	1) 남녀의 행동의 차이를 물음.
	2) 자신이 생각하는 멋있는 여성(남성)에 대해 물음.
	3) 남성(여성)만 하는 활동에 대해 물음.
	   ; 면도, 생리처리, 화장하기 등
	4) 남녀가 각각 하기 쉬운 취미활동에 대해 물음.
	   (남녀가 함께 교육할 때는 각자 하는 취미활동에 대해 물음.)
		남녀의 활동사진
		(취미, 직업)

3. 남성과 여성의
전통적인 역할
	1) 남녀의 전통적인 역할에 대해 물음.
	   ; 남성은 돈을 벌고, 여성은 가사활동, 자녀양육)
	2) 남녀의 특성과 직업에 대한 물음.
	   ; 남성–강함, 감정표현 적음, 트럭운전수, 사장, 경찰 등
	   ; 여성–부드러움, 연약함, 미용사, 간호사 등	

4. 남성과 여성의
현대적인 역할
	1) 남녀의 일의 공유됨.
	   여성도 밖에 나가서 일하여 돈벌음에 대해서 설명함.
	2) 현대에도 남녀의 역할이 분리되는가에 대해 물음.
	   ; 예 – 남성이 돈 벌고, 여성이 가사활동만 하는지?
	3) 남녀 모두가 할 수 있는 일에 대해 물음.
	   ; 집안에서, 집 밖에서
		남녀의 활동사진
		(위의 것과 대조되는
		사진으로 준비)

5. 정　리	1) 그룹홈(복지관)에서 남성(여성)으로서 자신이 어떤 역할을 하고 있는지 물음.	

⑵ 인간관계

교육 내용	활 동 내 용	비고 (교육자료, 도구)
1. 사랑에 포함되는 성적 느낌	1) 남녀가 키스하는 장면을 볼 때의 느낌을 물음. ; 골격, 생식기, 가슴, 수염, 목젖, 생리 등 2) 사랑하는 사람이 옆에 있다면 어떤 마음이겠는가를 물음.	키스 장면의 그림

2. 사랑의 적절한
표현 방법
	1) 말로 하는(언어적) 표현 방법에 대해 물음.
	   ; 사랑한다. 결혼하고 싶다는 말 등
	2) 표정이나 눈빛의 변화에 대해 물음.
	   ; 미소, 행복한 표정, 자주 쳐다봄.
	3) 행동적 표현 방법에 대해 물음.
	   ; 키스, 껴안기, 손잡기, 옆에 바싹 앉기, 신체 부위 만지기, 애무, 성관계 등
	4) 지도 내용
	  사랑하는 것의 가장 강한 표현이 성관계임을 강조.
	  사랑하면 성관계를 가질 수 있으나 그에 따른 책임을 져야 함을 강조.
	  이성간의 사랑을 표현할 때 적절한 사적 장소 강조.
	  서서히 시간을 갖고(점진성) 표현강도가 발전해야 함.
	5) 애인이 있다면 어떻게 표현할 것인가를 물음.	

3. 사랑할 수 있는 대상	1) 이성간에 사랑을 할 수 있는 대상을 설명함. ; 나이 고려, 결혼 유무, 친족 관계, 금전 관계 2) 사랑하고 싶은 이상형은 어떤 사람인지 물음.	

4. 책임 있는 사랑	1) 책임 있는 사랑에 대해 설명함.
	  한 사람에게만 사랑을 표현.
	  거짓말하거나 속이는 행동을 하지 않음.
	  기분이 좋거나 나쁘거나 사랑하는 마음 지님.
	  자신이 상대에게 안 좋은 일이 생겼을 때도 계속 사랑하는 마음 지님.
	  내 위주가 아닌 상대가 원하는 대로 해줌.
	  사랑하는 사람이 있다면 자신은 어떤 식으로 책임 있게 사랑할 것인지 물음.	

5. 데이트	한 사람이 타인을 사랑하는 마음을 표현해서 그 사람이 받아주면 서로를 더 알아가기 위해서 데이트를 하게 됨.
	1) 데이트의 상대에 대해 설명함.
	  (나이, 결혼 유무, 친족 관계 등)
	2) 데이트 계획 세우기에 대해 설명하고 계획을 세워보게 함.
	  약속시간, 적절한 장소, 복장, 무엇을 할 것인가?
	  필요한 비용, 연락처 알기
	3) 데이트할 때 적절한 행동을 설명함.	

교육 내용	활 동 내 용	비고 (교육자료, 도구)
5. 데이트	데이트 청하기, 데이트 요청을 수용하기, 지갑의 현금 확인 데이트할 때의 처신, 예의바르게 거절하는 방법 귀가시간 지키기, 상황에 따라 집까지 바래다주기 등 4) 데이트할 때 상대방이 슬그머니 손을 만지면 어떻게 할 것 이지 물음. 적절한 행동에 대해 설명함.	
6. 관계를 끝내는 이유와 방법	1) 헤어진 경험이 있는지 물음. 2) 헤어진 적이 있다면 왜 헤어졌는지 물음. 3) 헤어지고 나서 감정이 어땠는지 물음. 4) 관계를 끝내는 이유, 방법에 대해 설명함. 5) 관계를 끝낸 후의 생활에 대해 설명함.	
7. 정리	1) 각자가 사랑하는 사람의 이름을 말하도록 하고 어떤 식으로 사랑한다는 표현을 할 것인지 시범보이게 함.	
8. 1차 평가	1) 교육 시작할 때 사랑과 관련된 비디오나 영화를 관람 후 교육하면 더욱 효과적임. 2) 교육 내용에 대해 경험이 없는 교육생에게는 드라마나 영 화 속의 예를 들어 이야기하도록 하게 함. 3) 하루 만에 두 가지의 주제를 갖고 교육을 하다 보니 시간 도 오래 소요되고 교육의 효과도 떨어짐.	

『성교육 교사를 위한 안내서, 두려움을 넘어서』 정진옥 편저

2. 2차 교육 – 성인기에 이루어 지는 일(10/23)

⑴ 인간의 몸

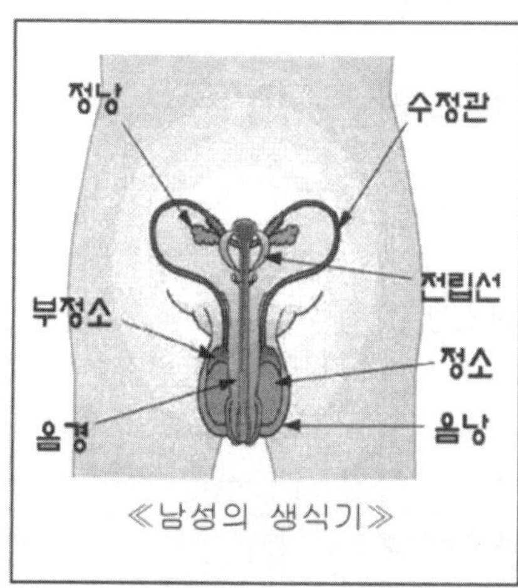

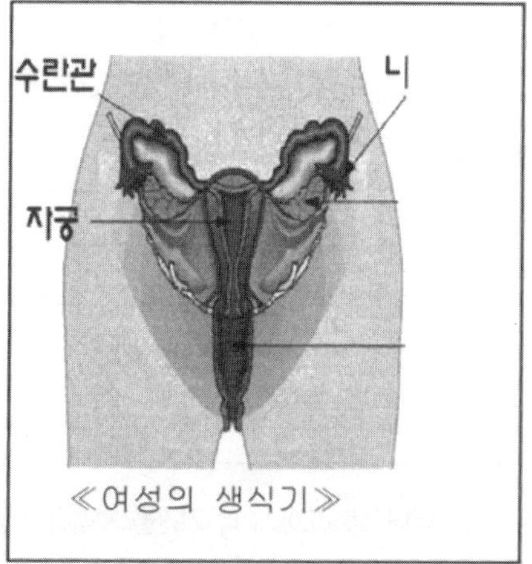

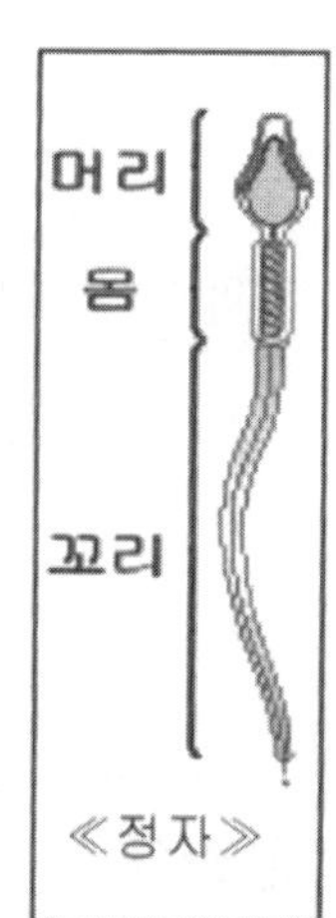

교육 내용	활 동 내 용	비고 (교육자료, 도구)
1. 인간의 몸	인간의 몸의 중요성에 대해서 설명함. * 주의 ; 생식기관명을 큰 소리로 따라 말하게 하나 다른 장소에서는 말해서는 안 된다(중요한 부위이므로)고 강조함. 　생식기관을 가리킬 때는 손가락보다는 지휘봉을 사용하도록 함.	남녀 신체도 성교육 비디오
2. 남성의 생식기관	1) 그림이나 모형을 통해 남성의 생식기관명과 기능에 대해 물음(각 기관의 속어도 말하게 함). 　– 음경 : 소변과 정액이 나옴. 　– 고환 : 정자가 만들어지는 곳. 　– 정액 : 사정했을 때 음경 끝에서 나오는 액체로 그 속에 정자가 들어 있음. 　– 정자 : 남자가 갖고 있는 아기 생명의 근원(사춘기 때부터 고환에서 만들어짐). 　– 음모 : 생식기 주변에 나는 털. 사춘기부터 남.	
3. 여성의 생식기관	2) 그림이나 모형을 통해 여성의 생식기관명과 기능에 대해 물음.(각 기관의 속어도 말하게 함). 　– 질 : 생리가 나오고, 남성의 음경이 들어가며, 아기가 나오는 길. 　– 음핵 : 자극을 받으면 성적 흥분이 생기는 곳. 　– 자궁 : 아기가 자라는 곳. 　– 나팔관 : 나팔처럼 생긴 관으로 난자가 움직이는 길. 　– 난소 : 난자가 만들어지는 곳. 　– 난자 : 생명의 근원으로 작은 공처럼 생김. 　– 가슴 : 아기가 태어나면 젖이 나옴. 　– 유두 : 젖꼭지	
4. 정　　　리	남녀 신체도에서 각 기관을 지적하고 명칭과 기능을 물음.	

교 육 내 용	활 동 내 용	비고 (교육자료, 도구)

1. 사정, 몽정	1) 사정이나 몽정에 대해서 물음.
	2) 사정에 대해서 설명함.
	  ; 몽정, 자위행위, 성관계를 통해 정액이 몸 밖으로 나옴으로써 성적 긴장이나 성적 욕구 방출하는 것.
	3) 몽정에 대해서 설명함.
	  ; 잠자는 동안 성적인 꿈을 꾸거나 음경이 발기되어 사정하게 되는 것.
	   사정함으로써 성적 긴장이 해소됨.
	4) 사정의 경험이 있었는지 물음.
	5) 사정에 대한 심리적 상태 설명함.
	  ; 부끄러움이나 죄의식을 가질 필요가 없는 건강한 남성에게서 일어나는 자연스런 현상.
	6) 주로 어느 때에 사정하게 되며 느낌이 어떤지 물음.
	7) 사정한 후 뒤처리의 중요성 설명함.
	  음경, 고환, 음모, 허벅다리를 깨끗이 휴지로 닦거나 샤워함.
	  팬티나 잠옷, 옷에 묻었으면 갈아입고 세탁함.
	  사정했을 때 뒤처리를 안 하면 냄새나고 세균 감염되기 쉬움.
	8) 앞으로 사정했을 때 어떻게 뒤처리를 해야 하는지 물음.
		성교육 비디오

2. 자위행위	1) 자위행위에 대해서 설명함.
	  ; 기분이 좋아질 때까지 자기 손으로 자기의 음핵이나 음경을 문지르는 것임.
	  ; 자위는 자연스러운 인간의 행위이나 안 하는 사람도 있음.
	2) 자위행위를 했거나 본 적이 있는지 물음.
	3) 자위행위를 하는 이유 설명함.
	  자연스럽게 하는 일이며 기분이 좋아지기 위해 함.
	  성적 긴장을 풀기 위해 건강한 남자가 하는 일임.
	4) 문제되는 면 설명함.
	  깨끗지 못한 손으로 할 경우 감염 위험.
	  피부가 쓰리고 껍질이 벗겨진다면 멈춤.
	  다른 사람들이 보는 데서 하면 문제됨.
	5) 자위행위를 하기 위한 준비사항 설명함.
	6) 자위행위 후 뒤처리.
	7) 타인이 하는 것을 본 적이 있는지 물음. 있다면 느낌은?
	8) 자위행위를 할 수 있는 장소에 대해 설명(공적, 사적장소)	

3. 2차 평가	1) 교육 내용에 대하여 많이 부끄러워하며 얼굴이 들지 못하거나 질문에 대답을 하지 못하여 남자 교육생들을 여자 교사가 성교육을 하는 데 한계를 느낄 수 있었음.	

3. 3차 교육 – 성인기에 책임(11/13)

⑴ 성관계

교육 내용	활 동 내 용	비고 (교육자료, 도구)
1. 성관계	1) 성관계에 대해 설명함. 　; 여성의 질에 남성의 발기된 음경이 들어가는 것임. 　(손가락 또는 모형을 통한 시범) 2) 성관계를 표현하는 다른 말을 소개함. 　; 섹스, 함께 잠자는 것, 성교, 사랑하기 등 3) 적절한 성관계에 필요한 요인 설명함. 　성관계를 가질 수 있는 대상 　; 부부, 몸과 마음이 성숙한 어른, 사랑하는 애인 　성관계를 갖기에 적절한 장소 　; 사적 장소와 공적 장소의 구별을 강조. 　성관계를 갖기에 적절한 때 　; 생리, 임신과 관련하여 / 낮이나 밤 시간 / 서로의 동의할 때 4) 성관계에 적절한 대상, 시기, 장소, 때를 물음.	성교육 교구 관련된 그림
2. 성관계를 갖는 이유	1) 사람들이 성관계를 갖는 이유 설명함. 　우연히, 사랑하기 때문에, 결혼했기 때문에, 　쾌락 추구, 아기를 갖기 위해, 　위안을 얻기 위해, 흥분했기 때문에, 부주의하여 2) 사람들이 성관계를 왜 갖는지 물음. 3) 남녀가 함께 누워 있는 그림을 보이면서 성관계에 대해 어 　떻게 느끼는지 물음.	
3. 사랑의 또 다른 표현과 책임	1) 사랑의 또 다른 표현과 책임에 대해 설명함. 　성관계는 사랑을 표현하기 위해 자신을 상대와 나누는 아 　름다운 행위(사랑 없는 성관계는 나쁜 것임.) 　상대를 사랑하는 것의 행위에 대해 책임을 지는 것. 　(그 상대와 지속적으로 함께하는 삶이어야 가능하다.) 2) 진정으로 사랑하는 사람에게 사랑의 표시를 어떻게 하겠는 　지 물음.	성교육 교구 관련된 그림
4. 정리	올바른 성관계에 대해서 정리함.	

⑵ 성과 관련된 법적 문제

교육 내용	활 동 내 용	비고 (교육자료, 도구)
1. 강간죄, 성폭력죄 성희롱죄	1) 강간죄, 성폭력죄, 성희롱죄에 대해 설명함. 　원치 않는 상대에게 물리적인 힘을 가해서 억지로 성관계를 갖는 것 　원치 않는 사람을 껴안고, 키스하고, 몸의 사적인 부위를 만지는 것 　아동과 성적으로 놀거나 관계를 갖는 것 　이상한 눈으로 여성의 몸을 보거나 성적인 농이 담긴 말을 함. 　; 이러한 경우 경찰에 잡혀가게 됨. 2) 몸의 사적인 부위가 어디인지 물음. 3) 그룹홈(복지관)에서 원치 않는데 억지로 성적인 행동을 하게 된 경우가 있는지 물음.	성교육 비디오 남녀 신체도
2. 동성애	1) 동성애에 관해 설명함. 　같은 성에 관심이 많으며 함께 성적인 행동을 하는 것 　21살 미만이거나 중증 정신지체인을 상대로 하는 것은 법적인 처벌받게 됨. 2) 그룹홈(복지관)에서 여자들끼리 또는 남자들끼리 서로의 몸이나 생식기를 만지거나 키스하는지 물음.	동성애 그림
3, 정리	성적인 것과 관련되어 경찰에 잡혀갈 수 있는 행동들이 무엇인지 물음. 성교육 비디오	

⑶ 결혼

교육 내용	활 동 내 용	비고 (교육자료, 도구)
1. 결혼	1) 결혼에 대해서 설명함. 　서로 사랑하는 남녀가 자신들의 뜻대로 함께 살기 위해 법적으로 허락되는 것 　남녀가 서로의 삶을 평생 함께 나누는 것 2) 결혼이란 무엇이라 생각하는지 물음. 3) 사람들이 결혼하는 이유는 무엇인지 물음. 　; 서로 사랑하여, 부모님이 원해서, 자녀를 갖기 위해 등	비디오 관람

교육 내용	활 동 내 용	비고 (교육자료, 도구)
1. 결혼	4) 결혼에 필요한 조건에 대해서 물음. 　; 사랑하는 사람, 재정적 능력, 지속적인 관계 유지 능력 　　가사활동과 자녀양육 능력, 연령과 부모의 동의 등 5) 결혼하면 무엇이 좋은지 물음. 　; 외롭지 않다, 사랑하는 사람과 성관계를 가질 수 있다, 　　가족을 가질 수 있다 등. 6) 결혼의 다른 책임을 설명함. 　요리, 설거지, 집 청소, 관리, 세탁, 장보기, 금전관리, 　함께 결정해 나가기, 서로 성실하고 솔직하기 7) 결혼하면 가장 감당하기 어려운 책임을 물음. 8) 결혼 외의 선택에 대해서 설명 ; 독신생활, 동거 등 9) 2년 후에 어떤 삶을 선택할지 물음.	성교육 비디오 피임교육 교구
2. 임신과 출산	1) 임신과 출산에 대한 것을 비디오를 통하여 학습함. 2) 비디오를 본 내용에 대해 함께 토론하며 이해되지 않았던 　부분에 대해 설명함.	
3. 피임	1) 피임에 대한 설명(피임의 종류, 피임하는 이유) 　성관계를 가질 때마다 아기가 생길 수 있으므로 여러 가지 　방법을 사용하여 난자와 정자를 만나지 못하게 해서 수정되 　지 않도록 하는 것 2) 피임교육 교구를 통하여 설명함.	낙태와 관련된 비디오를 보며 교육한다면 더욱 효과적임.
4. 낙태	1) 낙태에 대한 설명함. 　낙태는 엄마 뱃속에 있는 아기를 태어나기 전에 엄마 뱃속 　에서 죽이는 것임(자연유산도 함께 설명함). 2) 낙태의 이유를 설명함. 　아기를 키울 능력이 없어서, 결혼하지 않은 상태라서 등	

⑷ 성병과 에이즈

교육 내용	활 동 내 용	비고 (교육자료, 도구)
1. 성병	1) 성병에 대해서 설명함. 　생식기 접촉을 통해서 생기는 병, 아무하고나 성관계를 　갖게 되면 성병에 걸릴 위험이 있음, 성병에 걸리면 몹시 　가렵거나 따갑고, 아프며, 고름이나 피가 나옴 2) 성병에 어떻게 걸릴 수 있는지 물음.	자료 사진

교육 내용	활 동 내 용	비고 (교육자료, 도구)
2. 에이즈	1) 에이즈에 대해서 설명함. 　가장 지독한 성병으로 많은 사람이 죽음. 　특히 동성애자들 사이에서 더 많이 걸림. 　성관계, 피 접촉, 산모의 젖을 통해 전염됨. 　에이즈에 걸리면 아직은 낫지 못함. 2) 에이즈는 어떤 병인지 물음. 3) 에이즈를 예방하는 방법 설명함. 　아무하고 성적 접촉을 하지 않음. 　성관계를 가질 때 콘돔을 사용함.	
3. 3차 평가	1) 짧은 시간에 많은 내용을 가지고 교육하는 관계로 교육의 효과성이 많이 떨어짐. 2) 교육과 관련된 사진 및 비디오 자료를 통한 설명이 좀 더 교육의 효과성을 높일 수 있었음. 3) 성관계를 설명하는 과정에서 교육생이 부끄러워하여 교육 내용을 진행하는 데 어려움이 있었음.	

7. 기대 효과

(1) 성에 대한 올바른 지식 및 가치관 확립.
(2) 자아에 대한 올바르고 긍정적인 자아개념 형성 도모.
(3) 타인(이성)과의 올바른 인간관계 형성.
(4) 성과 관련되어 발생하는 책임에 대한 인식.
(5) 잘못된 성지식으로 인해 발생할 수 있는 성행위 예방.

8. 평가 및 향후 과제

1. 평가

(1) 긍정적 평가
- 체계적인 성교육을 받을 수 없었던 그룹홈 정신지체인을 대상으로 함으로써 성에 대한 올바른 지식을 습득 시켜 줄 수 있었다.
- 남녀의 신체적 · 정신적 역할에 대해 서로 생각해 보고 의견을 나누는 시간을 통하여 정신지체인의 자아를 확립

할 수 있었다.

- 남녀간에 형성되는 감정과 표현방법에 대해 이론적으로 정립시키고 서로 의견을 나누며 정신지체인 스스로 상황에 대처하는 방법을 제시할 수 있었다.
- 성과 관련된 올바른 행위와 그릇된 행위를 설명함으로써 잘못된 성지식으로 인해 발생할 수 있는 성행위를 예방할 수 있었다.
- 그룹홈에서 쉽게 발생할 수 있는 동성애나 자위행위 등을 설명하며 이러한 행위 등에 대한 올바른 지식을 습득시켜 줄 수 있었다.
- 결혼과 부모의 역할에 대해 서로 의견을 나누는 시간을 통하여 스스로의 장래를 계획할 수 있도록 도모하였다.

⑵ 부정적 평가

- 그룹홈의 특성상 저녁식사 후 늦은 시간에 진행되는 관계로 교육생의 집중도가 다소 떨어지는 경향이 있었다.
- 자립홈과 훈련홈의 연령, 세대, 성에 대한 지식 습득 정도에 따라 차이를 보여 강의 내용의 중점을 맞추는 데 어려움이 있었다.
- 교육생에 대한 평가 내용이 미비하여 성교육의 통한 변화를 파악하는 데 어려움이 있었다.
- 짧은 시간 안에 많은 교육 내용을 갖고 진행하는 관계로 정신지체인이 성에 대한 지식을 습득하는 데 어려움이 있었다.

⑶ 교육생 평가

- 생식기나 성관계에 대해 설명한 부분은 부끄러웠다.
- 늦은 시간에 진행되어서 많이 피곤했다.
- 잘 알지 못했던 것들을 알 수 있어서 좋았다.

※ 교육에 대해 의견을 물었으나 평가에 대한 내용을 취합하는 데는 어려움이 있었다.

2. 향후 과제

- 많은 내용으로 단기간에 끝나는 것이 아니라 무리하지 않은 정도의 내용을 갖고 단계적인 교육이 필요하다.
- 교육 내용에 체계를 잡고 한 가지 주제를 정하여 소그룹으로 토론을 통한 성교육 시간이 필요하다.
- 성지식에 대한 사전평가를 통해 교육생에 대한 성지식에서의 기초 자료를 만들고 성교육의 효과를 높이는 데 활용한다.
- 사전 평가지를 활용한 사후 평가를 통하여 성지식, 성적 태도, 성적 행동에서의 변화를 파악하도록 한다.
- 교사는 좀 더 성에 대해 많은 지식의 습득과 성 교육자로서의 자질을 향상해야 한다.
- 교육에 들어가기 전에 교육 내용에 대한 충분한 습득, 이해를 돕는 데 필요한 교육 자료를 준비한다.
- 교사는 성교육 강사로서의 역할과 더불어 성교육을 통하여 형성된 관계를 유지하여 성상담자로서의 역할을 수행하여야 한다.

김 수 진

2002년도
사회복지사업 지원신청

2002. 4

본 신청서는 아산복지재단의 사회복지지원사업에 선정되어 2002년 10월 지원금 1200만원으로 그룹홈 리모델링을 마쳤습니다.

신청사업 개요

단 체 명	서울시립정신지체인복지관	단 체 장	최 의 광
법 인 명	사) 한국정신지체인애호협회	대 표 자	배 연 창
주 소	156-849 서울시 동작구 신대방2동 395번지(보라매공원내)	전 화	(02) 845-7874
신청부문	■장애인복지 □아동복지 □여성복지 □노인복지 □미신고 □기타( )		
사 업 명	그룹홈 주거환경 리모델링		
대상인원	4 명		
신청예산	총사업비:16,299,470원 (신청금액 : 14,817,700원, 자부담 : 1,481,770원)		
사업요약	그룹홈에서 주거의 위치 및 내부환경은 그룹홈의 질을 나타내는 중요한 요소 중의 하나로, 잦은 야근 등 생산직에서 육체적 노동에 가까운 생업에 종사하는 정신지체인들에게는 그룹홈에서의 편안한 휴식이 절대적으로 요구되어진다. 본 그룹홈은 입주한 지 11년째로 내부환경이 낡고 노후하였으며, 입주 당시부터 성인 5명이 생활하기에 실평수 17평의 아파트가 매우 협소하다는 평가를 받아왔다. 특히 매일 아침 출근 준비를 4명이 동시에 준비함에 있어 욕실 사용이 제일 불편하고, 거실이 별도로 없어 공동으로 활동하는 공간이 주로 방에서 이루어지므로 개인의 사생활 보장이 어렵다. 수납가구도 매우 부족해 공간을 효율적으로 사용하는 방안이 절대적으로 필요하다. 그룹홈의 외부환경으로는 저소득층이 생활하는 임대아파트 내에 위치하고 있어 어둡고 칙칙한 이미지는 정신지체인의 이미지로 전이되고 있다. 그러므로 그룹홈의 좁은 평수와 낙후된 내부환경, 파손된 가구 등을 리모델링하므로써 이용자에게 주거의 안정감과 소속감, 생활의 편리함을 제공해준다. ▶ 실내를 같은 색상으로 통일하여 밝고 안정되며 다소 넓은 느낌을 갖도록 한다. ▶ 붙박이장을 설치하여 수납효과를 높이고 최대한 공간 활용을 넓힌다. ▶ 바쁜 아침 출근시간을 위해 욕실에 세면대를 2개 설치한다. ▶ 베란다 공간을 여가활동 장소로 적극 활용한다.		

단체현황표

【분류번호 :　　　　－　　　】

단 체 명	서울특별시립정신지체인복지관		단 체 장	최 의 광
법 인 명	사)한국정신지체인애호협회		대 표 자	배 연 창
단체종류	□입소생활시설　■재가이용시설　□보육시설　□기타(　　　　)			
주 　 소	156-849　서울시 동작구 신대방2동 395번지 보라매공원 내			
연 락 처	TEL : 846-1569 FAX : 842-9275	담당자	성 명	김 수 진
홈페이지	http://www.city21th.co.kr/mrwelfare		E-mail	interval8819@hanmail.net
대상유형	■장애인 □아동 □청소년 □여성 □노인 □복합(　　) □기타(　　)			
대상인원	총 (167)명 / 남 (98)명, 여 (69)명　* 이용시설은 주간이용 인원 기재			

예산현황

수 입 항 목	2001년 결산	2002년 예산	지 출 항 목	2001년 결산	2002년 예산
정부보조금	772,650,000	795,582,000	인 건 비	754,838,000	776,935,000
법인보조금	-	-	사 업 비	118,653,000	92,868,000
후 원 금	42,000,000	44,000,000	재산조성비	17,480,000	12,200,000
사업수입금	79,342,000	83,758,000	기 　 타	101,798,000	97,209,000
기 　 타	98,777,000	55,634,000		원	원
계	992,769,000	979,212,000	계	992,769,000	979,212,000

주요연혁

1986.12.12 서울특별시립정신지체인복지관 개관
1987.10.14 제1회 정신지체인 사생대회 개최(매년개최)
1989.9　　일본국 큐슈지구 정신박약자애호협회와 교류시작
1991.9　　일본국 나가사키현 아카즈끼학원 자매결연
1992.10.5 장애인 공동생활가정(그룹홈) 4개소 개설 (※ 현 6개소 운영)
2000.10　　'99보건복지부 전국 장애인복지관 평가 우수기관 선정

조직 및 종사자 현황

1) 조직: 1국 5팀
2) 직원현황 (53명)
　-복지관운영(34), 재가복지사업(3), 주간보호사업(3),공동생활가정(6), 작업
　 활동시설(1) 직업재활센터(4), 직업적응훈련(1), 정보화교육사업(1)

타 단체 수혜현황 (최근3년간)

- 2000년도 사회복지공동모금회 " 정신지체인 채용 성공예감"
- 2001년도 사회복지공동모금회 " 정신지체청소년의 아름다운 이미지 창출을 위한 챠밍스쿨"
- 2000년도 한국마사회 " 합창단 지원"

약 도

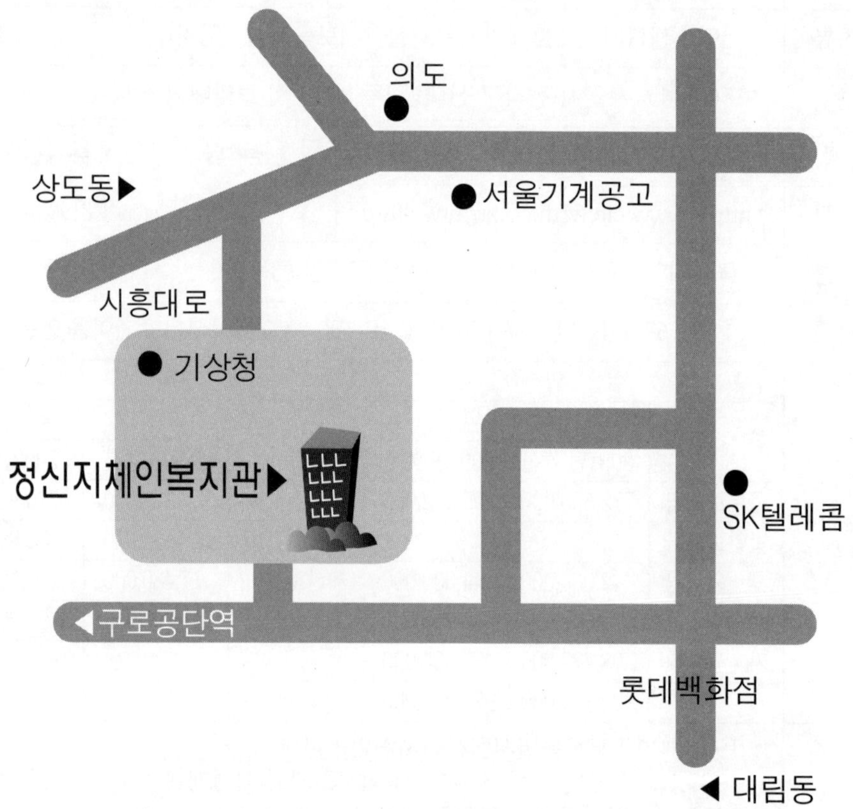

단체명	서울시립정신지체인복지관
주 소	서울시 동작구 신대방 2동 395번지 보라매공원 내
연락처	(02) 845－7874
담당자	김수진
사업명	장애인공동생활가정 주거환경 리모델링

지원신청서

단 체 명	서울시립정신지체인복지관	단 체 장	최 의 광
법 인 명	사) 한국정신지체인애호협회	대 표 자	배 연 창
주 소	156-849 서울시 동작구 신대방2동 395번지(보라매공원내)	전 화	(02) 845-7874
신청부문	■장애인복지 □아동복지 □여성복지 □노인복지 □미신고 □기타( )		
사 업 명	**장애인 공동생활가정 주거환경 리모델링**	신청금액	14,700,000원

신청예산

　그룹홈에서 주거의 위치 및 내부환경은 그룹홈의 질을 나타내는 중요한 요소 중의 하나로, 잦은 야근 등 생산직에서 육체적 노동에 가까운 생업에 종사하는 입주자들에게는 그룹홈에서의 편안한 휴식이 절대적으로 요구되어진다 본 그룹홈은 입주한 지 11년째로 내부환경이 낡고 노후하였으며, 입주 당시부터 성인 5명이 생활하기에 실 평수 17평의 아파트가 매우 협소하다는 평가를 받아왔다. 특히 매일 아침 출근 준비를 4명이 동시에 준비함에 있어 욕실 사용 등에 큰 불편이 따르고, 거실이 별도로 없어 공동으로 활동하는 공간이 주로 방에서 이루어지므로 개인의 사생활 보장이 어렵다.

　수납가구도 매우 부족해 공간을 효율적으로 사용하는 방안이 절대적으로 필요하다.

그룹홈의 외부환경으로는 저소득층이 생활하는 임대아파트 내에 위치하고 있어 어둡고 칙칙한 이미지는 정신지체인의 이미지로 전이되고 있다.

　즉, 그룹홈의 좁은 평수와 낙후된 내부환경, 파손된 가구 등을 리모델링함으로써 이용자에게 안정감과 소속감, 생활의 편리함을 제공해준다.

본 단체는 귀 재단의 2002년도 사회복지 지원사업 부문의
지원단체가 되고자 소정의 서류를 갖추어 신청합니다.

2002년 4월 24일

법인대표자 :　배 연 창 (인)

단 체 장 :　최 의 광 (인)

재단법인 아산사회복지재단 귀중

사업계획서

1. 사업명: 그룹홈 주거환경 리모델링

2. 사업의 필요성

우리나라에서 그룹홈은 80년대 초 광주엠마우스복지관에서 시작하여 1992년 본 복지관에서는 4개(현 6개)의 그룹홈이 서울시 시범사업으로 실시되었다. 그 후 90년대 중반부터 점차 증가하여 올해 72개소로 증가하였다.

본 복지관의 다양한 노력을 통해 자립홈, 반자립홈, 훈련홈, 동거홈 등 여러 유형으로 그룹홈이 운영되고 있으며, 매해 그룹홈 종사자 연수와 독일, 일본 등 선진국가의 그룹홈 연수를 실시하는 등 그룹홈 발전의 선도적인 역할을 하고 있다.

그러나 최근에 생긴 대부분의 그룹홈이 30평대인 것과 비교할 때 주택의 규모나 기자재(에어컨, 정수기, 컴퓨터, 오븐, 쇼파 등) 설치면에서 매우 뒤쳐져 있는 형편이다.

신청사업대상은 시범사업으로 시작된 4개의 그룹홈 중의 하나로, 서울시가 도시개발공사와의 계약 체결하여 임대해준 것으로서 22평형, 실평수 17평으로 공간이 협소하다.

무엇보다 거실이 없다는 점이 생활하면서 절실히 요구되는 아쉬운 점이며, 매일 아침 출근 시간마다 욕실 쟁탈전을 벌여야 하는 등 입주자들이 매우 불편한 생활을 하고 있다.

취업활동과, 그룹홈에서의 가사활동, 지역사회 속에서 자신의 권리와 의무를 다하며 최선을 다해 열심히 생활하는 정신지체인 입주자들에게 그룹홈의 주거 리모델링은 장애인의 생활권 보장에 해당하는 절대적으로 필요한 사업이다. 점차 나머지 3개의 그룹홈도 리모델링을 계획하고 있다.

3. 사업의 목적

구조적으로 좁고, 낙후된 그룹홈 실내 환경을 그룹홈의 특성을 고려하여 리모델링함으로써 입주자들에게 심리적 안정감과 생활의 편리함을 제공한다.

4. 사업의 대상자

⑴ 대상자의 유형별 현황

성명	성별	연령	장애유형	직장	가정환경	비고
한○○	여	33	정신지체 2급	대림음향	중	
오○○	여	20	정신지체 3급	취업훈련생	중	부-사망, 모-재혼
최○○	여	23	정신지체 2급	대림음향	하	부-질환, 모-정신지체
임○○	여	21	정신지체 3급	실로암문구	하	보육원생

⑵ 대상자의 문제점 및 욕구

- 바쁜 출근시간에 집중되는 욕실 사용의 불편함이 서로간의 마찰로 이어진다.
- 이불과 옷을 함께 넣는 장으로, 정신지체인들이 스스로 정돈하기 어렵다.
  또한 쥬니어장으로 성인 나이에 맞지 않고, 손잡이가 오랜 사용으로 문이 틀어져 있거나 고리가 떨어진 것이 많다.

- 한 방에 두 명이 생활함으로써 개인의 사생활이 모두 노출되는 등 불편함이 많아, 거실과 같은 공동의 공간 또는
  혼자만의 시간을 가지고 싶을 때를 위한 공간을 매우 필요로 한다(베란다의 공간 활용).

☞ 독일의 그룹홈 시설과 실내 장식에 관한 평가지표에서 발췌

- 그룹홈의 건물이 주거에 필요한 시설들과 장식들은 설치, 유지하도록 계속적으로 노력해야 한다.
- 이용자 개인의 방은 이용자의 나이와 문화에 맞게 갖추어져야 한다.
- 일반적으로 이용자는 주거에 대한 안전, 신뢰 그리고 안정성이 최대로 필요한 나이이다.

5. 사업 내용

(1) 세부 사업내용

① 신청 기재

(단위 :천원)

우선순위	기재명	용 도	수 량	단 가	금 액	비 고
1	붙박이장및신발장			5,256,000	5,256,000	교체
1	욕실공사			3,033,000	3,033,000	교체
2	페인트공사			1,540,000	1,540,000	교체
2	도배공사	일상생활		2,172,500	2,172,500	교체
2	바닥재공사			1,339,200	1,339,200	교체
3	주방공사			780,000	780,000	교체
3	설비공사			150,000	150,000	교체
3	전기조명공사			115,000	115,000	교체
4	버티컬			432,000	432,000	신규

② 관련기재 보유현황(사진첨부)

기재명	용 도	수 량	상 태	비 고
붙박이장및신발장	쥬니어장에 이불과 옷을 함께 넣고씀	5	불량	11년되었음
화장실공사	세면,양치질	1	불량	11년되었음
페인트공사	.	.	불량	11년되었음
도배공사	.	.	불량	96년 도배
바닥재공사	.	.	불량	96년 도배
주방공사	.	.	불량	11년되었음
설비공사	.	.	불량	11년되었음
전기조명공사	.	.	양호	2000년 전등교체

③ 기재 활용계획

기 재 명	사 용 방 법	사 용 주 기
붙박이장/신발장		
일상생활용품		
향후 10-15년		
세면대/샤워부스	일상생활용품	향후 10~15년
도배공사		
페인트공사		
바닥재공사		
버티컬		

(2) 사업수행 인력

성 명	직 위	역 할	할당시간 (단위 : 일주일)	자격증	연락처 (내선)
박신구	팀 장	총감독	5	사회복지사	845-7874
김수진	계장/백업	업체선정,기획	10	사회복지사	845-7874
김미화	사회재활교사	실무담당	15	사회복지사	973-0185
이경아	사회재활교사	지원체계	5	사회복지사	974-0185

(3) 사업수행 공간

22평A 평형

방	방	방	주방겸 거실	욕실	베란다	다용도실	공용면적	총 계
3.5	3.5	2.2	3.2	0.6	3	0.4	5.5	22

(4) 사업진행 계획

월차 사업내용	1월차 2002.7	2월차 2002.8	3월차 2002.9	…… 2002.10	12월차 2003.6	비고
업 체 설 정		○				
세부 아이디어 논의		○				
공 사 완 료			○			
공사중 입주자 주거해결			○			
정 리 정 돈			○	○		

6. 소요예산

(단위 : 천원)

항 목	금 액	산출근거	
		자부담	신청금액
설비공사(욕실 설비공사)	150,000		150,000
화장실공사(욕실타일,변기,세면기,거울,샤워부스)	3,033,000		3,033,000
전기조명공사(벽등욕실등)	115,000		115,000
페인트공사(일반형)	1,540,000		1,540,000
도배공사(일반형)	2,172,500		2,172,500
바닥재공사(방,주방,현관,베란다 철거공사)	1,339,200		1,339,200
주방공사(씽크대도어,상판,타일)	780,000		780,000
붙박이장및신발장(방3개, 신발장)	5,256,000		5,256,000
버티컬	432,000		432,000
계			14,817,700
부가세(v.a.t)		1,481,770	
총 계			16,299,470

※ 신청금액 VAT는 자부담

7. 사업의 평가방법

입주자 및 보호자를 대상으로 리모델링 사전 사후 비교 만족도 조사.

IV. 밖에서 본 그룹홈

再活·自立… 같은처지끼리 돕는다

「장애인 그룹-홈」첫 入住

노원구등 3가구에 10명

국내에선 처음 시행되는 장애인공동생활가정(그룹홈)에 정신지체장애인 10명이 17일 입주했다. 서울시가 정신지체장애인의 자립과 재활을 돕기위해 마련한 노원구 중계4단지 22평형 2가구에 8명, 송파구 문정단지 23평형 1가구에 2명이 1차로 입주한 것이다.

시범운영되는 공동생활가정은 서울시가 1억2천만원을 들여 마련한것으로 서울에 5개 있다.

2차로 11월중에 송파구 가양8단지 2가구 아파트에 여성정신지체장애인 4명을 포함, 8명이 더 입주할 예정이다.

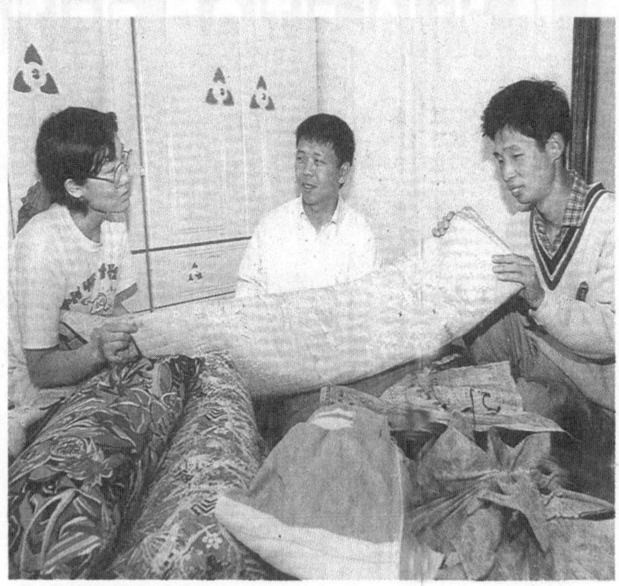

국내 최초로 실시되는 장애인 공동생활가정(그룹홈)에 입주한 정신지체장애인들. 이들은 앞으로 서로 도와가며 공동생활을 하게 된다. 【崔鍾璡기자】

서울시 사회과 朴圭哲씨는 『자립할 수 있는 정신지체장애인들이 고립돼 방치되는 경우가 많아 외국에서 시행돼 효과가 큰 공동생활가정제도를 도입했다』고 시행동기를 밝혔다.

『공동생활가정제도는 60년대 후반부터 미국·스웨덴등 복지국가에서 정신지체 장애인의 재활과 자립을 도모하기위해 실시한 거주서비스 프로그램이다』 지역사회내 보통주택(아파

이번에 시범적으로 시행되는 공동생활가정엔 가구당 1명의 생활보조원이 배치돼 장애인들을 도우며 함께 생활한다.

입주한 장애인들은 임대아파트보증금과 가구구입비등 제반경비를 시가 부담했기 때문에 1인당 월2만5천원의 임대료만 내면된다. 처음으로 공동생활가정에 들어간 장애인은 18세 이상 직업을 갖고있는 사람으로 한정했다.

능숙지 못한일 전문보조원 도움
이웃 住民과 교류 소외감 덜도록

임대료 月25,000원… 나머지는 市부담

트 단독주택)에서 소수(4~6명)의 장애인들이 공동으로 생활하고, 능숙지 못한일은 함께 기거하는 전문직원의 도움을 받도록 돼있다.

정신지체장애인들이 가정적인 분위기속에서 생활하고 지역사회내 주민들과 스스럼 없이 지냄으로써 고립감을 해소하고 자립분위기를 조성해 주는 것이 공동생활가정제의 특징이다.

중계동 시범아파트에 입주한 李정근씨(22·한국음향사원)는 『늘 혼자라는 생각속에 살아왔으나 같은 처지의 사람들과 함께 생활하게돼 소외감을 덜 수 있을 것 같다』고 입주소감을 밝혔다.

5곳을 시범운영하는 시작단계에 있는 우리와 달리 외국에서는 공동생활가정제가 완전정착됐다.

『지난78년 東京都에 그룹 홈을 시범설치한 일본은 15세이상 정신지체장애인들을 한가구에 5명정도 입주시켜 불편없이 생활하게하고 있다. 현재 전국적으로 4백5개소가 설치돼있고 매년 1백개씩 증설되는 추세이다』

67년에 그룹 홈을 시작한 미국은 장애정도에 따라 주택모델이 다르고 매우 다양하다. 전국정신지체장애인의 90%가 5천7백개의 그룹홈에서 생활하고 있다.

서울시는 시범운영하는 공동생활가정의 효과와 반응이 좋으면 확대실시할 방침이라고 밝혔다.

우리실정에서 공동생활가정제가 올바로 자리를 잡기위해서는 선결해야할 문제점도 있다.

우선 장애인들과 같은 지역에서 생활하는 정상인들이 냉대와 거부감을 나타내는 행동을 자제하는등 장애인에 대한 인식개선이 요구된다. 더불어 살아가는 사회라는 생각으로 자연스럽게 장애인과 지내야한다.

또한 정신지체장애인들이 변화된 환경에 잘 적응할 수 있도록 도와주어야 한다. 이번에 입주한 장애인들은 아무런 준비없이 공동생활을 하게돼 많은 어려움이 따를 것으로 보인다.

일본은 장애인들이 부작용없이 그룹 홈에 적응할 수 있도록 입주전 6개월정도의 적응교육을 실시하고 있다.

11월에 입주할 朴善英씨(26·건영섬유)는 『공동생활가정에 입주하게돼 기쁘지만 한편으로 잘 적응할 수 있을까 걱정이 앞선다』고 심정을 피력했다.

【裵國男기자】

작년부터 운영된 그룹홈

또 하나의 가정으로 자리잡았다

작년 10월 우리나라에서는 처음으로 실시된 그룹홈(Group Home, 장애인공동생활가정)이 어느새 10개월을 맞이하고 있다.

처음 그룹홈이 노원구 중계동과 강서구 가양동에 들어섰을 때만해도 아파트 관리인을 비롯해 주변사람들의 따가운 눈길을 받아야 했다는데 지금은 어떠한지 그 얘기를 들어본다.

얼마전 그룹홈 4가구에 사는 16명의 정신지체장애인들은 대천해수욕장에 다녀왔다. 모두들 직장에 다니고 있어 주말외에는 시간을 내기가 어려우나 한달전부터 다음달 주말계획은 세워진다. 4가구가 집단적으로 행동하는 것은 힘들기 때문에 각 가구마다 형편에 맞게 주말을 보낸다. 한달중 1주는 집에 다녀오는 것도 포함되어 있다.

처음 시작했을 때는 태어나서 처음으로 집을 떠나온 데다 직장도 낯설어 자주 집을 그리워 했다고 한다. 하지만 이젠 한달만에 가는 집인데도 잠시 쉬다가 "어머니 이제 그만 아파트로 갈께요"하는 바람에 오히려 부모님들이 섭섭해 하기도 한다며 김수진(24 •서울시 정신박약자복지관

사회복지부)는 웃어 보였다. 그만큼 그룹홈이 자리를 잡아가고 있음을 간접적으로나마 알 수 있다.

또한 그는 "그룹홈에서 생활하는 장애인들에게는 월급 타는 것 자체가 즐거움이다. 첫월급을 타서 부모님께 속옷도 사드리고 저축도 하며 미

래에 대한 계획도 세운다. 자신들도 사회의 일원이라는 자부심을 느껴가는 것이다"고 말했다.

한편 지난 주에는 일본장애인들의 초청으로 그룹홈 식구 5명과 함께 3박4일동안 일본에 다녀왔는데 그룹홈에서 생활하는 일본의 정신지체장애

인 4백여명이 모인 가운데 의견을 교환하며 여러가지를 배울 수 있었던 좋은 기회였다고 그는 전했다.

일본은 정신지체장애인의 80%가 그룹홈에서 생활하고 있으며 시설이나 교육면에서 우리나라보다 월등히 뛰어나다고 한다. 그러나 어릴 때부터 줄곧 시설에서 생활해온 그곳 장애인들과는 달리 우리나라의 정신지체장애인들은 훨씬 발랄하고 씩씩해 보였다고 말했다.

바로 이점에서 "그룹홈은 시설의 축소판이 아니라 하나의 가정"이라는 전익준(56・서울시 정신박약자복지관) 관장의 지적은 각자의 개성을 키워내는데 더없이 중요하게 여겨졌다.

전 관장은 크게 세가지로 그룹홈에 대한 평가를 했다. "처음 시작할때 염려스러웠던 것은 지역주민들의 반응, 그룹홈 입주자와 생활보조원과의 관계 형성, 그리고 정신지체장애인들의 자립이었다. 그러나 또하나의 가정인 그룹홈

월급타서 저축도 하는 등 미래 계획

시설 수용 장애인보다 밝고 씩씩한 모습

은 구성원 서로가 도와가면서 잘 생활해 가고 있다"

끝으로 그룹홈의 발전방향에 대해 전 관장은 정부차원의 운영과 부모들 차원의 운영 양측면에서 모두 확장되어야 한다고 강조했다.

<김수경 기자>

장애인 공동생활가정 4곳 증설

복지·재활에 긍정효과

서울시는 18일 국내 처음으로 시범운영중인 장애인 공동생활가정(그룹홈)이 정신지체인의 복지와 재활에 긍정적 효과를 나타내는 것으로 평가됨에 따라 내년에 4개소를 추가 설치·운영키로 했다.

시의 이같은 방침은 이화여대 특수교육과 朴賢波교수가 지난 7월부터 10월까지 그룹 홈에 입주한 16명의 남녀 정신지체인과 그 가족, 생활보조원, 취업기업체 고용주 및 감독관, 지역주민들을 대상으로 그룹 홈의 운영실태를 조사·분석한 결과, 대부분이 긍정적 반응을 보인데 따른 것이다.

〈薛完植기자〉

일반주택에서 공동생활

장애인들이 일반인들로부터 소외받지 않고 사회의 한 구성원으로서 편견없이 인정받을 수 있는 사회.

이는 아직은 요원한 '유토피아'를 향한 한자락 환상인지도 모른다. 그러나 장애인들을 위한 복지는 더 이상 환상으로 남아서는 안될 일이다.

정신지체장애인들을 위한 '그룹홈'(장

찾게 함에 그룹홈은 그 의미가 있습니다"

그룹홈 개설을 담당한 서울시 정신박약자복지관 田益俊관장(56)은 어렵게 시작한 사업의 취지를 이렇게 밝힌다.

지난해 10월17일 서울 노원구 중계4단지 22평형 임대아파트에 2가구가 입주한 것을 시작으로 이후 11월에는 강서구 가양동 아파트단지내 2가구가 더 신설돼 지금까지 국내에는 모두 4가구의 그룹홈

장애인의 유토피아 '그룹홈'

**'보통사람 만들기'
거주서비스 시범운영
서울시 정신박약자
복지관 田益俊관장**

애인 공동생활가정)。지난해말 국내에 처음 실시된 이 제도는 여전히 많은 사람들에게 생소하다.

60년대 후반부터 미국 스웨덴 등의 복지국가들이 정신지체장애인들을 대상으로 지역사회내의 '보통주택'에서 전문직원의 도움을 받아 공동생활을 통해 자립능력을 키우도록 하는 일종의 거주서비스 프로그램이다.

"장애인 복지의 궁극 목표는 그들이 자립할 수 있게끔 도와주는 일입니다. 수용시설이 아닌 일반인들이 사는 보통주택에서 일반인과 함께 생활하게 하여 장애인들에게 더불어 사는 삶의 의미를

이 마련되어 있다.

이 공동주택들에는 네명의 정신지체장애자와 이들을 도와주는 생활보조원 한명이 함께 한가정을 꾸미고 있으며, 따라서 모두 16명의 정신지체자들이 그룹홈의 혜택을 누리고 있는 셈이다.

현재 그룹홈에 입주한 이들은 만 18세 이상의 일정 직업을 가진 정신지체장애자들로 이들은 1인당 월 9만7천원의 생활비만 부담하고 나머지 제반 비용은 서울시가 충당해 주고 있다. 그러나 입주자격이 서울시 거주자로 국한되어 있고 시설도 현재로선 증설되지 않는 시범운영단계라 이 제도의 혜택을 누릴 수 있

는 대상이 한정돼 있음이 다소 안타깝다.

그러나 선진외국의 경우는 대부분 이미 공동생활가정제도가 정착 단계에 들어서 있다.

미국의 경우 67년에 그룹홈을 실시하기 시작, 현재 약 5천700여곳에 설치·운영되고 있으며, 가까운 일본만 하더라도 지난 78년부터 이 제도를 도입해 현재 전국에 400여곳 이상의 장애인 공동가정이 보급되어 있는 수준이다. 거기다 해마다 100여곳의 공동주택가정이 증설된다고 하니 그룹홈제도가 일천한 우리로서는 그 복지정도가 놀라울 따름이다. 또 홍콩의 경우도 최근 장애인들을 위한 집단수용시설 일체를 그룹홈으로 변경운영해 정신지체장애인들이 일반사회와 단절되지 않은 가족적 분위기속에서 재활과 자립을 도모하는 풍토를 정착시키고 있는 추세다.

18살이상 직업있어야 입주

"처음엔 전혀 모르는 사람들이 한가족이 되어 산다는 것이 어쩐지 두려웠어요. 그러나 이런 보통집에서 보통사람처럼 살아갈 수 있다는 것이 무척 행복합니다. 재활원에 있는 다른 친구들도 이렇게 살 수 있다면 좋겠다 싶어요"

가양동에 있는 22평형 임대아파트에 그룹홈을 이루고 사는 이정근씨(25 한국음향 근무)는 그저 보통사람 속에 묻혀 살 수 있다는 사실 하나만으로도 무척이나 행복해 한다.

음향회사에 다니는 이씨를 비롯, 그와 처지가 비슷한 세명의 정신지체장애인, 그리고 그들의 재활을 도와주는 생활보조원 한명이 함께 살고 있는 가양동 그룹홈의 다섯식구는 지난 겨울이 유난히 따뜻했다. 여느 가정과 마찬가지로 이들도 출근준비를 해야 하는 아침 7시경이면 어김없이 바쁘고 퇴근후 귀가해서는 텔레비전앞에 둘러앉아 비록 어눌하지만 보조원의 도움을 받아가며 한참 이야기꽃을 피우는 '사는 재미'를 누리기도 했다.

▼퇴근후 함께 하는 예배시간은 가양동 그룹홈 가족들의 큰 즐거움이다.

▲가양동 그룹홈에는 누나같은 金順千씨의 도움만 있으면 어눌하나마 금세 이야기꽃이 핀다.

"공동가정생활을 하고난 후부터 이들은 한결같이 달라졌어요. 처음에는 서로 어색해 하며 적응을 못하는 듯하더니 함께 생활한지 석달째 접어드는 지금엔 너무들 다정해졌고 말수도 많아졌어요. 사회로부터 소외받는 이들 정신지체장애자들에게 이보다 더 확실한 복지는 없지 않을까요"

홀로서기 반응좋아 확산방침

그룹홈 가족을 석달째 돌보며 이들의 표정이 하루가 다르게 밝아지는 것에 무척 보람을 느낀다는 생활보조원 金順千씨(31)는 장애인들을 위한 진정한 복지는 다름 아니라 그들을 정상인들과 똑같이 대접해 주는 일임을 피부로 느끼고 있는 사람이다.

이정근씨의 가양동가족은 모두 직장을 갖고 있기는 하나 물건을 운반하거나 상품을 포장하는 등의 단순직업에 종사하고 있다. 이들의 한달 급여는 대략 20만원정도. 그룹홈에 입주한 후 한달 생활비로 내는 일정액을 제외하면 나름대로 꼬박꼬박 저축도 하고 일요일이면 필요한 생필품들을 사기 위해 함께 어울려 쇼핑도 하는 등 '홀로서기'를 열심히 익히고 있다.

외국의 경우처럼 앞으로 보다 많은 장애인들이 그룹홈의 혜택을 누릴 수 있게 될지는 시범운영에 대한 평가의 해인 올 한햇동안의 성과에 달려 있다. 서울시는 현재로선 초보단계인 그룹홈에 대한 반응이 좋으면 가까운 시일내에 이를 보다 체계적으로 운영, 확산해 나갈 방침이다.

한편 장애인복지 전문가들은 '그룹홈'이 제대로 국내에 뿌리내리기 위해서는 현재와 같은 시립내지 도립차원의 운영외에 정신지체장애자들의 부모나 장애인들에 관심을 가진 이들이 운영하는 민간주도형 그룹홈을 정부가 후원, 확산시키는 방법을 고려해야 한다고 입을 모은다.

취재 黃水貞기자
사진 孫弘周기자

서울시 그룹홈 내년 확대 결정

최근 서울시는 내년에 장애인공동생활가정제도 (그룹홈)을 4개소 추가운영키로 발표했다. 내년도 안으로 서울시내에 그룹홈 장소를 마련, 운영하게 되는데 주택마련은 부모측에서 하며 인건비와 운영비를 서울시가 부담하는 것으로 돼있다.

그룹홈은 지난해 10월부터 현재까지 노원구 중계동 2개소, 강서구 가양동 2개소에서 시범운영해 오고있으며 이번 증설은 박현숙 (이대 특수교육학과) 교수팀의 '장애인공동생활가정 운영실태' 연구결과에 따른 것이기도 하다.

지난 7월부터 10월까지 그룹홈에 대해 연구·조사한 결과 박현숙 교수팀은 시설과 환경에 관한 거의 모든 항목에서 적절하다고 긍정적 평가를 내렸다.

연구대상은 ▲그룹홈 입주자 16명 (남자가정 3, 여자가정

입주자들의 부모들은 그룹홈에 대해 대부분 만족하며 입주전과 비교할 때 입주자들의 기술, 자신감, 예의범절 등이 좋아졌다고 평가했다.

고용주 및 감독관의 경우 2명을 제외하고 입주자들의 작업을 위한 사전 훈련정도와 작업능력에 만족을 나타냈다. 한편 작업기술 미숙, 회사내 동료나 상사의 비판을 받아들일 수 있는 사회성 형성 등을 문제로 제기했다.

지역주민들은 전반적으로 매우 긍정적인 반응을 보였다. 현재 부정적인 주민은 없으며 '지지적'인 반응은 초기 60%에서 85%로 늘어났다.

따라서 연구팀은 "앞으로 서울시에서 그룹홈 사업을 하나의 국가사업으로 계속 추진하는 것은 필연적 과제"라는 평가를 내렸다.

또한 연구팀은 그룹홈 사업에 몇가지 제언을 했다. 70년

기회 확대가 요구된다.

생활보조원들을 위해 지속적인 훈련프로그램의 제공이 필요하며 자질정도에 따라 자격증제도의 도입이 요구된다. 또한 생활보조원 개별교육 계획서 작성, 개별교육 실시와

질향상을 위한 보다 나은 훈련을 체계적으로 제공하는 것이 운영을 맡은 복지관 등의 과제가 될 것이라고 보았다.

그동안 그룹홈 운영을 맡아온 서울시립정신지체인복지관 전익준 관장은 "그룹홈은 정

주택마련은 부모 운영비는 시측이 부담하는 것으로

지역주민의 지지적 반응 1년만에 대폭 높아져

1) ▲생활보조원 5명 ▲입주자의 부모 및 가족 15명 ▲입주자 취업기업체의 고용주 및 감독관 11명 ▲그룹홈 지역주민 20명 ▲백업직원 (현 서울시립정신지체인복지관 직원), 그룹홈 환경 등 6개분야로 나뉜다.

연구결과 입주자들은 그룹홈 생활과 직장생활에 매우 만족하고 있었으며 보조원 및 다른 입주자들과도 매우 원만한 관계를 유지하고 있는 것으로 평가되었다. 그룹홈에서의 공동생활은 거의 자율적으로 이뤄졌으며 입주자들의 문제행동이 줄어들었다. 입주당시와 현재생활을 비교할 때 기술습득정도, 가사, 여가활동 참여 빈도에 큰 진전을 보였다.

생활보조원들은 근무시간, 보조원의 역할에 대부분 만족하는 것으로 조사되었다. 반면 대부분 전문지식에 한계가 있고 경험과 훈련이 부족한 것으로 지적되었다. 실제 그룹홈 생활에 적용될 수 있는 내용의 훈련, 입주자들의 문제행동과 개별교육 계획에 대한 도움을 줄 직원의 지원, 남자그룹홈의 경우 여성보조원이 감당키 어려운 일과 관련 남성직원의 지원이 필요한 것으로 나타났다.

대 이래 미국, 일본 등 여러나라에서 그룹홈이 늘어가는 것은 물론 우리나라의 경우 수용시설보다 그룹홈이 1인당 월 1만4백88원의 비용이 절약되므로 수용시설보다는 그룹홈의 설립이 더 효과적이라는 것이다.

또한 주택마련 부분에 있어 정부는 입주시 입주자들의 부담을 줄이기 위해 임대아파트를 임대받을 수 있도록 제도적 뒷받침이 필요하다.

입주자들의 직업보장에 있어서도 정부차원에서의 고용

관련해 특수교육 전공자 등 인원보충이 반드시 필요하다며 생활보조원들의 지적대로 남자 입주자들에게 남자에게 필요한 기술지도나 여가활동 지도를 위해 자원봉사자 활동, 시간제 남자직원 채용, 젊은 부부 보조원 채용 등이 재고돼야 한다.

끝으로 입주자 부모들의 우려점은 생활보조원들의 높은 이직률, 지역사회를 기초한 프로그램의 불안정성, 보조원들의 제한된 지식과 기술 등이었다. 따라서 보조원의 자

신지체인에 있어 최종형태이다. 70년대 그룹홈제도를 시작한 선진국과 비교할 때 늦은 감이 있으나 점차 늘어날 것이다. 정부와 부모 양쪽에서 실시해 나가는 것이 바람직할 것으로 보인다"고 말했다.

전 관장은 현재 서울시만 해도 정신지체인은 3만1천명으로 추정되며 이중 등록장애인이 6천5백35명 ('93년 6월30일 현재)임을 고려할 때 그룹홈의 증설은 절실하다고 주장했다.

<김수경 기자>

정신지체인 '공동생활가정' 성공적

박근애 기자

입주장애인의 80% 생활에 만족

해당부모·지역주민도 긍정반응

서울 노원구 중계동과 강서구 가양동의 각 2군데에서 실시되고 있는 정신지체인의 그룹홈(공동생활가정) 운영이 초기단계이긴 하나 성공적이라는 분석이 나왔다.

서울시립정신지체인복지관(관장 전익준)이 지난 92년 서울시의 정책·재정 지원을 받아 시작해 3년째 운영하고 있는 이 그룹홈에 대한 자체분석 결과, 그룹홈 입주뒤 입주 장애인과 그 부모들은 물론 해당지역 주민들이 모두 긍정적인 반응을 보인 것으로 나타났다.

운영중인 4개의 가정은 각각 18살 이상의 정신지체인 4명과 생활보조원 1명으로 구성되어 있다. 세 가정은 남자장애인, 한 가정은 여자장애인만으로 구성돼 있는데 입주 장애인의 장애 정도는 장애인복지법상 2급과 3급(지능지수 35~70)에 해당한다.

이들은 일반사업장 또는 정신지체인을 위한 도봉구 번동의 보호작업장에서 쓰레기봉투제작, 부품조립·포장작업 등을 하며 하루 8~10시간씩 근무하면서 입주가정의 주식·부식·간식·의료비·공과금 등을 직접 부담한다.

먼저 이들에 대한 그룹홈 생활만족도 조사 결과 80%의 입주자들이 만족하거나 매우 만족하다고 응답했다. 입주자의 그룹홈과 본

그룹홈에서 4명 단위로 짝을 이뤄 공동생활을 하는 장애인들이 밝은 모습으로 그들의 삶의 현장을 공개하고 있다.

집에 대한 선호도조사에서는 전체 응답자 16명 가운데 47%인 7명이 그룹홈을 더 좋아하며, 나머지 7명이 그룹홈과 집을 똑같이 좋아한다고 응답했다. 1명(7%)만이 그룹홈에 만족하지만 집만큼 좋아하는 것은 아니라고 답했다.

입주자의 대인관계도 전체적으로 매우 원만한 것으로 나타났다. 75%의 입주자가 적어도 1명 이상의 또래친구를 사귀고 있고 약 19%는 이성친구가 있는 것으로 나타났다.

이들의 그룹홈에 대한 개념을 묻는 설문에선 53%가 그룹홈은 한 가족이라고 답한 반면 47%는 훈련프로그램이나 독립을 준비하는 곳으로 인식했다.

한편 대부분 50대 어머니들인 입주자 부모들은 15명 중 10명(67%)이 그룹홈을 영구적인 보호장소로 생각하고 있고 4명만이 일정기간 동안 보호 아래 사회적응훈련을 받은 뒤 더욱 독립적인 생활공간으로 이동하기 위한 곳으로 생각하는 것으로 나타났다.

이들은 현재 그룹홈이 매우 만족스러우므로 그 운영 자체에 대한 염려는 없으나 그룹홈 사업이 중단되는 것을 가장 염려하는 것으로 조사됐다.

한편 지역주민들의 경우 입주 당시 20% 정도의 입주지지가 현재 45%로 늘어났으며 20명 중 15명이 입주자들을 보거나 만난 결과 인사성이 바르고 공손하며 착하고 열심히 사는 모습에 감동을 받았다는 긍정적인 평가를 내렸다.

그룹홈 사업을 담당하는 이 복지관 관계자는 "대부분 20대인 입주자들이 결혼문제로 고민하는 것 외에는 별다른 어려움이 없다"며 올해 안에 그룹홈 수를 모두 8곳으로 늘릴 방침이라고 밝혔다.

장애인 「손발」 노릇에 보람

이사람

생활보조요원
沈潤卿씨

가양洞서 4명과 "한지붕 생활"
은행 슈퍼등 이용방법 가르쳐

沈潤卿씨가 장애인들과 함께 피아노를 치고 있다. 〈李勳求〉

「우리 친구들이 사회에서 일반인들과 어울려 자연스럽게 살아가는 방법을 스스로 훈련할 수 있도록 최소한의 도움을 주는 것이 우리의 목표입니다」

서울 강서구 가양동 도시개발아파트에서 정신지체 장애인 4명과 그룹홈(공동생활가정)을 이루고 사는 생활보조요원 沈潤卿씨(25). 沈씨와 함께 사는 장애인들은 孫恒義(31) 李賢淑(26) 金珍伊(25) 千恩永씨(24).

이들은 모두 서울시립정신지체장애인복지관의 3년 교육과정을 마친뒤 그룹홈에서 일상생활에 필요한 여러 방법을 익히고 있다.

沈씨는 서울시가 운영하고 있는 그룹홈 12곳의 생활보조요원 중 최연소. 대학졸업직전인 94년12월부터 이곳 그룹홈에서 살기 시작했다.

沈씨의 하루는 오전6시에 일어나 함께 아침을 차려먹고 이들을 제책사 전자회사 의류회사등 직장에 보내는 것으로 시작된다.

「직장에서 배탈이 나도 단지 장애인이라는 이유로 해고되는 경우가 많습니다. 심하게는 취업한지 1시간만에 해고되는 경우도 있어요」

그 때문에 이들이 취직한 회사를 찾아다니며 일하는 상태를 점검하고 해고되면 새직장을 찾아보는 것도 沈씨의 할 일이다. 저녁에는 함께 식사준비를 하면서 가스 전자레인지 다루는 방법과 쓰레기봉투 사용법등 일상생활에 필요한 일들을 반복해서 훈련한다.

식사 후에는 건반에 「도레미…」를 써놓은 피아노를 함께 치면서 음정을 익히는 방법도 배운다. 은행 슈퍼등 공공장소 이용요령과 돈 계산하는 방법을 배우고 주말에는 볼링장 노래방등에 함께 놀러가기도 한다.

최근에는 沈씨가 따라가지 않아도 이들끼리 접근쳐 노래방에 가서 놀고 돌아올 수 있을 정도가 됐다. 드라마를 보고 줄거리를 沈씨에게 설명해주는 경우도 있다.

저녁기도를 할 때 「하느님 감사합니다」는 말만 반복하던 친구들이 어느날 「날씨가 추운데 감기들지 않게 해주세요」 「결혼하게 해주세요」 같은 말을 하면서 넓어지는 모습을 볼때면 너무 좋아 내가 「고맙다」고 말해주기도 합니다.

沈씨는 「일이 힘들 때도 있지만 자신의 일을 「봉사라고 생각한 적이 없고 스스로 「봉사」라고 생각한 적이 없다」며 「우리도 그만큼까지 갈수 있도록 일조하고 싶다」고 말했다.

〈金熹曤〉

"우리도 할 수 있어요"
장애인의 공동생활 가정, 하늘닮은 집 '그룹 홈'

▲ 사진앞쪽이 그룹홈 식구들. 뒷줄 오른쪽은 서울시립 정신지체인 복지관 김수진 계장

이른 아침 서울 강서구 가양동 도시개발아파트 801동과 803동 103호의 식구들은 여느 집과 마찬가지로 각각 출근준비를 서두르느라 분주한 모습이다.

단지 다른 것이 있다면, 두 집에 사는 10명의 식구들은 피 한 방울 섞이지 않은 남이라는 것. 두 집의 지도교사를 뺀 8명 모두가 정신지체장애인이라는 것뿐이다.

언뜻, '정신지체장애인들이 출근을 한다구?' 하는 의아스러움에 고개를 갸웃거릴 수도 있다. 하지만 그런 선입견은 일단 버리시기 바란다.

인간의 가능성이란 무한하다고 한다. 이 말은 몸이 아픈 사람에게도 예외는 아니다.

물론 장애인들이 보통 사람들에 비해 무언가를 배우고 개발하는 시간은 몇 배 더 걸리는 것은 사실이다. 그러나 그보다는, 할 수 없을 것이라는 선입견에 의해 아예 기회조차 주어지지 않는 것은 아닐까.

803동의 이정근씨(31)가 이 집에서 살기 시작한지도 벌써 6년이 넘었다. 그리고 그 시간만큼을 차량 스피커 제조회사인 한국음향에서 근무해 왔다. 최근에는 모범사원 표창을 받았고 그 동안 모은 돈으로 자기 이름으로 된 집도 한 칸 마련했다.

함께 살고 있는 권태우씨(34), 최유택씨(25), 그리고 801동의 이현숙씨(30), 장현숙씨(25), 한명임

씨(32), 천은영씨(28)도 이씨와 마찬가지로 적극적이고 성실하게 사회생활을 하고 있다.

그룹 홈에 들어오기 전엔 이들도 상상조차 할 수 없는 일이었다.

1960년 후반부터 미국·스웨덴 등 선진국에서 정신지체인을 대상으로 실시하고 있는 거주서비스프로그램인 그룹 홈(Group Home)은, 지역사회 내의 보통 주택에서 몇 몇의 정신지체인들이 공동으로 생활하면서 그들의 능숙치 못한 일(금전관리, 대인관계, 취업 등)을 전문 지도교사에 의해 도움과 훈련을 받는 생활형태로서 사회적 자립을 목적으로 하고 있다.

「우리 나라에서는, '92년 10월

▲ 경주 문화 엑스포 관람을 갔던 가양동 그룹홈 식구들.

에 서울시에서 그룹 홈 운영사업을 처음으로 시작했습니다. 노원구 중계동을 시작으로 해서 그 해에 모두 6곳의 그룹 홈이 문을 열었습니다. 한 가정의 구성원은, 장애인 4명과 생활보조원(지도교사) 1명이고, 현재 남자 그룹 홈이 4곳, 여자 그룹 홈이 2곳입니다.」

그룹 홈의 관리를 맡고 있는 서울특별시립 정신지체인복지관의 김수진 계장의 이야기다. 김씨에 따르면 서울시에서 운영하는 6곳 외에도, 개인적으로 운영하는 그룹 홈도 50여 개가 있다고 한다.

김씨는 또, 「그룹 홈은 직장생활을 통한 자립을 원칙으로, 기본적인 신변자립, 가사·여가·사회 생활 훈련, 그리고 식구들의 단합과 구성원 부모님과의 시간을 갖기 위한 프로그램 등을 갖습니다. 그룹 홈의 운영은, 주택비나 생활보조원 인건비 등 서울시가 지원하는 몇 가지를 제외하고는 모두 식구들이 벌어 온 돈으로 이루어집니다.」라고 그룹 홈의 프로그램과 운영에 대해 설명한다.

그룹 홈의 일원이 되려면 몇 가지 자격 요건이 갖추어져야 한다. 우선 서울시 거주자로 만 18세 이상의 정신지체인 중 거주지 동사무소에 장애인 등록이 되어 있어야 하고, 일상생활이나 공동생활, 취업

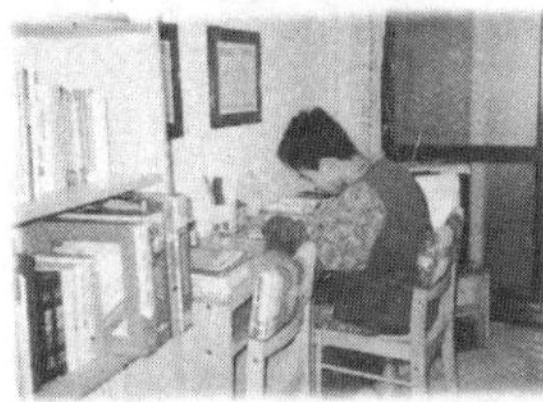

이 가능한 사람이어야 한다.

물론 입소 이전에 복지관에서 일정기간 공동생활이나 취업에 관련된 교육을 받을 수 있으므로 현재 생활이나 취업의 측면에서 자격이 되지 않는다고 걱정할 필요는 없다.

처음 그룹 홈이 자기 동네에 생긴다고 할 때, 주민들은 적지 않게 반대를 했다고 한다. 그러나, 그룹 홈 식구들이 자신감을 갖고 열심히 사회생활을 하고 자립해 나가는 과정을 지켜 본 주민들은 이제 든든한 후원자가 되어주고 있다.

입사 초기에는 못마땅한 눈빛만을 보내던 직장 동료나 상사들도 이제는, 더 열심히 하라는 격려를 아끼지 않게 되었다

이들이 겪는 가장 큰 어려움은 역시 취업문제다. IMF는 이들의 취업을 더 어렵게 하기도 했다.

물론 실직을 하게 되면 복지관이나 보호작업장에서 일을 하기는 하지만, 이들에게 필요한 것은 보호된 복지시설이 아니라, 그들을 향해 활짝 열려 있는 세상살이이다.

이들은 사회생활을 통해 큰돈을 벌겠다는 욕심을 부리지 않는다. 오로지 독자적인 존재로서 사회 속에서 자아를 실현해 가는 방법을 조금씩 터득할 수 있게 되기를, 그래서 마침내 꿋꿋하게 홀로 서기를 하고 싶은 것뿐이다.

너무나도 소박한 이 꿈을 실현하는 데 도움이 되려면, 세상 사람들의 더 많은 관심과 사랑이 필요한 것이 아닐까. '할 수 없어' 보다는 '힘들겠지만 꼭 할 수 있을 거야' 하는 믿음과 격려를 보낼 수 있는 이웃과 직장이 정말 절실하다.

803동 정근씨네 집 생활지도교사 이경숙씨는, 「식구들에게 실업 같은 문제가 닥치면 문제해결을 위해 안타깝게 뛰어다녀야 하지만, 식구들 모두가 피를 나눈 형제자매들처럼 가까워지고 직장이나 가정생활에서 조금씩 나아지는 모습을 볼 때마다 큰 기쁨과 보람을 느끼죠.」라고 한다.

떨어져 사는 가족들에게 안부 편지도 쓰고, 세상 돌아가는 일에 귀 기울이며, 자신이 번 돈으로 부모님의 생활비까지 보태는, '하늘 닮은 집' 그룹 홈 식구들을 보면서, 정말 세상에는 불가능이라는 것이 없고, 작지만 큰사랑으로 이루지 못할 것은 아무 것도 없다는 생각을 해 본다. 🔃

성인 정신지체인
생활공동가정

'인국이네 집'

청소를 끝낸 '인국이네 집' 가족이 한데 모여 담소를 나누고 있다. 왼쪽부터 인국씨, 준호씨, 승원씨, 생활지도교사 이경아씨.

그곳엔 '그들' 아닌 '우리'가 있네

지도교사 포함 5명 함께 살며 설거지서 청소까지 역할 분담
'자립중심교육' 긍정평가…"평범한 이웃처럼 대하는게 중요"

서울 중계동에 있는 성인 정신지체인 생활공동가정(그룹홈) '인국이네 집'을 찾은 지난 21일 밤 9시쯤.

늦은 저녁식사를 준비하느라 집안 식구들이 바쁘게 움직인다. 생활지도교사 이경아씨와 승원, 인국, 준호씨 모두 음식을 나르랴 찌개를 끓이랴 부산한 모습이다.

이윽고 늦은 식사가 시작됐다. 된장찌개에다 앙증맞게 부친 파전, 북어고추장구이, 그리고 오늘의 요리당번 준호씨가 심혈을 기울여 만들었다는 주물럭까지 준비된 푸짐한 식사였다. 하루 종일 각자의 직장에서 힘들게 일했기 때문에 밥그릇은 끝 동이 났다. 밥그릇뿐만 아니라 반찬그릇도 말끔하게 비워졌다. "설거지가 퍽 쉽겠네요" 모두들 웃었다.

식사가 끝나고 설거지가 시작됐다. 양말회사에서 근무하는 인국씨는 설거지 하기를 싫어해 결국 방청소 당번 준호씨와 바꾸기로 했다. 하지만 선생님의 따끔한 지적을 들어야만 했다. "인국씨는 내일 꼭 하는 거에요, 알았죠? 자기가 당번인 날은 책임을 져야해요"

영화광인 인국씨는 청소를 하면서도 TV에서 방영중인 외화 '배트맨2'를 힐끗힐끗 훔쳐보며 최수종·하희라 부부를 만날 수 있는 방법을 묻는다. 옛날부터 두 스타를 좋아했지만 둘이서 잘사는 것이 너무 부럽기도 하고 좋아보인다는 것. 준호씨는 설거지를 하면서도 각설이타령을 흥얼거리며 싱글벙글이다. 체격이 가장 크고 나이도 많아 맏형 역할을 하는 승원씨는 트랜스를 조립하는 공장에 다니는데 화장실 청소를 하면서도 손님이 궁금한지 기웃거린다.

이곳의 가족은 선생님을 비롯해 모두 5명. 야근을 하느라 밤 11시가 넘어서야 퇴근한다는 태혁씨는 차를 마시며 애기하는 시간까지도 돌아오지 않았다. 아직 확실한 직장을 갖지 못해 공공근로사업에 나가고 있는 준호씨는 늦게 퇴근하는 태혁씨를 안쓰럽게 생각하면서도 늦게 퇴근해도 좋으니 자신도 빨리 정식직장을 갖고 싶다고 말했다.

그룹홈은 성인 정신지체인들이 함께 사는 곳으로 6년전 서울시립 정신지체인 사회복지관에서 시도한 생활공간. 일정한 시설에서 재활중심의 교육을 받던 이전과 달리 사회 속으로 들어가 일반인과 함께 생활하면서 자립중심의 교육을 하는 곳이다.

복지관 김수진 계장은 "92년 시작돼 점점 늘어나고 있고 98년말 현재 서울시에만 58개의 그룹홈이 있다"며 "전문가들의 평가도 긍정적이고 일반인들의 인식도 개선되고 있어 계속 늘어날 것으로 판단된다"고 밝혔다.

인국이네 집에서 함께 생활하는 이경아씨는 "이웃들이 함께 살아도 별다른 불편이 없다는 것을 느끼게 되면 정신지체 장애인에 대한 선입관은 자연스럽게 바뀔 것"이라며 "우리를 평범한 이웃으로 자연스럽게 대해주면 좋겠다"고 말했다. 정승훈 shjung@kukminilbo.co.kr

V. 서울시 그룹홈 지원센터

서울시립정신지체인복지관 부설

156-849
서울시 동작구 신대방2동 395번지
보라매공원내
전 화: 02-834-7060
상담직통전화: 02-834-2122
팩 스: 02-834-2172
www.ghcenter.org
info@ghcenter.org

28. 서울시그룹홈지원센터의 목적 및 과제

Ⅰ. 그룹홈지원센터의 필요성

서울시립정신지체인복지관은 1992년 서울시의 지원으로 그룹홈사업 시범복지관으로 지정받은 이래 11년 동안 그룹홈 종사자 연수회, 그룹홈 설치운영 및 운영지침 발간, 해외연수(일본ㆍ독일) 실시, 그룹홈 관련 연구조사서 발간, 부모상담, 그룹홈 운영평가서 발간, 타 그룹홈 설치운영 자문 등을 정부 지원 없이 해온 바 그룹홈의 양적 팽창과 이로 인한 입주자 및 종사자의 증가 등으로 더 이상 본 복지관 차원의 지원 및 훈련, 연구ㆍ조사 기능을 수행하기 곤란한 바 서울시에 그룹홈지원센터 설치를 요청하게 됨.

Ⅱ. 지원센터의 기능(사업)

▶ 교육훈련기능

종사자의 교육(연수) :

그룹홈의 특성상 종사자의 보수ㆍ심화 교육이 필요하며, 특히 근무에 따른 전문가 조언이 전혀 없는 현실임.

부모(가족) 및 운영자교육 :

생애주기별 프로그램 관점에서 부모의 교육은 절실하며 특히 부모 사후 입주자의 사회적 자립에 대한 사전 준비 차원에서 절실함.

또 운영자의 그룹홈에 대한 정확한 이해가 부족하므로 이에 대한 운영자의 교육도 필요함.

※ 교육훈련의 예 : 그룹홈의 기본이념, 효과성, 위기상황 개입 및 대처, 개별지도, 상담, 응급처치, 안전관리, 국내외 연수

▶ 그룹홈 유형개발 기능

이용자의 장애 정도, 자립 정도에 따라 그룹홈이 운영되어야 하나, 획일적인 형태로 운영이 되는 바, 이용자들의 자율과 자립의 기회가 제한받고 아울러 종사자들의 사생활도 제약을 받고 있음.

그룹홈의 다양한 유형개발로 인하여 이용자의 지역사회 복귀시간 단축 및 운영예산의 절감 등의 효과가 있을 것으로 판단됨.

※ 그룹홈 유형의 예 : 훈련홈, 자립홈, 반자립홈, 동거홈, 결혼홈 등

▶ 연구 · 조사 기능

그룹홈의 설치에 대한 그동안의 추이를 보면 향후 그룹홈은 더욱 활성화될 것으로 사료되므로, 현 시점에서 그룹홈 실태조사, 운영주체별 비교분석 등이 필요하며, 그룹홈 운영자와 운영 희망자를 위한 그룹홈 운영매뉴얼, 제작 등이 필요함.

※ 연구 · 조사의 예 : 그룹홈 운영평가, 운영 매뉴얼, 이용자(가족) 만족도 조사, 이용자 개별프로그램 개발, 평가 도구 개발, 실태조사 등

▶ 자문 · 지원 기능

그룹홈은 이용자의 자립생활, 사회적응, 지역사회와의 유대, 가족관계, 여가생활지원, 직업생활지원, 정서안정 등의 다양한 영역에서 이용자의 재활을 지원하고 있는 만큼 전문적인 지식과 다양한 정보를 필요로 하고 있는 바, 센터에서는 관련지식, 정보 등을 확보하여 각 그룹홈에 제공 · 자문을 해야 할 것임.

※자문 · 지원의 예 : 운영자 및 종사자 간담회, 홈페이지 활용, 정보지(간행물) 발간, 현장방문 지원, 자문 인프라 조성, 위원회 등

III. 그룹홈지원센터 운영의 기대효과

한국형 그룹홈에 대한 설치 · 운영의 모델 정립

종사자 · 운영자 자질 향상

그룹홈에 대한 인식개선 및 저변확대

이용자 처우개선에 따른 인권향상

그룹홈 정책개발에 대한 자문기능 강화

국내 유일의 장애인 복지사업 기능지원센터로서의 위상 확립

서울시 그룹홈지원센터는

장애인의 자립생활을 도와주는 장애인 공동생활 가정(그룹홈)의 활성화와 전문화를 위해 이론의 정립, 이용자들의 사회적응프로그램 및 종사자교육프로그램 개발 등을 목적으로 2002년 6월 문을 열었습니다. 또한 그룹홈 운영안내지침(매뉴얼)을 마련하는 동시에 시설운영법인, 종사자 및 부모들을 위한 상담과 지원을 해드립니다.

– 서울시 그룹홈종사자 연수회를 연1회 모든 종사자를 대상으로 실시합니다.

– 서울시 그룹홈종사자 교육을 신입 종사자 전문교육과 경력 종사자 전문교육으로 구분하여 실시합니다.

– 부모(가족) 및 종사자들을 위해 일본, 독일 등지에서 해외연수를 실시합니다.

– 열린 그룹홈은 그룹홈 이용자들을 대상으로 연 1회 개최됩니다.

– 그 밖에 이용자(성상담, 입주상담 등), 종사자, 그리고 운영자들을 위한 상담과 자문을 해드립니다.

29. 서울시그룹홈지원센터의 중장기 계획

– 서울시그룹홈지원센터 중장기 사업운영계획(안) –
(2003~2006년)

유 병 주

1. 목 적

중장기 계획을 통한 일관성 있고 체계적인 사업의 운영과 효과를 극대화하고 궁극에는 그룹홈을 활성화시키는 데 그 목적을 두고 있다.

2. 사업운영의 기본방침

(1) 종사자의 자격과 전문성 고양

그룹홈의 종사자(사회재활교사)의 자격은 규정되어 있지 않으나 대부분의 경우 사회복지사 자격증을 소유하고 있다. 그러나 그룹홈은 주거생활의 중심영역으로 일상생활에 필요한 재교육이 필요하다. 이에 따라 일차적으로 지원센터의 직원들을 그룹홈 생활에 필요한 내용들(응급처치법, 소방관리, 주택관리, 영양관리, 건강관리, 그룹홈종사자의 역할, 상담기법 등)을 중심으로 전문성을 강화하여 그들을 자원으로 외부 전문가와 함께 종사자의 재교육을 실시하여 전문성을 높인다.

(2) 다양한 그룹홈 유형과 사회재활 프로그램 개발을 통한 이용자의 선택권과 사회적 자립 보장

현재 그룹홈의 대다수는 교사의 전일 상주형으로 이용자의 능력과 욕구에 따라 선택할 수 있는 기회가 마련되어 있지 않다. 지원센터는 다양한 유형과 이용자의 성인으로서의 역할(직업, 주거, 성, 여가)을 발전시켜줄 수 있는 종합적인 사회재활 프로그램을 개발하고 소속된 그룹홈을 대상으로 실시, 평가해서 활용 가능하도록 정보와 실질적인 방법을 지원하여 그룹홈의 목적인 이용자의 자립과 사회통합에 기여하고자 한다.

(3) 서울시 그룹홈들의 소지역 조직화를 통한 그룹홈 간 연계와 재교육의 효율화

광범위한 서울 지역을 몇 개의 가까운 지역끼리 묶어 그룹홈 간의 연계와 교육을 조직적으로 활성화시킨다.

(4) 그룹홈에 대한 이론정립과 조사연구를 통한 전문영역으로의 정착화

서울시 그룹홈은 1992년 시범사업으로 시작한 이래 11년이 지난 현 시점에서 지원센터는 그룹홈에 관한 이론정립과 합리적이고 효율적인 운영을 위한 운영지침 안내자료의 제작과 지속적인 수정 · 개발, 통일되고 객관적인 평가를 위한 평가도구 개발에 주력하고자 한다. 또한 그룹홈들의 발전과 이용자 및 종사자의 복지증진을 위한 이용자 욕구조사와 그룹홈 실태조사 등의 조사연구를 통해 그룹홈의 본 목적을 달성하여 그룹홈 종사자에 대한 별도의 자격증이 부여되는 하나의 전문영역으로 정착될 수 있도록 한다.

(5) 홈페이지를 통한 그룹홈간의 정보화 구축과 네트웍 구성

지원센터는 전용 홈페이지를 운영하여 관리자 및 종사자는 물론 기타 관심 있는 사람들에게 정보를 전달하고, 통신상담과 인터넷상의 자유로운 의견교환을 통해 그룹홈을 홍보하며, 홈페이지를 운영하고 있는 그룹홈들과의 네트웍워크를 구축하여 정보화 시대의 지원센터의 역할을 담당할 수 있도록 하드웨어를 조성한다.

(6) 그룹홈의 활성화 및 대중화

부모교육, 특수학교(급) 대상 그룹홈 발표회 등을 통해 그룹홈에 대한 이해와 대중화를 높이는 동시에 그룹홈에 대한 정책건의 등을 통해 그룹홈의 발전과 활성화를 위한 구체적인 방안을 모색한다.

3. 서울시그룹홈지원센터 연계방안

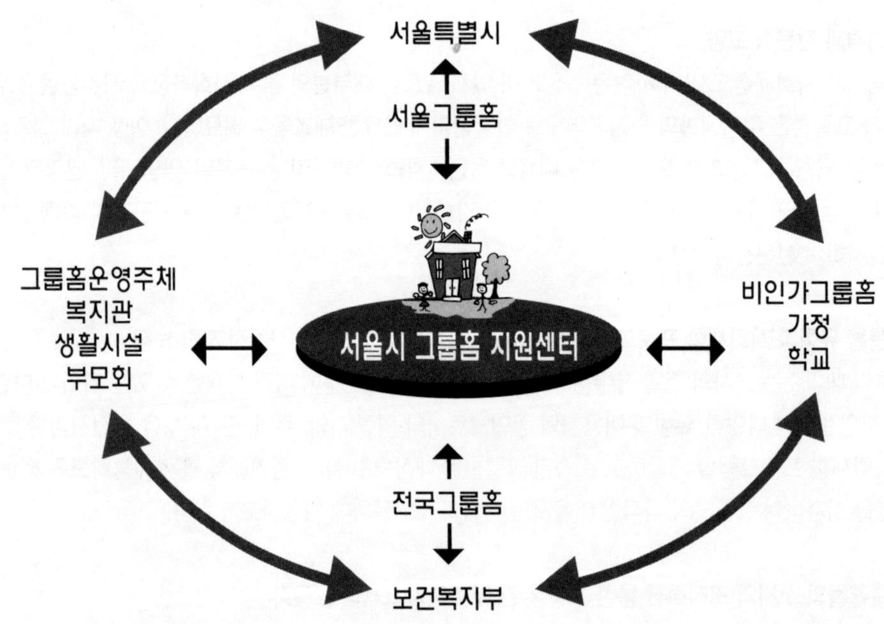

부 록

개인별 생활지도 평가서 1

(3003. 3월 수정)

목표	하위목표	세부내용	성취도(전)					성취도(후)					비 고	
			5	4	3	2	1	5	4	3	2	1		
자립생활	개인위생	손발을 깨끗이 씻는다											1	X
		깨끗하게 양치질한다											2	
		용변후 깨끗이 처리한다											41	Y
		머리를 깨끗하게 감는다											42	
		목욕을 깨끗하게 한다											81	Z
		생리처리나 면도를 한다(화장)											82	
	의복입기	옷을 혼자 입는다											3	X
		옷이 더러우면 갈아입는다											4	
		속옷을 자주 갈아입는다											43	Y
		계절과 장소에 맞는 복장을 한다											44	
		간단한 바느질을 한다											83	Z
		의복관리(세탁소, 다리미사용)을 한다											84	
	식사예절	바르게 앉아서 식사를 한다											5	X
		음식을 흘리지 않고 먹는다											6	
		식사 후 입을 깨끗이 닦는다											45	Y
		상놓기(밥, 국, 수저)를 한다											46	
		식사량, 속도를 조절한다											85	Z
		식사 예절을 안다											86	
	동작성	대·소변을 혼자 볼 수 있다											7	X
		머리 손질을 혼자 한다											8	
		신발을 혼자 신는다(끈있는경우까지)											47	Y
		손톱·발톱을 깎는다											48	
		정리·정돈을 혼자서 한다											87	Z
		교통수단을 이용한다											88	
	건강생활	아플 때 말로 표현한다											9	X
		간단한 의약품을 산다											10	
		정기적으로 운동한다											49	Y
		편식을 하지 않는다											50	
		체중조절을 한다											89	Z
		술·담배(기호식품)를 조절한다											90	

목표	하위목표	세부내용	성취도(전)					성취도(후)					비 고	
			5	4	3	2	1	5	4	3	2	1		
개인 이해 능력	언어	요구사항을 말로 표현한다											11	X
		교사의 지시사항을 이해한다											12	
		타인의 말을 경청한다											51	Y
		감정을 말로 표현한다											52	
		경어와 존칭어를 사용한다											91	Z
		타인과 깊은 의사소통한다											92	
	돈	돈의 개념을 안다											13	X
		동전(10, 100, 500원)을 사용한다											14	
		지폐(1,000, 10,000원)을 사용한다											53	Y
		통장을 이용해 입·출금을 할 줄 안다											54	
		수표를 사용한다											92	Z
		카드로 현금인출을 한다											37	
	시간과 단위	시간을 읽는다											15	X
		분, 초를 읽는다 (전자, 초시계)											16	
		무게, 길이를 안다											55	Y
		시간약속을 한다											56	
		시간에 맞추어 행동개시한다											95	Z
		시간 계념을 갖는다											96	
	쓰기	자기 이름, 주소 전화번호를 쓴다											17	X
		짧은 글을 보고 적는다											18	
		부르는 대로 적는다											57	Y
		물건구입 목록을 적는다											58	
		일기를 쓴다											97	Z
		작문을 적는다											98	
	읽기	단어를 읽는다											19	X
		간단한 문장을 읽는다											20	
		지시사항을 읽고 이해한다											59	Y
		만화나 간단한 동화책을 읽는다											60	
		책을 읽고 이해한다											99	Z
		읽은 것을 표현하고 전달할 수 있다											100	

목표	하위목표	세부내용	성취도(전)					성취도(후)					비 고	
			5	4	3	2	1	5	4	3	2	1		
사 회 적 응	물건사기	슈퍼마켓의 기능을 안다											21	X
		적어주면 간단한 물건을 구입한다											22	
		점원에게 문의하여 물건을 구입한다											61	Y
		단독으로 물건구입이 가능하다											62	
		자신의 필요에 의해 선호하는 물건을 구입한다											101	Z
		가격과질을 비교하여 적절한 것을 구입한다 (상표, 유통기간)											102	
	예절지키기	인사를 한다											23	X
		감사의 표시를 한다											24	
		윗사람에게 존경어와 공손한 자세를 한다											63	Y
		잘못을 시인하고 사과할 줄 안다											64	
		공공장소에서 지켜야 될 예절을 안다											103	Z
		자신의 행동이 타인에게 미치는 영향에 대해 안다											104	
	가정생활돕기	설거지를 한다											25	X
		걸레를 사용해 청소하고 빤다											26	
		쓰레기를 분리해 처리한다											65	Y
		청소기, 선풍기를 적절히 사용한다											66	
		가스렌지를 사용해 간단한 요리를 한다(라면 등)–불조절 가능											105	Z
		세탁기를 이용해 빨래(분리, 건조)를 한다											106	
	돈관리	물건을 사고 값을 치른다											27	X
		거스름돈을 받는다											28	
		돈에 맞게 소비한다											67	Y
		적은 돈은 스스로 관리한다											68	
		금전출납부를 기록한다											107	Z
		돈관리를 스스로 한다(저축포함)											108	
	지역사회 시설이용	전화걸기											29	X
		전철, 버스를 탄다											30	
		택시를 탄다											69	Y
		대중목욕탕을 이용한다											70	
		극장, 음식점, 노래방등을 이용한다											109	Z
		은행, 동사무소를 이용한다.											110	

목표	하위목표	세부내용	성취도(전)					성취도(후)					비 고	
			5	4	3	2	1	5	4	3	2	1		
직장생활과여가활동	수작업능력	종이접기를 한다											31	X
		가위를 사용한다											32	
		칼을 사용한다											71	Y
		자, 호치케스를 이용한다											72	
		복잡한 손작업을 습득한다											111	Z
		수작업이 자율로 가능하다											112	
	여가활동	TV를 보거나 음악감상을 한다											33	X
		책, 잡지를 읽는다											34	
		비디오를 빌려본다											73	Y
		동료와 대담이나 게임으로 시간을 보낸다											74	
		친구를 밖에서 만나 시간을 보낸다											113	Z
		스스로 취미생활을 즐긴다											114	
	작업욕구 작업의질 작업정확도	부과된 일을 할 자세가 되어 있다											35	X
		시키는 일을 제대로 이해하고 한다											36	
		자신이 하는 일을 이해하고 설명한다											75	Y
		직업의 종류를 안다											76	
		자신이 하고 싶은 일을 설명한다											115	Z
		작업을 창조적으로 발전시킨다											116	
	작업속도 작업성 성실성	부과된 일이 무엇인지 안다											37	X
		부과된 일을 책임완수한다											38	
		작업의 속도를 동료와 맞춘다											77	Y
		작업의 속도를 조절할 줄 안다											78	
		자신의 임무에 대한 책임을 갖는다											117	Z
		작업의 만족에 따라 자신의 미래를 정한다											118	
	도구다루기 자료관리 시간지키기	자신이 사용하는 도구나 집기를 이해한다											39	X
		작업에 필요한 도구나 집기를 사용한다											40	
		도구의 이름과 기능을 안다											79	Y
		사용법을 모르면 묻는다											80	
		효과적인 사용방법을 터득하고 사후정리한다											119	Z
		출 · 퇴근 시간을 엄수한다											120	

부적응 행동

세부내용	성취도(전)					성취도(후)					비 고
	5	4	3	2	1	5	4	3	2	1	
때리고 차는 행동을 한다											
언어 및 표정으로 위협을 한다											
무는 행동을 한다											
화를 자주낸다											
도피하는 행동을 한다											
회피하거나 무시하는 행동을 한다											
부적절한 신체적 접촉을 한다											
파괴적인 행동을 한다											
부정적인 언어를 자주 사용한다											
타인을 비난한다											
자기 비하 및 자해를 한다											
혼잣말을 자주 한다											
고집을 부린다											
다른 사람을 귀찮게 한다											
도벽이 있다											
부적절하게 운다											
부적절하게 웃는다											
거짓말을 한다											
도구를 사용해 위협한다											

평가기준

A. 평가서
5. 능숙하게 혼자서 잘한다
4. 비교적 혼자 잘한다.
3. 가끔하기는 하나 도와주어야만 한다.
2. 도와주어야 한다
1. 전혀 하지 못한다.

B. 평가서
1. 매우심하다
2. 심하다
3. 보통이다
4. 약하다
5. 매우 약하다

개인별 생활지도 평가서 2

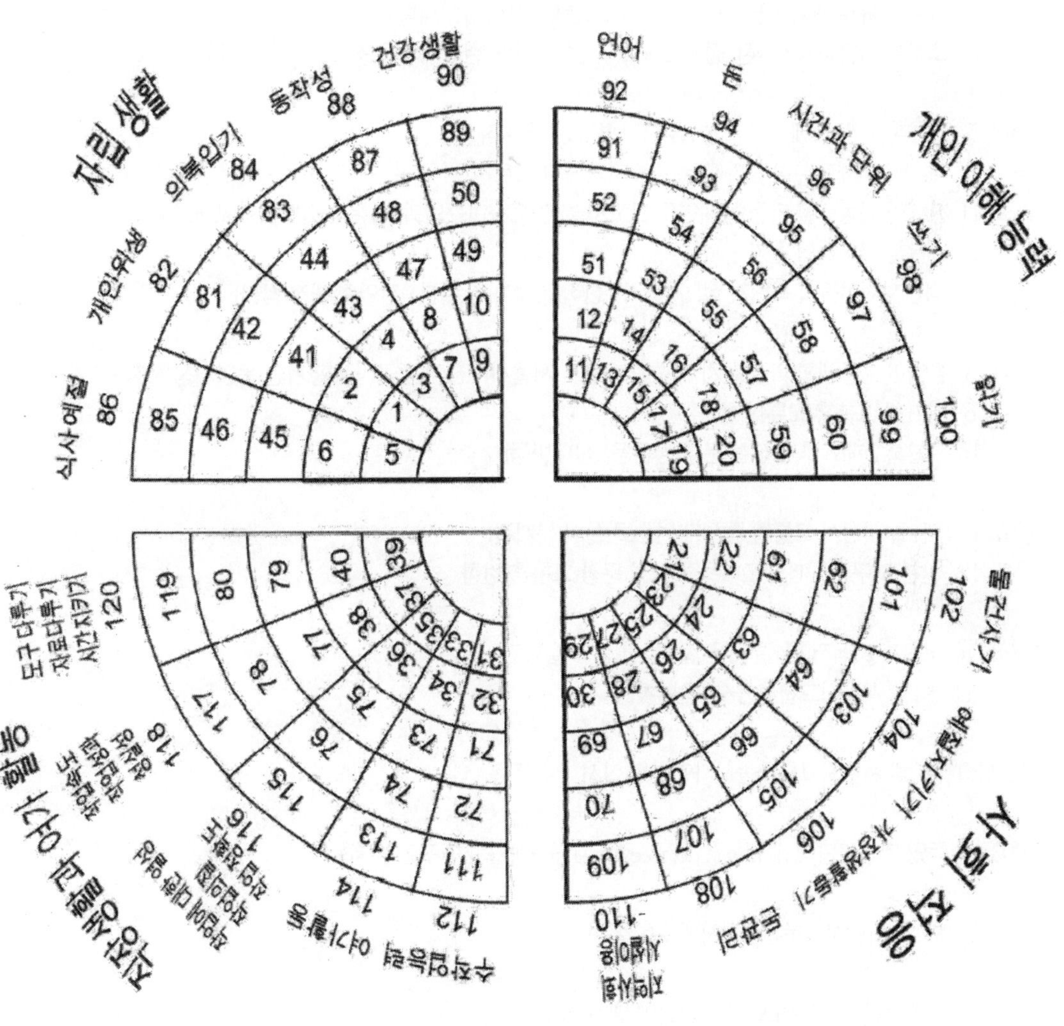

서울시립정신지체인복지관 운영 그룹홈 연혁

1990. 12 부모교육 "정신지체인 그룹홈 설치운영"에 대한 최초의 부모교육 실시

1991. 9 그룹홈 설치운영 지침서 발간 / 전국 배포(번역서)

1992. 6 장애인 그룹홈 설치에 따른 의견서 제출(서울시)
     7 일본 정신지체인 그룹홈 견학 및 자료수집(서울시 합동-관계관 2명 동행)
     9 서울시에 장애인 공동생활 가정 설치 및 운영방침서 송부
    10 일본 그룹홈 견학 7명(사회복지부장, 그룹홈 담당, 사회재활교사 5명)
    10 그룹홈 시범운영 4가정 (중계 2개소, 가양 2개소)-현 6개소 운영

1993. 5 그룹홈 규정 시에 요청, 그룹홈 중간평가 계획안 작성
     6 제20회 국제교류회 참가(일본 규슈지역 구마모토시)
    11 장애인 공동생활 가정 실태연구 보고서 발간(조사연구의뢰: 박현숙 이화대학교 교수)
    12 그룹홈 국제회의 참가
       "정신지체인들의 독립과 삶"(참가국 : 한국,영국,미국,일본-전익준 관장 참가)

1994. 3 장애인 공동생활 가정 설치 기준안 제출 →서울시→장애인 공동생활 가정 운영지침 제정
     6 제21회 그룹홈 교류회 참가
    10 그룹홈 2개소 추가 신설 운영(쌍문동, 신대방동)

1997. 12 제1회 서울시 그룹홈 종사자 연수회 실시(복지관)
     12 일본 북구주시 데오쯔나쿠 육성회 운영 그룹홈 견학

1998. 10 그룹홈 소식지 『하늘 닮은 집』 발간(분기별 발간)
     11 제2회 서울시그룹홈종사자연수회 실시

1999. 10 제3회 서울시그룹홈종사자연수회 실시

2000.   독일 기독교단체 dienste in ubersee에서 1년 6개월간 연구인력 지원

2000. 11 제4회 서울시그룹홈종사자연수회 실시

2000.   단계적인 그룹홈 모델의 다양화에 대한 연구

2001. 6 독일 연수-독일 하나우, 울름, 괴핑엔, 뮌헨 (그룹홈 직원 6명)
     9 그룹홈 발표회 『가장 가능성 있는 대안-정신지체인과 그룹홈』
    10 그룹홈 종사자 욕구조사

11 제5회 서울시그룹홈종사자연수회 실시: 유형별 그룹홈 운영 실시(훈련홈,반자립홈,자립홈)

2002. 1 그룹홈 이용자 욕구 및 실태조사를 위한 종사자 간담회 실시
     3 그룹홈 이용자 욕구 및 실태조사 발간
     6 독일 연수 – 독일 하나우, 부르쯔부륵, 뮌헨 (그룹홈 직원 2명)
     6 그룹홈 발표회 『정신지체인과 그룹홈』(관악고등학교)
     7 아산복지재단 사회복지사업 지원단체로 선정 → "그룹홈 주거환경 리모델링"
    10 제6회 서울시그룹홈종사자연수회 및 제4차 전국 장애인 공동생활 가정 사회재활교사 직무교육 실시
        (2박3일: 청려수련원)
    11 그룹홈 입주 10주년 기념행사

기 타   전문요원 연수, 자문, 실습지도, 매스컴을 통한 다양한 홍보, 부모교육 등을 활발히 함

[이 책을 쓰신 분들]

• 김미경 : 서울시립정신지체인복지관 서울시그룹홈지원센터 사회재활교사
• 김미화 : 서울시립정신지체인복지관 서울시그룹홈지원센터 사회재활교사
• 김수진 : 서울시립정신지체인복지관 서울시그룹홈지원센터 계장
• 문용수 : 서울시립정신지체인복지관 사무국장
• 박현숙 : 이화여자대학교, 특수교육학과 교수
• 배은미 : 서울시립정신지체인복지관 (전)사회재활교사, (현)주간보호센터 근무
• 유병주 : 서울시립정신지체인복지관 서울시그룹홈 지원센터 소장
　　　　　독일 뷔르쯔부르크대학교(정식명칭 : 바이에른 율리우스 막시밀리안 대학교
　　　　　뷔르쯔부르크 Bayerische Julius Maximilian Universität Wüzburg
　　　　　철학박사
• 이경아 : 서울시립정신지체인복지관 서울시그룹홈지원센터 사회재활교사
• 이미숙 : 서울시립정신지체인복지관 서울시그룹홈지원센터 사회재활교사
• 이해우 : 전 서울시장애인복지과 사무관(계장) (현)서울시 조사담당관
• 전익준 : 전 서울시립정신지체인복지관 관장
　　　　　(현)숭실대학교 사당종합사회복지관장, 동작구 사회복지위원, 동작구 보육위원회 위원장
• 조선영 : 서울시립정신지체인복지관 신대방 그룹홈 입주자

비전북은 **줄과추** 도서출판 와 **하늘사다리**가 연합하여 설립한 출판사로서
오직 믿음으로만 살았던 개혁 신앙을 계승 발전시키고
다시 오실 주님의 길을 예비하는 마음으로 21세기에도 역동적인 신앙을 세우는데
꿈과 비전을 품고 예배와 삶의 일치를 이루는 출판 공동체입니다.

그룹홈 이해

저자 : 서울시그룹홈지원센타
발행처 : **비전북출판사**
전화 : (02)966-3090 / 팩스 : (02)3293-6620
공급처 : **비전북**
전화 : (031)907-3927 / 팩스 : (080)403-1004
값 18,000원